Das Geheimnis der Wirtschaft

Lösung der globalen Systemkrise:

Trennbankensystem und produktive Kreditschöpfung

W0188709

Ausgewählte historische Texte
zur Tradition der physischen Ökonomie

Herausgeber: E.I.R. GmbH
65205 Wiesbaden, Bahnstr. 9a
www.eirna.com, www.solidaritaet.com
Email: eirna@eirna.com, verlag@solidaritaet.com

Satz und Layout: E.I.R. GmbH, Wiesbaden
Dipl.-Ing. (FH) Andreas Lelke
Druck: Kössinger AG, Schierling
Printed in Germany

ISBN 978-3-925725-56-2

INHALT

Prinzipien der
physischen Ökonomie

Von Helga Zepp-LaRouche

Wir befinden uns heute in der schwersten Krise in der modernen Geschichte, und zwar nicht nur in Bezug auf den Zustand des Weltfinanzsystems und der Realwirtschaft in vielen Teilen der Erde, sondern wir erleben vor allem im „entwickelten" Sektor eine in dieser Form noch nie da gewesene moralische und kulturelle Krise, die sich unter anderem in zahllosen Skandalen und Verwicklungen in kriminelle Aktivitäten seitens der Politiker und Manager ausdrückt. Gleichzeitig gibt es Lösungsmöglichkeiten zur Überwindung dieser Krise, die, wenn sie rechtzeitig ergriffen werden, eine neue Ära in der Geschichte der Menschheit einleiten werden.

In dem Spannungsverhältnis zwischen der Gefahr eines Absturzes der Zivilisation in ein neues finsteres Zeitalter und der Hoffnung auf eine baldige kulturelle Renaissance wird es eine wichtige Rolle spielen, ob genügend viele Menschen die richtigen Lehren aus der Geschichte ziehen. Zweck dieser Anthologie ist es deshalb, an wichtige konzeptionelle Grundlagen aus einigen historischen Epochen zu erinnern, die für die heutigen Auseinandersetzungen bedeutsam sind. Dabei werden einige Schriften und wirtschaftstheoretische Pläne in der Tradition der auf Leibniz zurückgehenden physischen Ökonomie vorgestellt, die völlig zu Unrecht heute in Vergessenheit geraten sind, weil sie einmal bahnbrechende Wirkungen hatten und ihr Ansatz für die Lösungen heute entscheidend ist.

Dabei nimmt die Dramatik der Lage immer mehr zu. Seit nunmehr 39 (!) Monaten eskaliert die globale Systemkrise, und wenn sich in dieser Zeit eines erwiesen hat, dann ist es die unbestreitbare Tatsache, daß die Finanzinteressen, also

Banken, Hedgefonds, Beteiligungsgesellschaften und Kartelle, offensichtlich über erheblich mehr Macht verfügen als die Regierungen. Denn in dem gesamten Zeitraum haben es die Regierungen der G-20 nicht vermocht, die Hochrisiko-Spekulation durch eine Reregulierung des Bankensystems einzudämmen oder auch nur eine ernsthafte Ursachenanalyse für die Gründe der Krise in Angriff zu nehmen. Die Schlußfolgerungen aus diesem Umstand sind selbstevident.

Anstatt die exzessive Spekulation durch eine Reregulierung der Banken zu beseitigen und „Schaden vom deutschen Volke abzuwenden", wurden private Schulden von Spekulanten, die sich verzockt haben, in staatliche Schulden verwandelt, für die der Steuerzahler aufkommen und infolgedessen für ihn existentielle Einbußen in allen Bereichen des Gemeinwohls bedeuten.

Das skandalöse Ergebnis dieser Politik besteht darin, daß es nach über drei Jahren Finanzkrise mehr Milliardäre und Millionäre gibt als vorher und diese noch reicher geworden sind, während die Zahl der Armen dramatisch zugenommen hat – und zwar in Deutschland ebenso wie weltweit.

Mit dem Ende des Fiskaljahres hat die Dynamik der Finanzkrise eine Bruchstelle erreicht. Die unhaltbare Lage der Bundesstaaten, Städte und Gemeinden in den USA, die allesamt vor der Pleite stehen, zusammen mit der Tatsache, daß „Helikopter-Ben" Bernanke seinem Spitznamen alle Ehre macht und die elektronischen Notenpressen angeworfen hat, verdeutlicht, daß die Finanzoligarchie eine weitere Umverteilung von Arm zu Reich beabsichtigt. Denn die Hyperinflation, die die Menschen in Weimar Deutschland 1923 erleben mußten und die heute bei einer Fortsetzung dieser Politik weltweit droht, stellt die brutalste Enteignung der Bevölkerung überhaupt dar, während die „Mega-Players" erfahrungsgemäß ihre Schäfchen rechtzeitig ins Trockene zu bringen wissen, also z.B. in Sachwerte ausweichen. Der *Daily Telegraph* verglich Bernanke nach seiner neuerlichen Ankündigung, im Rahmen seiner Politik des „quantitative easing" weitere zwei oder mehr Billionen Dollar in das System zu pumpen, prompt mit dem Weimarer Reichsbankpräsidenten Havenstein und mit einem Süchtigen, der es nicht lassen kann, sich immer weitere Schüsse zu setzen.

Alles wird davon abhängen, ob es rechtzeitig gelingen wird, in den USA die Tradition Franklin D. Roosevelts wiederzubeleben und den von ihm als Reaktion auf den Crash von 1929 eingeführten Glass-Steagall-Standard, also ein Trennbankensystem, einzuführen, und dann in der Tradition des New Deal und der Tennessee Valley Authority (TVA) heute in ähnlicher Weise staatliche Kredite für großangelegte Infrastrukturprogramme zur Verfügung zu stellen. Der amerikanische Ökonom und Staatsmann Lyndon LaRouche hat für die Überwindung der heutigen Krise die Aktivierung der North American Water and Power Alliance, des NAWAPA-Programms, vorgeschlagen, eines gigantischen Programms zur Umleitung von Wassermengen aus Alaska und Kanada entlang der Rocky Mountains bis nach Mexiko, wodurch mehr als drei Millionen Arbeitsplätze entstehen würden.

Die Enttäuschung über Präsident Obama, der keines seiner Wahlversprechen gehalten hat und anstatt eine Politik in der Tradition von Lincoln und Roosevelt zu verfolgen, mit den Rettungspaketen für die Wall Street oder mit der Kriegspolitik in Afghanistan die Politik von George W. Bush weiterführt, wächst zu dem Grade, wie Arbeitslosigkeit, Zwangsversteigerungen und der Kollaps des Gemeinwesens zunehmen.

Glücklicherweise gibt es eine ganze Reihe von Ökonomen, die sogenannte Stanford Group, die sich sehr ernsthaft mit den Analysen und Lösungsvorschlägen von Lyndon LaRouche beschäftigen, nachdem sie erkannt hatten, daß LaRouche der einzige Ökonom war, der die Systemkrise seit langem richtig prognostiziert und am 25. Juli 2007 den Ausbruch der Krise eine Woche vor deren tatsächlichen Beginn vorhergesagt hatte. Sie beschäftigen sich mit den wirtschaftswissenschaftlichen Grundlagen der physischen Ökonomie, die LaRouche in der Tradition von Leibniz, Gauß, Riemann, Wernadskij und Einstein weiterentwickelt hat. Sie steht im völligen Gegensatz zu den albernen Vorstellungen der Ökonomen, die die Annahmen von Monetaristen, Neoliberalen, Keynesianern oder Verhaltensökonomen mit statistischen Methoden zu unterlegen versuchen. Die Prinzipien der physischen Ökonomie, die allen Phasen des qualitativen wirtschaftlichen Fortschritts in der Geschichte zugrunde lagen, sind den heutigen Ökonomen so wenig geläufig, daß LaRouche der in diesem Buch abgedruckten Schrift den polemischen Titel „Die Geheimwirtschaft" gegeben hat.

Das Unvermögen und der mangelnde Wille der G20-Staaten, einen Ausweg aus der Finanzkrise zu finden, hat die Behauptung LaRouches auf unwiderlegbare Weise bestätigt, daß nur die Kombination der vier mächtigsten Staaten auf diesem Planeten, nämlich ein Amerika, das zurück zu seiner Tradition von Roosevelt gefunden hat, zusammen mit Rußland, China und Indien stark genug ist, um eine wirkliche Änderung der Politik durchzusetzen. Derzeit läuft eine Serie von Dialogen zwischen Vertretern dieser vier Nationen über die Prinzipien, die einer Überwindung der Krise zugrundeliegen müssen, und ein Beispiel, um das es dabei geht, ist hier als Mitschrift eines solchen Gesprächs abgedruckt.

Was diese Diskussionen über die Rekonstruktion der Weltwirtschaft deutlich machen, ist die Absurdität der oft behaupteten „Alternativlosigkeit" der gegenwärtigen Politik endloser Rettungspakete für die Banken in Kombination mit brutalster Sparpolitik gegenüber der Bevölkerung. Wenn die USA, Mexiko und Kanada das NAWAPA-Programm verwirklichen, wird das damit verbundene Eisenbahn- und Schnellbahnsystem direkt mit dem Bau des Tunnels unter der Beringstraße und dann dem Ausbau der Transsibirischen Eisenbahn weitergeführt werden. Die asiatischen Nationen, die im Gegensatz zu den transatlantischen Staaten auf Hochtechnologie, Kernenergie und bemannte Raumfahrt setzen, haben längst erkannt, daß diese Projekte als Teil des Ausbaus der Eurasischen Landbrücke eine existentielle Bedeutung für die Rohstoff- und Energiesicherung auf viele Generationen in die Zukunft haben.

So ist die Erschließung Sibiriens und der arktischen Regionen, wo enorme Mengen aller im Mendelejewschen Periodensystem vorkommenden Elemente vorhanden sind, unter absoluter Wahrung der Souveränität Rußlands dennoch im Interesse der ganzen Menschheit. Da Rußland über große Erfahrungen bei der Entwicklung von Permafrostregionen verfügt, erfordert die Erschließung der arktischen Gebiete zwar komplexe technische Lösungen, die aber nicht als Barriere, sondern als positive Herausforderung betrachtet werden können. Überdachte Städte könnten dabei lebenswürdige Bedingungen für die Menschen bieten, die dort arbeiten, und es könnten gleichzeitig Technologien entwickelt werden, die auch bei der Besiedlung des Weltalls erforderlich sind.

Beim Ausbau der Eurasischen Landbrücke, die keineswegs auf Eurasien beschränkt bleibt, sondern einerseits über Entwicklungskorridore durch Alaska, Kanada, die USA bis über Mittel und Südamerika und andererseits über Ägypten und Gibraltar sowie einen Tunnel bei Sizilien nach Afrika weitergeführt werden soll, handelt es sich also eigentlich um eine Weltlandbrücke, die es ermöglichen wird, jeden Teil der Erde, ausgenommen Australien, auf dem Landwege zu erreichen. Dadurch werden die landeingeschlossenen Regionen des Planeten die gleichen Standortvorteile erhalten, die bisher nur den Regionen an Meeresküsten oder Flüssen vorbehalten sind.

Unter Infrastruktur vom Standpunkt der physischen Ökonomie darf man also nicht nur eine Verbindung von Punkt A nach B durch Verkehrswege verstehen, wobei von einem monetaristischen Blickwinkel zwangsläufig die falsch gestellte Kostenfrage in den Vordergrund rückt, sondern es geht um die langfristige Transformation der Lebensbedingungen für die Menschen auf diesem Planeten. Dabei ist die schöpferische Vernunft des Menschen und seine Fähigkeit, die physikalischen Gesetzes des Universums immer besser und tiefer zu verstehen, der entscheidende Motor, der den Wirkungsgrad des Menschen in der Natur erhöht.

Wenn man die Entwicklungsgeschichte der Menschheit in den vergangenen Zehntausenden von Jahren, über die wir verwertbare Zeugnisse haben, betrachtet, so wird deutlich, daß die von Wernadskij so genannte Noosphäre eine immer größere Dominanz über die Biosphäre erlangt hat. Dies entspricht dem Grundgedanken über die Rolle des Menschen, die im Buch *Genesis* ausgedrückt ist.

Solche qualitativen Verbesserungen der Infrastruktur – also von der Entwicklung maritimer Kulturen zur Fluß- und Kanal-Binnenschiffahrt, dann zu Eisenbahnnetzen, dann zu einem integrierten wasserwirtschaftlichen System in all seinen Aspekten, Schnellbahnsystemen und Straßennetzen mit hohen Energieflußdichten im Produktionsprozeß – repräsentieren jeweils eine neue qualitative Plattform, die dann gewissermaßen den Humus für die kreativen Entdeckungen neuer wissenschaftlicher und technologischer Prinzipien darstellen.

Die Entwicklung von Infrastruktur in diesem Sinne ist also das Kennzeichen der physischen Ökonomie, die Voraussetzung für das Gedeihen der kreativen Entwicklung eines immer größeren Teils der Gesellschaft. Der Aufbau von Infrastruktur hat auch nachweislich immer einen zivilisatorischen Nutzen für die Menschen gehabt, die in den Genuß der dadurch in Gang gesetzten Veränderungen gekommen sind.

Wenn der Begriff Infrastruktur bisher die Eroberung immer weiterer Segmente des Planeten durch den Menschen bedeutete, dann beinhaltet die nächste Stufe der Evolution, die Infrastruktur für die Raumfahrt und die Besiedelung von Mond und Mars zu entwickeln. Infrastruktur wird dann nicht mehr bedeuten, beispielsweise Flüsse schiffbar zu machen oder die technischen Probleme bei der Verlegung von Trassen für Magnetschwebebahnen zu lösen, sondern zu lernen, mit der kosmischen Strahlung oder der Schwerelosigkeit im Raum ohne Schaden für den Menschen umzugehen. Die bemannte Raumfahrt wird eine neue solche Plattform in der Entwicklungsgeschichte der Menschheit darstellen, die wiederum alle anderen Beziehungen des ökonomischen Prozesses neu definiert.

Warum ist diese Perspektive menschlicher Entwicklung, die noch zu Zeiten des Apollo-Programms für den Großteil der Bevölkerung selbstverständlich war und es heute zumindest für Astronauten und mit der Raumfahrt befaßte Personen auch noch ist, so vollkommen aus dem Bewußtsein verschwunden? Jeder Besucher des Wernadskij-Museums in Moskau, in dem die Entwicklung von der abiotischen zur biotischen Periode bis zur Noosphäre pädagogisch sehr gut dargestellt ist, wird diese Perspektive nachvollziehen können. Ein solcher Astronaut oder ein solcher Museumsbesucher wird die Thesen des Club of Rome über die angeblichen Grenzen des Wachstums als absurd erkennen.

Einer der Gründe, warum in vielen Bereichen naturwissenschaftliche oder historische Erkenntnisse durch Ideologie ersetzt wurden, ist, daß mit dem vor über vierzig Jahren induzierten Paradigmenwandel weg von Produktion hin zu Spekulation auch das in Gymnasien und Universitäten vermittelte Wissen den neuen Erfordernissen angepaßt worden ist. So wird ein Student der Volkswirtschaftslehre in der Regel keinen einzigen Autor der Schule der physischen Ökonomie im Studium kennenlernen, also weder von Leibniz, noch List, noch Carey oder Witte, geschweige denn von Kepler, Gauß, Riemann oder Wernadskij etwas hören, dafür aber eine Menge über „kreative Finanzinstrumente".

Ebenso taucht in den allermeisten Biographien über Bismarck der Name Henry C. Carey nicht auf, obwohl es dem Einfluß dieses ökonomischen Beraters von Abraham Lincoln auf Wilhelm von Kardoff, den Gründer des Zentralverbandes deutscher Industrieller, zu verdanken war, daß Bismarck sich von einem Anhänger des Freihandels zu einem überzeugten Verfechter der protektionistischen Politik verwandelte. Die in diesem Band abgedruckte Schrift von Kardoffs, *Gegen den Strom,* gibt einen Einblick in die Kontroverse zwischen den Anhängern von Freihandel und Protektionismus zu dieser Zeit und beleuchtet die Gründe, die Bismarck zu seinen Industriereformen bewogen.

Es ist schon erstaunlich, daß die wirtschaftswissenschaftlichen Prinzipien, auf Grund derer Deutschland sich von einem Feudalstaat zu einer modernen Industrienation verwandelt hat, aus der offiziellen Geschichtsschreibung so effektiv eliminiert wurden. Bismarck, der sich in seinen Reichstagsreden wiederholt über die durchsichtige Absicht hinter den Freihandelstheorien lustig machte und sie sogar mit der Schädlichkeit der Kartoffelkäferplage verglich, realisierte ganz bewußt das Amerikanische System der Ökonomie in Deutschland – ganz in der gegen das englische System gerichteten Tradition von Friedrich List, der diesem Gegensatz in seinen Schriften diese Bezeichnung gegeben hatte.

Bismarck machte Deutschland durch die Kombination des amerikanischen Industriesystems und seiner in der Welt damals einzigartigen Sozialgesetze zu einem der fortschrittlichsten Staaten, der unter seiner Regierung in beispielhafter Weise dem Gemeinwohl verpflichtet war. Hierin und in der Tatsache, daß Bismarck mit seinem komplexen Geflecht diplomatischer Verträge die Sicherheitsinteressen Deutschlands absicherte und damit der imperialen Politik Englands ein massives Hindernis entgegensetzte, lag der Grund für die Machenschafen des Prinzen von Wales, dem späteren König Edward VII., die letztlich zu Bismarcks Entlassung führten.

Ebenfalls zu Unrecht in Vergessenheit geraten sind die Ökonomen, die Anfang der dreißiger Jahre des 20. Jahrhunderts auf der Basis der Prinzipien der physischen Ökonomie Pläne zur Überwindung der Depression vorschlugen, die nicht nur dem entsprachen, was Franklin D. Roosevelt in den USA mit dem New Deal verwirklichte, sondern deren Umsetzung die Bedingungen eliminiert hätten, die zwei Jahre später die Machtergreifung Hitlers ermöglichte. Dr. Wilhelm Lautenbach, Ökonom des Reichswirtschaftsministeriums, präsentierte im September 1931 den nach ihm benannten Plan bei einer Geheimkonferenz der Friedrich-List-Gesellschaft vor über 30 Industriellen und Bankiers, an der damals auch der Reichsbankpräsident Dr. Hans Luther teilnahm.

Die Grundidee Dr. Lautenbachs war es, daß unter der doppelten Bedingung von Depression und Währungskrise die normalen Marktmechanismen nicht mehr greifen, und der Staat die einzige Instanz ist, von der Initiativen zur Ankurbelung der Wirtschaft ausgehen können. Seine Bedingung war allerdings, daß diese durch staatliche Kreditlinien finanzierten Projekte Prinzipen der physischen Ökonomie entsprechen mußten. Wenn diese Investitionen in Bereiche erfolgten, in die man auch investieren würde, wenn es der Wirtschaft gut ginge und dadurch produktive Vollbeschäftigung erreicht würde, sei das Steueraufkommen später durch die indirekte Ankurbelung größer als die ursprünglich ausgegebenen Kredite.

Auf Gewerkschaftsseite gab es den vergleichbaren WTB-Plan, so genannt nach den Ökonomen Woytinsky, Tarnow und Baade, der einen internationalen Investitionsplan zur Überwindung der Arbeitslosigkeit vorschlug. Sowohl der Lautenbach-Plan wie der WTB-Plan gingen – ebenso wie Roosevelts New Deal – von dem Grundgedanken der physischen Ökonomie aus, daß die einzige Quelle gesellschaftlichen Reichtums in dem kreativen Potential der Bevölkerung liegt und daß es deshalb die Aufgabe des Staates sein müsse, das Beschäftigungsspektrum immer in Richtung einer Höherqualifizierung der Bevölkerung zu befördern und für die bestmögliche Entwicklung aller kreativen Fähigkeiten der Menschen zu sorgen.

Es ist in diesem Augenblick der Geschichte, in dem die EU dabei ist, die Fehler der Brüningschen Sparpolitik zu wiederholen, entscheidend, sich mit allem Nachdruck bewußt zu machen, daß Hitler mit diesem Programm hätte verhindert werden können. Wenn durch eine Kombination von Lautenbach- und WTB-Plan die Arbeitslosigkeit überwunden worden und Deutschland im Prinzip den gleichen Weg eines New Deal wie in Amerika gegangen wäre, wäre Hitler nicht an die Macht gekommen, und der Zweite Weltkrieg hätte nicht stattgefunden.

Wir sind wieder an einem solchen historischen Moment angekommen, an dem es plötzlich zu dramatischen Wenden und unerwarteten Kurswechseln kommen wird. Auch wenn sich die Geschichte nicht genau wiederholt, so ist doch die Kenntnis wichtiger Prinzipien der Universalgeschichte kriegsentscheidend, wenn es eine Chance für einen positiven Ausgang dieses Abschnitts der Geschichte geben soll. Die Entwicklung der Menschheit ist auch an einem Punkt angekommen, an dem wir alle in einem Boot sitzen. Heterogene Nebenlösungen wird es deshalb nicht geben, sondern nur eine Perspektive wie der Bau der Weltlandbrücke und der damit zusammenhängenden Projekte wird den Absturz in ein neues finsteres Zeitalter verhindern können.

Wiesbaden, im Oktober 2010

I.

LaRouches Ökonomie:

Wirtschaft als
Naturwissenschaft

LaRouche: Meine Rolle nach Obamas Absetzung

Lyndon LaRouche (rechts im Bild) war am 6. Juli 2010 zusammen mit John Hoefle und Nancy Spannaus von EIR Gast bei der wöchentlichen Internet-Fernsehsendung „Weekly Report" seines Aktionskomitees LPAC. Wir bringen Auszüge.

Diese besondere Veranstaltung (LaRouches Gespräche mit führenden US-Ökonomen und Vertretern Rußlands, Chinas und Indiens am 29. April 2010) hat sich als eine der wichtigsten strategischen Entwicklungen der jüngsten Zeit erwiesen, weil sie nicht nur für diese Personen, sondern für Institutionen allgemein ein Muster für das gesetzt hat, was folgen würde, wenn Präsident Obama schnell genug abgesetzt wird oder abdankt.

14

Unter diesen Bedingungen, die mir gut bekannt sind, würde ich in einer Regierung nach Obama eine Schlüsselrolle spielen – nicht als Regierungsmitglied, sondern als Berater mit vielfältigen Verbindungen, bei dem viele Fäden zusammenlaufen, um Rat zu geben, wie wir die Welt aus diesem akuten Schlamassel herausholen.

Das Gefährliche dabei ist: Wenn das nicht irgendwann zwischen Ende Juli und Ende September geschieht, werden die Vereinigten Staaten zerfallen. Westeuropa wird wahrscheinlich noch vor den Vereinigten Staaten zerfallen. Die ganze atlantische Region wird sich in Auflösung befinden. Und als Folge des fortgeschrittenen Zusammenbruchs der Weltwirtschaft im transatlantischen Bereich wird dann auch der transpazifische Bereich und die Region des Indischen Ozeans kollabieren. Das würde ein langes finsteres Zeitalter nach sich ziehen, nach dem wir wahrscheinlich statt [jetzt] 6,8 Milliarden weniger als 2 Milliarden Menschen auf diesem Planeten haben würden. Darauf läuft es hinaus.

Das ist ein Prozeß über mehrere Generationen, der das ganze Jahrhundert prägen wird, wenn wir Obama jetzt nicht stürzen! Da gibt es keine Wahl: Das [Obamas Sturz] ist das einzige, was uns in die Lage versetzen kann, die Zivilisation zu erhalten. Man muß begreifen, daß die Vereinigten Staaten sich in einem Zustand der völligen wirtschaftlichen Auflösung befinden, kurz vor einem realwirtschaftlichen Kollaps. Und alles, was Obama tut, wird diese Lage nur noch immer weiter *verschlimmern*.

Der voranschreitende Zusammenbruch

Der Kollaps ist durch die gegenwärtigen Entwicklungen vorprogrammiert, und ich denke, daß das in den maßgeblichen Kreisen der Welt alle wissen. Wir stehen vor einem Zusammenbruch des gesamten Weltwährungs- und -finanzsystems ab Ende Juli und im August. Es ist schon im Gang. Deshalb müssen wir Obama stürzen, bevor der Kollaps eintritt...

Man muß sich das vorstellen: Ein solcher Kollaps ist keine Wirtschaftsdepression – es ist ein Zustand, in dem *Geld aufhört zu existieren*, so wie in Deutschland im Herbst 1923. Hätte man damals Deutschland nicht von außen finanziell gerettet, dann hätte es sich nach dem Kollaps, der Weimarer Hyperinflation, aufgelöst. Aber in der heutigen Lage ist die Frage: Wer soll zusammengebrochene Nationen retten? Die Briten können es nicht. Die Briten sind in einer schlimmeren Lage als wir. Sie haben nur genug politische Macht, um ihr Tun zu vertuschen, und ihre politische Macht hängt daran, daß sie Barack Obama in der Tasche haben und er ihre Marionette ist.

Obama kann ganz plötzlich am Ende sein, weil mehr als 80% der Amerikaner *ihn weghaben wollen*. Sie sind zu dem Schluß gelangt, daß das Problem nicht von George W. Bush kommt, sondern daß Obama selbst das Problem ist. Natürlich hat George W. Bush nichts getaugt, aber dies ist noch schlimmer! Die Mehrheit der Bevölkerung weiß das. Nur die Institutionen um den Kongreß und Teile der Regierung wissen es nicht oder wollen es nicht wissen.

Wenn man Obama los wird, indem man ihn zwingt zu gehen, wären gleich auch alle Elemente aus der Regierung weg, die mit Obama verbunden sind, wesentliche Elemente wie [Finanzminister] Geithner, [Zentralbankchef] Bernanke und alle die anderen Gauner und Schleimer. Die wären weg! Was haben wir dann? Uns bleibt die übrige Regierung, und uns bleibt die Verfassung.

Glass-Steagall auf der Tagesordnung

Das würde bedeuten, daß wir sofort eine Glass-Steagall-Reform durchsetzen werden, denn sie ist sehr beliebt; mehr als 80% der Bevölkerung sind dafür. Wenn eine Glass-Steagall-Reform kommt, solange insgesamt ein Zusammenbruch des Systems überhaupt noch aufzuhalten ist, können wir Amerika retten. Wir werden nicht sofort Wohlstand herbeiführen können, aber wir können dann Entscheidungen treffen, die das Land sozial stabilisieren und Fortschritte ins Rollen bringen.

Sobald wir nach den Maßstäben von Glass-Steagall das ganze wertlose Geld ausgemerzt haben, kann die Bundesregierung die Vergabe von Kredit autorisieren, mit dem wir verschiedene Programme beginnen. Wir können Banken, die eigentlich bankrott sind, unter staatlichen Sanierungsschutz stellen; wir können diese Banken wieder solvent machen, indem wir ihnen treuhänderisch Bundesgelder leihen, damit sie ihre Geschäfte weiterbetreiben. Wir werden Richtlinien haben, wofür sie dieses Geld verwenden werden. Das wird hauptsächlich für Infrastrukturprojekte sein, die notwendig sind, um allgemein die Industrie und Landwirtschaft auf- und auszubauen. Das sollte die Priorität sein. Wir werden sie [die Kredite] auch für andere notwendige Dinge verfügbar haben, um den wirtschaftlichen Aderlaß zu beenden.

In diesem Zeitraum haben wir jetzt noch die Chance, die Vereinigten Staaten zu retten; und wenn wir die USA retten, kann ich dafür garantieren, daß Länder wie Rußland, China und Indien dabei unsere Partner sein werden. Wenn es rechtzeitig geschieht, rettet man auch Deutschland und Frankreich – der gegenwärtige französische Präsident ist jetzt in einer unsicheren Position, er könnte ausgetauscht werden –, und es gibt Kräfte in Italien, die dabei nützlich sein werden.

Wir hätten also sofort eine Kombination mit den Vereinigten Staaten: Auf asiatischer Seite hätten wir nicht nur das eurasische Rußland, man hätte auch Südkorea, man hätte Japan, man hätte China, man hätte Indien, und man hätte weitere Länder im Umfeld des Pazifischen und des Indischen Ozeans. Mit dieser Kombination, verbunden mit bestimmten Ländern in Europa und mit den USA, haben wir die Voraussetzungen, um das System zu retten. *Es ist unsere letzte Chance.*

Meine Rolle bei all dem wird nicht sein, Präsident zu werden – schließlich werde ich am 8. September 88 Jahre alt, und das ist für mich keine angemessene Berufsperspektive mehr. Aber ich habe für diese Situation das Wissen, das anderen fehlt, und ich pflege eine Zusammenarbeit mit Leuten in verschiedenen Ländern, so daß ich mir sehr deutlich vorstellen kann, wie die Kettenreaktion der Erholung wahrscheinlich aussehen wird, sobald Obama aus dem Amt ist. Mir wird dabei eine ganz spezifische Rolle zufallen, um die wirtschaftliche Seite dieser Erholung zu organisieren...

Warum Obama abgesetzt werden muß

Man muß verstehen, daß Obama ein Instrument der [britischen] Sabotage gegen die Vereinigten Staaten ist; er soll verhindern, daß die Vereinigten Staaten Maßnahmen ergreifen, die den Vorgaben ihrer Verfassung entsprechen und uns und allgemein die Zivilisation retten würden.

Die Leute, die dahinter stecken, sind aber auch nicht loyal zum Volk des Vereinigten Königreichs. Die Gruppe, die dahinter steht, ist das britische Königshaus, mit Lord Jacob Rothschild als Kontaktmann. Rothschild als Person ist keine wichtige Figur, aber er ist eine Schlüsselfigur in dem Sinne, daß er seit dem Kollaps des Dollars 1971 den zentralen Bezugspunkt eines monetär-finanziellen, imperialen Systems bildet. Dieses imperiale System hat Zweige in allen Teilen der Welt – etwa in Brasilien. Die Inter-Alpha-Gruppe ist ein Beispiel dafür. Das ist also das Empire.

Unser Ziel ist es oder sollte es sein, daß dieses Empire untergeht. Wir müssen es stillegen und ruinieren, und statt dessen die Macht wieder den souveränen Nationalstaaten geben, bzw. einem Bündnis souveräner Nationalstaaten, die den Planeten wieder in Ordnung bringen und den Imperialismus abschaffen. *Wir werden diesen Imperialismus abschaffen!*

Solange Obama einen Kreis von Dummköpfen in Amerika beeinflussen kann, die blind seiner Führung folgen – solange er im Amt ist, haben wir dazu keine Chance. Und kein anderer Teil der Welt wird es tun. *Wir, die Vereinigten Staaten, müssen es tun!* Ohne unsere Vorreiterrolle in dieser Hinsicht *besteht jetzt keine Hoffnung mehr für die Zivilisation!* Die Dinge sind zu weit fortgeschritten.

Die Chinesen, die Inder, die Russen wissen nicht, wie sie es tun sollen! Und wenn das transatlantische System zusammenbricht, haben sie nicht genug Mittel, um die Krise des ganzen Planeten zu überwinden. Nur wenn wir die Lage in den Vereinigten Staaten herumreißen und zur verfassungsmäßigen Absicht unserer Existenz zurückkehren, gibt es eine Chance. Und uns bleibt nur ein sehr kurzer Zeitraum, von irgendwann im Juli bis Anfang Oktober, wenn die nächste Haushaltsrunde kommt, die an sich schon tendenziell eine Krise auslösen wird. Das heißt, wenn wir Obama nicht loswerden, wird unsere Zivilisation untergehen. Man kann ihn aber auch nicht einfach erschießen, weil gerade das eine Krise der Art auslösen würde, die wir nicht wollen. Deshalb muß man ihn zwingen zu gehen!

Ich verstehe die Abläufe wohl besser als irgendeine andere lebende Person – aus Gründen, die einige kennen. Deshalb muß es auf diese Weise funktionieren: Ich muß mein Wissen umsetzen mit Hilfe von Leuten, die unsere Regierung und andere Regierungen vertreten, und einen Plan ausarbeiten, der uns aus diesem Schlamassel wieder sicher herausholt.

Aber jetzt läuft die Zeit aus, wo wir noch eine Wahl haben: Irgendwann zwischen Juli und Ende September werden wir entweder erleben, wie die Zivilisation gerettet wird – wozu als erstes Obama gestürzt werden muß –, oder wie unsere Zivilisation endet, und das für sehr lange Zeit. Das ist unsere Lage...

Die Perspektive des Massenstreiks

Millionen Amerikanern droht in naher Zukunft durch Obamas Politik der Tod. Man sieht es an den Obdachlosen: Man vertreibt jetzt die Obdachlosen von den Orten, wo sie ihre Zelte aufbauen, wo sie unter Brücken hausen und ähnliches. Sie werden von der Regierung Obama und ihren Handlangern massenweise vorsätzlich umgebracht.

Der Punkt ist der: Die Bürger Amerikas wissen, daß man sie umbringt. Sie möchten so tun, als wäre das nicht so, weil sie vor ihrem Ende gerne noch einen Augenblick der Hoffnung hätten. Sie klammern sich an die Illusion, daß sie überleben werden, und sitzen da und warten darauf, daß der Tod sie einholt.

Wie verwandelt man nun ihr instinktives Wissen, daß ihnen großes Unrecht angetan wird, in einen kompetenten Aktionsplan, der die Probleme löst? An diesem Punkt kommt die Frage der Führung, die Dynamik politischer Führung ins Spiel. Und ich weiß von der Struktur der Institutionen in unserer Regierung und einigen anderen Regierungen: Wenn man den Faktor Obama ausschaltet, entstehen mehr oder weniger sofort die Sammlungspunkte in und um unsere

Regierung, die den Trend wenden. Entscheidend ist, in den Vereinigten Staaten einen Brennpunkt, eine Führung zu schaffen, die Obama ablöst – das Bild einer *Gegenführung zu Obama*. Wir haben einige Leute in der Regierung, die bereit sind, dafür zu stehen. Dafür müssen wir kämpfen.

Aber dabei müssen wir – so wie ich das tue – einen klaren Eindruck vermitteln, welche konkreten Maßnahmen zu ergreifen sind. Der Sammlungspunkt dafür ist Glass-Steagall. Man erinnere sich: Die Briten haben den Vereinigten Staaten befohlen, Glass-Steagall nicht wieder in Kraft zu setzen, und dieser Laufbursche der Briten, Präsident Obama, gehorcht ihnen. Mitglieder des Kongresses unterstützen auf Befehl als Laufburschen der Briten dieses Verbot der Rückkehr zu Glass-Steagall. Und sie benutzen dazu allerlei Gangstermethoden...

Der Trick bei der Sache ist also: Weg mit der falschen Führung! Werft die Verräter raus! Dann wird man feststellen, daß in unseren Institutionen alles bereitsteht zu feiern, *daß wir unsere Regierung wiedergewonnen haben!* Das ist alles, was wir brauchen. Dann fängt meine Arbeit an. Meine Aufgabe ist es, die Dinge auszusprechen, von denen ich weiß, daß andere es nicht tun werden, daß es aber für den Erfolg notwendig ist. Das eine ziemlich gute Aufgabe für einen 88 Jährigen.

Millionen Obdachlose in Amerika leben in Zeltstädten.

Ein außerordentlicher internationaler Dialog mit Lyndon LaRouche

*A*m 29. April 2010 führte Lyndon LaRouche einen außerordentlichen Dialog mit einer Gruppe internationaler Fachleute, die in New York zusammengekommen waren, um über verschiedene Elemente der von LaRouche vorgeschlagenen Vier-Mächte-Vereinbarung zu beraten. Zu der Gruppe gehörten Politiker sowie verschiedene erstrangige Akademiker führender amerikanischer Universitäten wie Stanford, Berkeley, MIT, Princeton und Columbia. Auch Vertreter Rußlands, Chinas und Indiens waren zugegen. Einige Journalisten waren als Beobachter eingeladen worden. Ursprünglich hatte das Seminar privaten Charakter, aber unter den Teilnehmern herrschte Einvernehmen, daß es angesichts der akuten Weltfinanz- und Wirtschaftskrise und der ungewöhnlich klaren Bemerkungen LaRouches nicht zu rechtfertigen sei, die Ausführungen unveröffentlicht zu lassen. Es folgt eine redaktionell überarbeitete Abschrift der Beratungen, die am 21. Juni 2010 von LaRouches Aktionskomitee veröffentlicht wurde. Moderatorin der Veranstaltung war LaRouches Sprecherin in den USA, Debra Hanania Freeman. Bevor Lyndon LaRouche live zu der Diskussion zugeschaltet wurde, hörten die Teilnehmer ein Briefing, das LaRouche vor Mitarbeitern am 24. April unter dem Titel „Der Fall Arkadij W. Dworkowitsch"[1] gegeben hatte.

Freeman: Die erste Frage ergab sich aus Gesprächen, die heute morgen hier geführt wurden. Bekanntlich fanden in Washington gestern (28.4.) zwei Tagungen statt; eine war das erste Treffen der Peterson-Kommission zu den Sparbeschlüssen, und die zweite war ein Wirtschaftsgipfel, der unter Federführung der Peterson-Stiftung organisiert worden war. Im Verlauf der Diskussion dort machte der frühere Präsident Bill Clinton einige Bemerkungen, die von der Presse völlig verdreht wurden.

Eine Äußerung Clintons wurde in der Presse irrtümlich als Verteidigung von Goldman Sachs ausgelegt, obwohl das eindeutig nicht seine Absicht war: Er sagte, daß er sich unter der augenblicklichen Rechtslage, in der praktisch alles dereguliert sei, nicht ganz sicher sei, ob Goldman Sachs tatsächlich gegen Gesetze verstoßen habe. Womit er offensichtlich meinte, daß wir in einem ziemlich rechtlosen Universum leben, wenn um derlei Machenschaften geht.

Er sagte, der eigentliche und wichtigere Punkt sei, daß alle diese Finanzgeschäfte für die Gesamtwirtschaft keinen wirklichen Wert oder Nutzen hätten. Seiner Ansicht nach sei es für uns als Politiker viel wichtiger, dieses Problem wirklich anzupacken.

Eine Frage, die hier aufgeworfen wurde, lautete: Gab es vor dem ganzen Deregulierungswahn und all den daraus folgenden Produkten wie Ramschanleihen, Derivaten usw. jemals eine Zeit, in der Wallstreet-Investments mit der Realwirtschaft oder mit etwas von tatsächlichem Eigenwert zusammenhingen? Die Frage kam auf, einerseits wegen Clintons Bemerkungen und den heute erforderlichen Regulierungsmaßnahmen, aber auch in Bezug auf Deine wiederholten Aussagen im letzten Jahr, man müßte die Wall Street insgesamt dicht machen, da sie keinerlei Wert darstelle. Hier wird gefragt, war das schon immer so, oder ist das eine Folge des Irrsinns in der Nachkriegszeit gewesen?

LaRouche: Zur letzten Frage der Wall Street: Die Skandale um die führenden Institute der Wallstreet wie Goldman Sachs und AIG zeigen, daß die Wallstreet von Leuten übernommen wurde, die auch nicht mehr das geringste mit dem zu tun haben, was irgendein anständiger Mensch in diesem Land haben will. Deshalb wäre es das richtige, die Wallstreet abzuschaffen.

Das ist ganz einfach, man muß sie nur wegen Diebstahl bestrafen und ihnen ihren Müll wegnehmen. Der erste Schritt, den wir zur Wiederbelebung der amerikanischen und der Weltwirtschaft ergreifen müssen, ist die Anwendung des Glass-Steagall-Standards nicht nur in den USA, sondern weltweit. Das sollte integraler Bestandteil diverser vertraglicher

Franklin Roosevelts Gesetze waren kurz und klar verständlich, heute haben die Gesetzesentwürfe Tausende von Seiten, damit sie niemand liest.

Vereinbarungen sein, die Nationen untereinander schließen sollten. Bevor wir einen wirtschaftlichen Aufschwung einleiten können, müssen wir den Glass-Steagall-Prozeß in Gang setzen. Damit würden wir Firmen wie Goldman Sachs einfach beseitigen. Sie würden automatisch verlöschen, weil man sie nicht als rechtmäßige Unternehmen im Sinne der Verfassung einstufen kann.

Auf der anderen Seite muß man sich anschauen, wie heutzutage Gesetze geschrieben werden. Es gibt diese verrückte Senatsvorlage aus Connecticut. Es gibt enorm umfangreiche Gesetzesvorlagen, wie dieses Finanzreformgesetz, die nicht einmal eine Beschreibung ihres Zwecks enthalten. Man versucht, dieses Gesetz durchzupauken, mit Tausenden Seiten, ohne kohärente Aussage über das Prinzip, die Absicht dahinter. Es ist ein Sammelsurium, es erinnert an eine Köcherfliegenlarve, die alle möglichen Steinchen und Schmutzteilchen aufsammelt, um sich zu verpuppen. Derartige Gesetze darf es nicht mehr geben.

Alle wichtigen Gesetze zum Beispiel unter Franklin Roosevelt waren einfach, zumindest was den Umfang angeht. Man nannte das Prinzip und die Art und Weise, wie es umgesetzt werden sollte. Das genügte vollauf. Doch das war einmal. Das vorliegende Gesetz hat nur viele Seiten, aber keinen erklärten Zweck. In dem Gesetz selbst wird gar kein Grund dafür angegeben, warum es überhaupt vorgelegt wird. Und es ist völlig inkohärent.

Kein einziger Kongreßabgeordneter wird dieses Gesetz jemals in seiner Gesamtheit durchlesen, d.h. die Abgeordneten wissen gar nicht, worüber sie abstimmen. Hinter dem Gesetz steht keinerlei kompetente Absichtserklärung. Sein Entwurf steht in keiner Beziehung zu den Grundsätzen der Verfassung. Und da sage einer, es sei nicht verfassungswidrig.

Gesetze dieser Art sollte es gar nicht geben. Wenn es nicht ausdrücklich der Verfassung entspricht, sollte es nicht existieren. Man kann die Verfassung ändern, und zwar mit der gleichen Methode, wie sie geschaffen wurde. Aber auch die Präambel der Verfassung ist ein Prinzip. Unsere Nation wurde auf der Präambel der Verfassung gegründet. Auch diese Überlegung muß eine Rolle spielen.

Zuallererst muß Schluß sein mit solchen meterdicken Gesetzesvorlagen. Die brauchen wir nicht. Wir brauchen kompetente Gesetze, die die Mitglieder des Kongresses auch verstehen. Die meisten Vorlagen der letzten Zeit, die großen Gesetze, hat niemand verstanden. Wenn jemand lange Gesetzestexte vorlegt und verlangt, daß über sie sofort entschieden wird, ohne daß sie geprüft werden können, dann betrügt er die Nation. Solche Gesetze sind von Natur aus verfassungswidrig, denn sie entsprechen nicht einer klar geäußerten Absicht; außerdem enthalten sie viel Unsinn, der einfach völlig irrelevant ist. *Damit sollte Schluß sein.*

Wir müssen in die Richtung von Glass-Steagall gehen, und wir brauchen das Einverständnis unter den Nationen, ein System fester Wechselkurse einzurichten. Die Beendigung des Systems fester Wechselkurse hatte bekanntlich zur Folge, daß Staaten keine Kredite mehr von anderen Staaten aufnehmen und sich darauf verlassen konnten, daß die ursprünglich vereinbarten Konditionen eingehalten würden, weil der Wert der Währungen auf dem Weltmarkt schwankte. Ganze Länder wurden durch diese Art Leihpraktiken ganz schnell aus dem Geschäft gedrängt. Roosevelt und die Leute hinter ihm hatten das noch verstanden.

Wir müssen uns an die amerikanische Verfassung halten, wenn wir ein Regierungsziel definieren wollen. Und ich glaube nicht, daß jemand etwas Neues gefunden hat, was den Grundcharakter der Verfassung, wie sie beschlossen und später erweitert wurde, ändern würde. Das ist das erste.

Zweitens, ohne ein System fester Wechselkurse kann es keinen Welthandel und keine Wirtschaftserholung geben, und das bedeutet, daß die Welt ein neues System schaffen muß. Der gesamte Müll der Wallstreet muß ausgemistet werden, wir brauchen wieder ein vernünftiges Bankensystem und bewährte Managementkriterien. Wahrscheinlich muß auch das Federal-Reserve-System abgeschafft und dessen Kapital und Verantwortlichkeiten an eine neu zu schaffende Nationalbank übertragen werden.

Unsere Banken wurden durch die Gesetze und anderen Reformen seit 2007 ruiniert. Somit haben wir kein kompetentes Bankensystem mehr. Es gibt zwar in einigen Banken noch einzelne Elemente kompetenter Bankgeschäfte, aber das zeigt um so dringlicher, daß wir eine Bankenreform nach dem Glass-Steagall-Standard brauchen. Wir brauchen etwas, um die bereits bankrotte Federal Reserve zu ersetzen.

Streng genommen ist das System der Federal Reserve so verdorben, daß es nicht mehr zu reparieren ist. Es besitzt jedoch entscheidende Elemente von Eigenwert, die geschützt werden müssen. Deswegen muß man nach der gleichen Methode den Finanzmüll aus der Federal Reserve herausnehmen. Die Handelsbanken müssen auf Landes- und Bundesebene neu aufgestellt werden, so wie wir sie zu Zeiten der Regulierung hatten. Außerdem muß ein Medium in Form des Hamiltonischen Nationalbanksystems geschaffen werden, das die Beziehung zwischen der Regierung und dem Bankensystem bzw. der Wirtschaft im allgemeinen regelt.

Diese Maßnahmen sind absolut unabdingbar, denn nur so lassen sich langfristige Beziehungen mit anderen Nationen auf

Grundlage fester Wechselkurse aufbauen. Das muß schnell in Ordnung gebracht werden. Genauso wie innerhalb von Nationen brauchen wir auch eine Art Glass-Steagall-Standard für internationale Angelegenheiten. Dann müssen umfangreiche Kreditvereinbarungen getroffen werden, mit denen es möglich wird, die grundlegende Infrastruktur der Weltwirtschaft so auszubauen, wie wir sie uns vorstellen. Dafür brauchen wir Finanzierungsmechanismen, die im wesentlichen Rooseveltsche Mechanismen sind, aber an die heutigen Bedingungen angepaßt.

Unter Roosevelt, solange er lebte, herrschten beste Bedingungen. Die Lage der Welt heute ist jedoch eine ganz andere als damals. Man muß also den ruinierten Zustand der heutigen Welt, besonders der transatlantischen Welt, berücksichtigen, und man muß die Bedürfnisse der westpazifischen Regionen verstehen. Aus meiner Sicht brauchen wir eine Vereinbarung mit diesen Aspekten zwischen den Vereinigten Staaten, Rußland, China, Indien und anderen Ländern, wie zum Beispiel Japan, Südkorea usw. Wir brauchen eine solche Reform. Mit einer aufgabenorientierten Reform werden wir die Weltwirtschaft retten, d.h. wir werden vorrangig in die wirtschaftliche Grundinfrastruktur investieren: Massentransportmittel, Energieerzeugung mit hoher Energieflußdichte, Wasserwirtschaft, Bildungswesen, ein funktionierendes Gesundheitswesen (in den USA nach Vorbild des Hill-Burton-Gesetzes statt des jetzigen AIG-Betrugssystems im Gesundheitssystem).

Wir brauchen solche Vereinbarungen zwischen den Nationen, und aus meiner Sicht gehören die Vereinigten Staaten, Rußland, China und Indien zu den absolut unerläßlichen Gründungsmitgliedern eines solchen internationalen Abkommens. Mit einem solchen Ansatz glaube ich ganz sicher, daß wir eine schnelle Erholung der Welt von diesem Schlamassel organisieren können, weil ich weiß, wie man das anstellt. Es wird zwei Generationen dauern, um das Ziel zu erreichen, aber wir können schnell damit beginnen.

Andererseits befindet sich die Wirtschaft Europas in einem allgemeinen Kollapszustand. Auch Rußland zerfällt unter der augenblicklich von britischem Einfluß bestimmten Politik.

Deswegen ist sofortiges Handeln erforderlich. Im Grunde ist die Lösung relativ einfach – zumindest einfach für mich, weil ich mich mit diesen Ideen schon sehr lange trage. Und ich bin sicher, daß es funktioniert.

Das sollte für den Anfang genügen.

Eine russische Frage zu Glass-Steagall

Freeman: Die nächste Frage kommt von einem unserer Freunde hier, die Rußland vertreten. Er fügt einschränkend hinzu, daß seine Frage nicht unbedingt seine eigene Auffassung darstellt, sondern von vielen Leuten in seinem Land in bezug auf Deine Bemerkungen zu Glass-Steagall gestellt würde.

Er sagt, er verstehe vollkommen die Notwendigkeit für eine Art Glass-Steagall-Verfahren in den Vereinigten Staaten, weil das Finanzsystem hier eine so unglaubliche Katastrophe geworden sei. Aber er hat Einwände gegen Deine Forderung nach einem globalen Glass-Steagall. Eine solche Regulierung sei nicht unbedingt schlecht, aber sei das nicht ein typisch amerikanischer Vorschlag und deswegen eher eigennützig, da die Vereinigten Staaten derzeit unter der größten Verschuldung litten? Dies diene im wesentlichen dazu, die US-Schulden zu beseitigen. Würden sich nicht einige der Länder, die auf der Empfängerseite stünden, zu recht dagegen verwahren?

LaRouche: Das verhält sich ganz anders. Die Höhe der US-Schulden ist ein Ausdruck der Wirtschaftsgröße der USA und ihrer Rolle in der Welt. Die größte Schuldenanhäufung findet sich im Britischen Empire, wie etwa auf britischer Seite in Institutionen wie Mr. Rothschilds Inter-Alpha-Gruppe, eine der schlimmsten Plagen auf diesem Planeten.

Auch auf russischer Seite gibt es da ein Problem in Form eines politischen Konflikts. Rußland gehört zu den vielversprechendsten, aber auch zu den notleidendsten Nationen. Die Anstrengungen von Ministerpräsident Putin und seine Programme zur Entwicklung der Infrastruktur sind mir sehr sympathisch. Es gibt da aber auch andere russische Stellen, die im allgemeinen die Interessen wirklich nutzloser Firmen repräsentieren, die als russische Firmen mit Sitz in der Karibik geführt werden. Ich nenne sie immer „die Piraten der Karibik". Wenn Rußland nicht mit umfangreichen Investitionen in die wirtschaftliche Grundinfrastruktur und die Entwicklung von Industrie und Landwirtschaft vorangeht, wird Rußland den gleichen Weg gehen, wie ihn Europa jetzt schon geht.

Hier ist eine Krise. Ich weiß auch, daß es politische Differenzen in Rußland gibt. Es gibt Leute, die für den langfristigen Infrastrukturaufbau sind, was der vernünftige Weg ist. Nur so kann Rußland nach der Ausplünderung in der unmittelbaren Nach-Sowjetzeit wiederaufgebaut werden. Darin liegt Rußlands größeres Problem, denn wenn die Dinge so weiter gehen, ist Rußland verloren. Und ich will nicht, daß Rußland untergeht.

Insofern würde Rußland noch mehr von Glass-Steagall profitieren als die Vereinigten Staaten. Der große Parasit auf der Erde ist das Britische Empire, die britischen Interessen, wie sie die Rothschild-Gruppe verkörpert, die 1971 geschaffen wurden – zur gleichen Zeit, als britische Interessen die Vereinigten Staaten dazu brachten, aus dem Bretton-Woods-System fester Wechselkurse auszusteigen.

Ich kenne auch die Strömungen in Rußland, die in die andere Richtung gehen wollen. Kürzlich hielt sich ein Sonderbeauftragter des russischen Präsidenten hier in den Vereinigten Staaten auf, und was er von sich gab, klang für mich wie barer Unsinn. Die von ihm vorgeschlagene Politik würde Rußland ruinieren. Seine Idee, in Rußland eine Art Silicon Valley aufzubauen, ist verrückt. Ein Silicon Valley in Rußland wäre eine Farce. Das, was die amerikanische Regierung in einer bestimmten Periode in die Welt gesetzt hatte, war eine Bailout-Operation – der frühere Präsident Clinton versteht sehr gut, was das war, was er da durchgemacht hat. Schon die Regierung unter Bush sen. hatte diesen Prozeß in Gang gesetzt. Das ganze war eine Farce, ein Fehlschlag. Das Platzen der verrückten „Dot-com-Blase" in Kalifornien war eine Folge davon, daß die US-Regierung diesen Schwindel, der unsere Wirtschaft fast ruiniert hätte, nicht länger finanziell stützen wollte. Und wir haben uns nie mehr erholt.

Nein, die größte Schuldenplage auf diesem Planeten ist das erweiterte britische System, wofür die Rothschild-Interessen typisch sind, die in Wirklichkeit die Interessen der britischen Monarchie sind. Für Rußland verkörpern die Piraten der Karibik russischer Herkunft die gleichen Interessen. Es ist absehbar, daß Rußland und auch andere Länder bei Fortsetzung dieses Prozesses zum Untergang verurteilt wären.

Ich weiß, daß Leuten in Rußland erzählt wird, die Vereinigten Staaten seien der große Schuldner, und das Ziel sei, die Vereinigten Staaten auf Kosten anderer Länder zu sanieren. Das ist Unsinn. Wenn wir einen klugen Präsidenten hätten, wären die Vereinigten Staaten der Motor für die wirtschaftliche Erholung der ganzen Welt. Ohne diesen Motor wird die gesamte Welt den Bach hinuntergehen. Wir sehen ja in dem Moment, wo wir hier sitzen, bereits den Zerfall des Euro-Systems.

Silicon Valley und Adam Smith

Freeman: Jemand, der vor Ort war, als Herr Dworkowitsch kürzlich die Universität Stanford besuchte, hat eine weitere Frage zu Rußland. Er sagt: „Viele Äußerungen unseres russischen Freundes während seines Besuchs an der Westküste haben mich einigermaßen überrascht. Was mich allerdings wirklich aufschrecken ließ, war seine Vorstellung, an verschiedenen Orten in Rußland Silicon Valleys zu errichten. Für jeden, der in den Vereinigten Staaten lebt, insbesondere jedem hier an der Westküste, ist klar, daß Silicon Valley besser Death Valley (Tal des Todes) genannt werden sollte. Es ist heute eine einzige Öde. Es stimmt zwar, daß kurzfristig dort eine ganze Menge Leute verdammt viel Geld gemacht haben, aber einige davon ziehen heute als Obdachlose durch die Straßen von San José und sind verrückt geworden.

Noch mehr verblüfft war ich von seinem Anliegen, daß Risikokapitalgeber nach Rußland kommen sollten, um diesen Prozeß zu beschleunigen. Denken wir nur an das globale Umfeld – ich spreche nicht nur von den Sachen mit Goldman Sachs, sondern man muß auch sehen, was sich vor einigen Monaten in Dubai abgespielt hat. Das ist ein weiteres

Produkt von diversen Fonds und Risikokapitalgebern, und das geschieht, wenn man sein Land zum Tummelplatz immer größerer Spielkasinos werden läßt.

Ich war darüber dermaßen beunruhigt, daß ich ins Internet ging, um mehr über die Leute zu erfahren, die sich für so etwas stark machen. Ich las einige Interviews mit Leuten aus dieser Initiative, die auch zu einer viel größeren Gruppe gehörten, die am MIT war, bevor Dworkowitsch nach Kalifornien kam. Ich war erstaunt, festzustellen, daß diese Leute in den Interviews nicht nur Adam Smith, sondern auch von Hayek rühmten.

Mir geht das nicht in den Sinn. Das läuft allem zuwider, was ich bisher über die Wirtschaftsansichten in Rußland gedacht habe. Ich würde mich freuen, wenn Sie mir in dieser Frage etwas Klarheit verschaffen könnten. Um es klar zu sagen: Ich stelle diese Frage nicht aus irgendeiner Feindschaft gegenüber unseren russischen Teilnehmern hier, sondern ich versuche dies wirklich zu verstehen, weil es mir als unglaublicher Mißklang erscheint."

LaRouche: Die großen Fortschritte und die großen Denker Rußlands waren selbst in der Sowjetzeit mit bestimmten Teilen der Russischen Akademie der Wissenschaften verbunden. Und der Kern der Russischen Akademie der Wissenschaften – abgesehen vom mineralogischen Bereich, der aber mit dem anderen nicht unvereinbar ist – war das Werk des Akademiemitglieds Wernadskij, einem der größten Genies des letzten Jahrhunderts.

Technisch gesehen beginnt für uns derzeit eine neuartige Wirtschaft, in der die kosmische Strahlung, wie sie bereits von Wernadskij und seinen Nachfolgern untersucht wurde, der Schlüssel für große Veränderungen auf der Erde ist. Sie ist aber auch entscheidend, sobald wir davon reden, Menschen von der Erde beispielsweise zum Mars zu befördern. Für einige der Probleme, die sich bei einem Beschleunigungsflug vom Erdorbit zum Mars stellen, kennen wir noch nicht die Lösung, oder sogar die Probleme selbst sind nicht bekannt. Ein normaler Flug ohne Beschleunigung würde über 300

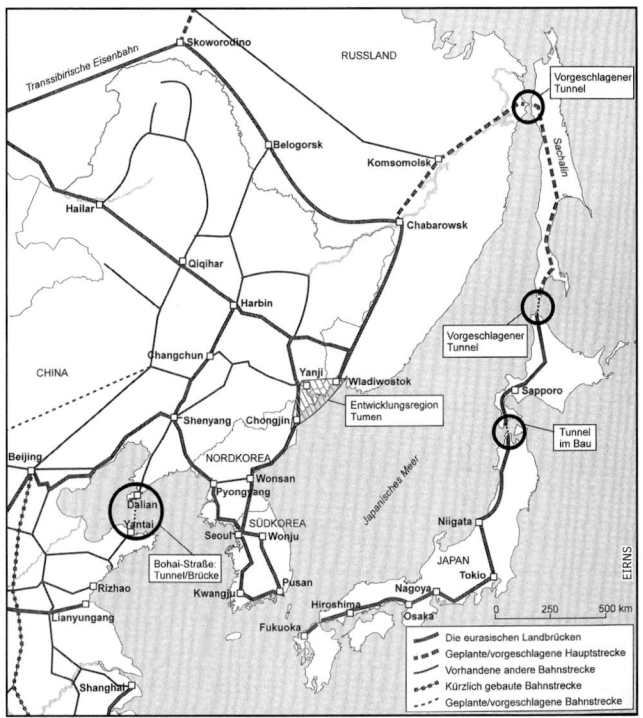

Rußlands Zukunft liegt in der Erschließung und Entwicklung des Fernen Ostens, nicht im Bau von Luftschlössern nach dem Vorbild des kalifornischen „Silicon Valley".

Tage dauern, und dabei würden die Leute im Raumschiff am Ende zu Matsch.

Die Herausforderung eines Marsfluges, den die Menschheit vor Ablauf dieses Jahrhunderts absolvieren sollte, ist der Markstein der langfristigen Perspektive, die zum Aufbau der Weltwirtschaft erforderlich ist.

Wernadskijs Arbeiten sind hierfür von großer Relevanz. Wir arbeiten derzeit an der Frage, wie das Periodensystem so umgearbeitet werden könnte, daß darin die Rolle der kosmischen Strahlung zum Ausdruck kommt. Hierüber ist derzeit nur wenig bekannt. Die schwachen Felder kosmischer Strahlung sind hierbei extrem wichtig, weil sie vor allem mit

31

lebenden Prozessen zu tun haben, und das sollte uns Menschen besonders interessieren.

Diese Überlegungen sind absolut notwendig.

Das ist auch wirtschaftlich das Schicksal Rußlands seit Peter dem Großen, der nicht perfekt gewesen sein mag, dessen Politik aber Rußland nach dem Elend der vorherigen Jahrhunderte auf den Weg zu eigener Größe brachte. Wernadskij verkörpert zusammen mit Mendelejew zuvor das große Genie Rußlands, welches Rußland unter einigen Zaren vor dem Krieg und später in der Sowjetunion große Dinge zustandebringen ließ.

Die Welt hat sich seither, was physikalische Prinzipien angeht, nicht verändert. Allerdings kommen von Bertrand Russell und dem Internationalen Institut für Angewandte Systemanalyse (IIASA) Ideen, die nicht nur einfältig, sondern bösartig sind. Es sei daran erinnert, daß IIASA und der Club von Rom von ein und der gleichen Stelle gegründet wurden. Diese wirtschaftlichen Vorstellungen sind völlig inkompetent.

Ihre Frage nach den Umständen und nach der Politik von Adam Smith ist ein unmittelbarer Aspekt davon. Marx behauptete, Adam Smith sei sein Apostel gewesen; ich glaube allerdings, daß das nicht ganz stimmt. Es traf nur zu einem gewissen Grad zu. Man sollte den positivistischen Verrücktheiten Bertrand Russells und seiner Anhänger das Genie großer Denker wie Wernadskij gegenüberstellen.

Vergegenwärtigen Sie sich in diesem Zusammenhang die heutige Rolle Rußlands: Rußland ist eine große Nation und eine nicht nur europäische, sondern eurasische Kultur. Rußland verfügt über unermeßliche Bodenschätze zum Beispiel in Sibirien, die zwar in einigen Gegenden schwer zu erschließen sind, aber russische Wissenschaftler wissen, wie man damit umgehen muß.

Südlich davon liegen China, die Mongolei, Indien usw., die einen Mangel an Rohstoffen haben. Dabei leistet China derzeit ausgezeichnete Arbeit beim Ausbau seines Schienennetzes – das ist ganz wichtig. Seine Bemühungen sind aller Achtung wert. Indien bewegt sich in eine ähnliche Richtung. Gleichzeitig leben in China und Indien sehr viele arme Menschen. Das Verhältnis zu Rußland ist deshalb ganz natürlich: Es verfügt über die wissenschaftlichen Einrichtungen und andere Fähigkeiten, um die erforderlichen Mineralien und anderen Güter an China, die Mongolei, Indien und andere Länder im Süden zu liefern.

Es gibt auch große Kooperationsbereitschaft von Ländern wie Japan, das gerne bei der Entwicklung Sibiriens helfen würde. Auch Südkorea ist an diesem Prozeß äußerst interessiert. Das Schicksal Rußlands liegt somit vom realwirtschaftlichen Standpunkt in der Weiterentwicklung der russischen Wissenschaft und deren Anwendung auf diese Vorhaben. Beispielhaft hierfür wären Rußlands Beiträge zur Entwicklung und zum Ausbau der Kernenergie weltweit.

Hier liegt die Zukunft Rußlands.

Rußland wird ohne vertragliche Beziehungen mit den Vereinigten Staaten und dem, was hoffentlich von Europa gerettet werden kann, nicht auskommen. Es braucht die Zusammenarbeit mit Indien, mit China, Japan, Korea und anderen Ländern. Dazu brauchen wir ein System fester Wechselkurse, das von allem gereinigt ist, was auch nur nach Finanzderivaten riecht. Es sei daran erinnert, daß die Inter-Alpha-Gruppe größtenteils auf dem Schwindel mit solchen Finanzderivaten basiert.

Unter den negativen Trends, die Putins Politik entgegengesetzt sind, geht Rußland zum Teufel, wenn es diesen Schlamassel nicht bereinigt und sich von den Ideen Bertrand Russells u.a. trennt. Denn es war Bertrand Russell und sein Einfluß, der Rußland besonders während der achtziger Jahre ruinierte. Es hätte damals nicht zusammenbrechen müssen. Aber einige Einflüsse in der russischen Führung wendeten sich gegen die eigentliche russische Tradition, beispielsweise die Tradition Wernadskijs, und die haben das Land ruiniert und für die Ausplünderung durch die Briten und die an dieser britischen Operation beteiligten Amerikaner geöffnet.

Wir müssen diese Lehre aus der Geschichte ziehen. Und wir müssen erkennen, daß eine Zeit anbricht, wo die Zukunft der Menschheit in der Erkundung des Weltraums liegt. Rußland war ein Pionier der Weltraumfahrt. Diese Perspektive muß wiederbelebt und beibehalten werden. Man muß große

Infrastrukturprojekte bauen, um so die russische Wirtschaft zu entwickeln, und das schnell. Rußland kann als Nation nur überleben, wenn es konstruktive, gegenseitig nützliche Beziehungen zu China, Indien und andere Länder in diesem Umkreis schafft.

Rußland ist wichtig für eine Erneuerung in West- und Mitteleuropa, das seit 1990, als Thatcher, Mitterrand und George Bush senior das Eurosystem durchsetzten, von den Briten ruiniert wurde. Genauso wurde Rußland auf britische Weisung von 1990 an ausgeplündert. Es gibt Bemühungen, Rußland wieder aufleben zu lassen, und es gibt Leute in Rußland, die das Richtige tun wollen. Nach meiner Überzeugung müssen die Vereinigten Staaten Rußland nicht als Handelspartner, sondern als Verbündeten behandeln, genauso wie China und Indien. Und die Hoffnung bleibt, daß sich Westeuropa von der Euro-Krankheit erholt und auch zu einem Partner in diesem Prozeß wird.

Es warten große Projekte und große Ziele auf die Menschheit auf diesem Planeten. Entscheidend für die Zukunft des Planeten ist die Kombination dieser vier großen Nationen zusammen mit dem, was wir im westlichen Kontinentaleuropa als Partner gewinnen können. Ohne diese Zukunftsperspektive wird von der Menschheit nicht viel übrig bleiben.

BRIC und die Inter-Alpha-Gruppe

Freeman: Ich habe einige Fragen, die sich auf das beziehen, was Du über Wernadskij gesagt hast. Aber zunächst möchte ich eine der Fragen aufgreifen, die sich spezifisch mit der Inter-Alpha-Gruppe beschäftigen. Dabei geht es um die BRIC-Gruppe (Brasilien, Rußland, Indien, China), ein Thema, über das es recht heiße Debatten zwischen unseren Freunden von der Stanford-Gruppe und unseren russischen Gästen gegeben hat.

Die Frage lautet: „Wir haben ausführlich über die Vier-Mächte-Vereinbarung zwischen den Vereinigten Staaten, Rußland, Indien und China diskutiert, und angesichts dessen, was unser Freund aus Stanford über das derzeitige Verhalten der Vereinigten Staaten sagte, verstehe ich jetzt, warum die derzeitige Allianz zwischen Rußland, Indien und China, obwohl sie noch in ihrer Anfangsphase steckt, offenbar Fortschritte macht. Ich möchte aber behaupten, daß sie ohne die Vereinigten Staaten nicht funktionieren wird, wie Herr LaRouche in allen Einzelheiten dargestellt hat, seit er seinen Vorschlag erstmals vorgelegt hat.

Meine Frage bezieht sich aber auf die BRIC-Gruppe, die ich gerne verstehen möchte. Mir scheint, es wurde alles getan, um die Vereinigten Staaten aus diesem Vier-Mächte-Abkommen herauszuhalten und durch Brasilien zu ersetzen. Ich mag mich täuschen, aber so kommt es mir vor, und ich halte das für völlig unsinnig. Ich habe die größte Hochachtung vor Brasilien als Nation, aber es kann die USA nicht ersetzen. Lyn, könnten Sie bitte etwas zu dem ganzen BRIC-Arrangement sagen? Ich kann das nur so verstehen, daß Leute in Rußland das vorgeschlagen und gefördert haben und sich dabei die feindselige Stimmung gegen die Vereinigten Staaten, die wegen des Verhaltens der jetzigen und der vorigen US-Regierung teilweise gerechtfertigt ist, zunutze machen.

Ich kann verstehen, daß der Plan vielleicht verlockend war, nur habe ich den Eindruck, daß er in der Realität gar nicht funktioniert. Offenbar wurde das ausdrücklich gegen die Vier-Mächte-Vereinbarung, an der wir hier arbeiten, auf die Tagesordnung gesetzt."

LaRouche: Zunächst muß man sagen: BRIC wurde nicht von Rußland in Gang gesetzt. BRIC ist eine Idee von Goldman Sachs und entstand aus der Zusammenarbeit von Goldman Sachs mit der Inter-Alpha-Gruppe. Die Idee der BRIC tauchte zum ersten Mal bei einem Treffen im italienischen Modena, hinter dem Goldman Sachs stand, öffentlich auf. Nach diesem Treffen begann Rußland, sich von den Vereinigten Staaten hinsichtlich der wirtschaftlichen Zusammenarbeit zu distanzieren.

Zur BRIC gehören auch Spanien und Portugal. Doch das Schlüsselland in dieser britischen BRIC-Operation von Rothschild-Interessen in der Inter-Alpha-Gruppe ist Brasilien.

Brasilien ist praktisch ein geteiltes Land – es gibt viele sehr arme Menschen und wenige gar nicht arme Menschen, die praktisch im Kriegszustand gegeneinander stehen. Es ist kein integriertes, stabiles Land und keinesfalls ein demokratisches Land. Brasilien hat gewisse Qualitäten, einige gute Leute, einige vielversprechende Industriezweige usw., aber es ist ein geteiltes Land. Das weiß jeder, der einmal dort gewesen ist. Städte und einzelne Stadtteile führen Krieg gegeneinander, und nur vorübergehend gibt es Waffenstillstände.

Alles ging von einer alten spanischen Firma aus, die aber praktisch ein Teil des Britischen Empire war. Alles liegt in den Händen von Jacob Rothschild und seinen Vertrauten, den wichtigsten Bankiers der britischen Monarchie. Sie haben das alles in Gang gesetzt.

Was hat Brasilien davon? Brasilien betreibt einen *carry trade* mit den höchsten Gewinnspannen auf der Welt. Das Ganze ist ein Riesenbetrug. Aber aus verschiedenen Gründen, vor allem britischer Herkunft, machen auch Russen dabei mit, denn viele haben Rußland nach 1989 verlassen und leben jetzt an Orten wie Antigua, den Cayman Islands und anderen Vorbildern großer Tugendhaftigkeit unter den Piraten der Karibik. Viele von diesen Russen, wie zum Beispiel Tschubais, wurden von den Briten aufgebaut oder sogar ausgebildet. Diese Leute arbeiten für Interessen, die außerhalb Rußlands liegen, in Unternehmen, deren Sitz in der Karibik ist. Was mit den Russen in der russischen Heimat passiert, kümmert sie verdammt wenig.

Die russischen „Reformer" wie z.B. Anatoli Tschubais öffneten den Raubrittern der westlichen Finanzwelt Tür und Tor.

Für mich ist offensichtlich, daß hier eine Spaltung vorliegt, eine Spaltung in der Wahrnehmung von Interessen zwischen russischen Auswanderern, die mehr britische Staatsbürgerschaft als russisches Empfinden haben, und Russen wie Putin, der als Präsident und Ministerpräsident versucht hat, sein Land zu entwickeln. Ich meine, die Leute, die mit ihrer Politik Rußland entwickeln wollen, so wie ich es angedeutet habe, vertreten das klare Interesse Rußlands.

Mir und jedem, der die Welt versteht, ist klar: Rußland ist eine eurasische Nation mit einem großen Territorium, mit ganz besonderen Aufgaben und Möglichkeiten. Es muß sich zu seinem Wiederaufbau wieder auf die Tradition der Russischen Akademie der Wissenschaften besinnen, besonders auf die großen Fachbereiche in der Tradition Wernadskijs. Das liegt in Rußlands existentiellem wirtschaftlichem Interesse.

Die gegenteilige Politik, die man BRIC nennt, wurde als großer Schwindel in die Welt gesetzt – nicht von Brasilien, nicht von Rußland, sondern von England, das die BRIC zusammen mit Goldman Sachs gründete, wie am Beispiel Modena deutlich wird.

Darüber müssen wir Klarheit haben. Es herrscht praktisch ein Bürgerkrieg in verschiedenen Teilen der Welt zwischen Vertretern und Gegnern solcher Schwindel, wie sie die BRIC repräsentiert. Die BRIC hat keine Perspektive. Sie vertritt nicht die Interessen Indiens, Chinas oder Rußlands. Sie vertritt die Interessen der karibischen Piraten, die von Lord Jacob Rothschild unter der britischen Königin gesteuert werden. Wenn man das versteht, gibt es kein wirkliches Geheimnis mehr.

Die Weltkrise innerhalb und außerhalb der Vereinigten Staaten kam folgendermaßen zustande.

Damals, als Roosevelt im April 1945 starb, machte sein Nachfolger Truman mit Churchill gemeinsame Sache, um letztlich die Vereinigten Staaten zu zerstören. Er begann den Kalten Krieg mit der ständigen Kriegsdrohung gegen die Sowjetunion und andere Operationen. Aus Sicht amerikanischer oder russischer Interessen war der ganze Kalte Krieg nicht nötig. Viele in der Sowjetunion wußten das. Sie hatten verstanden, daß Franklin Roosevelt ein Amerika verkörperte, dessen Existenz für die Zukunft Rußlands bzw. damals der Sowjetunion förderlich war. Das gleiche gilt für China. Das war die eine Seite.

Dann gibt es die Leute in Rußland, die diese andere, britische Seite repräsentieren und sie über die russischen Interessen stellen. Es gibt aber auch Patrioten in Rußland, die mit Recht empört darüber sind, was sich in Rußland abspielt und was nicht nur ich sehe: Die Beutezüge von Leuten wie Tschubais, der einer der Drahtzieher der Operationen in den neunziger Jahren war.

Ich habe gesehen, wie Rußland komplett ausgeraubt wurde. 1994 besuchte ich eine große Maschinenfabrik, die damals in ihrem Bereich führend war. In dem Werk sah ich russische Arbeiter an ihren Maschinen, alte Leute. Diese Russen hatten dort schon während der Belagerung Moskaus durch die Nazis gearbeitet. Bis ins hohe Alter haben sie an ihrem Arbeitsplatz ausgeharrt. Kurz nach meinem Besuch wurde das ganze Werk geschlossen – eines der großen Werkzeugmaschinenwerke. War es auch veraltet? Teilweise ja. Aber die menschlichen Fähigkeiten waren noch da – die Mission von Menschen, ein Land wiederaufzubauen, das durch die Art und Weise des Zusammenbruchs der Sowjetunion Schaden genommen hatte. Ich denke, man muß über dieses Thema auch in solchen Zusammenhängen diskutieren.

Nationalökonomie oder Empire

Freeman: Die nächste Frage kommt von unserer Gruppe an der Westküste, die schon sehr gute Arbeit geleistet hat. Die Fragestellerin schickt folgendes voran: „(...) Ich fand einige Ihrer Erklärungen auf dem Video, das wir eben gesehen haben, besonders interessant, wo Sie über monetäre Finanzsysteme gesprochen haben, die in ihrer Entwicklung eigentlich immer auf der Vorstellung eines Imperiums aufbauten. Wie Sie wissen, haben wir darüber besonders diskutiert und haben einige Zeit gebraucht, um in der Frage Kreditsystem contra Monetärsystem eine klare Vorstellung zu entwickeln.

Meines Erachtens muß der nächste Schritt darin bestehen – das tauchte auch in den Gesprächen mit unseren russischen

Freunden auf –, zum eigentlichen Kern der Sache vorzusto-
ßen, nämlich was eigentlich eine Nationalökonomie ist. Ich
meine, hier besteht keineswegs ein klares Verständnis.

Ein Beispiel ist das ganze Hin und Her mit Rußland. Als
der russische Präsident die Modernisierungskommission
einsetzte, sah das auf dem Papier völlig in Ordnung aus,
denn es wurden mehr Investitionen in Hochtechnologie, Energieproduktion, Infrastruktur usw. gefordert. Dann tauchte
aber der erwähnte Herr an der US-Westküste auf, und dieses
Hightech-Konzept – ich weiß nicht, ob es der russische Präsident selbst so sieht – wurde in diese Idee vom Silicon Valley
umgemünzt. Ganz abgesehen davon, daß das Silicon Valley
gemessen an der Rentabilität ein jämmerlicher Reinfall war,
stellt sich hier die Frage, was es einer Nationalökonomie
bringt? (...)

Wenn man von der imperialen Vorstellung wegkommen
will, die in jedem monetären System steckt, so scheint es mir
erforderlich, daß jede Nation zuallererst darum bemüht sein
müßte, nicht nur im eigenen Land Güter erzeugen, sondern
diese auch im eigenen Land bewegen zu können. Insbesondere der Bau von Eisenbahnen – und heute offensichtlich
Hochgeschwindigkeitsbahnen – scheint mir aus Sicht der
Nationalökonomie und auch der Sicherheit und Souveränität
einer Nation absolut entscheidend zu sein.

Offensichtlich muß das nicht an den Landesgrenzen Halt
machen. Beispielsweise ist eines der größten Probleme in
Afrika, daß es kaum Möglichkeiten gibt, Güter innerhalb eines Landes zu bewegen, vom Kontinent insgesamt ganz zu
schweigen. Die Geschichte der Vereinigten Staaten zeigt, daß
der Bau des kontinentalen Eisenbahnnetzes für die wahre Unabhängigkeit und wirtschaftliche Entwicklung unverzichtbar
war. Dadurch läßt sich gut definieren, was eine Nationalökonomie wirklich darstellt und was die Aufgabe der Regierung
ist – im Unterschied zu den Unternehmern, die eher Geschäfte nach Ebay-Art betreiben wollen. Hier muß man den
Lackmustest anwenden!

Wenn man dann an Rußland denkt – diese ungeheure Land-
masse mit so vielen verschiedenen Aspekten – dann wundert

es einen, wenn sich die Regierung darum sorgt, Facebook und Twitter auszuweiten, statt überall schnelle Bahnverbindungen zu bauen. Ich möchte gar nicht lange auf dem Thema Rußland herumreiten, aber ich weiß, daß dies für uns alle hier eine wichtige Sache ist, wenn man bedenkt, was sich in den letzten Wochen ereignet hat. Ich möchte die Frage deshalb allgemeiner stellen: Was definiert eine Nationalökonomie im Unterschied zu einfachen Handelsgeschäften, an denen jemand verdient? Vielleicht können Sie dazu etwas sagen."

LaRouche: Die neuzeitliche Wirtschaftswissenschaft begann im Grunde mit der Renaissance des 15. Jahrhunderts, mit Leuten wie Brunelleschi, der als erster entdeckte, wie man eine nichtgeometrische, d.h. nichteuklidische Kurve, die Kettenlinie, anwendet. Er baute die Kuppel von Santa Maria del Fiore in Florenz mit Hilfe der Kettenlinie als aktivem Konstruktionsprinzip. Auf Brunelleschi folgte Nikolaus von Kues, der unter anderem zum eigentlichen Begründer der neuzeitlichen Wissenschaft wurde.

Das entwickelte sich weiter über Forscher wie Johannes Kepler, der besonders in seiner *Weltharmonik* ein allgemeines Prinzip der physikalischen Wissenschaft aufstellte. Im 17. Jahrhundert gründete Leibniz sein Werk auf Kepler. Wenn man sich somit ansieht, wie sich die Wirtschaft West- und Mitteleuropas nach dem finsteren Zeitalter des 14. Jahrhunderts entwickelte, wird deutlich, daß eine erfolgreiche Wirtschaftsentwicklung immer auf einem Prinzip der physischen Ökonomie basierte. Jene, die technischen und wissenschaftlichen Fortschritt unterdrückten, verursachten auf unterschiedliche Weise, vor allem mit Kriegen, die großen Katastrophen.

Der Einfluß von Leibniz setzte sich im 18. Jahrhundert gegen seine Widersacher durch. Frankreich stieg zur großen, produktiven Nation auf. Deutschland und ebenso Rußland entwickelten sich in dieser Periode. In Deutschland war dafür im 19. Jahrhundert vor allem der Einfluß Bismarcks verantwortlich. Bei all dem, insbesondere auch bei den großartigen Fortschritten der Vereinigten Staaten seit Gründung der Massachusetts Bay Colony, war immer die physische Entwicklung entscheidend, sozusagen die Physik der Produktion und der Entwurf für die Herstellung der Produkte. Das heißt, die physische Ökonomie war die eigentliche Basis.

Die neue Seite der physischen Ökonomie, die am Ende des 19. Jahrhunderts ganz deutlich zutage trat, war die Idee der physikalischen Chemie. Seit dieser Zeit gab es einen sehr bedeutsamen Unterschied zwischen Mathematik, der sogenannten mathematischen Physik, Physik als solcher und physikalischer Chemie. Zwei Forscher, der Amerikaner William Draper Harkins und sein russischer Zeitgenosse Wernadskij, stehen aufgrund ihrer Beiträge zur physischen Ökonomie für eine neue Dimension wirtschaftlicher Entwicklung – im Gegensatz zu der als mathematische Physik gelehrten Physik, die nicht ganz so nützlich war.

Wernadskij und Harkins waren die zwei größten Genies, die im letzten Jahrhundert die Wissenschaft der physikalischen Ökonomie sowie der mathematischen Physik als solcher und der physikalischen Chemie entwickelten. Wenn wir als Völker und Nationen überlebt haben, wenn die potentielle Bevölkerungsdichte durch Steigerungen der Arbeitsproduktivität und des Lebensstandards angestiegen ist, so war das immer die Folge der Anwendung der physikalischen Chemie.

Für Rußland ist Wernadskij hierbei beispielhaft. Er ist wahrscheinlich die wichtigste Person in der Geschichte der Wissenschaft der physikalischen Chemie. Seine Entdeckungen sind eine große Quelle von Fortschritten im Gesundheitswesen, der Landwirtschaft und vielem anderen. Sie sind auch von Bedeutung für den Wandel in der heutigen Wissenschaft zur Lösung des Problems der kosmischen Strahlung; er wie auch Harkins waren Teil dieses Prozesses.

Tatsächliche Steigerungen der Arbeitsproduktivkräfte von Gesellschaft und Nation beruhen darauf, daß der menschliche Geist Prinzipien der physikalischen Chemie entdeckt und anwendet, um dem Menschen die Mittel zur weiteren Existenz zu beschaffen. Geld hat keinen Eigenwert. Geld ist lediglich die Bescheinigung für etwas. In einer gut geführten Volkswirtschaft orientiert man sich an der sogenannten physischen

Ökonomie, d.h. an realer Produktion, realem Transport, den realen Lebensbedingungen, den realen Bedingungen der Gesundheitsversorgung usw., d.h. an verbesserten Fähigkeiten in der physikalischen Chemie pro Kopf und pro Quadratkilometer, die zu einer höheren Bevölkerungsdichte führen. Fortschritt ist immer in solchen Schritten erfolgt.

Schaut man zurück auf die Geschichte seit der Renaissance des 15. Jahrhunderts, so sieht man, wie durch die angewandte physische Ökonomie mit diesen Methoden, die eigentlich Methoden der physikalischen Chemie sind, die Gesellschaft und die Nation transformiert werden.

Wenn man weiß, was die physikalische Chemie verlangt, weist man den einzelnen Elementen der Ökonomie einen entsprechenden Wert zu. Zuerst entscheiden wir als Menschheit, was uns etwas wert ist. Das vergleichen wir damit, was es uns kostet, das herzustellen, was von Wert für die Menschheit ist.

Die meisten Probleme in einer Volkswirtschaft kommen daher, daß die Geldwirtschaft auf Kosten der Realwirtschaft ausgedehnt wird. In einer monetaristischen Wirtschaft wird davon ausgegangen, daß eine statistische Beziehung zwischen finanziellen Vorgängen existiert, die das Funktionieren einer Volkswirtschaft definiert. Das ist falsch. Es ist nicht so.

Wir brauchen das, was das Amerikanische System verkörpert: Hamiltons und vor ihm Franklins Einfluß, die Massachusetts Bay Colony, bevor sie unter [Gouverneur] Andros unterdrückt wurde – unsere ökonomische Erfahrung hat immer darauf basiert. Wirtschaftlich gesehen hatten wir in Amerika von allen Nationen auf diesem Planeten stets das höchste Wachstum, außer wenn wir unter britischem Einfluß standen. Uns war immer klar, daß ein monetaristisches System nicht wünschenswert ist. Wir wollen ein Kreditsystem, das der Verwendung von Zahlungsmitteln, Verkäufen usw. zugrunde liegt. Das Geldsystem in Form des Kredits muß an zwei Werte angepaßt werden: die physischen Kosten zur Herstellung und Auslieferung eines Guts und sein Wert für die Menschheit entsprechend seines Nutzens – des relativen Werts, den es für die Menschheit hat, einschließlich der Krankenversorgung usw. In diesen Begriffen muß man denken.

Die Vorstellung, in einer Nation wie Rußland Innovationen über Computerspiele, Facebook oder ähnlichen Unsinn zu erreichen, der keinerlei wirtschaftlichen Wert hat, ist ein Schwindel und reine Zeitvergeudung. Man muß vielmehr das Konzept der physischen Ökonomie anwenden, bei dem alles, wofür man Geld ausgibt, eine physische Grundlage haben muß. Entscheidend ist für uns immer die Steigerung der realen Arbeitsproduktivkräfte und ihr realer Nutzen, den sozialen Nutzen eingeschlossen.

Seit dem Tode Roosevelts und ganz besonders seit dem Amtsantritt von Alan Greenspan bei der Federal Reserve ist die Wirtschaftspolitik international klinisch verrückt und kriminell geworden.

Das hat Rußland in den neunziger Jahren getroffen. Kriminelles Verhalten von wem? Seitens der Briten, teilweise auch der Franzosen und Amerikaner. Rußland wurde ausgeraubt, und der Raub setzt sich als karibisches Phänomen fort. In Antigua bekam man kein Hotelzimmer mehr, wenn man nicht russisch sprach. Diese Diebe russischer Herkunft bestahlen, betrogen und mißhandelten unter britischer Anleitung ihr eigenes Land. Und dann kommen Leute wie Tschubais, der typisch hierfür ist, daher, und wollen uns weismachen, wie Rußland regiert werden müßte. Wenn man als Ökonom versteht, wie eine Volkswirtschaft funktioniert, dann weiß man, daß das, was Tschubais fordert, Betrug ist. Tschubais raubt sein eigenes Volk und seine eigene Nation aus.

Er steht aber nicht allein. Die jetzige amerikanische Regierung unter Obama ist genauso schlecht. Was sich in Frankreich seit de Gaulle entwickelt hat, war auch nicht besonders gut. Was man in der letzten Zeit mit Deutschland macht, ist ebenso Vergewaltigung. Was immer wieder in Italien passiert, ist Vergewaltigung. Was die Briten immer wieder ihren eigenen Leuten antun, ist automatisch Vergewaltigung, und manchmal sagen die Briten, das mache ihnen sogar Spaß.

Hier genau liegt das Problem, und hier müssen wir auch ansetzen. Goldman Sachs ist Teil des britischen Imperialsystems. Dieses Geldhaus ist zwar nominell amerikanisch, aber eigentlich sehr unamerikanisch: Es ist die Wallstreet, und die

Wallstreet ist nie wirklich ein patriotischer Teil der Vereinigten Staaten gewesen. Die Wallstreet war der von Verrätern geführte Ableger der Brischen Ostindiengesellschaft in den Vereinigten Staaten. Genauso betrachte ich auch einige dieser russischen Leute als Verräter an Rußland, so wie Tschubais schon ein Verräter an der Sowjetunion war.

Sie beraubten und betrogen ihr eigenes Land, bemächtigten sich seiner Reichtümer und parkten sie in der Karibik mit ihrer quasi steuerfreien Zone, ohne einen Cent an das Land zurückzuzahlen, das sie ausraubten. Genau das gleiche tun wir uns auch hier in den Vereinigten Staaten an, geschieht mit den Nationen Europas und anderswo. Wir müssen ein System einrichten, unter dem solche Dinge zu Verbrechen gegen die Menschlichkeit erklärt werden, wie sie Hitler an der Menschheit verübt hat. Wir müssen klar sagen, daß wir diese Verbrechen nicht mehr tolerieren.

Wir brauchen wieder ein System, worin Länder arbeiten und kooperieren, um die Lebensbedingungen ihrer Nationen zu verbessern. Wenn wir beschließen, das umzusetzen, wird alles gut werden. Jedesmal, wenn die Vereinigten Staaten so handelten, hatten wir nur Vorteile davon, so wie unter der Führung Benjamin Franklins, zuvor unter der Massachusetts Bay Colony, unter Lincoln, unter McKinley und unter Franklin Roosevelt. Jedesmal, wenn wir diese Prinzipien beachteten, ging es uns gut, und wir waren für andere Nationen der Welt von Nutzen. Das ist die Grundlage der Wirtschaft.

Physik contra Mathematik

Freeman: Die nächste Frage berührt auch die Wirtschaftswissenschaft, aber auf einer anderen Ebene. Die Frage lautet: „Einige von uns waren sehr begeistert, als Sie bei Ihrem letzten Internetforum die Frage ‚Mathematik contra Physik' in der Ökonomie beantworteten. Wie Sie vielleicht wissen, gibt es in dieser Frage unter uns eine etwas unterschiedliche Orientierung – es eine Spaltung zu nennen, wäre sicherlich übertrieben –, was hauptsächlich auf die Ausbildung und auch auf die unterschiedlichen Arbeitsgebiete zurückzuführen ist.

Viele von uns haben bei verschiedenen Gelegenheiten viel Zeit mit Arbeiten über die Finanzierung innenpolitischer Aufgaben verbracht. Wahrscheinlich wollen sie mich am liebsten umbringen, wenn ich das sage, aber sie verfolgen in diesen Fragen oft eher einen soziologischen Ansatz. Sie machen ihre Sache nicht schlecht, aber diese Einstellung kommt von ihren Aufgaben; viele haben Jobs bei der Regierung in Washington gehabt oder ähnliches.

Wir anderen schlagen uns mit dem Konflikt zwischen Mathematik und Physik seit langem herum und waren von Anfang an davon fasziniert, allerdings diskutieren wir erst seit kurzem über die von Ihnen angesprochenen Fragen zu Wernadskij. Da eine kleine Gruppe von uns, etwa sechs Leute, fließend Russisch sprechen, haben wir uns einiges davon im Original angesehen. Wir befinden uns bei der Beschäftigung damit zwar auf einer viel niedrigeren Stufe als Sie, aber wir sind uns einig, daß Wernadskij für die zugrundeliegende Methodik langfristiger Wirtschaftsentwicklung sehr wichtig ist.

Unsere Debatte hat jetzt durch die Frage Wernadskij contra Oparin einen neuen Anstoß erhalten, wobei wir unterschiedliche Ansichten vertreten. Alle werden mir vorwerfen, daß ich die Frage zu meinen Gunsten formuliere, um von Ihnen etwas zur Stärkung meiner Position zu hören, aber meine Ansicht ist, daß Wernadskij und Oparin vielleicht nicht gerade völlig gegensätzliche Standpunkte vertreten, aber jedenfalls nicht gut zusammenzupassen – so ähnlich wie bei dem Unterschied zwischen Platon und Aristoteles. Ich möchte, daß Sie darauf ein wenig eingehen, weil dadurch nicht nur die Debatte geklärt wird, bei der ich weiß, daß ich recht habe, sondern weil wir dadurch für die zukünftige Arbeit der kleinen Gruppe, die sich damit beschäftigt, nützliche Anleitungen erhalten. Wenn Sie jedoch meinen, das sei alles für diese Debatte zu intern, können wir Sie auch in einem kleineren Rahmen fragen."

LaRouche: Nein, das ist relevant. Oparin war Marxist, stand aber unter starkem Einfluß von Kreisen in Großbritannien, die teilweise mit (Bertrand) Russells Umfeld in

Verbindung standen. Er war auch Chemiker. Er versuchte Leben vom Standpunkt einer reduktionistischen Chemie zu definieren. Unter Stalin hatte er kaum Gelegenheit, Wernadskij anzugreifen. Ich kenne da nur einen berühmten Vorfall – es mag andere Gelegenheiten gegeben haben, die ich oder die von mir konsultierten Leute übersehen haben. Aber im Kern war sein Ansatz inkompetent und bleibt es bis heute: Er ging nämlich davon aus, daß man Lebensformen aus nichtlebenden Prozessen schaffen könnte – sozusagen aus dem Chemiebaukasten.

Er hat seine Argumente dafür beschrieben, sie sind wohlbekannt, und einige der chemischen Prozesse, die er nannte, kommen als Phänomen in lebenden Prozessen durchaus vor. Aber daraus *entsteht* kein Leben, und Leben definiert sich ja als die Entwicklung von Leben. Wernadskij hatte verstanden, was das bedeutet. Wernadskij hatte auch verstanden, daß wirkliche Chemie aus Sicht der Experimente, der Forschung in drei Kategorien unterteilt ist. Die eine sind die nichtlebenden Prozesse – alles, was sich chemisch in seinen Merkmalen als nichtlebend einstufen läßt. Die zweite sind lebende Prozesse und deren Überreste, und die dritte ist menschliches Leben.

Das Universum als ganzes ist schöpferisch. Anders gesagt, wie der berühmte Philo von Alexandria der aristotelischen Tradition entgegenhielt: Gott ist nicht gestorben, nachdem er das Universum erschaffen hatte. Friedrich Nietzsche [„Gott ist tot"] hat unrecht. Im Gegenteil, das Universum ist von Natur aus schöpferisch, es ist nicht tot oder fixiert.

So hat beispielsweise Harkins festgestellt, daß Atome eine Evolution durchmachen, die nicht auf Radioaktivität, sondern auf einer Art Tunnelungsvorgang beruht, wobei ein Proton an die richtige Stelle in einem Atom eingeschleust wird und sich so dessen chemische Eigenschaften ändern.

Das Universum *ist* kreativ. Und wir wissen mittlerweile, daß das Universum im wesentlichen aus kosmischer Strahlung aller Art besteht. Aus dieser Suppe kosmischer Strahlung entstehen die anderen Ausdrucksformen materiellen Daseins und Erfahrung.

Leben ist etwas Besonderes, wobei aber nur menschliches Leben wirklich bewußt ist. Das Tierleben hat sich in aufeinanderfolgenden Ordnungen der Arten entwickelt. Es gibt eine allgemeine Ordnung der Pflanzenarten. Auch die nicht-lebendigen Aspekte des Lebens haben eine Ordnung. All das existiert. Aber nur die Menschheit hat schöpferische Geisteskräfte – man denke beispielhaft etwa an Albert Einstein –, wie Wernadskij beschrieben hat.

Unser Augenmerk gilt zwei Dingen: dem Leben, und dem Unterschied zwischen Leben und Nichtleben und menschlichem Leben. Das sind systemische Unterschiede, die in zwei völlig verschiedene Kategorien gehören. Man kann nicht vom Unbelebten zum Leben springen. Leben geht nur aus Leben hervor. Nur Leben erzeugt Leben. Und nur menschliches Leben erzeugt eine willentliche Evolution des Universums zu höheren Seinszuständen.

Das alles steht bei Wernadskij. Die Reduktionisten, die gewöhnlich der britischen Ideologie anhingen, wie auch Oparin, waren immer problematische Fälle.

Das ist entscheidend, um Wirtschaftswissenschaft zu verstehen. Denn worum geht es dabei? Wir wollen den Zustand menschlichen Lebens reproduzieren und stärken. Um ein Umfeld für menschliches Leben zu schaffen, müssen wir dafür sorgen, daß mehr Leben entsteht. Beispielsweise brauchen wir mehr Kohlenstoff, denn der spielt beim Wachstum von Pflanzen eine entscheidende Rolle. Wir brauchen lebende Pflanzen. Wir brauchen mehr davon und von besserer Qualität. Bäume sind besser als Gras. Gräser wan-

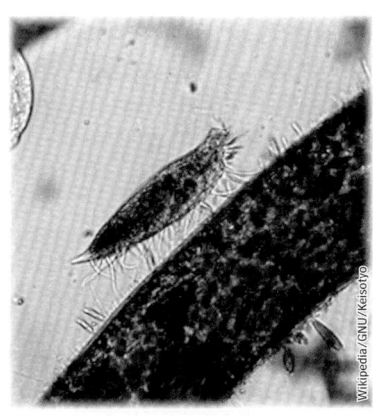

Ein einzelliges Wimperntierchen:
Durch chemische Prozesse allein
entsteht kein Leben.

Wikipedia/GNU/KeisoYo

47

deln höchstens 1-2% der Sonnenenergie in Biomasse um. Bei Bäumen geht dieser Anteil beim Verbrauch auf bis zu 10% hoch. Insbesondere Bäume, teilweise auch Gräser, sorgen für ein milderes Klima – im Gegensatz zur Wüste, wo es zwar Sonnenstrahlung im Überfluß gibt, aber keine Möglichkeit, diese in etwas für das Leben Nützliches umzuwandeln.

Auf diese Parameter muß man sich beziehen, wenn man verdeutlich will – und sei es nur für einfache schulische Zwecke –, was das Prinzip einer Volkswirtschaft ist. Die schöpferischen Fähigkeiten der Menschheit versetzen uns in die Lage, die physikalische Chemie der menschlichen Umwelt, die die eigentliche Grundlage der Produktion ist, revolutionär zu verändern.

Dabei muß man verstehen, was menschliche Kreativität ist. Menschliche Kreativität entsteht nicht aus der Mathematik. Mathematik ist nicht schöpferisch. Mathematik läßt sich als Hilfsmittel im Produktionsprozeß einsetzen. Am wichtigsten ist aber das Umfeld menschlicher Kreativität. Neuerungen durch den Menschen, wofür die Person Albert Einstein typisch ist, oder früher Nikolaus von Kues oder Kepler, wenn man seine Entdeckungen im einzelnen durchgeht. Bei Leibniz und seinen Erkenntnissen über Dynamik sieht man das gleiche.

Wenn man diese Dinge versteht, versteht man, was Wirtschaft wirklich ist – nicht bloß den äußeren Schein, den man erlebt. Weil mir das gefällt, habe ich das zu meiner Lebensaufgabe gemacht, und ich sehe darin inzwischen mehr nur als etwas, was ich mag: Es ist zu meinem Beruf, meiner Berufung geworden.

In diesen Begriffen sollte man denken. Man muß sich klarmachen, daß die Wernadskijschen Kategorien, nach unserem Wissensstand, gültig sind. Was wir bei der Untersuchung der kosmischen Strahlung und deren Beziehung zu Lebensprozessen zunehmend herausfinden, stützt und verstärkt unsere Sichtweise in diesem Zusammenhang. Wenn man darüber nachdenkt, wie man einen Menschen sicher zum Mars und zurückbringen kann, ohne daß er zu Brei wird, spielen auch solche Überlegungen eine Rolle.

Was braucht man, um die notwendigen biophysikalischen Bedingungen für menschliches Leben in einer Umwelt mit geringerer Schwerkraft zu schaffen oder andere Probleme zu lösen, wenn Menschen sich lange im Weltraum aufhalten? Immerhin würde es mit einem herkömmlichen Antrieb etwa 300 Tage dauern, zum Mars zu gelangen. Für das Material ist das kein Problem, für Menschen schon. Sie könnten wie ein Stück Wackelpudding aussehen, wenn sie schließlich ankommen.

Deswegen brauchen wir eine schnellere Methode, zum Mars zu kommen, d.h. man braucht eine stetige Beschleunigung – und Entschleunigung –, dann können Menschen theoretisch in vielleicht nur zwei Tagen zum Mars fliegen.

In solche Richtungen müssen wir denken und von dort zurückblicken, um uns zu verdeutlichen, daß das, was wir heute tun, sich über die Spanne eines ganzen Menschenlebens, also heute etwa 70, 80 Jahre oder länger, auf die Menschheit auswirken wird. Welchen Beitrag kann ein Mensch während seines Lebens von der Geburt bis zu seinem Lebensende, vielleicht irgendwann vor dem 100. Lebensjahr, leisten? Wir alle sollten bedenken, welche Folgen unser heutiges Tun für das Leben unserer Enkel hat.

Viele heutige Investitionen sind langfristige Investitionen. Man investiert in etwas, was eine Nutzungsdauer von einem Jahrhundert hat, beispielsweise große Wasserprojekte, wie sie vor kurzem in China gebaut wurden, oder Eisenbahnnetze oder entsprechendes. Oder in neue Industriezweige, die eine Menge langfristige Investitionen erfordern. Dabei muß man immer zwei oder zweieinhalb Jahrzehnte im voraus denken. Wir müssen über unser Leben nachdenken, darüber, was am Ende bei unserem Leben herauskommt – nicht nur für uns, sondern bei unserer Rolle in der Gesellschaft, wie sie sich über den Großteil eines Jahrhunderts erstreckt.

Denken wir an ein Kind, das geboren wird, aufwächst und bis zu seinem Tod eine Aufgabe erfüllt: So erhält die Entfaltung dieses Menschen und dieser Generation über fast ein ganzes Jahrhundert hinweg eine durchgehende Bedeutung. Deswegen muß man sich Ziele für Veränderungen stecken, Ziele, welche die Existenzfähigkeit der Menschheit erhöhen, manchmal bis zu einem Jahrhundert in die Zukunft. Und eine Entwicklung der Realwirtschaft ist dabei für mich das entscheidende.

Die Frage der Infrastruktur

Freeman: Dazu paßt unsere nächste Frage sehr gut. Denn der Fragesteller, der zur Stanford-Gruppe gehört, sagt:

„Eine der Fragen, die aufkam – sowohl in den Diskussionen mit Herrn Dworkowitsch, als dieser in Stanford war, aber auch heute in einigen unserer Diskussionen, und ich weiß, daß das ein anhaltendes Problem bei den Diskussionen unter den Amerikanern ist –, ist die Frage der Infrastruktur. Wenn ich Infrastruktur sage, dann rede ich nicht bloß von Autobahnen oder ähnlichem, sondern von langfristigen Infrastrukturinvestitionen, wie es tatsächlich auch das Raumfahrtprogramm war. Verschiedene Leute argumentieren, das Raumfahrtprogramm sei kein Teil der Infrastruktur, womit ich ganz entschieden nicht übereinstimme. Aber Herr Dworkowitsch äußerte sich so: Infrastruktur ist nett, wir alle mögen Infrastruktur. Aber das Problem mit der Infrastruktur ist, daß sie viel Zeit braucht. Es dauert lange Zeit, bis sie gebaut ist, und es dauert lange Zeit, bis sie ‚profitabel' wird.

Das ist schon ziemlich ironisch, denn meine eigene Sicht von Infrastrukturinvestitionen und der Gründe, warum sie einen so bedeutenden Anreiz für das Wirtschaftswachstum darstellen, ist genau das Gegenteil. Denn es sind ja Investitionen in ein langfristiges Projekt, nicht bloß, daß langfristig Arbeitsplätze geschaffen werden, sondern diese Investitionen werden bei Einsatz fortgeschrittener Wissenschaft und Technik auf lange Zeit in die Zukunft hinein nützlich sein.

Das wirft eine Frage auf, die natürlich nicht in den Diskussionen mit Dworkowitsch – denn ich denke, das ist nicht sein Gebiet –, sondern bei uns eine Rolle spielte, und das ist die Rolle der Energieflußdichte als Maß für das, was menschlicher Fortschritt eigentlich darstellt – und das ist es ja vermutlich, was wir alle anstreben. Deshalb befassen wir uns ja überhaupt nur mit diesen Fragen.

Wenn die Steigerung der Energieflußdichte, wie Sie diese in einzigartiger Weise identifiziert haben, tatsächlich Fortschritt darstellt, d.h. die tatsächliche Tragfähigkeit des Planeten und unsere Möglichkeit definiert, das gesamte Sonnensystem zu erforschen, dann scheint mir die Hauptfrage bei der Gestaltung nationaler Politik zu sein, wie man sie steigert.

Ich mag mich irren, und deshalb stelle ich diese Frage – aber mir scheint sich dann sofort die Frage zu stellen, was das Maß dafür ist. Das führt uns zurück zu der früheren Frage, die zur Volkswirtschaft gestellt wurde. Mir scheint, daß der eigentliche Test ist: Wie steigert man die Energieflußdichte? Wenn das so ist, so schließe ich daraus, daß die Infrastruktur genau diese Funktion hat. Aber ich möchte gern, daß Sie das kommentieren, Herr LaRouche."

LaRouche: Bei dieser Frage muß man zu einer Diskussion zurückgehen, die Leibniz am Ende des 17. Jahrhunderts führte, insbesondere im letzten Jahrzehnt, als er das Konzept der Dynamik einführte. Der Dynamikbegriff von Leibniz hat nichts mit dem zu tun, was man heute auf der Straße oder sogar in den Universitäten unter Dynamik versteht. Man meint damit meistens eine Art Drang oder Impuls, aber das ist nicht das Maß.

Dynamik bezieht sich auf die Tatsache, daß wir in einem Universum leben, etwa dem Universum, das man mit der kosmischen Strahlung beschreiben kann. Oder Dynamik wie bei Massenbewegungen oder in der Politik. Politik im weiteren Sinne beruht auf der Wirkung von Ideen oder von etwas, das in einer Idee zum Ausdruck kommt, auf eine breite Schicht von Menschen, und auf den Effekten dieser Wirkung. Das verstand Leibniz unter Dynamik.

Der Dichter Percey Shelley zum Beispiel – ich habe schon oft darauf hingewiesen – beschreibt am Schluß seiner *Verteidigung der Poesie* eine ähnliche Form der Dynamik, wie sie beispielsweise auch von Rosa Luxemburg als Massenstreik beschrieben wird: Ein Volk gerät trotz entgegengerichteter Tendenzen in Bewegung. Wenn man die Dynamik einer Gesellschaft untersucht, betrachtet man Dynamik in diesem Sinne – im gleichen Sinne, wie Shelley diesen Prozeß in seiner *Verteidigung der Poesie* beschreibt. Man findet die gleiche Erkenntnis auch bei anderen großen Dichtern und solchen, die dieses Phänomen als ein soziales Phänomen erkennen.

Wenn man also den Dynamikbegriff im Leibnizschen Sinne verwendet – nicht so, wie man ihn heute in verballhornter Weise benutzt – untersucht man die Beziehung zwischen einer Umgebungsänderung – Umgebung im weitesten Sinne – und dem potentiellen Verhalten beispielsweise einer menschlichen Gesellschaft, welches sich auf eine mögliche Verbesserung der Lebensbedingungen oder der gesellschaftlichen Produktivität bezieht.

Aus diesem Grund entstehen in diesem Prozeß Verbesserungen, etwa in der Grundinfrastruktur der Wirtschaft, die für das Leben der Gemeinschaft und zur Verbesserung des Lebensstandards notwendig ist. Auch mit Maschinen und anderen Produktionsformen läßt sich die Produktivität der Arbeit erhöhen. Oder man ergreift einfache Gegenmaßnahmen, um die Erschöpfung einer Ressource auszugleichen, wenn mehr Aufwand notwendig wird, um die gleiche Ausbeute zu erzielen wie zuvor, als die betreffende Ressource noch nicht erschöpft war. Man braucht ein höheres Niveau der Technologie oder der Energieflußdichte, um das Problem zu lösen.

Die Fähigkeit der Menschheit, zu überleben, basiert nicht darauf, daß der Mensch hier auf der Erde wie auf einer flachen Scheibe oder ähnlichem herumläuft, sondern der Mensch muß sich ein geeignetes Umfeld schaffen. Wie wirkt sich dieses Umfeld – das Arbeitsumfeld, das gesamte Lebensumfeld – auf die Arbeitsproduktivkräfte pro Quadratkilometer oder pro Kopf aus? Mit Investitionen in neue Prozesse steigern wir die Produktivkräfte der Arbeit, wobei man das Verhältnis zwischen der Erhöhung der Arbeitsproduktivkräfte in der Gesellschaft und den aufzuwendenden Investitionen berechnet. Daraus ergibt sich ein Faktor, der diese Erhöhung entstehen läßt.

Ohne diese Investitionen erschöpft sich die Gesellschaft. Wenn man auf dem gleichen technischen Niveau, ohne technologischen Fortschritt, ohne kapitalintensive Verbesserungen stillsteht, nutzen wir die Gesellschaft ab. Die reichsten Rohstoffvorkommen werden ausgebeutet, so daß nur noch relativ weniger reiche Vorkommen verbleiben. Aber wir gleichen das durch ein höheres Niveau der Technologie aus, indem gewöhnlich die Energieflußdichte der entsprechenden Prozesse erhöht wird. Auf diese Weise schreiten wir voran. Wenn wir das nicht tun, gehen wir zur Hölle.

Start des Space Shuttle: Zur Infrastruktur für die Zukunft gehört auch die Weltraumforschung.

Zu diesen Verbesserungen gehört die reale Infrastruktur: Massenverkehrsmittel, Trinkwassersysteme, saubere Luft, bessere Qualität der Nahrungsmittel, billigere und leichter verfügbare Nahrungsmittel. Wir wollen keine übergroßen Städte und abgelegenen Landgebiete. Wir wollen Städte mittlerer Größe, die von Parks und anderen Grünanlagen durchzogen sind und so eine quasiländliche Wirkung haben. Forst- und Landwirtschaft sollten unmittelbar um solche mittelgroßen Städte betrieben werden. Es soll nicht alles nur in einem Teil des gesamten Kontinents konzentriert sein. Über den gesamten Kontinent verteilt sollen Wirtschaftsstrukturen entwickelt werden. Mit einem effizienten Verkehrssystem sollen Fracht und Menschen mit geringem Zeitverlust und geringen Kosten komfortabel transportiert werden können.

Die Produktion sollte somit über ein großes Gebiet verteilt werden, anstatt sie in Slums oder slumähnlichen Ansiedlungen zu konzentrieren.

Das Konzept einiger Leute, auf das Sie hingewiesen haben, ist unsinnig und zeigt nur, daß jemand, der ein solches Argument vorbringt, kein kompetentes Verständnis davon hat, Städte zu planen, Maschinen zu entwerfen, einen produktiven Prozeß zu gestalten oder die Kosten eines Produktionsprozesses für die Menschen zu bestimmen – all diese wesentlichen Dinge, die das natürliche Talent eines professionellen Ökonomen vor allem im Bereich der physischen Wirtschaft sein sollten. Dabei sollten auch die soziale Umgebung und die psychologische Umgebung berücksichtigt werden, die genauso wichtig für die Menschen sind wie die physische Umgebung.

Schulklassen sollten nicht überfüllt sein. Der Unterricht an den Schulen sollte die Entwicklung der schöpferischen Fähigkeiten der Schüler fördern – Dinge dieser Art. Wir wollen an der Spitze der Wissenschaft stehen. Wir wollen, daß sich die Schüler im Bildungsprozeß zu schöpferischen Menschen entwickeln, und nicht zu Dümmlingen, die nur wiederholen können, was man ihnen beigebracht hat. Menschen sollten spontan Ideen beitragen können, die zu einer qualitativen Verbesserung des menschlichen Potentials führen.

Es gibt noch eine andere Seite, die nicht nur physisch, sondern auch moralisch wichtig ist. Wir können in einer modernen Gesellschaft, mit einer anständigen Krankenversorgung und anständigen Lebensbedingungen bis zu 100 Jahre alt werden. Das ist für die Menschheit in greifbarer Nähe, wenn wir einige der Auswüchse im Gesundheitswesen rückgängig machen. Machen wir Obamas Gesundheitsreformen rückgängig und kehren zu dem alten Hill-Burton-System in den Vereinigten Staaten zurück! Dann können Menschen bis zu einem Alter von 100 Jahren am Leben und rüstig bleiben. Das heißt nicht, daß das für alle gilt, aber das kann der Trend sein.

Noch etwas anderes: Was ist das Motiv der Menschen, zu leben? Wir werden geboren, und irgendwann werden wir unvermeidlich sterben. Was treibt uns als Individuen in dieser Zeit an? Die Tatsache, daß wir sterben werden, bedeutet, daß es einen Sinn im Leben geben sollte, der unser Leben für die zukünftige Menschheit wertvoll macht. Da wir soziale Menschen sind, denken wir meistens so. Wir denken gerne an unsere Enkelkinder. Wir erinnern uns gerne an alte Freunde, wir denken an ihre Kinder. Wir denken gerne an Städte und Orte, die besser gestaltet wurden, und jemand, der kurz vor dem Tod steht, schaut sich um und sieht die Verbesserungen, die zum Teil mit seiner Hilfe möglich wurden.

Und dann, so heißt es, habe die Menschheit eine Mission im Universum, und wir waren an dieser Mission beteiligt.

Somit ist Fortschritt, besonders der wissenschaftliche und technische Fortschritt, ein moralischer Wert an sich. Denn es gibt einen Unterschied zwischen einem Menschen, der sich für eine Ratte hält, der geboren wird, nur um zu sterben, und einem Menschen, der drei oder mehr Generationen erlebt und sein Leben mit der Absicht führt, daß sein Dasein auch noch nach seinem Tod fortdauert.

Dann hat unsere Existenz als Mensch einen Zweck. Sie hat eine Mission. Und deshalb sind wir motiviert, Entscheidungen zu treffen, die hierzu beitragen. Die Vorstellung, ein guter Mensch zu sein, bedeutet, daß man denkt, die Menschheit als solche habe eine Mission – eine Mission, die über die eigene Sterblichkeit hinausreicht. Dann werden die Menschen so leben und sich so verhalten, wie es ihrem Wunsch entspricht, diese Art Unsterblichkeit zu verkörpern – während ihres Lebens etwas für die Zukunft der Menschheit Bedeutsames beigetragen zu haben. Und man will nicht, daß einem das genommen oder versagt wird.

Es geht also um diese beiden Aspekte. Zuallererst brauchen wir eine moralische Gesellschaft. Eine moralische Gesellschaft ist eine, die in der Menschheit einen ganz besonderen Teil der Schöpfung sieht. Der Mensch hat ein begrenztes Leben, das sich über etwa drei Generationen erstreckt – drei Generationen potentiellen Lebens für jeden neugeborenen Menschen in einer anständigen Gesellschaft. Aber was wird ein solcher Mensch während dieser drei Generationen tun? Er sollte natürlich reifen, sich entwickeln, um eigene Beiträge zu leisten, die aber von einem Zweck getragen sind.

In anderen Nationen wird beispielsweise eine andere Sprache gesprochen, und es herrschen andere Sitten als bei uns selbst. Warum sollten wir uns um sie kümmern? Weil sie Teil der Menschheit sind. Was bedeutet es also für die Menschheit, wenn man die Tatsache berücksichtigt, daß andere Nationen und Kulturen ein Beitrag zu der eigenen Existenz sind? Man betrachtet die anderen Nationen nicht als Konkurrenten. Man mag mit ihnen wetteifern, aber man betrachtet sie nicht als bloße Konkurrenten, man betrachtet sie als eine Ergänzung der eigenen Aufgabe, die Zukunft der Menschheit in diesem Universum zu gestalten.

Man betreibt Weltraumfahrt. Warum? Nur aus reinem Spaß an der Freude? Nein, man betreibt Weltraumfahrt, weil man weiß, daß das für die kommenden Generationen der Menschheit wichtig ist. So sollten wir denken. So dürfte ein wirklich kompetenter Ökonom ohnehin denken. Man denkt an das, was man aufbaut, an die Ziele, die man erreicht, an die Ziele, die man möglich macht. Wie z.B. im Weltraum.

Ich werde nicht zum Mars fliegen. Ich werde nicht lange genug leben, um auf dem Mars zu landen. Aber ich hoffe, daß ich repräsentiert bin, wenn Menschen auf dem Mars landen und den Roten Planeten entwickeln. Denn das, was ich heute tue, wird zu diesem Ziel beitragen. Deshalb hat mein Leben einen Sinn, und dieser Sinn bestimmt meine Moral und meine Zielsetzung. So muß ein wirklicher Ökonom denken.

Nicht Diplomatie, sondern die gemeinsamen Ziele der Menschheit

Freeman: Ich habe eine letzte Frage zum Abschluß, allerdings werden wir versuchen, eine weitere Diskussion anzusetzen. Diese Frage bringt uns zurück zu der Vier-Mächte-Vereinbarung. Der Fragesteller sagt:

„Vor dem gestrigen Gipfeltreffen in Washington und später noch ausführlicher hat [Ex-] Präsident Clinton jedermann sehr verblüfft, als er betonte, er sei fest davon überzeugt, daß wir aus dieser Finanz- und Wirtschaftskrise nur herauskommen werden, wenn wir – neben allem anderen, worüber wir diskutieren – für mehr Einwanderung sorgen. Das sei nicht nur für Amerikas Zukunft, sondern für die globalstrategische Lage entscheidend.

Es sei für ihn offensichtlich, daß es keinen Ausweg aus diesem Schlamassel gebe, wenn das nicht Teil der Gesamtstrategie sei. Er begründete dies in verschiedener Hinsicht. Er verwies auf den Maschinen- und Anlagenbau, auf das Durchschnittsalter der Maschinenbauer nicht nur in den Vereinigten Staaten, sondern im entwickelten Sektor insgesamt. Eine der Schwierigkeiten, mit denen wir es zu tun hätten, sei die Überalterung der Arbeitskräfte, und es sei ganz wichtig, neue Talente heranzuziehen.

Er sagte, ihm sei klar, daß seine Forderung völlig der öffentlichen Meinung widerspreche, aber er sei fest davon überzeugt und werde dafür einstehen. Er sei schon immer davon überzeugt gewesen, daß einer der Gründe, warum Amerika weltweit so wettbewerbsfähig war und so rapide voranschreiten konnte, darin besteht, daß sich in den USA ein Zusammenschluß [von Menschen] aus mehr als nur einem Land entwickelte. Er formulierte es so: Wir haben hier Menschen von überall her, und wir haben es geschafft, daß das Ganze funktioniert.

Er äußerte sich weiter zu der Diskussion um die Vier-Mächte-Vereinbarung, und ich bitte Sie, vor allem dazu etwas zu sagen, weil dies auch von einigen unserer internationalen Gäste angesprochen wurde. Er betonte, eine solche Vier-Mächte-Vereinbarung sei kein diplomatisches Abkommen – kein diplomatischer Kompromiß, der den Weltfrieden bewahrt, obgleich das seiner Ansicht nach tatsächlich der Fall wäre. Was dadurch erreicht würde, liege auf einer ganz anderen Ebene; es sei eine Absichtserklärung, langfristig für ein gemeinsames Ziel auf diesem Planeten zusammenzuarbeiten. Darin sehe er einen gewaltigen Unterschied.

Einige Leute fragten: Ist das nicht eine neue Form der Globalisierung? Er antwortete, das sei absolut nicht der Fall. Es gehe darum, daß völlig souveräne Nationen für ein gemeinsames Ziel zusammenarbeiten, das allen dient. Deshalb sei es mehr als eine diplomatische Initiative, obgleich sie auch diplomatisch in dem Sinne sei, daß dadurch der Weltfrieden eindeutig gefördert und eine ansonsten instabile Lage stabilisiert werde.

Es ist wohl in seinem Sinne, das hier auf die Tagesordnung zu setzen, weil besonders Leute, die an der Diskussion nicht von Anfang an beteiligt waren, diese Initiative gern kleinreden. Es gibt ja eine Unzahl verschiedener diplomatischer Vorstöße, die ich größtenteils ziemlich nutzlos finde, an dieser aber sind wir alle beteiligt, weil wir darin wirklich etwas anderes sehen. Da Sie der Urheber dieser Politik sind, meine ich, es sei sehr nützlich, wenn Sie besonders für uns Gäste hier Ihre Gedanken dazu vortragen."

LaRouche: Nehmen wir als Beispiel die Strategische Vereidigungsinitiative SDI, die mein geistiges Kind war, wie ich verschiedentlich dokumentiert habe. Ich bin da hinein geraten, weil Brzezinski und Co. [Mitte der siebziger Jahre] eine atomare Konfrontation mit der Sowjetunion planten, und mir war klar, daß das verhindert werden mußte. Ich hatte die Beweise in den Händen und wußte, was diese Kreise vorhatten, und ich unternahm etwas, um den Skandal auffliegen zu lassen. Durch das Aufdecken dieses Skandals verhinderten wir diese Ungeheuerlichkeit Brzezinskis, aber es gab noch andere Pläne, und wegen meiner damaligen Opposition dagegen wollten die Kreise um Brzezinski mich umbringen.

Mir wurde klar, daß ich nur einen Teil des Problems angepackt hatte. Um eine nukleare Konfrontation mit der Sowjetunion zu vermeiden, mußten positive Maßnahmen ergriffen werden, um rückgängig zu machen, was Truman und die Briten nach Roosevelts Tod in Gang gesetzt hatten.

1983: US-Präsident Ronald Reagan bei der Vorstellung der SDI (Strategische Verteidigungsinitiative).

Insbesondere mußten die Beziehungen zwischen Rußland und den Vereinigten Staaten wieder auf eine Grundlage im Sinne der Absichten Franklin Roosevelts gestellt werden.

Ich beschäftigte mich deshalb mit den technischen Möglichkeiten, und mit Hilfe einiger sehr fähiger Wissenschaftler entwickelten wir einen gangbaren Ansatz. Die amerikanische Regierung, d.h. die zuständigen Leute in den Sicherheitsbehörden, gaben mir grünes Licht für weitere Gespräche. Inzwischen war nämlich ein Bericht eines bei den Vereinten Nationen tätigen russischen Militärangehörigen eingegangen, dem zufolge die Russen mit der damals neuen Reagan-Administration sprechen wollten und nachfragten, ob ich dabei behilflich sein könnte. Ich leitete die Mitteilung des russischen Vertreters an entsprechende Leute in der Regierung Reagan weiter mit der ausdrücklichen Empfehlung, das Gesprächsangebot anzunehmen. Und die Sicherheitsexperten antworteten: Warum übernehmen Sie das nicht selbst? Das tat ich dann auch. Zu dem Zeitpunkt verfügte ich über genügend Wissen, wie man damit umgehen könnte und wie die Strategische Verteidigungsinitiative aussehen würde – also tat ich es.

Außerdem gelang es mir, führende Militärs aus Deutschland, aus Frankreich, aus Italien und aus den Vereinigten Staaten, teilweise Altersgenossen, aus dem [CIA-Vorläufer] OSS oder ähnlichen Institutionen des Zweiten Weltkriegs, für die Sache zu gewinnen. Ich kannte sie damals noch nicht, aber lernte sie bei unseren Treffen sehr schnell kennen, denn sie hatten den gleichen Charakter und die gleichen Anschauungen wie ich. Daraus entstand das Angebot, das wir den sowjetischen Repräsentanten unterbreiteten.

Die Reaktionen waren in dieser Phase positiv. Beide Seiten erkannten, daß das Projekt machbar war – und wußten das sogar noch, als die sowjetische Seite schließlich mit der Begründung ablehnte, daß Amerika am Ende gewinnen würde. Ich erklärte, es sei nicht unser Ziel, einen militärischen Konflikt zu gewinnen. Unser Ziel sei gerade, einen solchen Konflikt zu verhindern, weil es bösartige Leute auf diesem Planeten, wie die Briten, gebe, die uns in einen Krieg gegeneinander hetzen würden, wenn wir die Sache nicht unter Kontrolle brächten.

Eine Zeitlang ging alles gut, aber dann schaltete sich Andropow ein, als Präsident Reagan die von mir entwickelte SDI-Politik übernahm. Wichtig zu wissen ist, daß die Russen wußten, daß das, was Reagan vortrug, ganz genau dem entsprach, was ich mit ihnen verhandelt hatte. Es wurde also keine der beiden Seiten irregeführt. Reagan war sich vollkommen im klaren darüber, was er tat, und richtete sein Angebot direkt an die sowjetische Regierung. Als Andropow ablehnte, schockierte das viele Russen, die in der SDI eine vernünftige Alternative sahen, um aus dem unsinnigen Kalten Krieg mit all seinen atomaren Bedrohungen herauszukommen.

Aber dann kamen britische Kreise, die Bertrand-Russell-Leute, ans Ruder. Russell selbst war zwar tot, das war das Gute, aber sein Einfluß florierte weiter. So gelang es den Briten, mit einigen Schwächen unserer Militärführung zu spielen. Einige Leute in der Rüstungsindustrie meinten, wenn ein solches Abkommen mit Rußland zustandekäme, wäre es aus mit unseren ganzen „Verteidigungsanstrengungen". Wir würden keine Kriege mehr gegeneinander führen. Das ganze Verteidigungsministerium würde abgeschafft. Teilweise war das reine Habgier, Gier nach Rüstungsaufträgen, nach Geld, Reichwerden, usw.

So nahm die Sache ihren Lauf. Gorbatschow, der nach meinem Geschmack noch viel schlimmer als sein Vorgänger war, war ein wirklicher Fanatiker. Über die Kanäle seiner Frau forderte er von der amerikanischen Regierung, mich zu ermorden. Tatsächlich kam es aufgrund des Drucks von Gorbatschow zu einem Mordversuch amerikanischer Kreise gegen mich. Dieser Mann ist ein Ekel.

Das haben wir durchgemacht. Inzwischen war die russische Bevölkerung erst durch Andropows und dann durch Gorbatschows Propaganda in dem Glauben bestärkt worden, die SDI sei etwas ganz Fürchterliches. Doch dann trat genau das Fürchterliche ein, was ich zu verhindern versucht hatte: Rußland wurde völlig ruiniert. Das hätte es nicht gegeben, wenn Rußland der SDI zugestimmt hätte, wozu es mehrere Gelegenheiten gab – insbesondere 1986, als Reagan noch Präsident war und er beim Gipfel in Island das Angebot unterbreitete. Dann wäre es zu dem Niedergang Rußlands, den hauptsächlich die britische Monarchie unter Mithilfe des damaligen französischen Präsidenten [Mitterrand] einfädelte, nicht gekommen.

Noch heute gibt es in Rußland einfältige Leute, die glauben, mein SDI-Vorschlag sei etwas Schlimmes gewesen. Viele, die heute genauso reden wie damals, mit der gleichen Einstellung gegenüber Amerika und den Amerikanern und mir persönlich, sind dieselben oder ähnliche typische Dummköpfe wie die Leute im Sowjetsystem, die damals nein sagten, als sich die Möglichkeit bot, all die Schwierigkeiten vom Tisch zu bekommen. Wir verhandeln mit Rußland immer noch über die Abwehr ballistischer Raketen. Wir stehen vor der Gefahr eines israelischen Angriffs auf den Iran, der alle möglichen Höllenszenarien eröffnen würde. Wir sprechen immer noch darüber, wie man sich vor solchen Schrecken schützt, ohne in einen Konflikt zwischen Rußland und den Vereinigten Staaten zu geraten.

In der Diplomatie müssen wir begreifen, daß die Bedeutung nationaler Souveränität in der nationalen Kultur liegt. Die nationale Kultur umfaßt die Träume, die Geschichten, die Sprache usw. – alles, was den Zustand eines Volkes ausdrückt. Die Menschen müssen von Kindheit an eingebunden werden, d.h. jede Nation muß sich selbst durch ihre *Kinder*, die Erziehung und Kultur der Kinder zusammenschließen, um sie zu einem gemeinsamen Ziel und Zweck zu vereinen. Darum ging es schon damals in einem der Gespräche über die gemeinsamen Ziele der Menschheit zwischen Edward Teller und sowjetischen Vertretern in Erice.

Wir brauchen wieder die Souveränität nationaler Kulturen, wir brauchen vollkommen souveräne Nationalstaaten, denn die Bevölkerung muß in entscheidenden Fragen wieder mit einer Stimme sprechen und ihre eigene Entwicklung bestimmen können. Es muß aber auch Partnerschaft geben. Zwischen den unterschiedlichen Nationen muß ein Empfinden für Bedürfnisse und Kameradschaft herrschen. Wir haben unterschiedliche Bräuche und Verhaltensweisen, aber wir haben gemeinsame Ziele.

Dann schauen wir zum Mond herauf und stellen fest, daß hier auf der Erde das Helium-3 knapp ist. Wir brauchen das Helium-3, das dort oben auf dem Mond lagert, wenn wir zum Mars oder anderswohin wollen. Also sollten wir es uns von dort holen. Wir brauchen es auf der Erde genauso wie im Weltraum. Wir sollten deshalb auf dem Mond ein Industrieprojekt in Gang setzen, an dem sich verschiedene Nationen beteiligen, die die Industrieanlagen zu diesem Zweck gemeinsam nutzen. Denn die Menschheit hat eine gemeinsame Mission jenseits der Erde, jenseits der kleinlichen Streitereien auf der Erde. Die Menschheit hat eine Mission im Universum – zuerst in unserem Sonnensystem und dann im ganzen Universum.

Mit einer solchen Haltung sollten wir daran gehen. Wir sollten mit Freude das Gute teilen, das wir schaffen. Wir müssen für gemeinsame Ziele mobilisieren, an denen sich ein Mensch von der Geburt bis zu seinem Tod orientieren kann und die ihm im Laufe seines Lebens eine Bestimmung geben. Dann hat er zum Zeitpunkt des Todes die Befriedigung, daß sein Leben auch noch lange nach dem eigenen Tod etwas bedeutet.

Eine solche Moralvorstellung brauchen wir wieder. In meiner Sichtweise von Volkswirtschaft ist das selbstverständlich. Es mag Streitigkeiten und Meinungsunterschiede zwischen den Nationen geben, aber weil wir alle Menschen sind, brauchen wir gleichzeitig gemeinsame Ziele, die zum Maßstab von Verhandlungen, von gemeinsamen Projekten und auch Schwierigkeiten zwischen den Nationen werden – eine gemeinsame Absicht der gesamten Menschheit mit Blick auf das, was unsere Generation weiter bewirkt, wenn sie einmal vergangen ist.

Welche Welt wollen wir schaffen? Welche Bedeutung hatte unser Leben, unser Sein, wenn wir einmal sterben? Werden wir einfach weggeworfen, weil wir gestorben sind? Wird auch unsere Kultur weggeworfen, wenn wir sterben? Oder soll das Leben einen Sinn haben, im Sinne einer Aufgabe für die gesamte Menschheit, der über die Grenzen des Todes hinaus Bestand hat, so daß jeder Mensch in seiner Seele zurückblicken und sagen kann: *„Wir haben zu unseren Lebzeiten dazu beigetragen. Jetzt ist es gut, es ist geschafft. Mein Leben und die Schwierigkeiten, die ich auf mich genommen habe, waren es wert."* Das ist gute Wirtschaftswissenschaft.

Anmerkungen

1. Auf englisch unter http://www.larouchepac.com/14274.

Was Ihr Buchhalter nie verstanden hat:

Das Geheimnis der Wirtschaft

Von Lyndon H. LaRouche, Jr.

17. April 2010

*E*ine einleitende Bemerkung zur Bedeutung des Gegenstands des folgenden Berichts:

Zum Glück haben wenigstens einige führende Talente unter den amerikanischen Volkswirtschaftlern in bestimmten wesentlichen Punkten verstanden, „wie und warum" meine Wirtschaftsprognosen von 1956-57 bis heute so ungewöhnlich zutreffend gewesen sind. Das Versagen der Mehrzahl der Ökonomen – praktisch sämtliche Bilanzfachleute und mit wenigen Ausnahmen fast alle maßgeblichen Volkswirtschaftler – wurzelt darin, daß sie Opfer eines überall gepredigten Trugbildes wurden, das wir Monetarismus nennen: Sie verehren einen monetären Fetisch „Markt" und haben einen unerschütterlichen Glauben an das „Geld".

Einige der relevanten Fragen lauten daher: „Was ist das Geheimnis? Warum sind die meisten maßgeblichen Ökonomen auf der Welt bei der Vorhersage mittel- bis langfristiger Entwicklungsmuster in der Realwirtschaft ihrer Länder und der Welt insgesamt schon seit so langer Zeit dermaßen inkompetent? Warum befindet sich die US-Wirtschaft schon so lange, praktisch seit dem Tag, als Präsident Franklin D. Roosevelt starb, in einem meßbaren realwirtschaftlichen Abschwung?"

Damit verbunden ist das Problem der gegenwärtigen US-Regierung, das im wesentlichen das gleiche ist wie im Fall des verrückten römischen Kaisers Nero: Wie Nero ist unser jetziger Präsident Obama wegen seiner (egal wie vorübergehenden) Machtfülle gefürchtet, obwohl die Politik dieses britischen Hampelmanns und Möchtegern-Imperators, wenn man sie so fortsetzt, die ganze Welt in den wirtschaftlichen Abgrund treibt. Solange Obamas Ideologie weiter herrscht, wird das Trugbild des „Monetarismus" ganze Nationen oder sogar Kontinente in eine „lemmingartige" Selbstzerstörung treiben, wie man es vor allem an den Politikern der Demokratischen Partei im US-Kongreß sieht, die sich wie die Schafe aufführen. Määhh!

Die Folgen, die wir alle heute in der transatlantischen Wirtschaft spüren, sollten eigentlich jeden, der seinen Verstand noch beisammen hat, dazu veranlassen, die Grundannahmen des britischen Liberalismus, die Amerika und Europa seit Mitte 2007 in einen immer rasanteren realwirtschaftlichen Zusammenbruch treiben, völlig zu überdenken.

Selbst noch in dieser Endphase des gefährlichen Niedergangs ließe sich die US-Wirtschaft retten, wenn eine „Glass-Steagall-Reform" umgesetzt wird, insbesondere wenn auch andere führende Nationen eine Säuberung mit Glass-Steagall-Methoden durchführen und wir zu einem System fester Wechselkurse im Sinne Franklin Roosevelts zurückzukehren.

Da in einem jahrzehntelangen Prozeß die vernünftigen Traditionen in der amerikanischen Regierungspolitik abgeschafft wurden, ist mein jahrzehntelanges Wirken als erfolgreicher physischer Ökonom ein Schlüssel dazu, die Vereinigten Staaten vor dem völligen Ruin zu retten. Wesentlich ist, daß ich die Wirtschaftswissenschaft stets als einen Zweig der Naturwissenschaft betrachtet habe und nie an die populären, monetaristischen Illusionen geglaubt habe, die in Form der gescheiterten Finanzbuchhaltungssysteme als angebliche Wirtschaftswissenschaft gelehrt und praktiziert werden. Ich weiß, was ich tue; deshalb muß ich Sie warnen: Die Zukunft Ihrer Nation hängt jetzt davon ab, daß diese Unterschiede verstanden werden.

EINLEITUNG: „ES IST JA NUR GELD!"

Der hereinbrechende weltweite Wirtschaftskollaps läßt sich nur aufhalten, wenn die jetzt herrschenden Währungssysteme durch *eine Roosevelt-ähnliche Kombination aus Glass-Steagall-Maßgaben für nationale Kreditsysteme und einem globalen System fester Wechselkurse* ersetzt wird. Das kann gelingen, wenn die Umsetzung einer solchen Reform vom Standpunkt eines noch selten gelehrten und wenig bekannten Fachgebiets erfolgt, *der physikalischen Wissenschaft der politischen Ökonomie.*

Dieses Fachgebiet besteht aus wirklichen wissenschaftlichen Erkenntnissen, die auf einzigartige Weise den systematischen Unterschied zwischen dem Menschen und allen niederen Lebensformen belegen. Aus der Kraft dieses Wissens stammt der Nutzen einer bewußten Unterscheidung zwischen dem, was W.I. Wernadskij „die Biosphäre" nannte, und dem, was er „die Noosphäre" nannte.

Für den gleichen Bereich der Wissenschaftsmethode zeigte Albert Einstein im Fall von Johannes Keplers ureigener Entdeckung des Prinzips universeller Gravitation (z.B. in Keplers *Weltharmonik*), daß die ganze Natur „schöpferisch" ist. Einstein beschreibt Keplers Universum als *endlich, aber unbegrenzt* (anders gesagt, als inhärent *anti-entropischen, universellen* Prozeß). In der Hinsicht erhebt sich das menschliche Individuum über alle anderen Lebensformen, weil der Mensch über ein willentliches schöpferisches Potential verfügt, welches einen ganz speziellen, anti-entropischen Effekt erzeugt, und in diesem Effekt sollte man das erkennen, was die Menschheit mit dieser Willensqualität allen anderen bekannten Lebewesen überlegen macht.

Lyndon LaRouche mit seiner berühmten Kollapsfunktion.

Im realen Universum hat Geld als solches keinen Eigenwert. Richtig verwendet, ist Geld kein realwirtschaftlicher Wertmaßstab, sondern – wie unter der Verfassung der USA – ein geeignetes Medium für Kredit, den eine souveräne Republik vergibt, um *den realen, physischen Wert pro Kopf und pro Quadratkilometer Fläche einer Volkswirtschaft zu erhöhen.* So definiert, erfüllt Geld seine zugedachte Funktion nur in Form immer produktiverer und kapitalintensiverer Investitionen pro Kopf und pro Quadratkilometer in die grundlegende Wirtschaftsinfrastruktur und in Produktionsmethoden zur langfristigen Entwicklung produktiverer, fortgeschrittenerer Technologien, so wie seit Mitte des 17. Jahrhunderts im Commonwealth von Massachusetts unter seiner Charta. Eine solche Entwicklung bedeutet 1. *Abnutzungseffekte müssen ausgeglichen werden,* und 2. *muß sich dies als Methode der Entdeckung ausdrücken in einer realen Steigerung der wachsenden menschlichen Fähigkeit pro Kopf und pro Quadratkilometer Fläche, unbegrenzt in die Zukunft weiterzuleben.*

Anders gesagt, das Überleben der Menschheit verlangt eine ständige Zunahme der *Energieflußdichte*, die eingesetzt wird, um die Arbeitsproduktivkräfte zu steigern und um die entsprechenden von der Gesellschaft vermehrt verbrauchten *Kohlenstoffe qualitativ im Wert zu erhöhen* – die Rolle des Chlorophylls veranschaulicht diesen Punkt. So zerfällt derzeit die zunehmend beschränkte transatlantische Gesellschaft, weil sie – quasi in der Weise eines Massenselbstmords – Energieträger mit zu niedrigem Flußdichteniveau verwendet. Dagegen stehen China, Indien und Rußland (trotz der negativen Einflüsse der britisch kontrollierten Russen mit Sonderinteressen bei den modernen Finanzpiraten in der Karibik) beispielhaft für jene vernünftigeren Nationen, die sich zunehmend auf Kernkraft, Fusionsenergie, flächendeckend erneuerte Infrastruktur sowie weitere vergleichbare Energiequellen mit sehr hoher Flußdichte stützen.

Die Schöpferkraft, von der das Fortschreiten, ja das Überleben einer Gesellschaft abhängt, drückt sich am deutlichsten in den klassischen Künsten aus. Eine treffende Illustration hierfür ist die Bedeutung von Albert Einsteins Geige für seine oft erstaunlichen schöpferisch-wissenschaftlichen Fähigkeiten. Diese kreative Fähigkeiten springen um so mehr ins Auge beim Vergleich mit Einsteins Gegnern, wenn man sein Werk der verkommenen Ideologie des sog. *mathematischen Positivismus* entgegensetzt, die bei den Anhängern Bertrand Russells und seiner Machenschaften an der Cambridger Schule der „Systemanalyse" am schlimmsten ausgeprägt ist.

Typisch für die abstoßenden antiwissenschaftlichen Umtriebe von Russells Nachläufern ist das Internationale Institut für Angewandte Systemanalyse (IIASA) im österreichischen Laxenburg. Laxenburg steht für die bekanntesten Gegner einer kompetenten modernen Wissenschaft – kompetente Naturwissenschaft, wie das Werk von herausragenden physikalischen Chemikern wie William Draper Harkins in den USA, dem russisch-ukrainischen Akademiemitglied W.I. Wernadskij und anderen sie verkörpert.

Vor diesem Hintergrund „energiepolitischer" Fragen beruhen meine bisherigen, Jahrzehnte umspannenden Erfolge als Prognostiker in dem Zweig der Naturwissenschaft, der sich „physische Ökonomie" nennt, hauptsächlich auf dem Eindruck, den die von Bernhard Riemann bewirkte Revolution auf mich hatte. Als großartiger Nachfolger von Johannes Kepler und Gottfried Wilhelm Leibniz sowie auch von Carl F. Gauß war dieser Riemann der Hauptideengeber für sämtliche entscheidenden qualitativen Verbesserungen in der Wissenschaftsmethode, seit er 1854 seine berühmte, bahnbrechende Habilitationsschrift an der Universität Göttingen ablieferte.

Mein außergewöhnlicher Erfolg als Ökonom beruht in hohem Maße auf Beiträgen im Werk einiger der größten wissenschaftlichen Genies des 20. Jahrhunderts, wie beispielsweise Max Planck, William Draper Harkins, W.I. Wernadskij und Albert Einstein, die alle von Fortschritten durch Riemanns Revolution profitierten, welche in der Vorstellung einer modernen Physik nicht als „mathematischer Physik" und auch nicht bloßer Chemie, sondern als physikalische Chemie wurzeln. Die Riemannsche Revolution, auf die sich das Werk dieser großen Wissenschaftler stützt, ist nicht nur mit den vorange-

Blick auf die Konstruktion des Eiffel-Turms in Paris. LaRouche: „Bei meinen Besuchen der Werft der US-Marine in Charlestown wurde meine Aufmerksamkeit wiederholt darauf gelenkt, wie bei der Errichtung moderner Stahlkonstruktionen eine optimale Geometrie das Verhältnis von Tragwerk zur Gesamt-masse definierte. Der Eiffelturm in Paris ist ein Beispiel für das gleiche Problem."

gangenen Arbeiten von Carl F. Gauß verbunden, sie ist auch eine Folge einer besonderen Wertschätzungvon Kreativität in der klassischen Kunst bei Riemanns Leh-rer und Vorgänger in Göttingen, Le-jeune Dirichlet, der schon zuvor in Berlin Riemanns Professor war und unter dem be-sonderen Schutz Alexander von Humboldts stand.[1]

Zu Anfang wurzelten meine relativ beispiello-sen Erfolge in der ErstellungvonWirt-schaftsprognosen darin, daß ich schon in frühem Jugendalter die inhärente Absurdität der sogenannten Euklidischen Geo-metrie erkannte. Daß dieses reduktionistische Euklidische System der Antike durch ein *Prinzip der physikalischen Geo-metrie* abgelöst werden mußte, wurde mir erstmals in meiner Jugend klar, als ich wiederholt am Wochenende die Werft der US-Marine in Charlestown bei Boston besuchte. Bei diesen Besuchen wurde meine Aufmerksamkeit wiederholt darauf gelenkt, wie bei der Errichtung moderner Stahlkonstruktio-nen eine optimale Geometrie das Verhältnis von Tragwerk zur Gesamtmasse definierte. Der Eiffelturm in Paris ist ein Beispiel für das gleiche Problem – der Optimierung eines Bauwerks in einer physikalischen Raumzeit, die sich nach der Chronologie der physikalischen Chemie definiert.[2]

Die Methoden zur Erstellung langfristiger Wirtschaftsprognosen, die meine persönlichen späteren Erfolge in meiner Arbeit als Ökonom ermöglichten, basierten auf einer bestimmten Sichtweise, die damit begann, daß ich mir Anfang 1953 mit großer Freude die Methode hinter Bernhard Riemanns Habilitationsschrift von 1854 zu eigen machte, wobei diese Schrift als entscheidende Fortsetzung der großen Entdeckungen von Gottfried Wilhelm Leibniz zu verstehen ist. Die beiden einleitende Absätze und der abschließende Satz dieser Habilitationsschrift sind die bemerkenswertesten Bezugspunkte, um zu verstehen, welche Revolution seine Dissertation in der modernen Physik bewirkt hat. Diese drei ausgewählten Absätze der Habilitationsschrift[3] verdeutlichen zusammenfassend, wie Riemann das Feld, auf dem er das Gebäude seiner grundlegenden Beiträge im Rest seiner Habilitationsschrift errichtete, vorher von Gerümpel befreite.

Was die Wirtschaft angeht

Meine erste formelle Prognose für die US-Wirtschaft erstellte ich im Sommer 1956 in Verbindung mit meiner damaligen Tätigkeit als Manager einer Unternehmensberatung, als ich vorhersagte, daß mit hoher Wahrscheinlichkeit in der Zeit zwischen Februar und März 1957 in den USA die bisher schwerste Rezession der Nachkriegszeit eintreten würde.[4] Diese tiefste, lang anhaltende Rezession der Nachkriegszeit brach genau zu der vorhergesagten Zeit aus. Praktisch alle meine später erstellten Vorhersagen waren mittel- bis langfristig angelegt, wie zum Beispiel meine Prognose von 1966-68, daß das damalige System fester Wechselkurse sehr wahrscheinlich „etwa Ende der sechziger oder Anfang der siebziger Jahre" zusammenbrechen werde.

Der Erfolg jener Prognosemethode führte dann am 2. Dezember 1971 zu der wichtigen, berühmten Debatte zwischen mir und dem bekannten liberalen Ökonomen Abba Lerner am New Yorker Queens College, einer Debatte, deren wesentliche Aspekte die entscheidenden Trends der amerikanischen Wirtschaftsgeschichte seit jener Zeit bis heute bezeichneten.

Die Fehler meiner bekannteren Konkurrenten bei der Erstellung mittel- bis langfristiger Wirtschaftsprognosen waren gewöhnlich eine Folge davon, daß man sich als typischer Monetarist auf „statistische" Verfahren („Wo ist das Geld?") sogenannter „Marktvorhersagen" stützt, die immer inkompetent sind.

Wer nach der Ursache des Versagens der „marktorientierten" Wirtschaftswissenschaft sucht, sollte sich besonders mit der verheerenden Erfolgsquote von Vorhersagen befassen, die auf die Ideologie von Anhängern des berüchtigten Bertrand Russell zurechtgeschnitten sind – wie etwa Prof. Norbert Wiener und John von Neumann, die der bekannte Mathematikpositivist David Hilbert beide wegen ihrer offenbar unerträglichen Inkompetenz aus seinem Seminar an der Universität Göttingen durchaus zu recht hinausgeworfen hatte. Die wissenschaftlich unerträglichen Arbeiten John von Neumanns und Oskar Morgensterns über Ökonomie sind typisch für den Ramsch, den ich und damalige Zeitgenossen wie Wassilij Leontief Ende der fünfziger Jahre entsprechend attackiert haben. Die Torheiten dieser und anderer Positivisten aus dem Lager der radikalpositivistischen Anhänger Bertrand Russells, wie etwa der Narren des pseudowissenschaftlichen IIASA-Kults,[5] sind typisch dafür, welche verrückten Wirtschaftslehren seit dem Tod Präsident Franklin Roosevelts bis auf den heutigen Tag praktiziert werden.

Was man immer wieder sagen muß

Das typische Versagen meiner vermeintlichen Fachkonkurrenten in der Prognosestellung offenbart ihre Fehler, die in den empiristischen Grundannahmen der Nachfolger und Anhänger Paolo Sarpis wurzeln, welche sich durch die gesamte neuzeitliche Geld- und Soziallehre hindurchziehen. Das ist das Dogma, das häufig mit dem Vermächtnis von Adam Smith, diesem Laufburschen Lord Shelburnes und erklärten Erzfeind der Vereinigten Staaten, in Verbindung gebracht wird.

Der Fehler von Smith und seinesgleichen war nicht nur ein Versehen; es war und bliebt ein grundsätzlicher Denkfehler, ein bösartiges, falsches Menschenbild, das auf die Lehren dieses berüchtigten venezianischen Schurken und Begründers des neuzeitlichen anglo-holländischen Liberalismus, Paolo Sarpi, zurückgeht. Am deutlichsten plädiert Smith für Sarpis Politik in seiner *Theorie der moralischen Empfindungen* von 1759. Betrachtet man die Torheiten der heutigen Keynesianer und ihresgleichen genauer, so findet sich in ihren Produktionen nichts, was nicht bereits in dem Argument angelegt war, das in einem oft zitierten, zentralen Absatz jener *Theorie der moralischen Empfindungen* zusammengefaßt ist; das gleiche gilt für Karl Marx, der wie er selbst bekannte, ebenfalls auf Adam Smith hereinfiel.

Die inkompetenten, aber dennoch weit verbreiteten Wirtschaftslehren des neuzeitlichen Liberalismus – wie jene der Physiokraten, die sich am *Tableau Economique* des regelmäßigen Besuchers der Bordelle am „Hirschgarten", François Quesnay, orientierten, und der britischen liberalen Schule – beruhen, anscheinend fast ausnahmslos, auf der von Paolo Sarpi aufgestellten Grundregel, die Smith an der genannten Stelle und anderswo in grober Form nachformuliert.[6]

Man hat den Eindruck, daß bisher, von wenigen Ausnahmen abgesehen, fast jeder zum Glauben an eine sogenannte „physikalische" Lehre verleitet wurde, die in Wirklichkeit bloß eine Form der Mathematik ist, obwohl diese Lehre in ihren praktischen Folgen durchgehend absurd oder schlimmer ist. Man glaubt an diese törichten Vorstellungen, weil man gehört hat, daß jeder sie glauben muß, der nicht von seinen Kollegen verstoßen werden möchte. Solche Vorstellungen sind sehr beliebt bei einer bestimmten Schicht renommierter Dummköpfe, die sich davon persönliche Vorteile vonseiten mächtiger räuberischer Kreise an höherer Stelle versprechen. So wurde es den meisten Ökonomen und ihren leichtgläubigen Opfern zur Gewohnheit, einander ständig gegenseitig die Lüge zu wiederholen, die Gesetze der Wirtschaft müßten mathematisch-statistischer Natur sein.

Diese Einleitung zusammengefaßt

Die eigentlich angemessene Rolle des Geldes liegt nicht darin, „wirtschaftlichen Wert" zu definieren, sondern in der eines Mediums für die Zuteilung vergebenen Kredits in Höhe einer sinnvollen Annäherung an die zu erwartenden physischen Kosten[7] – nicht als tatsächlicher Wert, sondern als vorläufige Abschätzung. Dieser Gedanke einer politischen Zuteilung von Krediten kam Mitte des 17. Jahrhunderts in die Welt in Gestalt der Politik der Massachusetts Bay Colony unter Leitung der Winthrops und Mathers, bevor die Briten die Charta der Kolonie aufhoben.

Diese Vorstellung von Kredit, die seither in den Vorgaben der Verfassung der Vereinigten Staaten ziemlich einzigartig zum Ausdruck kommt, wann immer dieses Gesetz in der Praxis befolgt wurde, ist ein wesentlicher Punkt der verfassungsrechtlichen Überlegenheit des Amerikanischen Systems der politischen Ökonomie gegenüber den im Kern imperialistischen, monetaristischen Systemen der Nationen Europas, die bis auf den heutigen Tag unter dem Einfluß des Britischen Empire stehen, wie dies seit 1971 insbesondere die raubgierige Inter-Alpha-Bankengruppe der britischen Monarchie verkörpert.

Leider stecken nicht nur die Vereinigten Staaten selbst, sondern die Welt insgesamt derzeit in einem tiefen Absturz der Realwirtschaft des gesamten Planeten in eine allgemeine Zusammenbruchskrise, so wie dies innerhalb der Vereinigten Staaten in dieser offenen Form im Spätsommer 2007 in Erscheinung trat. Nichts hat mehr dazu beigetragen, daß es zu dieser Katastrophe kommen konnte, als der verbreitete Glauben an das, was heute an den Schulen, Universitäten und der Massenpresse als Ökonomie gelehrt wird.

Die transatlantischen Volkswirtschaften, die bereits nicht nur in einer schrecklichen Depression, sondern in einer wahren Zusammenbruchskrise wie der in Europa während der zweiten Hälfte des 14. Jahrhunderts versinken, sind unter den jetzigen Trends verloren, wenn der gegenwärtige politische Kurs beibehalten wird. Die großen Nationen an den asiatischen Grenzen des Pazifischen und Indischen Ozeans verfolgen zwar eine weitaus vernünftigere Politik, indem sie z.B. auf die Kernkraft setzen, statt wie die törichten Vertreter der rapide kollabierenden transatlantischen Gruppe auf Verfahren mit extrem niedrigen Energieflußdichten. Doch selbst den Kernkraftbefürwortern unter diesen Nationen fehlt die Stärke, sich den Folgen der sich weiter beschleunigenden Zusammenbruchskrise in der transatlantischen Region erfolgreich zu widersetzen.

Wenn die liberale Wirtschaftspolitik à la Adam Smith nicht aufgegeben wird, besteht keine Hoffnung, einen sich beschleunigenden Absturz des gesamten Planeten in ein generationenlanges, weltweites neues finsteres Zeitalter für die gesamte Menschheit abzuwenden.

Das Thema des vorliegenden Berichts sind deshalb die Prinzipien, die den notwendigen Kurswechsel in der Wirtschaftspolitik leiten müssen – eine Wende von dem gescheiterten, britisch dominierten Weltwährungssystem zum Kreditsystem einer physischen Ökonomie in Übereinstimmung mit den Prinzipien hinter der Amerikanischen Unabhängigkeitserklärung und der ursprünglichen Fassung der amerikanischen Verfassung.

I. Die Wissenschaft der physischen Ökonomie

Um den Leser in den Kern der Prinzipien einer Wissenschaft der physischen Ökonomie einzuführen, betrachte man folgendes.

Seit Anfang des 20. Jahrhunderts zeigt sich das richtige moderne Verständnis der physikalischen Prinzipien einer kompetenten physikalischen Wirtschaftswissenschaft am klarsten in der Entwicklung einer spezifisch menschlichen Praxis der physikalischen Chemie[8] – insbesondere bei William Draper Harkins in Chicago und noch weiter ausgearbeitet bei Akademiemitglied W.I. Wernadskij, in Form der Grundlagen einer wissenschaftlich entscheidenden Beschreibung der wirksamen Rolle der Menschheit als Gattung in einem sich anti-entropisch entwickelnden Universum. Diese

Entwicklung Wernadskijs zeigt den wesentlichen Charakter eines Universums, das als Untergliederungen die drei Bereiche der Lithosphäre, der Biosphäre und der Noosphäre umfaßt.

Dieses experimentelle Wissen beruht auf der Revolution der Wissenschaft der physikalischen Chemie, die als eines der entscheidenden Resultate des Einflusses von Bernhard Riemanns Habilitationsschrift aus dem Jahr 1854 eingeführt wurde. Diese neue Sichtweise lieferte die Grundlage für die wesentlichen, relevanten Entdeckungen physikalischer Prinzipien durch vorbildliche Forscher wie die bereits genannten Max Planck, William Draper Harkins, W.I. Wernadskij und Albert Einstein.[9] Die beste Beschreibung des Bereiches, in dem und auf den die schöpferischen Geisteskräfte des Menschen wirken, ist die Vorstellung eines „endlichen, aber unbegrenzten Universums", wie Albert Einstein das Universum Johannes Keplers bezeichnete. Diese Definition schließt, wenn man sie heute betrachtet, die höhere Universalität eines sich entwickelnden universellen Bereichs der *kosmischen Strahlung* mit ein.

Als vollständiges Gesamtbild bezieht sich diese Wissenschaft der physischen Ökonomie auf die Eigenschaften der inhärent noetischen Funktion (Erkenntniskraft) der souveränen Schöpferkräfte des menschlichen Intellekts, die über die einfacheren Funktionen, die man gewöhnlich mit dem menschlichen Gehirn verbindet, hinausgehen. Diese Funktion einer höheren Daseinsform bezeichnet man also am besten als das „Werk des menschlichen Geistes, nicht bloß des Gehirns", und man sollte betonen, daß sie bewußter Ausdruck einer willentlichen Unterscheidung sind, wonach die menschliche Gattung mit ihrer Noosphäre sich grundsätzlich von allen anderen bekannten Gattungen der Lithosphäre und der Biosphäre unterscheidet und über diese erhebt.[10]

Diese soeben genannten absoluten und kategorischen Unterschiede zwischen Mensch und Menschenaffe definieren den Menschen als offensichtlich höchste unter allen bekannten Erscheinungsformen in diesem Universum, das Einstein als das „endliche, aber unbegrenzte" Universum Keplers definierte – ein Universum, das schon seinem Wesen nach insgesamt noetisch ist. Ein kompetenter Gebrauch des Begriffs

Der amerikanische Chemiker William Draper Harkins (1873 – 1951).

„Humanismus" muß immer die Bedeutung aller dieser Überlegungen einbeziehen.

Ich wiederhole nochmals, da es notwendig ist, dies zu betonen: Jeder kompetente Ansatz in der Volkswirtschaft beruht auf diesen genannten Überlegungen. Diese Überlegungen wiederum sind zusammengefaßt in der entsprechenden Dynamik der sozialen Beziehungen zwischen den Personen, welche die betreffende Gesellschaft bilden, im Sinne der modernen Definition des antiken Konzepts der *dynamis* als „Dynamik" bei Gottfried Leibniz und auch im Sinne der angedeuteten Schlußfolgerungen über das soziale Verhalten in den Schlußabsätzen von Percy Shelleys *Verteidigung der Poesie.* [11]

Der charakteristische Aspekt des sozial relevanten, menschlichen Verhaltens ist die Entwicklung der menschlichen Gesellschaft durch ontologisch noetische Änderungen des individuell motivierten „Massenverhaltens", wie Shelley dieses Prinzip menschlichen Verhaltens in den abschließenden Absätzen seiner *Verteidigung der Poesie* definiert.

Diese Überlegungen führen uns zu zwei wechselseitig abhängigen Feststellungen: 1. **daß das Universum an und für sich kreativ ist,** und 2. **daß die in diesem Universum lebende Menschheit, die bewußt schöpferisch denkt und handelt, den zusätzlichen, einzigartigen Faktor** *willentlicher, bewußter Entscheidung* **liefert, der den anderen lebenden Gattungen fehlt.** Dieser spezifische kreative Faktor des individuellen menschlichen Willens *subsumiert die tatsächliche Entwicklung* all dessen, was man sonst als Universum definiert. Es ist eine besondere Qualität, die durch die Existenz einer sich entwickelnden Gruppe menschlicher Individuen hinzukommt, um das Universum, wie es ohne sie definiert wäre, in einzigartiger Weise zu verändern.

Aus diesen Gründen erhält man die richtige Definition der spezifisch menschlichen Vorstellung eines Konfliktes zwischen gut und böse, indem man vergleicht, welche gegensätzlichen Wirkungen es hat, wenn der Nutzen der menschlichen Kreativität gefördert oder wenn er unterdrückt wird; typisch für diesen Nutzen ist die Steigerung der verwendeten Energieflußdichte pro Kopf und pro Quadratkilometer, die sich in steigender physischer Produktivität der Gesellschaft pro Kopf und pro Quadratkilometer ihres Territoriums äußert.

In diesem Sinne müssen wir beispielsweise den Fall der betrügerischen, die Geometrie betreffende Doktrin behandeln, die Euklid zugeschrieben wird: Mit dieser Ansammlung von Dogmen wird, ähnlich wie in der Argumentation des Betrügers René Descartes, die Möglichkeit einer wesentlichen Steigerung der „Energieflußdichte" bzw. Äquivalenten davon bestritten – genauso wie bei den heute vielerorts vorherrschenden Dogmen des sogenannten „Umweltschutzes". Diese falschen, betrügerischen Sichtweisen sind typisch für den Einfluß eines Bösen, das man aufgrund seiner Folgen als „pro-satanisch" betrachten sollte.[12]

Das Thema, das in dieser Weise soeben eingeführt wurde, hat die beiden folgenden, miteinander verbundenen Aspekte.

Da sind einerseits 1. **die Folgen der Entscheidungen des Menschen für die Steigerung des Energieflußdichte-Äquivalents in Form eines entsprechenden Einwirkens der Menschheit auf das Universum,** und andererseits 2. **die Form der Wechselwirkung zwischen dem individuellen menschlichen Geist und dem sozialen Prozeß, in den das Handeln dieses einzelnen und verwandte Einflüsse eingebettet sind.**[13]

Das Verhältnis, das sich als Wechselwirkung zwischen diesen beiden Einflüssen definiert, hat den vielfältigen Charakter des antiken Begriffs *dynamis* und des von Gottfried Leibniz eingeführten, vergleichbaren modernen Konzepts der Dynamik. So verweist beispielsweise Platon in seinem Dialog *Parmenides* auf diesen Begriff und Leibniz übernahm ihn bei seinem berühmten Angriff auf die grundlegenden Fehler im Werk von René Descartes und dessen Nachfolgern wie dem Ockhamistischen Kult des berüchtigten Adam Smith, dem modernen Liberalismus, auch *Empirismus* oder *Positivismus* genannt, der auf den irrationalistischen Paolo Sarpi zurückgeht.

Wie Albert Einstein in seiner Würdigung des genialen Wissenschaftlers und Entdeckers der Gravitation, Johannes Kepler, betonte, ist Keplers Universum stets endlich, aber nie begrenzt, in Übereinstimmung mit der Definition eines *seinem Wesen nach anti-entropischen Universums*. Das bedeutet, daß sowohl der abiotische Bereich, d.h. W.I. Wernadskijs Lithosphäre, als auch die Biosphäre und die Noosphäre allesamt ihrem Wesen nach (anti-entropisch) kreativ sind; aber bisher kennen wir nur die Noosphäre der Menschheit als einen willentlich kreativen Phasenraum.

Zur Veranschaulichung eines wesentlichen Punkts nehme man den folgenden Fall im Zusammenhang mit dem Vorhaben einer Kolonisierung des Mars als Beispiel.

Es gibt z.B. zwei Fälle, in denen die auf der Erdoberfläche erlebte Standard-Schwerkraft zu einer entscheidenden praktischen Frage für die Menschheit bei unserer zukünftigen Existenz im Sonnensystem wird. Der *erste* ist der Unterschied zwischen der für die Menschheit spürbaren Gravitation auf der Erde und auf der Marsoberfläche, die auf nur etwa ein Drittel der Schwerkraft auf der Erdoberfläche geschätzt wird. Der *zweite* ist das Problem der Wirkung des sehr schwachen Gravitationsfeldes auf menschliche Passagiere während der Reise von der Erdoberfläche bzw. einer Erdumlaufbahn zur Marsoberfläche durch das Feld kosmischer Strahlung, das durch den dabei durchquerten Weltraum definiert ist. Dieses zu erwartende sehr schwache „Standard-Gravitationsfeld" muß künstlich verändert werden, wahrscheinlich soweit, daß annähernd ein erdähnliches Gravitationsfeld entsteht, wenn wir solche Reisen menschlicher Passagiere in einem Raumschiff in Betracht ziehen wollen.

Denkt man über den Transport von Menschen zwischen Abfahrt und Ankunft auf dem Mars nach, drängt sich unserer Aufmerksamkeit also die Frage der Wirkung der kosmischen

Strahlung auf. Wir brauchen künstliche Wirkungsstärken mit der gleichen biologischen Wirkung wie die Gravitation. Das wiederum legt nahe, das Feld der kosmischen Strahlung zu „durchpflügen", was mit starker Beschleunigung und anschließender Abbremsung verbunden ist, wie dies für eine interplanetare Reise mit menschlichen Passagieren und Besatzung in dieser Form erforderlich ist.

Diese Beispiele sind der gleichen Klasse von Herausforderungen zuzuordnen wie bei dem Verhältnis zwischen dem Entwicklungsstand der Infrastruktur in den Volkswirtschaften auf der Erde und dem Nettowert der Produktionsleistung für die Mittel zum Leben der einzelnen Menschen auf der Erde. Beide Fälle, der Ausbau der realwirtschaftlichen Infrastruktur auf der Erde und die erforderliche „Infrastruktur" für die Reise von Menschen von der Erde zum Mars, sind unter derselben Kategorie mit der Aufschrift „Infrastruktur" einzuordnen. Deshalb sollten wir den Fall der Mars-Erde-Reise als Beispiel für die Bedeutung der Infrastruktur bei der Definition der Arbeitsproduktivkräfte in einer Volkswirtschaft auf der Erde verwenden.

Dieses Beispiel ist darüber hinaus von Bedeutung zur Veranschaulichung der Tatsache, daß wir alternative Orte für die künftige Ansiedlung von Menschen finden müssen, weil absehbar ist, daß die Erde nicht für alle Zeiten als Ort menschlicher Besiedlung geeignet sein wird. Und da in ferner Zukunft sogar für das ganze Sonnensystem Gefahren drohen, müssen wir dementsprechend für das Schicksal auf uns folgender Generationen in ferner Zukunft planen.

Ich habe schon früher solche Beispiele als Hilfsmittel für das Verständnis der grundsätzlichen Natur solch vorhersehbarer Herausforderungen verwandt: Wir müssen von nun an eine gewisse moralische Perspektive für weite Zeitspannen der künftigen Menschheit schaffen. Dies läuft im wesentlichen auf die Herausforderung hinaus, künftige „künstliche" Umgebungen zu definieren, in denen die Menschheit glücklich weiterleben kann, auch wenn die „natürliche Umgebung" des ursprünglichen Systems eines bestimmten Planeten sonst nicht dafür geeignet ist.

Das erfordert natürlich in der Praxis der Gesellschaft eine Steigerung der Energieflußdichte pro Kopf um immer mehr Größenordnungen, weit über alles hinaus, was uns derzeit zur Verfügung steht. Man könnte sagen: Das Werk von Akademieprofessor W.I. Wernadskij sollte uns soweit bringen, daß künftige Generationen das Gefühl haben werden, daß hier ein vorläufiger, primitiver Fortschritt der wissenschaft-

Darstellung einer künftigen Kolonie auf dem Mars. LaRouche: „Wir brauchen eine künstliche Intensität mit der gleichen biologischen Wirkung wie die Gravitation, was wiederum nahelegt, das Feld der kosmischen Strahlung mit einer aufeinanderfolgenden Beschleunigung und Abbremsung zu durchpflügen..."

lichen Kenntnis und Praxis erreicht wurde, den man heute jedoch bewundern muß, weil er ein Vorläufer einer immer rascheren Entwicklung der relativen Macht der Menschheit ist, die weit über alles hinausgehen wird, was wir uns gegenwärtig vorstellen können. Dazu müssen wir unsere praktisch verwertbare wissenschaftliche Vorstellung dieser künftig anzustrebenden Fähigkeiten der Menschheit verbessern und von dort ausgehend herausfinden, welches die bestmöglichen Lösungen für die Probleme sind, die sich durch diese erwünschten Verbesserungen für unsere Gattung innerhalb unseres künftigen Universums stellen.

Einer der ersten Schritte in diese Richtung wird sein, in der musikalischen Praxis zu dem Niveau der antiromantischen, klassischen Komposition aus der Zeit von Händel, J.S. Bach, Mozart, Beethoven, Schubert und Schumann bis etwa Brahms zurückzukehren. Der Grund dafür ist die Tatsache, daß das klassische Prinzip der Komposition in Poesie, Musik, Drama, Skulptur und Malerei genau die gleichen schöpferischen Geisteskräfte im Bereich der Vorstellung des Schönen zum Ausdruck bringt und nährt, die auch zur Entdeckung von Prinzipien in der Praxis der Naturwissenschaften dienen. Es ist dieser Entdeckungsgeist, der durch die Gewohnheiten solchen Elends, wie Romantiker und Modernisten es verkörpern, den Ruin der Naturwissenschaften durch den moralisch toten Geist deduktiver/induktiver Mathematiker der empiristischen und positivistischen Schulen herbeiführt.

Die große Streitfrage in allen Aspekten der Wissenschaft, einschließlich der Wirtschaftswissenschaft, ist die Tatsache, daß sogar unter nominellen Wissenschaftlern die Existenz eines universellen Prinzips, das wahlweise Anti-Entropie oder auch „Kreativität" genannt wird, nicht allgemein bekannt ist. Dieses Prinzip wirkt auf alle Bereiche des Universums, auf jeden Ausdruck wirklich lebender Prozesse und auf die Eigenschaften aller lebensfähigen Produkte menschlicher Kulturen. Trotzdem blieben sowohl das Prinzip der Kreativität als auch die Unterscheidung zwischen seinen praktischen Ausdrucksformen praktisch unbekannte Konzepte, und das selbst unter den heutigen Wissenschaftlern – ganz zu schweigen von den heutigen Ökonomen.

Die meisten zeitgenössischen Ökonomen und praktisch alle Ausführenden in der Finanzbuchhaltung sind in dieser Frage immer noch äußerst unwissend – von einem universellen Prinzip für Naturwissenschaft und klassische Komposition in der Kunst wissen sie nichts, obwohl heute der erfolgreiche Fortbestand unserer Gesellschaft davon abhängt.

II. Das Geheimnis der Realwirtschaft

Einige werden mich vielleicht zur Vorsicht mahnen: Wer etwas zu wissenschaftlichen oder verwandten Prinzipien sagen wolle, wie ich es hier tue, der solle seine Argumente vortragen, ohne dabei über Behauptungen seiner vermeintlichen Rivalen „herzuziehen". Man darf es aber bei der wissenschaftlichen Arbeit beispielsweise in der Medizin oder der Wirtschaftswissenschaft nicht unterlassen, auf gefährliche Krankheiten hinzuweisen. Diese Anforderung gilt auch für das vorliegende Thema.

Im Gegensatz zu der delphischen antiken Gestalt des Aristoteles und ebenso im Gegensatz zu den bewußt prinzipienlosen empiristischen (oder positivistischen) Lehren von Paolo Sarpis Verehrern in der Neuzeit müssen wir das gesamte Universum, das der menschlichen Erfahrung zugänglich ist, als grundsätzlich „kreativ" oder, technisch ausgedrückt, als *„anti-entropisch"* betrachten.

Das bedeutet, daß alle Lebensformen ebenso wie alles Unbelebte als Produkte eines allgemeinen Prozesses der *Anti-Entropie* entstanden sind; selbst die Existenz der Phänomene, die wir gewöhnlich als tote Materie betrachten, ist von einer qualitativ anti-entropischen Kraft geprägt. Mit dem Auftreten der Menschheit unter den Geschöpfen unseres Planeten kam etwas absolut Neues zu dem Bestehenden hinzu, und dieses Prinzip Menschheit erscheint wie aus dem ersten Kapitel der mosaischen Schöpfungsgeschichte abgeschrieben: *ein Prinzip schöpferischer, willentlicher Entscheidungen zur Weiterentwicklung der menschlichen Fähigkeiten mittels jener neuen Erschaffungen, die durch die der menschlichen Gattung eigenen*

Grundeigenschaften möglich werden. Dies ist ein Begleitumstand der richtigen Einstellung, die uns den Zugang zum Wissen um jene Absicht verschafft, welche der richtigen Vorstellung von der geistigen Unsterblichkeit des Menschen zugrunde liegt.

Diese Idee drückt eine spezifisch menschliche Eigenschaft aus – allerdings wird diese Vorstellung heute häufig grundsätzlich abgelehnt. Trotzdem weist uns dieses Konzept auf die Eigenschaft hin, die den Menschen besonders auszeichnet: *die willentliche anti-entropische Eigenschaft, die einzig der menschlichen Gattung zukommt. Das ist das eigentliche Wesen aller bewußten qualitativen Fortschritte des Menschen hinsichtlich der Absichten und Errungenschaften in seiner sozialen Erfahrung.* Der Mangel an entsprechenden, wahrhaft universellen, wissenschaftlichen Prinzipien – wie er für den Reduktionismus der Aristoteliker und der Positivisten gleichermaßen typisch ist –, ist die typische Ursache der häufig ungeheuerlichen Inkompetenz, die sowohl in der Wirtschaft als auch bei den meisten Ökonomen der Welt heute noch herrscht.

Nachdem das vorausgeschickt ist, macht es die Absicht hinter unserer Darstellung des Konzepts der „Geheimwirtschaft" erforderlich, daß wir die Diskussion des Themas auf eine höhere konzeptionelle Ebene verlagern: Wir müssen weg von dem verbreiteten Unsinn, dem Geld einen wirtschaftlichen Wert zuzuschreiben, und statt dessen zu geeigneten realen, physischen Maßstäben gelangen, um die Wirkung des Umgangs der Gesellschaft mit Geld zu beurteilen.

Ich wechsle deswegen jetzt unser Augenmerk von einer durch Geld definierten Wirtschaft auf eine qualitativ höhere Begriffsebene, zu den physikalischen Vorstellungen, die auf längere Sicht immer über das Schicksal von Nationen entscheiden. Diese physikalischen Vorstellungen sind für die bloßen Sinne nicht sichtbar, doch man erkennt sie an Wirkungen, die von den Staatsführungen der Nationen bis heute nur selten verstanden wurden: *den Wirkungen der speziellen höheren Geisteskräfte des menschlichen Individuums.*

Ich erläutere nun den Übergang vom Sinnlichen zum Erhabenen, anhand der folgenden vorläufigen „Definitionen" und ähnlicher Begriffe.

Was ist eigentlich der menschliche Geist?

Adam Smith hat die Bösartigkeit seines Systems in einer entscheidenden Passage seiner *Theorie der moralischen Empfindungen* von 1759 selbst zugegeben; ich möchte an dieser Stelle ausdrücklich auf seine entsprechenden Absichten hinweisen. Und heute beteuert nahezu die Gesamtheit aller Buchhalter, Ökonomen, Finanzexperten und Wirtschaftsführer, daß sie selbst Adam Smiths Irrlehre anhängen. Derzeit haben nur ganz wenige unter den Spezialisten für Wirtschaftsfragen auch nur eine dürftige Vorstellung, nach welchen Grundprinzipien eine Realwirtschaft tatsächlich funktioniert. Die Resultate des Wirkens dieser Buchhalter und auch der meisten sogenannten Ökonomen lassen sich an der jetzt mit ganzer Wucht hereinbrechenden globalen wirtschaftlichen Zusammenbruchskrise ablesen.

So liefert uns die überwältigende Mehrheit der ausgebildeten Ökonomen wie auch die intellektuell verkümmerte Buchhalterzunft selbst ständig Nebenprodukte desselben alten, verbreiteten Wahns hinter Smiths verrückter Lehre.

Gerade wegen dieser Gewohnheiten, die häufig auf Adam Smith, aber auch auf die Fehler der marxistischen Variante der Smith-Anhänger zurückgehen, durchläuft die Welt nun schon seit Jahrzehnten Veränderungen, die auf den jetzt hereinbrechenden größten Kollaps der Finanz- wie der Realwirtschaft in der gesamten neuzeitlichen Geschichte zulaufen. Untersuchen wir den Fall Adam Smith in diesem Licht.

Smith war zwar durch und durch ein Betrüger, war dabei aber auf perverse Weise „ehrlich" bei der Darlegung seiner verrückten Illusionen, die von seinen leichtgläubigen Opfern, wie dem Adam-Smith-Fanatiker Karl Marx und den Wall-Street-Ideologen von heute übernommen wurden. Ich möchte dazu insbesondere auf das verweisen, was Smith selbst in einer wichtigen Passage seiner *Theorie der moralischen Empfindungen* von 1759 geschrieben hat.

Und zwar handelt es sich um folgenden Absatz:

„Hunger, Durst, die Leidenschaft, welche die beiden Geschlechter vereinigt, die Freude am Vergnügen und die Furcht

vor Schmerz veranlassen uns, diese Mittel um ihrer selbst willen einzusetzen, ohne irgendwelche Rücksicht darauf, ob sie auf jene wohltätigen Ziele hinführen, welche der große Lenker der Natur durch sie herbeiführen wollte."

Hiermit beschreibt Adam Smith den Kern der weithin akzeptierten, aber bösartigen und falschen Vorstellung von „Geld", die bis heute auf der ganzen Welt gang und gäbe ist.

Diese weit verbreitete Gier nach Geld als solchem oder etwas Entsprechendem ist die Leidenschaft, aus der heraus sich die leichtgläubigen, wirtschaftlich ahnungslosen Bewunderer der Wall Street und der Threadneedle Street an die Illusion klammern, das Zahlungsmittel namens „Geld" oder die aus ihm entstehende Kauf- und Konsumkraft wäre das Maß für ein politisches Wertesystem, mit dem man eine Nation oder Gruppen von Nationen regieren könnte. Die Geschichte zeigt: Bei den meisten Menschen ist das Endresultat meistens, daß ihr Urteilsvermögen, welches sie ansonsten zur Selbstregierung hätte befähigen können, sehr darunter leidet.

Dieser spezifische Mangel an Urteilsvermögen in bezug auf die Vorstellung von „Reichtum", wie ihn die Gefolgsleute Adam Smiths an den Tag legen, ist mehr als alles andere die Ursache der moralischen und sonstigen Desorientierung ganzer Nationen.

Eine solche geistige Verwirrung zeigen auch alle im amerikanischen Kongreß, die Präsident Barack Obamas mörderische Gesundheitsreform und verwandte wirtschaftspolitische Entscheidungen mittragen; die vielleicht noch wohlwollendste Charakterisierung der fehlgeleiteten Mitglieder dieses Gremiums mag die sein, daß man sie wenigstens vorübergehend als geistig unzurechnungsfähig betrachtet. Das Resultat ist: Je mehr sie von ihrem Glauben an die Selbstheilungskräfte des Marktes und des Geldes beherrscht werden, desto ruinöser wirkt ihr Verhalten für die gesamte Gesellschaft, selbst wenn es um Dinge geht, die eigentlich einfache wirtschaftliche Tatsachen sein sollten.

Im *Neuen Testament* wird davon berichtet, daß Petrus einmal eine bestimmte einfache Tatsache abgeleugnet hat. Wie er das tat, sollte uns an gewisse Mitglieder des US-Kongresses und andere erinnern, die leider keine Heiligen sind, aber wie er die ihnen eigentlich bekannte Wahrheit einfach abstreiten, und das nicht nur, bis der sprichwörtliche Hahn dreimal gekräht hat, sondern die ganze derzeit für die Zivilisation immer dunkler werdende Nacht hindurch.

Man betrachte die Massachusetts Bay Colony des 17. Jahrhunderts in der Zeit, als ihre inneren wirtschaftlichen Angelegenheiten noch von direkter britischer Diktatur frei waren. Man untersuche, wie sich dieser Commonwealth von Massachusetts entwickelt und seine eigene Währung für die Kreditvergabe benutzt hat.

Diese Erfolge dauerten an, bis die britischen Tyrannen kamen, um alles zu ruinieren, und diese Methoden unterdrückten. *Ein politisches System des Geldumlaufs ist notwendig, aber nur, solange man es als Kreditsystem einsetzt und es nicht wirtschaftlich mißbraucht, indem man es als Maß für Reichtum verwendet.* Ich verweise hier nach-

Die Saugus-Eisenwerke (ab 1646)

Legende: 1. Unterkunft, 2. Schrotmühle, 3. Joseph Jenks' Schmiede, 4. Schlackenhalde, 5. Hochofen, 6. Anlegestelle, 7. Lagerhaus, 8. Schmiede, 9. Holzkohlelager, 10. Großer Teich (Hauptwasservorrat), 11. Kanal zur Eisenhütte, 12. Rückhaltebecken, 13. Walz- und Spaltwerk, 14. Schmiede, 15. Saugus-Fluß

drücklich auf den qualitativen Unterschied zwischen dem vermuteten wirtschaftlichen Wert, der oft durch bloßes Geld ausgedrückt wird, und dem durch die physische Ökonomie verkörperten realen Wert. *Während Währungssysteme den Wert physischen Reichtums mit Hilfe von Geld zu messen vorgeben, würde jede kompetent geplante Volkswirtschaft umgekehrt den Nutzen einer Währung nach Maßgabe der physischen Eigenwerte beurteilen, die sich am besten vom Standpunkt der Wegbereiter einer wirklichen anti-positivistischen physikalischen Chemie wie Dmitri Mendelejew, Max Planck, William Draper Harkins, W.I. Wernadskij und Albert Einstein ableiten lassen.* Derzeit laufen Bemühungen, Mendelejews Prinzip des Periodensystems vom relativ fortgeschritteneren Standpunkt eines universellen Systems kosmischer Strahlung neu zu durchdenken, und dies wäre der richtige Ansatz, um heute tiefere Einsichten in die Prinzipien der physischen Ökonomie zu entwickeln.[14] Betrachten wir als Hintergrund einige historische Beispiele, angefangen mit Karl dem Großen:

Karl der Große schuf den Vorläufer der neuzeitlichen Wirtschaftssysteme. Ausdruck hierfür waren seine umfangreiche realwirtschaftliche Bestandsaufnahme, sein lokales Verwaltungssystem in wichtigen regionalen Zentren und seine revolutionäre Entwicklung von Binnenwasserstraßen.

Karls Reformen waren der Präzedenzfall für den Ausbau der großen Binnenwasserstraßen aus Flüssen und Kanälen als entscheidende Schritte hin zur neuzeitlichen europäischen Wirtschaft und dann zur Umsetzung vergleichbarer Reformen in den Vereinigten Staaten. Die Binnenwasserstraßen waren die Vorbereitung auf den Sprung zu den revolutionären transkontinentalen Eisenbahnnetzen, zuerst in den Vereinigten Staaten und dann die transkontinentalen Eisenbahnen Eurasiens.

Heute dürfte die Möglichkeit kombinierter Massentransportsysteme mit Magnetbahnen zur Verbindung der großen Kontinente der Welt einen Großteil des Frachtverkehrs über die Meere hinfällig machen. Durch diesen modernen Nachfolger des traditionellen Eisenbahnverkehrs werden große

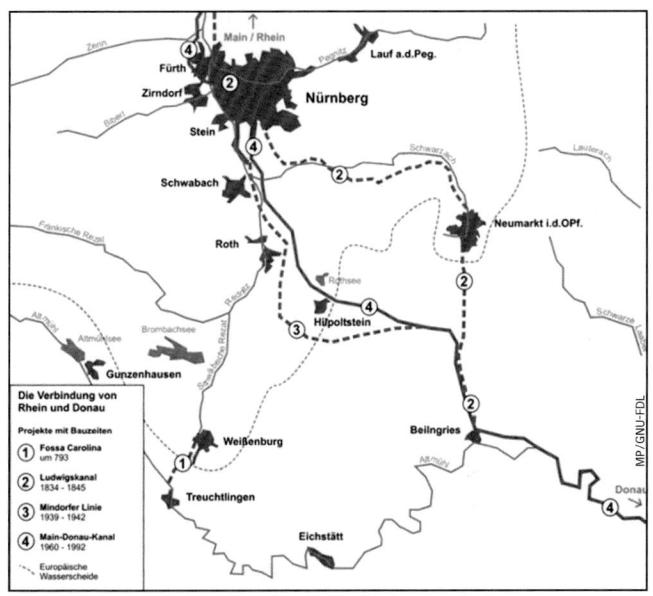

MP / GNU-FDL

Die Verbindung von Rhein und Donau

Projekte mit Bauzeiten

① Fossa Carolina
um 793

② Ludwigskanal
1834 - 1845

③ Mindorfer Linie
1939 - 1942

④ Main-Donau-Kanal
1960 - 1992

⋯ Europäische
Wasserscheide

Main / Rhein

Fürth

Zirndorf

Nürnberg

Lauf a.d.Peg.

Stein

Schwabach

Neumarkt i.d.OPf.

Roth

Hilpoltstein

Günzenhausen

Altmühlsee

Brombachsee

Weißenburg

Beilngries

Treuchtlingen

Eichstätt

Donau

Schon Karl der Große wollte eine Verbindung zwischen den Nebenflüssen des Mains und der Donau schaffen.

Teile des Seefrachtverkehrs technisch und damit wirtschaftlich überflüssig werden.

Veränderungen wie diese verdeutlichen ein allgemeines Prinzip, das auch bei der zukünftigen Erschließung von Orten im nahen Sonnensystem wie Mond und Mars zum Ausdruck kommen wird, sobald früher oder später in diesem noch jungen Jahrhundert entsprechende Planungen und Arbeiten beginnen werden. Die typischen Probleme, die zum Zwecke des Transports und Lebens im nahen Sonnensystem – und später auch weiter entfernt – überwunden werden müssen, sind schon im Zusammenhang mit Entwicklungen später in diesem Jahrhundert absehbar. Dabei sollte man erkennen, daß der Aufbau einer grundlegenden wirtschaftlichen Infrastruktur schon immer darauf hinauslief, anstelle einer vermeintlich „natürlichen" Umgebung eine „bewohnbare", „künstliche" Umgebung zu schaffen, um das menschliche Leben und Handeln zu bestimmten Zeiten der Existenz unserer Gattung zu verbessern oder sogar erst zu ermöglichen.

Schauen wir beispielsweise zurück auf die Zeitspanne seit dem Beginn der letzten großen Eiszeit vor etwa zehntausend Jahren. Während einige Teile der menschlichen Bevölkerung in den Lebensgewohnheiten einiger unveränderter, relativ kleiner, eisfreier Regionen stecken blieben, entwickelten sich anderswo große transozeanische Seekulturen. Mit den für die Schiffahrt erforderlichen Sternenkarten, ohne die diese maritimen Kulturen nicht existieren konnten, entstand erstmals die Vorstellung einer an den Sternen ablesbaren funktionierenden Existenz eines tatsächlich bestehenden Universums. Ein Echo davon sind Artefakte wie die Große Pyramide von Gizeh und das physikalische Wissen der *Sphärik,* wie es mit dem sog. Platonischen Jahr und Platons pythagoräischen Vorgängern verbunden war.

Ähnlich wichtig sind die Beweise dafür, daß Menschen schon ganz früh Feuerstätten benutzt haben. „Feuer" ist ein entscheidender Beleg für den uralten Unterschied zwischen Mensch und Affe sowie für „humanes" Handeln, spätestens seit der legendäre Zeus seinen barbarischen Bann gegen den wissenschaftlichen Fortschritt der Menschheit – wie heute Kernspaltung und Kernfusion – erklärte. Der Mensch als schöpferisches Wesen im Abbild des großen Schöpfers verwirklicht sich darin, daß er „künstliche Umgebungen" schafft, die wir manchmal „Infrastruktur" nennen, wovon der Fortschritt und sogar schon der Fortbestand einer zivilisierten Gesellschaft abhängt.

Daher ist es ein typischer Ausdruck des Bösen, wenn versucht wird, bestimmte notwendige Formen menschlichen Fortschritts – wie z.B. Maßnahmen für qualitativ höherwertige Energieversorgung einer verbesserten Infrastruktur – zu verhindern. Fortschritt beruht stets auf steigender Kraftversorgung der Menschheit, die sich allgemein durch die notwendige Steigerung der Energieflußdichte der vom Menschen eingesetzten Kraftquellen definiert. So war es schon immer, angefangen mit der Entdeckung verbesserter Einsatzmöglichkeiten des

NASA

So stellten sich die Illustratoren der NASA einen Anflug des neuen Raumtransporters Orion zur Internationalen Weltraumstation ISS vor – bevor Präsident Obama das Constellation-Programm strich. LaRouche: „Man sollte erkennen, daß der Aufbau einer grundlegenden wirtschaftlichen Infrastruktur schon immer darauf hinauslief, anstelle einer vermeintlich ‚natürlichen' Umgebung eine ‚bewohnbare', ‚künstliche' Umgebung zu schaffen, um das menschliche Leben und Handeln zu bestimmten Zeiten der Existenz unserer Gattung zu verbessern oder sogar erst zu ermöglichen."

Feuers bis hin zu dem heute zwingend notwendigen Standard der Kernspaltungs- und Kernfusionsenergie, verbunden mit Fortschritten in der Astronomie für eine Erkundung und zukünftige Besiedlung des nahen Weltraums.

Wir müssen nun die Voraussetzungen für die Errichtung von Produktionsstätten auf dem Mond schaffen, die zur Vorbereitung menschlicher Flüge zu anderen Planeten und Sternensystemen unserer Galaxie erforderlich sind, damit wir den kerkerähnlichen Begrenzungen unserer irdischen Wohnstätte entkommen können. Gleichzeitig müssen wir uns auch der Herausforderung schwächerer Gravitationsfelder und den Herausforderungen von Flügen mit stetiger Beschleunigung/Abbremsung und Leben auf dem Mars stellen. Wir müssen also praktisch für den interplanetaren Weltraum das gleiche tun wie die großen Seefahrer der letzten großen Eiszeit, als sie die Astronomie als praktische Wissenschaft entdeckten, wie das, was Karl der Große für den Aufbau der europäischen Binnenwirtschaft leistete, wie das, was wir bei der Erschließung des Territoriums von Nordamerika und dann bei der Verwirklichung der Idee des transkontinentalen Eisenbahnnetzes in Nordamerika taten, und das, was wir heute in Angriff nehmen müssen, um ein praktisch durchgehendes weltweites Transport- und Infrastruktursystem zu entwickeln, angefangen mit dem Bau eines Bahntunnels unter der Beringstraße. Dann gilt es, unseren Mond zu erschließen und die Geheimnisse von Flügen durch die großen Weiten kosmischer Strahlung zu lüften, wie sie uns bei der Beförderung von Menschen von und zu den Wohnstätten auf dem Mars erwarten.

Nach dem bisher in diesem Kapitel Gesagten halte ich uns für gut vorbereitet, um direkt den eigentlichen Gehalt dessen anzupacken, was ich uns jetzt in diesem Bericht vorlegen will.

Volkswirtschaft und menschlicher Geist

In meiner Antwort auf zwei zusammenhängende Fragen, die mir bei meinem Internetforum am 8. Mai gestellt wurden, sprach ich die wesentlichen Prinzipien an, die darüber entscheiden, ob die höheren Ordnungen des menschlichen Geistes erfolgreich funktionieren. Was ich damals entwickelte, erfaßte noch nicht die gesamte Bandbreite eines Feldes, was für viele, selbst hochgebildete Leute immer noch ziemliches Neuland ist. Was ich bei dieser Gelegenheit äußerte, betraf jedoch schon in grundlegenden Umrissen die Prinzipien hinter einer erfolgreichen Anwendung der schöpferischen Erkenntniskräfte des menschlichen Geistes.

Bei dieser Frage, die auch im nächsten Kapitel dieses Berichtes behandelt wird, sollte der Leser auch von Platons berühmtem, oft erbittert umstrittenen Dialog *Parmenides* ausgehen. Das dort behandelte Problem läßt sich am besten folgendermaßen umreißen.

Gehen wir wie folgt vor: In erster Einschätzung stützt sich das menschliche Wissen über das Universum, das wir bewohnen, einschließlich unserer eigenen Haut, auf die Wahrnehmungen unserer Sinnesorgane. Aber wenn wir dieses Universum um uns herum, nur so wie es uns diese eigene Sinneserfahrung präsentiert, verstehen möchten, liefert uns keine der unterschiedlichen Sinneswahrnehmungen allein nachweislich richtige Angaben über die reale Welt, die wir zu bewohnen meinen. Was wir nach erster Einschätzung aus einer so organisierten Erfahrung heraus glauben könnten, zeigt uns noch nicht, was an den verschiedenen einzelnen Sinneswahrnehmungen wahr oder falsch ist.

Hier liegt der Ursprung der Unwissenheit sämtlicher Anhänger und Nachfolger z.B. von Euklid und von Paolo Sarpi, dem Gründer des Liberalismus der heutigen Empiristen und Positivisten. Ein wissenschaftlich kompetenter Anspruch auf Erkenntnis muß grundsätzlich auf anderen Wegen gesucht werden.

Die brauchbarste Demonstration dieses Problems für die neuzeitliche Gesellschaft liegt im Schaffen der beiden wichtigsten Begründer der modernen Naturwissenschaft, die wir kennen: erstens Filippo Brunelleschi, der zur Zeit der Florentiner Goldenen Renaissance das physikalische Prinzip der Kettenlinie als Mittel entdeckte, die sonst praktisch nicht konstruierbare Kuppel von Santa Maria del Fiore in Florenz zu bauen, und zweitens Kardinal Nikolaus von Kues, der allgemeiner das Grundprinzip aller kompetenten modernen Physik entdeckte. Zu den bekanntesten Anhängern des Nikolaus gehören Christoph Kolumbus, der Cusas Aufforderung folgte, auf der Suche nach neuen Kontinenten die Ozeane zu überqueren, und auch Leonardo da Vinci, der aus dem Verhältnis zwischen Ketten- und Schlepplinie die Funktion der Schlepplinie darstellte. Die wichtigste Entdeckung nach dem cusanischen Werk machte dann jedoch Johannes Kepler, der den gesamten späteren Fortschritt in den Naturwissenschaften ermöglichte.

In dem Zusammenhang sind vor allem zwei Aspekte an Keplers Vorgehensweise bei seiner ureigenen Entdeckung der universellen Gravitation zu beachten: erstens *das Prinzip der elliptischen Planetenbahnen* und zweitens *das universelle Gravitationsprinzip*. Ersteres ist als der Vorläufer zu betrachten, welcher der letzteren Entdeckung den Weg ebnete.

Alle wesentlichen Entdeckungen dieser Prinzipien waren in Keplers Schriften in allen Einzelheiten dargestellt und weitgehend auch im damaligen England verfügbar, bevor der Betrüger Isaac Newton seine albernen Behauptungen aufstellte, die sich seither in allen Grundfragen neuzeitlicher Wissenschaft als sachlich falsch erwiesen haben.[15] Heute ist an Keplers Werk besonders hervorzuheben, daß uns seine ureigene Entdeckung der universellen Gravitation zeigt, wie wir dem dunklen Kerker entfliehen können, in den viele heutzutage ihren Geist einsperren, indem sie sich in ihrem Verhalten auf bloße Sinneswahrnehmung verlassen. Durch die ironische Gegenüberstellung der [musikalisch] harmonischen Ordnung des Sonnensystems und des damit kontrastierenden visuellen Bildes der um die Sonne verlaufenden Planetenbahnen gelang Kepler die Lösung des Rätsels, wofür Albert Einstein ihn rühmte – Einsteins Aussage, Kepler zeige uns ein Universum, das immer endlich, aber nie begrenzt ist.

Um nun schnell zu der Frage zu kommen, was Einsteins Verständnis von Keplers Genie, über das ich gerade geschrieben habe, für die gesamte moderne Wissenschaft bedeutet, vergleiche man Keplers ureigene Entdeckung der universellen Gravitation mit Dmitiri Mendelejews Vorstellung des Periodensystems der Elemente für die physikalische Chemie. Oder auch mit der heutigen Erkenntnis, daß wir weiter voranschreiten müssen, um die großen Leistungen Mendelejews und W.I. Wernadskijs sowie die verwandten Leistungen Einsteins und anderer Begründer einer anti-reduktionistischen physikalischen Chemie fortzuführen.

Keplers erfolgreiche Auflösung des ansonsten unentrinnbaren Widerspruchs zwischen der visuellen und harmonischen Wahrnehmung der Anordnung des Sonnensystems veranschaulicht deutlich und beispielhaft, wie sich der menschliche Geist von den kerkerähnlichen Begrenzungen eines Systems einzelner Sinneswahrnehmungen befreien kann.

Kein menschliches Sinnesorgan und kein wissenschaftliches Instrument liefert uns ein wahrhaftiges Abbild des Universums unserer Erfahrung. Vielmehr ist es das Zusammenspiel einander widersprechender Sinneswahrnehmungen – durch die Sinnesorgane, die wir von Geburt an besitzen, wie durch jene, die wir als wissenschaftliche Instrumente geschaffen haben –, was uns zur Entdeckung relativ universeller experimenteller Wahrheiten führt.

Doch nicht nur das. Der große Trugschluß bei den heute gewöhnlich herrschenden Vorstellungen von Volkswirtschaft liegt in dem verbreiteten Irrglauben, der Wert der Produkte menschlicher Anstrengungen ließe sich auf eine intellektuell und moralisch verkommene Verdrehung der gesellschaftlichen Realität reduzieren – eine Verzerrung, die uns glauben macht, monetäre statistische Phänomene seien ein zulässiges Maß relativen wirtschaftlichen Wertes. So gesehen ist Adam Smith und das heutige „Mammon-Evangelium" die reine Anbetung des Goldenen Kalbs und noch viel schlimmeres, wie die Geschichte der sogenannten „Geldwirtschaft" so reichlich bestätigt. Statt dessen brauchen wir einen moralischen Maßstab wissenschaftlicher, nicht monetärer Wahrheit.

Die hier von mir eben angestellten Überlegungen zeigen, wie wichtig Platons *Parmenides* heute für die Ausbildung sachkundiger wissenschaftlicher Denker ist. Kurz gesagt: Wahre Wissenschaft beginnt damit, die Widersprüche in den stets falschen simplen Deutungen einzelner grober Sinneswahrnehmungen aufzulösen.

Betrachten wir deshalb als nächstes den Unterschied zwischen dem, was die meisten Menschen fälschlicherweise aus der Beziehung des Gehirns zur bloßen Sinneswahrnehmung zu wissen meinen, und dem nützlicheren, höheren Standpunkt, wo der Geist die „Ebene" der sinnlichen Erfahrung überwindet und die Ebene der universellen Naturprinzipien erreicht, wie ich sie wiederholt mit Verweis auf Brunelleschi, Nikolaus von Kues, Kepler, Gottfried Wilhelm Leibniz, Bernhard Riemann u.a. aufgezeigt habe. Den letzteren dieser beiden gegensätzlichen Standpunkte – Sinneswahrnehmung contra höhere Sichtweise – habe ich in den oben erwähnten Antworten auf die letzten beiden Fragen meines Internetforums herausgestellt.

III. DYNAMIS: MENSCHLICHES GEHIRN ODER MENSCHLICHER GEIST? [16]

Es sollte niemanden überraschen, daß die große Mehrheit der vermeintlich gebildeten Bevölkerung Europas und Nordamerikas noch immer, und heutzutage ganz besonders, die persönliche Identität des einzelnen im Bereich der sinnlichen Gewißheit sucht.

Diese Vorstellung ist verbunden mit der oft krankhaften Überzeugung, der relative Wert von Gegenständen bemesse sich entweder nach variablen Geldpreisen oder anhand bestimmter mit ihm verbundener Gegenstände oder Erfahrungen. Das Problem dabei ist: Solange diese überlieferten Verhaltensmaßstäbe weiterbestehen, sind Nationen und ihre Bevölkerungen kaum oder gar nicht darauf eingerichtet, in emotionaler und anderer Hinsicht mit der bereits schrecklichen und sich weiter verschlimmernden realwirtschaftlichen Lage umzugehen, in der sie in der rasant voranschreitenden Weltkrise heute leben.

Die Gewohnheit, eine breite Vielfalt wirtschaftlicher Werte nur mit Geldwerten zu verbinden, ist das auffallende Ergebnis. Die Wurzel der Gefahr, in die sich diese leichtgläubigen Anhänger solcher Geldsysteme als Gesellschaft oder als Klasse in einer Gesellschaft begeben, liegt darin, daß sie die persönliche Identität des Menschen mit einer reduktionistischen Vorstellung des menschlichen Gehirns und der Wahrnehmungen des mit ihm vermeintlich verbundenen Sinnesapparates verbinden.

Das ist der verbreitete, schwere Fehler in der Grundannahme hinter den Torheiten, auf denen die noch immer allgemein anerkannten „axiomatischen" wirtschaftlichen Wertbegriffe aufbauen. Auf derlei Annahmen basieren die Meinungen der Ökonomen und der Öffentlichkeit bis heute – meistens mit offensichtlich verheerenden Auswirkungen.

Dieses Denkmuster kennt man seit den antiken imperialen Landreichen des Nahen Ostens bis hin zu den maritimen Weltreichen der Neuzeit. In den Jahrtausenden seit dem Trojanischen und Peloponnesischen Krieg, als insbesondere im

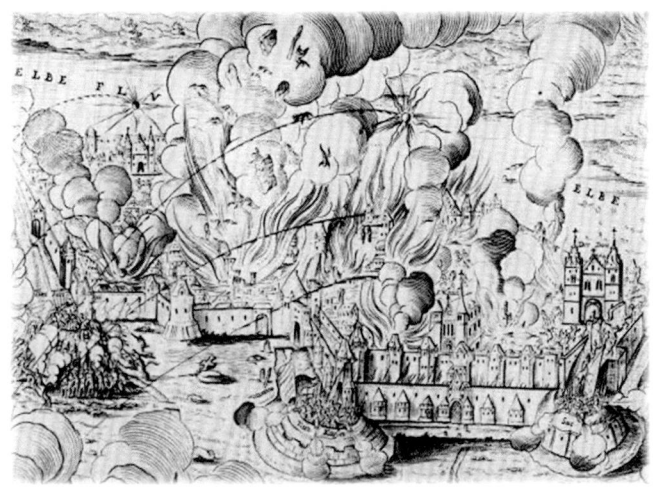

Die Zerstörung Magdeburgs im Dreißigjährigen Krieg. Die Imperien beherrschten die Welt, indem sie immer wieder mörderische Kriege und Konflikte anzettelten.

Mittelmeerraum die Seemacht vorherrschend wurde, hat sich in der europäischen und transatlantischen kulturellen Erfahrung ein neues maritimes Modell weltweit durchgesetzt – tonangebend wurden imperiale maritime Traditionen, die auf alte imperiale Seekulturformen zurückgingen. In einer manchmal kaleidoskopartigen Entwicklung kristallisierte dabei sich seit dem „Dreißigjährigen Krieg" Europas als Zentrum das Britische Empire heraus, und dies bleibt es bis zum heutigen Tage, wenn diese Zeilen geschrieben werden.

Vor diesem Hintergrund betrachte man die Naivität leichtgläubiger Menschen gegenüber den historisch entscheidenden, eigentlichen höheren Funktionen des menschlichen Geistes. Sie haben nie gelernt, diese Funktionen zu meistern, ja sie erkennen nicht einmal, daß diese meist verborgenen, aber greifbaren Mittel, mit deren Hilfe sie wieder Herr des Schicksals ihrer krisengeschüttelten Nationen und ihres eigenen Schicksals werden könnten, überhaupt existieren. So entstand die dominante Rolle der sogenannten europäischen Zivilisation seit dem Trojanischen und dem Peloponnesischen

Krieg durch die Machenschaften von Imperien, die ihre Welt beherrschten, indem sie immer wieder mörderische Kriege und Konflikte anzettelten. Beispiele sind die Torheit des Dreißigjährigen und des Siebenjährigen Krieges ebenso wie der Wahnwitz der beiden „Weltkriege", der absolute Irrsinn von Präsident Obamas Afghanistan-Krieg und der drohende Angriff der Londoner Marionette Israel auf den Iran. Die Folgen dieser Kriege für die übertölpelten Völker und Nationen waren immer ähnlich.

Die Ironie dieser historischen Situation ist, daß in solchen Wertesystemen auch das Gehirn sowie der dazugehörige Sinnesapparat und sogar der relative Wert des Menschen lediglich als Sinnesobjekte an und für sich betrachtet werden.

Man betrachte beispielsweise die Geschichte Europas und der USA *seit dem Tode Präsident Franklin Roosevelts: Unabhängig davon, ob von Zeit zu Zeit die Einschätzung vorherrschte, die USA befänden sich in einer Wachstumsphase oder in einer Rezession, ist es eine Tatsache, daß sich die US-Wirtschaft, wenn man Wert in den Trends über diesen gesamten Zeitraum hinweg mißt, beständig in einem meßbaren, langfristigen realwirtschaftlichen Abwärtsprozeß befunden hat!* So hat sich z.B. die realwirtschaftliche Grundinfrastruktur der USA seit 1967-68 kontinuierlich zurückentwickelt, ein Rückgang, den man wie den während der zwei Amtszeiten des britischen Premierministers Harold Wilson zur Erbauung bedauernswerter Leichtgläubiger unter der betrügerischen Doktrin der „schöpferischen Zerstörung" versteckte, die Joseph Schumpeter den Dummköpfen beibrachte.

Der entscheidende Beweis, der Ökonomen hätte mahnen sollen, daß die Grundannahme hinter dieser immer noch beliebten Meinung über das Geld ein Irrtum ist, ist in den Beweisen für das Leibnizsche Prinzip der Dynamik zu sehen, die uns verschiedene naturwissenschaftliche Erkenntnisse ebenso liefern wie klassisch-künstlerische Kompositionen berühmter Komponisten und Dichter, wie Percy Bysshe Shelley, der dies im abschließenden Teil seiner *Verteidigung der Poesie* dargestellt hat.

Die gleiche Aussage traf Gottfried Wilhelm Leibniz in mehreren entscheidender Schriften über dieses spezifische Thema, hauptsächlich während der 1690er Jahre, als er bei seiner Definition der eigentlichen Grundprinzipien der modernen Physik die einzige rationale Bedeutung von „Dynamik" festlegte.[17] Die beste Veranschaulichung des Prinzips, das an diesen Beispielen allgemein zum Ausdruck kommt, ist Albert Einsteins Charakterisierung von Johannes Keplers einzigartiger, ureigener Entdeckung des Gravitationsprinzips in seiner *Weltharmonik*.[18] Bei der Frage, die ich in den einleitenden Bemerkungen zu diesem Kapitel aufgeworfen habe, geht es nicht darum, aus irgendeinem Trick, den man in der Schule oder durch ein Fernstudium lernen kann, Vorteile zu ziehen, oder durch einen Kurs in „Dale Carnegie"-Motivationstraining Einfluß auf die Gesellschaft zu gewinnen. Um eine neue Runde von Torheiten der Art, wie ich sie gerade beschrieben habe, zu vermeiden, müssen wir die höheren menschlichen Geisteskräfte erkennen, die allgemeiner Besitz aller Menschen werden könnten. Dazu dient eine besondere wissenschaftliche Beweisführung, in die ich nun im Zuge dieses Kapitels einführen werde.

Die Anziehungskraft einer Keplerschen Entdeckung

Nach dem Gesagten wenden wir uns jetzt von der einführenden Diskussion in diesem Kapitel der eigentlichen Hauptfrage zu, die man allen Ökonomen stellen muß: *Was bleibt von der gültigen Entdeckung eines allgemeingültigen physikalischen Prinzips des Universums, wenn im Universum der Gegenwart das Gehirn des persönlichen Entdeckers dieses Prinzips physisch nicht mehr existiert?* Um die Untersuchung dieser Frage in diesem Kapitel zu beginnen, wollen wir als Beispiel Johannes Keplers ureigene Entdeckung des allgemeinen Prinzips der Gravitation als Ausgangspunkt behandeln. Von hier aus sollte der Leser in der Lage sein, ein Verständnis des entsprechenden Prinzips der physikalischen Ökonomie, das diese Frage berührt, zu entwickeln.[19] Beginnen wir diese Untersuchung am besten vor dem Hintergrund, welche Bedeutung Keplers Entdeckungen für jedweden kompetenten Ausdruck moderner Naturwissenschaft bis heute haben. Versuchen wir, durch die Untersuchung der hier angeführten Tatsachen die Frage zu beantworten: *Was ist der menschliche Geist wirklich?* Unsere Organisation hat kürzlich über mehrere Jahre hinweg neuere Sichtweisen zu Johannes Keplers Entdeckung des universellen Gravitationsprinzips wahrscheinlich gründlicher untersucht, als man es anderswo in der normalerweise empfohlenen wissenschaftlichen Literatur der Gegenwart über dieses Thema finden wird. Über mehrere Jahre haben nacheinander zwei Arbeitsgruppen, die im Untergeschoß auf unserem Gelände in der Gegend von Round Hill (Virginia) jeweils eine Phase des Stoffes behandelten („Basement-Team"), streng wissenschaftliche Berichte erarbeitet.[20] Die erste Phase der Arbeit an Keplers Entdeckungen führte zur Definition des physikalischen Prinzips „gleicher Flächen bei gleichen Zeiten", welches die elliptischen Umlaufbahnen von Erde und Mars bestimmt. Diese Untersuchung bereitete den Weg für die zweite und schwierigere Herausforderung, bei welcher das Team Schritt für Schritt das physikalische Prinzip der allgemeinen Gravitation definierte, genau wie es Johannes Kepler zuvor gelungen war.

Neben anderem Nutzen zeigte diese Arbeit an Keplers ursprünglicher Entdeckung z.B. auch, warum der bornierte Reduktionist Pierre-Simon Laplace scheiterte und so völlig in seinem peinlichen Fehlschlag, dem berüchtigten „Drei-Körper-Problem", versank.

Laplaces systematischer Fehler bestand darin, daß er die schon vorhandene, hervorragende Lösung in Form des bereits verfügbaren Wissens von Keplers einzigartiger Entdeckung der Gravitation nicht akzeptieren wollte. Mit Hilfe dieser Entdeckung hätte Laplace seinen Ruf vor großer Schmach bewahren können. Selbst heute noch ist Keplers bewiesene Entdeckung einzigartig und ein Paradebeispiel der fortbestehenden Tradition solcher Begründer der neuzeitlichen Wissenschaft wie Kardinal Nikolaus von Kues hinsichtlich der Grundlagen der modernen Naturwissenschaft allge-

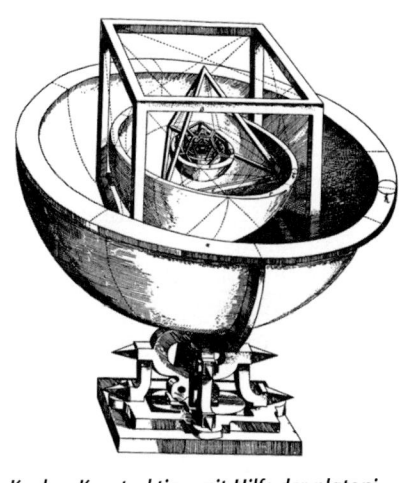

Keplers Konstruktion mit Hilfe der platonischen Körper zur harmonischen Bestimmung der Abstände der Planetenbahnen.

mein. Das Studium von Laplaces Irrtum verhilft auch zu einem besseren Verständnis der politischen Gründe, warum die positivistische Tradition die in Keplers *Weltharmonik* dargestellte Entdeckung der Gravitation bis heute nicht kompetent begreift.[21] Laplaces völlige intellektuelle, ontologische Begriffsstutzigkeit war mehr als bloß ein akademischer Schnitzer. Wie bereits vor ihm Abt Antonio Conti oder Jean le Rond d'Alembert, Voltaire, Leonhard Euler und andere mit ähnlicher Neigung, wie Laplaces Spießgeselle Augustin Cauchy,[22] war Laplace ein fanatischer Anhänger von Paolo Sarpis radikalem Kult des Ockhamschen Liberalismus, und er gehörte zu den Schlüsselfiguren des späteren liberalen Kults des mathematischen Positivismus. Die kompetente neuzeitliche Physik und verwandte Wissenschaften schufen dagegen Pioniere wie Brunelleschi, Nikolaus von Kues, Johannes Kepler, Pierre de Fermat, Leibniz, Jean Bernouilli, die Ecole Polytechnique von Gaspard Monge und Sadi Carnot sowie Carl F. Gauß und Bernhard Riemann.

Wie Albert Einstein betonte, bildet Keplers umfassende, bahnbrechende Entdeckung in der *Weltharmonik* seither die Grundlage kompetenter Wissenschaftsmethode, u.a. für Leibniz' ureigene Entdeckung der Infinitesimalrechnung und die Ausarbeitung der elliptischen Funktionen durch führende Zeitgenossen von Carl Friedrich Gauß. Anhänger und Nachfolger Cusas und Keplers, wie Gottfried Wilhelm Leibniz,

Abraham Kästners Schüler Carl F. Gauß, Lejeune Dirichlet und besonders Bernhard Riemann, schufen die Grundlagen der modernen Wissenschaft, aus denen Errungenschaften hervorgingen wie die Arbeit Max Plancks und Albert Einsteins sowie das Werk der Hauptbegründer der modernen physikalischen Chemie, Dimitri Mendelejew, William Draper Harkins und W.I. Wernadskij. Letztere „Schule" der modernen Naturwissenschaft ist wichtig für die grundlegende Erörterung der Themen, die im Verlauf dieses Berichtes direkt oder implizit angesprochen werden.

Damit wenden wir unsere Aufmerksamkeit wieder dem entscheidenden methodologischen Aspekt von Keplers Definition des Sonnensystems zu.

Die Geschichte dieser Frage

Wie Kepler in der *Weltharmonik* umfassend dargestellt hat, liegt der Schlüssel zu dieser Entdeckung in dem ironischen, systemischen Zusammentreffen *zweier unterschiedlicher menschlicher Sinneswahrnehmungen, des Sehens und der Harmonie des Klanges.* Auf diesem Zusammentreffen beruht die gesamte Entdeckung der universellen Gravitation.

Es muß betont werden, daß Kepler seinen Ausgangspunkt, seine ursprüngliche Hypothese über die Ordnung des Sonnensystems, niemals verworfen hat, wie manche behaupten, sondern sie nur ersetzt und erweitert hat. Er hatte zunächst bemerkt, daß die Anordnung der Planetenbahnen im Verhältnis zur Sonne die provisorische Hypothese nahelegte, daß diese Ordnung der Reihe der platonischen Körper entsprach. Im Laufe der Erarbeitung seiner *Weltharmonik* entdeckte Kepler dann, daß kein einzelnes Sinnesorgan allein diese Umlaufbahnen definieren konnte, sondern daß man dazu die Systeme des Sichtbaren und der harmonischen Ordnung des Hörens einander gegenüberstellen mußte. Später verfeinerte Kepler sein Verständnis dieser platonischen Ordnung durch die Entdeckung eines noch höheren physikalischen Prinzips, welches die Frage beantwortete: *„Warum sind die Umlaufbahnen des Planetensystems in dieser Weise angeordnet?"*

Keplers ureigene Entdeckungen stellen die zeitgenössischen reduktionistischen Fanatiker unter den Akademikern, aber auch andere vor ein Problem, das sich wie folgt zusammenfassen läßt. Der Streitpunkt ist auch heute noch die für sie bedrohliche Kombination der beiden zentralen Entdeckungen Keplers über die Organisation des Sonnensystems. Keplers Beitrag ist auch heute noch ein vernichtender Schlag für die beiden wichtigsten konkurrierenden Systeme der Weltsicht: erstens das System des Aristoteles (und seines Anhängers Euklid) und zweitens das des Begründers des neuzeitlichen Empirismus wie auch Positivismus, Paolo Sarpi. Auf diesen Sarpi gehen sämtliche heute allgemein anerkannten und gebräuchlichen, jedoch absolut inkompetenten ökonomischen Grundvorstellungen zurück, wie z.B. die von Adam Smith, die der russischen IIASA-Anhänger von Bertrand Russells Schule der „Systemanalyse"[23] und die der positivistischen Fanatiker, die ihren ganzen stumpfen Intellekt auf das Konzept der Zahl übertragen.

Die Geschichte dieses Konfliktes

Die Geschichte des Konfliktes zwischen den Anhängern Brunelleschis und Cusas als Hauptvertretern der neuzeitlichen Naturwissenschaft auf der einen Seite und dem Haufen von Empiristen und Positivisten, die unter der Flagge des albernen Spinners Sir Isaac Newton segeln, ist ein Ausdruck der kulturellen Revolution des sog. modernen Liberalismus, an deren Spitze Paolo Sarpi und sein pseudowissenschaftlicher „Leporello" Galileo Galilei standen. Der Fall Pierre de Fermat ist beispielhaft für den Widerstand gegen die Betrüger des Sarpischen Liberalismus; Fermats Entdeckung der grundlegenden Bedeutung der Lichtbrechung führte in der Folge zur wichtigen Zusammenarbeit zwischen Gottfried Leibniz und Jean Bernouilli bei der Entwicklung des universellen Prinzips der geringsten Wirkung.

Das Hauptangriffsziel der Vorstöße der Kreise Sarpis und Galileos zur Zerschlagung der existierenden Naturwissenschaft waren zunächst die Kreise Cusas und Johannes Keplers, jenes intellektuellen Riesen unter den Cusa-Anhängern. Den zeitlichen Rahmen dieses Angriffs bildete das Zusammentreffen der Lebenszeiten von Kepler (1571-1630) und von Sarpis Leporello Galileo (1564-1642). Das Leben beider Männer verlief nicht nur historisch parallel, Galileo spionierte auch Kepler im Dienste Sarpis aus, wobei er sich Keplers Korrespondenz mit seinem Vater Vincenzo Galilei über Fragen der Musik zunutze machte, um mit betrügerischen Machenschaften gegen Keplers wissenschaftliche Errungenschaften vorzugehen.

Die tiefere Bedeutung dieser Entwicklungen wird selbst von entsprechenden Fachleuten heute selten verstanden. Tatsächlich standen in den Konflikten auf der einen Seite die Renaissance, vor allem Brunelleschi, Cusa und dessen Nachfolger, die eine großartige wissenschaftliche Revolution ausgelöst hatten, und auf der Gegenseite der modernistische Liberalismus Paolo Sarpis. Das Getue um Isaac Newton war im Grunde nur ein pseudowissenschaftlicher Schwindel, der im Interesse des Liberalismus Sarpis und seines Lakaien Galileo ausgeheckt wurde. Die Strippen zog dabei jener fanatische Cartesianer und Galileo-Anhänger Abt Antonio S. Conti, der berüchtigt dafür war, daß er den völlig ungerechtfertigten wissenschaftlichen Ruf seiner Lakaien wie Isaac Newton und des Betrügers und Leibniz-Hassers Voltaire selbst künstlich aufbaute.

Wir werden im nächsten Kapitel darauf zurückkommen, welche Bedeutung Kepler für die Beschäftigung mit den tieferen Prinzipien des menschlichen Geistes hat.

Die Wurzeln der modernen politischen Ökonomie

Überprüfen wir nun noch einmal die Definition des wirklichen menschlichen Geistes aus Sicht der entsprechenden Aspekte der Naturwissenschaft und der physischen Ökonomie im besonderen. Die folgende eingefügte Hintergrundinformation dient als wesentlicher Rahmen für diesen Gedankengang, den man so überschreiben könnte: „Eine Betrachtung des realen menschlichen Geistes in der realen Welt heute".

Man muß davon ausgehen, daß bei allen Bemühungen um wissenschaftliche Erneuerung in der bekannten Geschichte der europäischen Zivilisation seit Platons Tod in Hinsicht auf den Wissenschaftsbegriff immer ein Konflikt zwischen drei einander ausschließenden Alternativen bei der Auswahl der angenommenen universellen physikalischen Grundprinzipien im Mittelpunkt stand – wie folgt.

Das erste Glied in dieser bis in die Antike zurückreichenden Reihe ist der delphische Kult des Aristoteles; das zweite, in Opposition zu den Aristotelikern, läßt sich am besten durch das Werk von Filippo Brunelleschi und Nikolaus von Kues in der Florentiner Renaissance darstellen; und als drittes folgt schließlich die irrationalistische Schule Paolo Sarpis und seiner radikal reduktionistischen, nominell empiristischen oder positivistischen Anhängerschaft. Die jeweiligen Unterschiede zwischen diesen drei Kategorien lassen sich nicht ausgleichen oder annähern, sie sind im wesentlich systemisch.

Man sollte aber feststellen und betonen, daß Brunelleschi und Nikolaus von Kues, die nacheinander die gleiche experimentelle Konzeption durcharbeiteten, aus der alten, minderwertigen aristotelischen Schule ausbrachen. Sie kehrten nicht nur zu der bis dahin fortgeschrittensten wissenschaftlichen Methode der voraristotelischen Pythagoräer und verwandter Denker wie Platon zurück, sondern erreichten sogar bei den Grundprinzipien der Naturwissenschaft einen qualitativen Fortschritt, der über die großartigen Errungenschaften einiger dieser voraristotelischen Denker hinausging.

Das besondere an den Arbeiten Brunelleschis wie auch Cusas war, daß sie praktisch gleichzeitig den entscheidenden Inhalt neuzeitlicher europäischer Wissenschaft entdeckten. Dies begann mit Brunelleschis Entdeckung, wie man das später so bezeichnete Prinzip der Kettenlinie („Funicula") als entscheidendes Prinzip für sonst nicht mögliche architektonische Konstruktionen einsetzen konnte – eine Entdeckung Brunelleschis, deren volle Bedeutung später besonders bei den Errungenschaften Gottfried Leibniz' und seines Mitarbeiters Jean Bernouilli hervortrat. Für unsere Zwecke genügt an dieser Stelle die folgende Bemerkung zum Thema Kettenlinie – dem Prinzip, auf das sich Brunelleschi beim Bau seiner Kuppel [des Florentiner Domes] stützte.

Im Gegensatz zu den gewöhnlichen, aprioristischen Interpretationen von Kurven durch Aristoteles oder Euklid, oder auch dem entsprechenden Denkfehler von Sarpis Parteigänger Galileo[24] ist die Kettenlinie als *eine physikalische Kurve* zu betrachten. Die vor Leibniz herrschende Verwirrung bei dem Versuch einer Definition dessen, was später als Kettenlinie bekannt wurde, war ein Nebenprodukt des schädlichen Einflusses des aprioristischen Denkens von Aristoteles, den Anhängern Euklids usw., nämlich der Annahme, geometrische Formen müßten als Ausdruck einer ins „Unendliche"[25] ausgedehnten Form definiert werden. Gottfried Wilhelm Leibniz entdeckte Anfang des 18. Jahrhunderts als erster den entscheidenden Unterschied, daß die Kettenlinie zu einem *physikalisch endlichen, aber unbegrenzten* Wirkungsbereich gehört. Hier liegen Ursprung und Geltung des Leibniz-Bernouillischen Prinzips der kleinsten Wirkung.

Es waren zwar Leibniz und seine unmittelbaren Mitarbeiter, besonders Jean Bernouilli, die diese besondere Eigenschaft entdeckten, doch das Streben nach diesem Prinzip war bereits sowohl bei Brunelleschis Arbeit am Dom der *Santa Maria del Fiore* in Florenz wie auch in Cusas bedeutenden wissenschaftlichen Arbeiten, angefangen mit seiner *De Docta Ignorantia*, zum Ausdruck gekommen. Die Entdeckung des physikalischen Prinzips, das sich u.a. in der Kettenlinie ausdrückt, war nicht die einzige wichtige Folge des starken Einflusses der Errungenschaften Brunelleschis und Cusas zu jener Zeit; vielmehr war dieses Prinzip auch typisch für die Weltsicht, die Leute wie Brunelleschi und Cusa vor dem Hintergrund des großen Florentiner Konzils verbreiteten. Diese geistigen Grundlagen der neuzeitlichen Wissenschaft wie auch der Idee der Wirtschaft des modernen Nationalstaates verbreiteten sich von Cusa persönlich ausgehend in das Frankreich Ludwigs XI., nach England unter Heinrich VII. sowie durch Christoph Kolumbus und andere Anhänger Cusas wie Leonardo da Vinci und den Leonardo-Anhänger Niccolò Machiavelli.

Insgesamt sorgten Brunelleschis und Nikolaus von Kues' Arbeiten in der Wissenschaft und in Verbindung damit in der Staatskunst dafür, daß Organisationsprinzipien Eingang in die

(Fotos: Pennie Sabel, Ricardo André Frantz)

Filippo Brunelleschi benutzte für den Entwurf der Kuppel der
Florenzer Kathedrale das physikalische Prinzip der Kettenlinie.
Im Bild eine Statue Brunelleschis in Florenz und eine Schnittansicht
der Kuppel, die die Innenstruktur zeigt.

Staatskunst fanden, die es in der europäischen Zivilisation nach
Platon nicht mehr gegeben hatte. Die revolutionäre Veränderung, die hauptsächlich durch den Einfluß von Cusas Werk
entstand, erzeugte bestimmte Wirkungen – das beste Beispiel
hierfür sind die Innovationen der militärischen und verwandten Staatskunst in den Schriften des Anhängers Leonardo da
Vincis – seinerseits Kues-Nachfolger – und Verteidigers der
souveränen Republik Florenz, Niccolò Machiavelli.[26] Diese
Revolution in der Staatskunst, die ihren konzentrierten Ausdruck in Machiavellis Werken fand, war der große strategische
Fels, an dem sich die reaktionären Kräfte der habsburgischen
Tyrannei während der Stürme ständiger Religions- und anderer Kriege von 1492 bis 1648 zerrieben.

Zu den Folgen dieser Entwicklungen zählt auch das katastrophale Scheitern des Konzils von Trient in Hinsicht auf
die praktischen, politisch-strategischen Resultate, was zum
größten Teil auf die alte („aristotelische") Partei des impe-

rialen Venedigs zurückging. Das gescheiterte Konzil ebnete den Weg für den Aufbau einer neuen satanischen Fraktion innerhalb der oligarchischen Partei Venedigs, die Paolo Sarpi leitete. Der gängige Name für dieses Übel der sog. Neuen Venezianischen Partei ist bis heute der „Liberalismus" anglo-holländischer Spielart, wie ihn heute das Britische Empire verkörpert – z.B. in Gestalt des Bankers der Queen, Lord Jacob Rothschild, und der inzwischen praktisch bankrotten, aufgeblähten Inter-Alpha-Bankengruppe.

Die Entwicklung des Britischen Empire bis heute hat natürlich auch ihre Eigenheiten, gleichzeitig ist dieses Empire aber nur eine neue Variante in einer ganzen Reihe von Imperialismen – alle das Produkt desselben Systems maritimer Kulturen des ursprünglich delphischen, im Mittelmeerraum angesiedelten Imperialismus, der aus den Ruinen des antiken Griechenland nach dem Peloponnesischen Krieg erstanden war.

Seit der Geburt des Empire, als die Britische Ostindiengesellschaft durch die Verstrickung der führenden kontinentaleuropäischen Nationen im „Siebenjährigen Krieg" triumphierte, sind alle Versuche, die Völker Europas von diesem Imperium zu befreien, bis heute gescheitert, auch wenn Franklin D. Roosevelts Amerika dem Empire eine vorübergehende Niederlage bereitete. Wie zuvor Andrew Jackson verriet Roosevelts Nachfolger, der von Churchill und der Wall Street gesteuerte Präsident Harry Truman, die Vereinigten Staaten an die Sache des britischen Imperialismus. Das Empire hatte an das amerikanische Prinzip zwar Zugeständnisse gemacht, um in schwierigen Zeiten seine Macht zu erhalten, aber seit der Ermordung Präsident John F. Kennedys, der dieser britischen Imperialmacht im Wege stand, beherrscht das Britische Empire die Welt als wahrhaft imperiale Weltmacht seit spätestens etwa Februar 1968 bis zum heutige Tag.

Nur arme Narren, die auf dem besten Wege sind, Sklaven zu werden, glauben heute an die Fiktion eines „US-amerikanischen Imperialismus". Die „Wall Street", die sich als einziges glaubhaft als Beweis für so etwas wie „US-Imperialismus" anführen läßt, ist in Wirklichkeit schon seit 1763 nur ein britisch-imperialer Parasit, der auf britisches Geheiß Manhattan und allen möglichen anderen Orten auf der Welt das Blut aussaugt. Die Leute, die behaupten, die USA seien imperialistisch, erweisen sich bei genauerer Betrachtung oft selbst als Ableger der Threadneedle Street oder einfach nur als Narren in der Tradition von Karl Marx, der Adam Smith beinahe wie einen heidnischen Gott verehrte.

Das Empire, Sklaverei und der menschliche Geist

Die Sieger unter den sich bekriegenden Stämmen Afrikas verkauften oft einen Teil der Überlebenden des geschlagenen Gegners in die Sklaverei. In der Neuzeit wurde der überlebende Teil der gefangenen Opfer oft auf Initiative der Sieger dieser internen afrikanischen Kriege an die Küsten verbracht und dort in die spanische, portugiesische, holländische und britische Sklaverei verkauft. So begann die Sklaverei mit der Auslieferung von Afrikanern durch andere Afrikaner in die Küstengebiete, wo die überlebenden Gefangenen als Sklaven von den von den europäischen Sklavenhändlern gegründeten Häfen aus an die Atlantikküste der Amerikas und in andere Gebiete verschifft wurden.

Die Tatsache, daß die Opfer durch Afrikaner in die Sklaverei der Anglo-Holländer, Spanier und Portugiesen gelangten, entschuldigt nicht im geringsten die Verbrechen dieser habsburgischen und verwandten oligarchischen Interessen, die massenhaft Menschen in die Sklaverei in den Amerikas verschifften. Den größten Profit daraus zog das anglo-holländische Britische Empire, das im atlantischen Sklavenhandel vorherrschend war; dieser wurde hauptsächlich vom niederen Adel des britischen Herrschaftssystems über das Spanien und Portugal des 19. Jahrhunderts abgewickelt.

Wir wollen an dieser Stelle nicht viel mehr behandeln als die folgenden Grundtatsachen der Ursprünge der Sklaverei in Nordamerika vor Präsident Lincolns Sieg.

Der wachsende amerikanische Markt für den transatlantischen Handel mit afrikanischen Sklaven entstand weitgehend deshalb, weil die amerikanischen Ureinwohner sich in der Regel nicht für den Einsatz als Sklaven in den Amerikas eigneten. Entscheidend war, daß die afrikanischen Sklaven das Produkt der Dynamik einer verbreiteten Praxis gewaltsamer Versklavung innerhalb bestimmter Teile Afrikas selbst waren.

Unter diesem Einfluß fügten sich afrikanische Sklaven eine Zeitlang der Unterwerfung in den Amerikas, wo die Afrikaner keine Wurzeln hatten, wohingegen die Stämme der amerikanischen Ureinwohner, wie z.B. die gebildete Kultur der Nation der Cherokee in der Zeit vor Andrew Jackson für ein Sklavereisystem weniger geeignet waren. Der Prozeß hin zur späteren Befreiung der Sklaven in den USA – die Befreiung vom britisch gelenkten Sklaventransport und -handel in unsere Republik durch die Spanier und Portugiesen – war insofern größtenteils von dem allgemeinen starken Drang nach persönlicher Freiheit in unserer Republik geprägt. Es war ein sehr vielfältiger Kampf, doch seine Wurzeln lagen darin, daß in Amerika ein kulturelles Umfeld für die intellektuelle Befreiung der ehemaligen Sklaven entstand. Das Verlangen der Sklaven, eigene Familien mit Kindern zu gründen, führte in Verbindung mit der unerläßlichen Rolle von Präsident Abraham Lincoln, der fest entschlossen war, die US-Republik in einem Krieg gegen Lord Palmerstons britischen Imperialismus zu verteidigen, zu der notwendigen Befreiung der Sklaven. Dies geschah dann, wie es auch Frederick Douglass verstanden hatte, auf die einzig mögliche Art – im bewaffneten Kampf unserer föderalen Republik gegen das britische System transatlantischer Sklaverei.

Das Prinzip, das ich bei der Darstellung dieses geschichtlichen Beispiels für das Streben nach Freiheit von der Versklavung des Menschen durch den Menschen angesprochen habe, findet sich auf einer noch grundsätzlicheren Ebene in dem Prinzip, das Gottfried Wilhelm Leibniz *Dynamik* (d.h. *dynamis*) nannte, aber auch bei demselben Begriff von Dynamik, welchen Percy Bysshe Shelley in der abschließenden Zusammenfassung seiner *Verteidigung der Poesie* verwendet.

Die Frage der Dynamik bringt unsere Aufmerksamkeit nun wieder auf das Hauptthema dieses Berichtes zurück: die Unterscheidung der höheren menschlichen Geistesfunktionen von den zweifellos notwendigen, aber qualitativ niedrigeren Funktionen des menschlichen Gehirns.

IV. DAS IMPERIUM UND UNSER GEIST

Es ist ausreichend und auch gerechtfertigt, wenn wir den vorliegenden Bericht auf die wichtigsten klinischen Fakten über die Entstehungs- und Entwicklungsgeschichte der auf den Mittelmeerraum konzentrierten europäischen Zivilisation begrenzen, wie sie seit dem Fall Babylons und dem Aufstieg und Untergang des Persischen Reiches bekannt ist. Dabei übersehe man jedoch nicht bestimmte wichtige Aspekte der Entwicklung eines Mittelmeerzweiges einer Seefahrerkultur im Atlantik, der sich aus dem Dunkel der Vergangenheit des Mittelmeerreiches erhob, genausowenig wie bestimmte Entwicklungen landeinwärts entlang der großen Ströme, beispielsweise am Nil, in den Gebieten, die hauptsächlich durch die sogenannten „Seevölker" besiedelt wurden und aus denen die europäische Kultur oder benachbarte asiatische Kulturen entstanden. Dazu gehören die Ableger am Nil, in Mesopotamien, am Indischen Ozean und am Schwarzen Meer, wie die Hethiter in Anatolien, sowie maritime Kulturen wie die Sumerer, die mindestens mehrere Jahrtausende vor Homers Trojanischem Krieg von den „Seevölkern" gegründet wurden.

Was sich aus den Seefahrerkulturen über Jahrtausende hinweg bis zum Peloponnesischen Krieg entwickelte, ist das Erbe einer vorherrschenden Zivilisation im Mittelmeerraum, die aus einem antiken oligarchischem System expliziter oder faktischer Sklaverei oder „Leibeigenschaft" entstanden war. In seinen Grundzügen entsprach dieses System dem Mythos des olympischen Zeus, dessen Herrschaft in Aischylos' *Prometheus-Trilogie* als hierarchische, oligarchische Tyrannei dargestellt ist. Dieses Dokument steht auch nicht im Widerspruch zu den Bildern, die sich der Fachmann aus den entsprechenden Chroniken des Diodorus Siculus macht.

Meine eigenen Untersuchungen über die Prinzipien des menschlichen Geistes haben einige von uns zu einer Sicht der Geschichte gebracht, die ich im Verlauf des vorigen Kapitels bereits kurz angerissen habe und jetzt noch genauer untersuchen werde.

Die menschlichen Kulturen zeichnen sich gegenüber allen anderen Lebensformen, die unter dem Menschen stehen, einschließlich der Säugetiere allgemein, speziell dadurch aus, daß der menschliche Genotyp potentiell, bewußt und in einzigartiger Weise *kreativ* ist – kreativ in dem Sinne, wie sich dies in den wissenschaftlich-technologischen Faktoren einer qualitativen, willentlichen Abfolge von Veränderungen im bewußten Verhalten unserer Gattung äußert. Diese Fähigkeit der Veränderung fehlt bei allen anderen bekannten Arten, einschließlich aller Tiere. Zum Beispiel sei die wichtige Tatsache bedacht, daß nur der Mensch willentlich das Feuer nutzt. Oder man betrachte die ureigene Entdeckung des Gravitationsprinzips durch Johannes Kepler – Albert Einstein bezeichnete Keplers Arbeit als „wasserdichtes" Beispiel für genau dieses Unterscheidungsmerkmal.

Wenn ich hier den Begriff „kreativ" („schöpferisch") benutze, wie er schon ausführlich im vorherigen Kapitel beschrieben wurde, verstehe ich darunter die Fähigkeit der menschlichen Gattung, *willentlich geordnete*, qualitative Steigerungen der relativen potentiellen Bevölkerungsdichte hervorzubringen. Kein anderes bekanntes Lebewesen hat sich als fähig erwiesen, solche bewußten Veränderungen zu bewirken, zu denen unsere Gattung fähig ist, wenn zum Beispiel nur ein einziges Individuum ein wahres universelles Prinzip entdeckt. Das natürliche Potential für die gesunde Entwicklung einer individuellen menschlichen Persönlichkeit liegt in dem, was man als die dem Menschen innewohnende Qualität eines „Halbgottes" bezeichnen kann – in dem speziellen Sinn der besonderen Eigenschaft, die Mann und Frau im ersten Kapitel der Schöpfungsgeschichte übertragen wurde.

Gleichzeitig ist jedoch zu beachten, daß es in bekannten menschlichen Gesellschaften eine gängige Praxis war und ist, durch ein allgemeines Verbot durchzusetzen, daß kein Angehöriger der sogenannten „unteren sozialen Klassen" seine schöpferischen Fähigkeiten nutzen darf. Nur ein kleiner Personenkreis, dem sozusagen „die akademischen Priesterhände aufgelegt" wurden, erhält ausdrücklich Zugang zu dem eigentlichen Wissen und der freien Nutzung des kreativen Potentials. So erließ der olympische Zeus der *Prometheus-Trilogie* in der Legende das symbolische Verbot der „Nutzung des Feuers". Dieses Verbot veranschaulicht beispielhaft die verbreitete Gewohnheit, den Großteil der Mitglieder einer Gesellschaft faktisch in Sklaverei oder Leibeigenschaft zu halten. Ähnliche Methoden verlangt heute die „babylonische Priesterkaste" der derzeitigen „Umweltschutz"-Kulte nach dem Vorbild von Prinz Philips World Wildlife Fund für einen weltweiten Völkermord.

Vor dem Hintergrund der eben angestellten Betrachtungen wollen wir jetzt den eigentlichen Hauptgegenstand dieses Berichtes darstellen: „die besonderen schöpferischen Fähigkeiten der Menschheit"; wir begeben uns auf die Suche nach der wahren Identität des zukünftigen durchschnittlichen „prometheischen Menschen". Ich meine nicht kindische Phantasien von einem „Superman", sondern gesunde schöpferisch-geistige Fähigkeiten, die man in den kommenden Generationen beim Menschen zunehmend als ganz normal betrachten wird – Männer und Frauen, die sich durch Selbstentwicklung darauf vorbereiten, daß der Mensch noch vor Ablauf dieses jungen Jahrhunderts die ersten Schritte zur Eroberung des nahen Weltraums tun wird.

Ich sehe deutlich die Fakten, die schon jetzt darauf schließen lassen. Ein solcher Fortschritt ist bis zu den letzten Jahrzehnten dieses Jahrhunderts erreichbar und sollte diese Zeit prägen. Man behalte diesen Gedanken im Kopf, wenn wir jetzt den entscheidenden Punkt, den ich im vorhergehenden Kapitel kurz vorgestellt habe, näher ausführen.

Kehren wir nach dem Gesagten nun zu dem Thema zurück, bei dem wir im vorherigen Kapitel stehen geblieben waren: „Was ist eigentlich der menschliche Geist?"

Wir kehren somit wieder zum Thema der Kreativität zurück, das wir im letzten Kapitel verlassen hatten.

Der wahre menschliche Geist

Das Problem, welches ich dort aufwarf, war die Tatsache, daß die Geistesobjekte, die wir als Sinneswahrnehmungen betrachten, keine Bildergalerie des wahren Universums sind, sondern eher Schatten, die das Universum wirft. Keplers einzigartige Entdeckung des Prinzips universeller Gravitation verdeutlicht das zu betrachtende Problem: Das tatsächliche Wissen des Menschen über das Universum beschränkt sich auf entscheidende experimentelle Beweise, bei denen aus widersprüchlichen Erfahrungen aus zwei oder mehr Arten der Sinneswahrnehmung Anhaltspunkte für den tatsächlich wirkenden Gegenstand abgeleitet werden, welcher die entsprechenden Schatten für die Sinneswahrnehmung geworfen hat.

Der Punkt wird noch klarer durch die Verwendung vom Menschen geschaffener Instrumente, wie Mikroskope und Teleskope, als Ersatz für die eigene Sinneswahrnehmung – wissenschaftliche Instrumente als Hilfsmittel, um dem Menschen Zugang zu Eindrücken zu verschaffen, die er mit seinen Sinnen allein nicht ausreichend erfassen kann. Kurz gesagt: Was wir „sehen", ist nicht das Objekt, das dieser Sinneswahrnehmung entspricht; wir „sehen" bzw. erleben nur den Schatten, den die Quelle der Erfahrung wirft. Ich wiederhole: was wir eigentlich „sehen", ist nicht das wahrgenommene Objekt, sondern ein Schatten, den der eigentliche Gegenstand durch sein Vorhandensein auf unseren Geist wirft. Wir müssen lernen, nicht das zu „sehen", was wir gewöhnlich für einen Gegenstand in der physikalischen Raumzeit halten, sondern die Ursache der Schatten, die unser Geist als Realität wahrnimmt – also kein „reales Objekt", sondern eine *Singularität*.

Wir müssen unsere Denkgewohnheiten so ändern, daß wir das „reale Objekt" in Gedanken fassen können und darin die Wirkursache erkennen, die für die Wahrnehmung des bloßen Schattens, den der naive Beobachter fälschlicherweise für ein „real" erkanntes Objekt der Sinneswahrnehmung hält, verantwortlich ist.

In einer informierteren Sprache der Physik wären wir dann in der Lage, in einem „kosmischen Strahlungsfeld" die Realität einer Singularität wahrzunehmen. Haben wir unser Denken soweit geübt, daß wir dies tatsächlich tun, so gelangen wir geistig in einen wirksam ontologischen Erkenntniszustand, der ganz anders ist als das Reich der Schatten, die der naive Geist fälschlich als eine durch bloße Sinneswahrnehmung definierte Realität auffaßt.

Man denke zum Beispiel an die Veränderung der experimentellen Perspektive in Hinsicht auf Mendelejews Periodensystem der Elemente, die sich jetzt anbahnt. Mit dem, was wir in diese Richtung unternehmen, wird die Vorstellung von Mendelejews Sicht des Feldes, die sich mit der Zeit herausgebildet hat, in keiner Weise verletzt. Es bleibt ein Grad der Übereinstimmung zwischen einem Periodensystem, bei dem Vorstellungen vermeintlicher materieller Teilchen im Vordergrund stehen, und der „berichtigten" Sichtweise von Singularitäten, die vorrangig im universellen Bereich der kosmischen Strahlung liegen. Verlieren werden wir bei dieser Veränderung unserer geistigen Sicht kaum mehr als den gewohnten Glauben an die vermeintlich offenkundige Existenz eines „leeren Raums", welcher sich nunmehr als recht kindisch erweist.

Auf diese Weise gelangt unser Denken tatsächlich in den Bereich der physikalischen Relativität. Dieser Schritt mag zwar so scheinen, als steckte man nur einen Zeh ins Wasser, aber das Grundprinzip der veränderten Betrachtungsweise ist bereits deutlich genug, auch wenn uns noch die Erfahrung fehlt, wie es wirklich ist, durch die ganze kosmische Strahlung zu „schwimmen". Diese Strahlung füllt alles aus, was fälschlicherweise als „leerer" interplanetarer Raum gilt, wo Menschen in Zukunft manchmal mit relativistischer Geschwindigkeit reisen werden.

Sollten einige Leser bei all dem, was ich gerade dargestellt habe, argwöhnisch vermuten, „der macht uns doch was vor", dann sollte man an die antiken Seefahrer zurückdenken, die in dem ständig wechselnden Nachthimmel einen gesetzmäßigen Zusammenhang entdeckten, der für das Navigieren auf See sehr nützlich war. Sie erkannten regelmäßige Veränderungen, wie etwa die des langen platonischen Zyklus

[Platonisches Jahr, knapp 26.000 Jahre], auf den z.B. Bal Gangadhar Tilak in seinem *Orion* bei Betrachtungen über den vedischen Kalender aufmerksam wurde.

Es gibt in der Wirklichkeit keinen tatsächlich „leeren Raum", den naive Beobachter für jenen gedachten Raum halten mögen, durch den sich die am Nachthimmel sichtbaren Körper voneinander abheben. Zum Beispiel muß man die Rolle von Magnetfeldern berücksichtigen, die an bestimmten Singularitäten bei der Verwendung kompaßähnlicher Instrumente deutlich wird. Darauf stieß man beim Navigieren auf See sogar schon in der sog. Vorgeschichte, was sich darin ausdrückt, daß man schon damals langwellige Wanderungszyklen des magnetischen Nordpols kannte.[27] Was ich im weiteren Verlauf meiner Bemerkungen besonders unterstreichen will, ist die Auswirkung dieser Veränderung der geistigen Sichtweise, die ich gerade beschrieben habe. Anstatt so zu handeln, als seien die mit Sinneswahrnehmungen verbundenen Bilder „die reale Welt", müssen wir bei der Erfahrung des realen Universums davon ausgehen, daß uns Sinneswahrnehmungen lediglich die Schatten der Realität zeigen. Der Zugang zur Erkenntnis der Realität liegt gerade in dem Bewußtsein des einzelnen, daß der Bereich der Sinneswahrnehmung lediglich ein Schatten des wahren Universum ist, in dem wir tatsächlich leben. Eigentlich „sehen" wir uns gar nicht, sondern wir sehen den wahrgenommen, projizierten Schatten jenes Universums, in dem wir tatsächlich leben.

Den Standpunkt, den ich gerade dargelegt habe, sollte man nicht als etwas Neues, erst kürzlich Entworfenes betrachten. Übersetzt man das eben Gesagte in eine informierte, klassische Geschichtsauffassung, dann ist das, was ich hier geschrieben habe, im Grunde nichts anderes als der antike Begriff *dynamis* oder dessen neuzeitlicher Ausdruck *Dynamik*, wie Gottfried Wilhelm Leibniz ihn nannte. Und wie ich schon wiederholt hervorgehoben habe, entspricht dieser Begriff der *Dynamik* auch dem Phänomen, das der Dichter Percy Bysshe Shelley in den abschließenden Absätzen seiner *Verteidigung der Poesie* zur Beschreibung von gesellschaftlichen Veränderungen benutzt.

Anders formuliert lautet Shelleys Aussage: „Die Realität jagt unser Gewissen!" Diese vorbewußte Ahnung der Realität von *dynamis* bzw. *Dynamik* als dem Bereich, in dem wir tatsächlich leben, zeigt sich besonders deutlich an der manchmal mysteriös erscheinenden Macht plötzlich auftretender sozialer Massenphänomene – ein solches Phänomen ist gegenwärtig der Aufstand des sozialen Gewissens in einem großen Teil unserer Bevölkerung gegen die tyrannischen Ungeheuerlichkeiten, mit denen die derzeit herrschenden Mächte die sich ohnehin immer weiter verschlechternden Lebensbedingungen in fast allen Nationen noch weiter verschärfen. Ein anderer Ausdruck sind die Geistesakte der größten, genialen Dichter und Wissenschaftler, deren typische Besonderheit ontologisch das Phänomen der wahren Metapher ist. William Empson versucht in seiner Schrift *Seven Types of Ambiguity* (Ausgabe von 1947) seinen Lesern einen Begriff zu vermitteln, warum gerade hierin die Schönheit liegt. Beispielsweise beruht ein wahrhaftiges – aber heute in der Fachwelt unbeliebtes – Verständnis von Shakespeare oder Friedrich Schiller sowie die Erfahrung von Ludwig van Beethovens Opus 132 oder Wolfgang Mozarts *Ave Verum Corpus* ganz wesentlich auf diesem ästhetischen Konzept.

„Die ganze Welt ist eine Bühne!"

Eine leicht zugängliche und rigorose Demonstration dieses Prinzips ist der vermeintliche „Zauber" der so begrenzten klassischen Theaterbühne. Es gibt Belege in den Stücken Shakespeares, aber die Werke Friedrich Schillers bieten aus offensichtlichen Gründen einen noch besseren Zugang zu der vollen Bedeutung dieses Arguments.

Wenn die Idee der Tragödie richtig verstanden ist, müssen auf der Bühne keine Helden auftreten. Schiller betonte, man sollte bei der Aufführung eines Dramas nicht versuchen, sich aus den Hauptfiguren, die als Charaktere auf der Bühne dargestellt werden, bestimmte als Helden auszuwählen. Shakespeares *Julius Cäsar, Lear, Macbeth* und *Hamlet* sowie Schillers *Wallenstein* sind typisch für Dramen, die in einer

Wallenstein, Herzog von Friedland.
Aus dem Schiller-Zyklus des Malers Hans
Printz (1865 – 1925). LaRouche: „Shakes-
peares Julius Cäsar, Lear, Macbeth und
Hamlet sowie Schillers Wallenstein sind
typisch für Dramen, die in einer moralisch
verkommenen Gesellschaft spielen und
in denen keine eigentlichen Helden als
Hauptfigur auftreten."

moralisch verkommenen Gesellschaft spielen und in denen keine eigentlichen Helden als Hauptfigur auftreten.

Schiller sagt uns, daß der Zuschauer – wie Max und Thekla im *Wallenstein* – den Helden in sich selbst suchen muß, gerade weil ihn die Enthüllung der brutalen, tragischen Entwicklungen auf der Bühne dazu inspiriert, ein wirklicher Bürger zu werden.

Das Erhebende an einem großen klassischen Drama oder Entsprechendem liegt darin, daß das Publikum dem begrenzten, kerkerartigen Bereich der bloßen Sinneswahrnehmung entflieht und sich in das Drama versetzt fühlt, welches sich zwischen den Personen auf der Bühne abspielt. Der unsichtbare Geist der verschiedenen Personen nimmt innerhalb der Vorstellungskraft des Zuschauers Gestalt an, z.T. unterstützt davon, daß die Figuren auf der Bühne Masken tragen. Tatsächlich ist dieser Bereich der Vorstellungskraft unsere eigentliche Welt als Mensch – ein Bereich der Unsterblichkeit, in dem das Äußerlich-Fleischliche als ein Schatten der Realität, als einfache Maske getragen wird. Auf der klassischen Bühne sind hinter den Masken alle Seelen unsterblich – dort, wo sterbliche Leidenschaften die Schatten und die nackten Seelen hinter den Masken die Wirklichkeit sind.

Die Sache wird noch interessanter, wenn wir diese Betrachtungen auf den Bereich einer klassischen Naturwissenschaft im Sinne von Platon, Cusa, Kepler, Leibniz, Riemann u.a. ausdehnen. Tatsächlich brauchen wir als Ausgangspunkt eine naturwissenschaftliche Nationalökonomie mit anti-positivistischen oder anderen anti-reduktionistischen Wurzeln, wie der physikalischen Chemie, die sich aus Bernhard Riemanns Revolution in der Physik ableitet. Pasteur, Mendelejew, Max Planck, W.I. Wernadskij, William Draper Harkins und Albert Einstein stehen für diese anti-reduktionistische (d.h. anti-positivistische) Schule einer Wissenschaft der physikalischen Chemie in physikalischer Raumzeit.

Was ich an dieser Stelle vor allem unterstreichen möchte, ist die entscheidende Bedeutung der wissenschaftlichen Vorstellungskraft. Ich führe dazu folgendes aus.

Der Mensch im Spiegelbild der physikalischen Raumzeit

Für den verbleibenden Teil dieses Berichtes wollen wir den Bereich der vermeintlichen Sinnesgewißheit als einen besonderen Spiegel an der Wand der Geschichte behandeln. Was uns dieser Spiegel zeigt, ist kein Bild des realen Universums, sondern wie Keplers Entdeckung der universellen Gravitation bewies, zeigt er uns nur den Schatten der Realität, welche auf eine besondere Art Bild in einem Spiegel projiziert wird, den wir gerne als unser Universum der verschiedenen Sinneswahrnehmungen betrachten.

Benennen wir nun das wichtigste Konzept, das wir zu diesem Zweck verwenden müssen: die Idee, daß der Mensch das Abbild von *Gott dem Schöpfer* ist – ein schöpferisches Wesen, das sich von allen anderen Gattungen abhebt. Dies bedeutet ganz einfach, daß wir untersuchen müssen, wie sich das von uns bewohnte Universum verhält, aber aus der grundsätzlichen Sicht des Menschen als Abbild des Schöpfers; eine Gottähnlichkeit, die sich daraus definiert, daß wir die Fähigkeit besitzen, die Bedeutung bewußter Kreativität zu erkennen. Mit anderen Worten, der Mensch ist von Natur aus Teil der willentlichen, zielgerichteten Schöpfung, wie man sie sonst nur mit der Vorstellung des Schöpfers des Universums verbindet.

Der Mensch ist keine armselige Kreatur aus jenen niederen Rängen, die unsere Sinne als Lithosphäre und Biosphäre wahrnehmen. Der Mensch ist von Natur aus dazu ausgestattet und damit bestimmt, willentlich an der Schöpfung teilzunehmen, weswegen Philo von Alexandria in dieser Frage Aristoteles zurechtgewiesen hat; der Mensch lebt, um an dem weiteren universellen Schöpfungsprozeß teilzunehmen. Das Verhalten des Menschen im Universum muß deshalb von einer moralischen Verantwortung gegenüber der Zukunft getragen sein. Wir Menschen sind dazu bestimmt, durch unsere Teilhabe einen Beitrag zum immerwährenden Fortschritt des von uns bewohnten Universums zu leisten, um dadurch das Universum und uns selbst besser zu machen.

V. ÜBER KREATIVITÄT

Insbesondere die Vereinigten Staaten erleben derzeit eine Entwicklung, die manchmal als „Massenstreik" bezeichnet wird. Unter den Gedichten, die ich vor vielen Jahrzehnten als junger Erwachsener komponierte – und seither lange vernachlässigte –, ist ein Zyklus zu einem Grundthema, das besonders in einem Gedicht mit dem Titel „Die Lyra" zum Ausdruck kam: Es bezog sich auf eine bestimmte Art metaphorischer Ideen, die wie ein stummer Hauch das Universum durchziehen und dabei „Sterne wie Schilf umbiegen". Ein wirklicher „Massenstreik" ist im Grunde wie ein solcher Hauch.

In meinen späteren historischen Forschungen beschäftigte ich mich mit dem verwandten Phänomen, das die geniale und merkwürdig unmarxistische Rosa Luxemburg als den „Massenstreik" bezeichnete, ein Konzept, das kein deutscher Sozialdemokrat oder ähnlich eingefleischter „Materialist" je in einem kompetenten ontologischen Bezugsrahmen richtig verstehen konnte. In der englischen Literatur findet man gute Vergleiche für dieses gleiche Phänomen bei Dichtern wie Keats und Shelley zu ihrer Zeit und zuvor bei Shakespeare, im Deutschen im Genie Friedrich Schillers und in einigen

Werken von Heine. Namentlich teilte keiner dieser Dichter die Weltanschauung von Paolo Sarpis reduktionistischem Kult des philosophischen Irrationalismus, der so typisch ist für Adam-Smith-Verehrer wie Marx und Engels oder die typischen Wallstreet-Liberalen von heute.

Bei Rosa Luxemburg drückte sich ihr ziemlich einmaliges Genie darin aus, daß sie als einzige bedeutsame politische Ökonomin ihrer Zeit die eigentliche Substanz und Bedeutung des Begriffs „Imperialismus" verstanden hatte – der Historiker Herbert Feis vom US-Außenministerium bestätigte später ihre Definitionen politischer Ökonomie. Noch heute sind nur sehr wenige Ökonomen in der Lage, sich kompetent zu diesem Thema zu äußern.

Der einzig angemessene Ansatz, um das Geheimnis ihrer besonderen Kompetenz in dieser Frage des „Massenstreiks" zu lüften, muß von dem Standpunkt des unmittelbar vorangegangenen Kapitels ausgehen. Nur von diesem Standpunkt aus läßt sich der revolutionäre Charakter der gegenwärtigen weltweiten Wirtschaftskrise kompetent verstehen. Ich muß hier erneut das Menschenbild, die Auffassung der Natur des menschlichen Geistes unterstreichen, die ich im gleichen Kapitel dargestellt habe. Der einzige geeignete Fachausdruck für die Beschäftigung mit Fällen wie diesem ist das von Gottfried Wilhelm Leibniz als *Dynamik* wiederbelebte antike klassische Konzept *dynamis*. Davon muß man immer ausgehen, wenn man ernsthaft versuchen will, die spezifische Art der Massenkrise in den USA und Europa heute zu verstehen.

Den Schlüssel zum Verständnis dieses Punktes liefert uns eine Untersuchung der ontologischen Bedeutung des Konzepts der Kettenlinie-Schlepplinie-Funktion (*endlich, aber unbegrenzt*), das ich in diesem Aufsatz genannt und auf seine Ursprünge in den sich gegenseitig befruchtenden Entdeckungen naturwissenschaftlicher Prinzipien im Werk von Brunelleschi und Nikolaus von Kues oder später in Johannes Keplers Entdeckung des universellen Gravitationsprinzips zurückverfolgt habe. Das hier anzubringende Argument lautet folgendermaßen.

Das falsche Verständnis menschlicher Wechselbeziehungen bei einem Sarpischen Reduktionisten läßt sich gewöhnlich darauf zurückführen, daß solche sozialen Beziehungen zu unrecht auf der Grundlage des ontologischen Irrglaubens an die naive Sinnesgewißheit ausgedrückt werden. Bereits das alte klassische Konzept *dynamis* beinhaltete eine viel bessere Sichtweise. Archytas' einzigartige Lösung des Problems der Verdoppelung des Würfels war eine Errungenschaft, die von Eratosthenes später besonders gerühmt wurde, und sie entspricht dem Organisationszustand menschlicher Geistesprozesse, der mit dem Konzept von *dynamis* oder auch Leibniz' Dynamikbegriff übereinstimmt. Unsere innere, eigentliche Existenz läßt sich nicht in ein System pressen, das mit Sinneswahrnehmung vereinbar wäre; es liegt ontologisch im Bereich der physikalischen Raumzeit, für den die Sinnesvorstellungen einer vermeintlich getrennten Wahrnehmung von Raum, Zeit und Materie bloß reine Schatten sind.

Lassen Sie sich davon nicht unnötig überraschen! Das reale Universum läßt sich nicht in Raum, Zeit und Materie „lokalisieren", sondern nur als Ausdruck der relativistischen physikalischen Raumzeit. Versuchen wir, in Übereinstimmung mit diesen Tatsachen die Paradoxien zu klären, die sich scheinbar stellen, wenn man zwei jeweils unterschiedliche Bereiche A und B definiert: „A" als das wirkliche Universum, wo die realen Wirkungen erzeugt werden, und „B" als Bereich jener Schatten, die durch Vorgänge in dem wirklichen Bereich „A" auf die nur scheinbar reale Welt „B" geworfen werden.

Erneut sei hier gesagt, daß die Hauptfunktionen des menschlichen Geistes in dem liegen, was Gottfried Wilhelm Leibniz, der Begründer der neuzeitlichen Dynamik, ontologisch als „das Infinitesimal" des von ihm und Jean Bernouilli entwickelten Kalkulus definierte – im Gegensatz zu dem Schwindel der albernen reduktionistischen, nahezu positivistisch-mathematischen Argumentation, die der zum Liberalismus übergelaufene Leonhard Euler von Abt Antonio S. Contis Sarpischer Betrügerschule übernahm. Hier liegt der klarste Trennstrich zwischen kompetenten Physikern wie den Riemann-Nachfolgern Max Planck, Harkins, Wernadskij und Einstein und den letztlich inkompetenten bloßen Mathematikern der heutigen positivistischen Schulen. Die positivistischen Kultschulen der heidnischen Anhänger Paolo Sarpis und seiner intellektuellen Nachkommen heute kennen keine wirklichen physikalischen Prinzipien.[28] Das bloße Vorhandensein der Phänomene des „Massenstreiks" ist der entscheidende „experimentelle" Nachweis für die Natur und Wirkung des „Massenstreikphänomens", das Percy Bysshe Shelley in den Schlußabsätzen seiner *Verteidigung der Poesie* darstellt.

Das dort beschriebene Prinzip gehört auch in jene Kategorie der klassischen Ironie, die wir aus allen großen Kunstwerken und Kompositionen kennen.

Das gleiche Prinzip der Ironie zeichnet auch jede kompetente Darstellung und Aufführung sämtlicher Musikwerke klassischer Komponisten aus, die dem Vorbild Johann Sebastian Bachs folgten, bis zu Beethoven, Schumann und Brahms. Diese Werke und ähnliche Prinzipien in Poesie und Drama – oder etwa die angedeuteten Augen von Rembrandts gemalter Homer-Büste, die auf den verblendeten Aristoteles blicken – sind typisch für den Ausdruck wirklicher klassischer Ironie, die jede schöpferische Äußerung des menschlichen Geistes kennzeichnet.

Die hervorstechendsten Beispiele findet man darin, wie klassische Äußerungen wahrer Ironie die Seele einer großen Masse der Bevölkerung „bewegen" oder „rühren" können, so wie jetzt die Masse der normalen Bürger in den USA zu verstehen gibt, daß sie die gewählten Kongreßpolitiker verachten und sich von ihnen verraten fühlen, und die Entscheidungen der Politik in der überwältigenden Mehrheit der amerikanischen Bevölkerung und anderswo eine wachsende Woge der Wut auslösen. Diese wachsende Mehrheit, die sich jetzt bewogen fühlt, mit höherer Geisteskraft zu sprechen, erscheint den meisten Beobachtern wie „ein übernatürliches Organ", dessen Odem „Sterne wie Schilf umbiegt".

In den Eingangsbemerkungen dieses Berichts schrieb ich: *„Selbst noch in dieser Endphase des gefährlichen Niedergangs* *ließe sich die US-Wirtschaft retten.*" Am Ende des Berichts sollte deutlich sein, daß sich sogar die Wirtschaft des gesamten Planeten retten läßt, wenn die Vereinigten Staaten entsprechend handeln und vorangehen. Entscheidend ist weniger, was man denkt, sondern wie man denkt.

Anmerkungen

1. Da wissenschaftliche Kreativität in bezug auf die Wissenschaft und auch die klassische Kunst in den Bereichen klassischer künstlerischer Komposition wie Architektur, klassischer Malerei und klassischen Formen von Poesie und Musik (im Unterschied zu den mehr als nutzlosen Abarten heute) liegt, muß man ein Verständnis für die Beziehung wissenschaftlicher Kreativität zu den Grundprinzipien klassischer künstlerischer Komposition entwickeln, wie sie beispielhaft deutlich wird an Abraham Kästner, Gotthold Ephraim Lessing, Moses Mendelssohn, Johann Sebastian Bach, Wolfgang Amadeus Mozart, Friedrich Schiller, Ludwig van Beethoven und den Kreisen um Moses Mendelssohns Enkel, zu denen auch Dirichlets Frau Rebecca und deren Bruder Felix gehörten. Klassische Musik und Dichtung aus der Kultur, wie sie durch den Einfluß Friedrich Schillers im Deutschland des 19. Jahrhunderts herrschte, zählen zu den wichtigsten Inspirationsquellen für schöpferische wissenschaftliche Denker wie Albert Einstein.

2. Ein weiteres Beispiel hierfür aus den Anfangszeiten der neuzeitlichen Physik ist der Bau der Kuppel von *Santa Maria del Fiore* in Florenz, bei dem Filippo Brunelleschi das Prinzip der Kettenlinie anwendete.

3. *Über die Hypothesen, welche der Geometrie zu Grunde liegen.*

4. Meine Vorhersagen gingen nie von sogenannter „statistischer Wahrscheinlichkeit" aus, sondern von spezifischen Elementen in den Trends der praktizierten Wirtschaftspolitik. Das entsprechende Argument dabei lautet: *„Das wird wahrscheinlich eintreten, wenn eine derzeit vorherrschende Politik weiterbetrieben wird."* Es widert mich an, wenn jemand mit dem dummen Spruch daherkommt: *„Auf einer Skala von zehn..."*

5. Das Internationale Institut für Angewandte Systemanalyse im österreichischen Laxenburg ist aus den Bertrand-Russell-Kreisen an der Cambridger Schule für Systemanalyse hervorgegangen. Selbst Positivisten wie David Hilbert in Deutschland konnten Leute aus dem Russell-Kult um Norbert Wiener und John von Neumann nicht ertragen.

6. Es wurde ein erheblicher Aufwand betrieben, um die offenkundige „Spinnerei" des bekannten Bordellgängers Quesnay zu verbergen. Quesnay hat durchaus einiges von den Strukturen der französischen Wirtschaft beschrieben, an denen der Aufbau der französischen Wirtschaft unter Jean-Baptiste Colbert deutlich wird, doch Quesnays eigentliches Grundprinzip ist eine Vergötterung der Dummheit, indem er die Arbeitsproduktivkräfte magischen Kräften zuschrieb, die daraus resultierten, daß dem Landbesitzer ein Adelstitel zuerkannt wurde.

7. Einschließlich einer Gebühr für angefallene direkte Kosten, um einen statthaften Spielraum für Fortschritt in der Realwirtschaft insgesamt erhalten zu können.

8. Wohlgemerkt, die *Praxis* der physikalischen Chemie ist allein dem menschlichen Verhalten eigen – d.h. wie bei Wernadskij – und existiert sonst im bekannten Universum nicht.

9. Von dieser Liste sind insbesondere die funktionell korrupten Schemata jener Empiristen und Positivisten ausgeschlossen, die manchmal zu Unrecht in einer solche Liste aufgeführt werden.

10. Die Unterscheidung zwischen dem menschlichen Geist und dem menschlichen Gehirn berührt den prinzipiellen Unterschied zwischen einem Prozesses von Diskontinuitäten und einem Prozeß von Teilchen. Zugegeben, nach Meinung derer, die im Liberalismus der Anhänger Paolo Sarpis gedrillt wurden, existiert kein solcher Unterschied. Der Unterschied gehört vielmehr zum Bereich der *Dynamik* in dem Sinne, wie Gottfried Leibniz diesen Begriff ursprünglich und bis heute einzigartig als Echo des klassischen, „griechischen" Prinzip der *dynamis* definierte.

11. Die verbreitete Verwendung des Begriffs „Dynamik" im Sinne eines hörbaren Effektes in der Musik und anderen Bereichen ist inkompetent und muß als inhärent absurd und als Versuch, die zuvor von Leibniz gelieferte Definition zu verdrängen, verworfen werden. Speziell der Übergang bei der Interpretation der Periodentafel der Elemente von Mendelejew und seinen Nachfolgern, weg von der Auswahl eines Elementes bzw. Isotops als Bezugsobjekt im Sinne von Teilchen innerhalb einer aktualisierten „Tafel", hin zur Singularität eines Bereichs der kosmischen Strahlung ist der große Sprung, der jetzt für den nächsten Fortschritt bei der Ausarbeitung der tieferen Implikationen des großartigen Werks Mendelejews vollzogen werden muß.

12. Insbesondere jener Philo von Alexandria, der auch als Freund des christlichen Apostels Petrus bekannt ist, verurteilte Aristoteles, weil dieser eine Lehre vertrat, der zufolge Gott plötzlich für immer seine

Macht verloren habe, nachdem er die Schöpfung des Universums vollendet hatte. Ausgehend von dieser aristotelischen Annahme prägte der berüchtigte Friedrich Nietzsche das Schlagwort „Gott ist tot".

13. D.h., Platons bekannter Spott über das Paradox des Parmenides. Das Parmenides-Paradox äußert sich insbesondere in der immanenten Inkompetenz der modernen Monetaristen (d.h. der Positivisten).

14. Siehe Peter Martinson, *„Towards a New Periodic Table of Cosmic Radiation"*, *EIR*, Vol. 37, No. 16, 23. April 2010.

15. Es wurde nie ein tatsächlich faktischer Gegenbeweis für das vorgelegt, was ich gerade über diese Angelegenheit geschrieben habe. Es gibt nur Professoren und andere Opportunisten, die nach dem Motto leben: „Wes Brot ich eß, des häßlich Lied ich sing". Leider gibt es unter den Akademikern noch heute solche Opportunisten im Überfluß. Trotz alledem bleiben Fakten der Wissenschaftsgeschichte Fakten.

16. Siehe Gottfried Leibniz, *Specimen Dynamicum*, Meiner-Verlag, Hamburg, 1982.

17. Ebenda.

18. Darin kommt namentlich die Eigenschaft eines Systems zum Ausdruck, welches in bezug auf alle seine internen Umläufe, in diesem Falle ähnlich der Kettenlinienkurve, *immer universell* endlich, doch äußerlich nicht begrenzt ist.

19. Ich verweise auf meine längeren Ausführungen bei der Beantwortung der beiden abschließenden Fragen während des LPAC-Webcasts vom 8. Mai, die das hier präsentierte Argument ergänzen.

20. Sehr wenige Physikabsolventen des 20. Jahrhunderts, selbst in den führenden akademischen Fachbereichen der Physik, haben dieses Material jemals wirklich so kompetent durchgearbeitet wie meine Mitarbeiter im „Basement"-Team. An dieser Stelle sei auch der Fall einer versuchten, jedoch vereitelten Plagiarisierung der Arbeit des Basement-Teams anzumerken.

21. Es gibt heute noch immer führende Universitäten, in denen durch den korrumpierenden Einfluß führender Physikprofessoren, besonders von positivistischen Fanatikern, den Studenten irrer reduktionistischer Kauderwelsch beigebracht wird, wenn es um Keplers große Entdeckungen geht.

22. Mit der endgültigen militärischen Niederlage Napoleon Bonapartes wurde Lazare Carnot, der militärische Held bei Frankreichs Verteidigung gegen die Habsburgische Besatzerkoalition, zum „Autor des Sieges" und zum Präsidentschaftskandidaten, der Napoleon ablöste. Carnot wurde dann auf Anordnung der von den Briten und dem Wiener Kongreß eingesetzten Besatzungsmacht des Herzogs

von Wellington abgelöst. Im Zuge dieser Maßnahmen Wellingtons wurde die damals weltführende Wissenschaftseinrichtung, die Ecole Polytechnique, von den britisch gedeckten Agenten Laplace und Cauchy übernommen, und die Köpfe der französischen Wissenschaft, Monge und Carnot, wurden nicht nur des Landes verwiesen, sondern die wissenschaftliche Ausbildung wurde von den fremden Besatzungsmächten übernommen und umgekrempelt. Alexander von Humboldt, der ein Kollege Lazare Carnots an der Ecole war, kam anschließend der Wissenschaft zu Hilfe, indem er Ende der 1820er Jahre unter großen Anstrengungen die Überreste der ursprünglichen Ecole nach Deutschland holte. Im Rahmen dieser Vereinbarungen konnten die Patrioten der Ecole ihre Zusammenarbeit mit internationalen Kreisen fortsetzen, so auch mit führenden amerikanischen Wissenschaftskreisen, die mit hervorragenden Leuten wie Alexander Dallas Bache verbunden waren, aber auch eng mit Carl F. Gauß und Alexander von Humboldt in Kontakt standen.

23. Z.B. IIASA, das Internationale Institut für Angewandte Systemanalyse im österreichischen Laxenburg.

24. Der betrügerische und vollkommen fehlgeschlagene Versuch des Sarpi-Anhängers Galileo, die Kettenlinie darzustellen, zeigt deutlich die systemische Inkompetenz der Methoden der neuzeitlichen Empiristen. Meine eigenen frühen physikalischen Erkenntnisse gehen auf eine Reihe von Erfahrungen im Alter von 14-15 Jahren zurück. Auf dieser Grundlage betrachtete ich die Euklidische Geometrie seitdem als grundlegend inkompetent.

25. Galileos Behauptung, das Geheimnis der Kettenlinie gelüftet zu haben, ist schlichtweg Betrug.

26. Nicht nur verstand Leonardo die Kettenlinie, was Galileo nie gelungen war, sondern er definierte die Kettenlinien-Schlepplinien-Funktion.

27. Um die Vorstellungskraft und das Denken des Lesers in der Hinsicht anzuregen, verweise ich auf das mindestens 4000 Jahre alte Relikt einer wahrscheinlich phönizischen oder vergleichbaren Seefahrerkultur in North Salem im US-Bundesstaat New Hampshire, eine Fundstätte, die ich 1982 mit meiner Frau besichtigt habe.

28. Am besten läßt sich dies wahrscheinlich klären, wenn man sich mit dem Positivismus David Hilberts in Göttingen beschäftigt, nicht mit den allerschlimmsten Fällen, wie den Bertrand-Russell-Verehrern Norbert Wiener und John von Neumann, die Hilbert wegen grundlegender wissenschaftlicher Inkompetenz aus Göttingen hinauswarf.

II.

LEHREN AUS DER GESCHICHTE 1:

AMERIKANISCHES SYSTEM CONTRA FREIHANDEL

Die amerikanischen Wurzeln der industriellen Revolution in Deutschland

Den folgenden Vortrag hielt die BüSo-Vositzende Helga Zepp-LaRouche am 4. Juli 2008 auf einem Wochenendseminar der LaRouche-Jugendbewegung (LYM) in der Nähe von Nordhausen am Harz.

Von Helga Zepp-LaRouche

Ich will heute abend etwas zu dem prinzipiellen Konflikt sagen, der die gegenwärtige weltstrategische Lage dominiert. Es handelt sich dabei um einen Konflikt, über den man mit Sicherheit in den deutschen Medien nichts lesen wird, weil es politisch nicht korrekt ist, darüber zu sprechen. Zudem scheint dahinter lange vergessenes Wissen über die Geschichte verborgen zu sein – über Geschichte generell und insbesondere über die Geschichte des 19. Jahrhunderts, worüber in Deutschland kaum noch jemand etwas weiß, was ein unhaltbares Phänomen ist.

Der Hauptkonflikt, ohne den man nicht verstehen kann, was heute passiert, ist der Konflikt zwischen dem Britischen System und dem Amerikanischen System der Ökonomie. Ich werde in meinen Ausführungen darauf eingehen, weil das keineswegs ein akademisches Thema ist, das nur die Vergangenheit betrifft, sondern ganz aktuelle Bedeutung hat.

Zum Beispiel traten kürzlich bei der FAO-Konferenz in Rom genau die Leute auf, die die britische Freihandelspolitik vertreten. Sie wollen, daß die sogenannte Doha-Runde der WTO (Welthandelsorganisation) endlich abgeschlossen wird, d.h. jegliche Barrieren und Schutzzölle verschwinden.

Was heißt eigentlich Freihandel? Das heißt, daß die Spekulanten, die jetzt für die Erhöhung der Öl- und Nahrungsmittelpreise verantwortlich sind, völlig freie Hand bekommen. Das ist die Position der EU, das ist die Position der USA, das ist die Position von IWF, Weltbank usw. Diese prallt jetzt frontal mit der Position der meisten Entwicklungsländer zusammen, die unter dem Eindruck der Nahrungsmittelkatastrophe sagen: *„Nein, wir brauchen keinen Freihandel mehr, sondern wir brauchen Nahrungsmittelsicherheit. Jedes Land muß soviel produzieren, daß es sich selbst ernähren kann. Wir brauchen das genaue Gegenteil von Freihandel, wir brauchen Protektionismus und Schutzzölle, um die schwächeren Ökonomien insbesondere vor der Flut von Billigprodukten zu schützen."*

Das ist in Wirklichkeit auch der Hauptgegensatz zwischen dem katastrophalen Lissabon-Vertrag, der die neoliberale Politik zementieren würde, und all den Kräften, die sich weltweit für einen New Deal, für ein Neues Bretton Woods, für die Politik in der Tradition von Franklin Delano Roosevelt aussprechen. Bereits in den dreißiger Jahren hatte auch in Deutschland Dr. Wilhelm Lautenbach ähnliche Vorschläge wie Roosevelt gemacht. Ebenso ging der berühmte WTB-Plan (von Woytinsky, Tarnow, Baade) des Allgemeinen Deutschen Gewerkschaftsbundes (ADGB) in die Richtung staatlicher Kreditschöpfung und staatlicher Investitionsprogramme.

Diese beiden Positionen knallen derzeit aufeinander, und es wird vom Ausgang dieser Auseinandersetzung abhängen, ob die Welt in einen Alptraum von Hungersnöten und Hungerkatastrophen verfällt, wie wir sie jetzt schon erleben, oder ob es rechtzeitig gelingt, die Freihandelstheorie zu besiegen und eine am Gemeinwohl orientierte Politik zu betreiben.

Dieser Kampf dauert schon sehr lange an; man kann sagen, mindestens zweieinhalbtausend Jahre. Somit ist es nicht der Klassenkampf, der die Geschichte bestimmt, nicht der „Dia-Mat" [Dialektischer Materialismus] oder „Histo-Mat" [Historischer Materialismus], sondern der Kampf zwischen den republikanischen Tendenzen und den oligarchischen Tendenzen.

Friedrich Schiller hat diesen Gegensatz in seiner Schrift über die *Gesetzgebung des Lykurgus und Solon* beschrieben, wobei die weisen Gesetze des Solon den Zweck der Fortschreitung aller Bürger der Gesellschaft hatten, dagegen aber in Sparta alles dem Staat und damit einer kleinen Elite aufgeopfert wurde und der Mensch nichts galt.

Eigentlich kann man sagen, daß solche imperialen, oligarchischen Regierungsformen die ganze Welt bis zum 15. Jahrhundert beherrscht haben. Hierzu sei nur angemerkt, daß ich auf einer unserer Konferenzen in Bad Schwalbach einmal einen Vortrag über die Herausbildung des Nationalstaates gehalten und dabei die Schrift [Friedrich August Freiherr] von der Heydtes „*Die Geburtsstunde des souveränen Staates*" zitiert habe. Ich kann jedem nur empfehlen, diesen Aufsatz einmal zu studieren, denn in dieser Frage gibt es heute die größten Vorurteile und Irrtümer: Der Nationalstaat sei schlecht, er bringe nur Kriege; die Nationalstaaten seien an den beiden Weltkriegen schuld gewesen usw. Das ist natürlich vollkommener Unsinn, denn die zwei Weltkriege waren das Resultat des Zusammenpralls von Imperien – des österreichisch-ungarischen, des russischen, des britischen und des deutschen. Das waren keine Nationalstaaten, sondern imperiale Gebilde, die um die Vorherrschaft in einer imperialen Ordnung kämpften.

Von der Heydte beschreibt die Entstehung der Nationalstaaten (ich will das jetzt nicht zum Thema machen) als einen ungeheuer mühsamen Prozeß vom Kaisertum und Papsttum bis schließlich zur Idee nationaler Souveränität und damit der Orientierung der Regierungen am Gemeinwohl. Es hat insgesamt fünfzehnhundert Jahre oder länger gedauert, bis es dahin kam.

Nikolaus von Kues war derjenige, der in der *Concordantia Catholica* (vor allen Dingen im dritten Buch) zum ersten Mal ganz klar formuliert hat, daß die Menschenrechte als Prinzipien nur durch ein repräsentatives System gewahrt werden können; d.h. die Bürger wählen Repräsentanten, und diese Repräsentanten stehen in einem reziproken Rechtsverhältnis, denn sie sollen einerseits die Interessen der Bürger, andererseits aber auch die Interessen der Regierung vertreten.

Das oligarchische System

Das war ein ganz wichtiger Gedanke. Schon Platon oder auch Thukydides hatten erkannt, daß die Demokratie nur die Kehrseite von Oligarchie und Tyrannei war. Bei bestimmten Punkten mag es sehr sinnvoll sein, Volksbefragungen durchzuführen, aber wenn man versucht, eine reine Basisdemokratie zu praktizieren, wird es vollkommen absurd. Wollte man das Volk zu Dingen befragen, wie viele Lampen in der Hauptstadt aufgehängt oder wie viele Brücken gebaut werden sollten usw., käme man vom Hölzchen aufs Stöckchen, und nichts ginge mehr. Es würde genau das passieren, was im griechischen Athen in der sogenannten Demokratie von Perikles auch passiert ist: Perikles war der erste Mann im Staat, faktisch aber auch ein Diktator.

Aufbauend auf vielen Schritten vorher bedeutete diese Formulierung von Cusanus tatsächlich die Begründung des modernen souveränen Staates. Durch den Kampf der Johanna von Orleans konnte sich die Tendenz zum Nationalstaat auch in Frankreich entwickeln, so daß sich dann in den zwanzig Jahren während der Herrschaft von Ludwig XI. der Lebensstandard der Bevölkerung verdoppelte.

Es war also die Idee entstanden, daß die Regierung die Pflicht habe, sich für das Gemeinwohl der Bevölkerung einzusetzen; außerdem entstand die Erkenntnis, daß sich dies nur im Rahmen urbaner Strukturen verwirklichen ließe, d.h. wenn ein immer größerer Teil der Bevölkerung von reiner

Landwirtschaft zum Leben in den Städten mit Wissenschaft, Technologie und generellem Fortschritt überginge. Die drei Entwicklungen von Nikolaus von Kues über Ludwig XI. und die italienische Renaissance bedeuteten den Beginn der Neuzeit. Alles davor war noch Mittelalter.

Die Amerikanische Revolution

Natürlich hatte der Umstand, daß jetzt Regierungen plötzlich die Privilegien der Oligarchie, der Nobilität, des Adels zurückschneiden, sofort den Widerstand Venedigs auf den Plan gerufen, das damals die Weltherrschaft im Seehandel beanspruchte. Letztlich gab es im Kampf zwischen dem Nationalstaat und den oligarchischen Strukturen erst mit der Amerikanischen Revolution den ersten durchschlagenden Erfolg.

Die Amerikanische Revolution ist natürlich nicht ohne Kolumbus zu denken, denn wenn Kolumbus Amerika nicht entdeckt hätte, hätte diese Revolution nicht stattfinden können, und daran hatte Nikolaus von Kues einen großen Anteil. Er war 1492 zwar schon tot, aber einer der Freunde des Nikolaus von Kues war der große Geograph und Mathematiker Toscanelli, der auf der Basis cusanischer Ideen Landkarten erstellte, die Kolumbus bei seinen Entdeckungsreisen benutzte.

Die Idee, daß man die neue Welt möglichst weit weg von der Kontrolle der europäischen Oligarchie aufbauen müsse, bahnte sich bereits in dieser Zeit an und hatte mit der Amerikanischen Revolution einen ersten Erfolg.

Die Amerikanische Revolution war keineswegs so, daß irgendwelche wilden Cowboys, wie in Wildwestfilmen aus Hollywood dargestellt, nach Westen gezogen wären. Sie war ein Projekt, das mit Cotton Mather in der Massachusetts Bay Colony anfing und von Benjamin Franklin vorbereitet wurde, der mit den besten humanistischen Kreisen in Europa in Kontakt stand – mit Abraham Kästner, mit den Kreisen um Gotthold Ephraim Lessing und Moses Mendelssohn, so daß die Amerikanische Revolution eigentlich *das* Projekt aller Humanisten und Republikaner in Europa wurde, die sich darüber unheimlich freuten.

In Friedrich Schillers *Don Carlos* gibt es diese phantastische Szene zwischen Marquis Posa und König Philip, in der Marquis Posa sich für Menschenwürde und Gedankenfreiheit einsetzt und fordert: *„Seien Sie ein König von Millionen Königen!"* – das war das republikanische Prinzip.

Gleichheit kommt nicht dadurch zustande, daß man wie die Jakobiner in der Französischen Revolution allen gleichermaßen die Köpfe unter der Guillotine abhaut; sondern es kommt darauf an, daß alle erho-

Nikolaus von Kues regte die Forschungsreisen an, die zur Entdeckung Amerikas führten, und begründete die Idee, daß die Legitimität der Regierung auf „der Zustimmung der Regierten" beruht.

ben und so im Grunde zu Königen werden. *„Seien Sie ein König von Millionen Königen!"*, ist ein ganz anderes Prinzip der Gleichheit.

Schiller schreibt in seinen *Briefen über Don Carlos*, daß dieses Drama in dem Jahrzehnt entstand, als der Lieblingsgegenstand von allen *„die höchstmögliche Freiheit der Individuen bei des Staats höchster Blüte"* war. In welchem Jahrzehnt wurde *Don Carlos* geschrieben? Das waren die achtziger Jahre des 18. Jahrhunderts, und es bezog sich ganz deutlich auf Amerika. Schiller wollte ja eine zeitlang sogar nach Amerika auswandern; er sagte, er wolle noch einmal ganz große Sprünge machen, was er dann aber nicht gemacht hat – vielleicht auch nicht so schlecht für uns!

Preußen und Amerika

Der Bezug humanistischer Kreise im 18. Jahrhundert auf das, was in Amerika passiert ist, spielte sich auf allen Ebenen ab – nicht nur auf Regierungsebene, sondern auch auf der Ebene der Dichter und Humanisten – so daß es keine Überraschung war, als Preußen 1780, also noch während des Unabhängigkeitskrieges, der *„Liga der bewaffneten Neutralität"* und damit faktisch einem Bündnis gegen England beitrat. Das war für das Ergebnis dieses Krieges ganz, ganz wichtig.

Im gleichen Geist schloß Friedrich der Große 1785 auch den Freundschafts- und Handelsvertrag zwischen Preußen und den USA – der erste diplomatische Vertrag der jungen Republik. Das führte dazu, daß das Ansehen Preußens in den USA noch mehr anwuchs. Es war schon vorher wegen der Rolle Friedrichs des Großen im Siebenjährigen Krieg recht hoch, wo dieser durch seine Auseinandersetzungen in Europa Amerika den Rücken freihielt und zur gleichen Zeit Frankreich Kanada verlor, so daß Friedrich der Große als wirklicher Held galt. In Pennsylvania gab es damals viele Wirtshäuser, die *„Zum Großen Fritz"* oder ähnlich hießen.

Zwanzig Jahre später ging Friedrich Wilhelm von Steuben nach Amerika – jener von Steuben, der den amerikanischen Soldaten erst einmal Disziplin beibringen mußte, was sich dann in Valley Forge und anderen Kriegsschauplätzen zeigte. Da war der Ruhm Friedrichs des Großen noch ungeheuer groß.

Zur gleichen Zeit kämpften auch sehr viele Deutsche in den amerikanischen Milizen; allerdings auf beiden Seiten muß man leider sagen, denn bekanntermaßen haben auch die Oligarchen ihre Untertanen (zum Beispiel aus Hessen) verkauft, was Schiller in *Kabale und Liebe* verewigt hat. Wer das nachlesen will, sollte das tun.

Wenn man heute vom „Amerikanischen System" spricht, dann heißt es meist: „Ääh, Bush!!", und die Leute bekommen wilde Zuckungen. Es steht aber einfach fest, daß die amerikanische und die deutsche Geschichte aufs engste miteinander verbunden ist und es auf beiden Seiten eine unheimlich positive und ganz wichtige Tradition gibt, was eigentlich auch der Grund ist, warum wir die Hoffnung in Deutschland nicht vollkommen aufgeben sollten.

Diese Tradition ist etwas verschüttet, aber wie ich heute abend darzustellen versuche, ist sie trotzdem massiv da und bietet eine Reihe ganz interessanter Ansätze. Ein Beispiel: Der Sohn des zweiten US-Präsidenten John Adams, John Quincy Adams, war von 1797 bis 1801 amerikanischer Gesandter in Berlin; das war in der Endphase der Französischen Revolution, die er somit persönlich miterlebt hat. Dann folgten der Aufstieg Napoleons und später der Wiener Kongreß.

Die Isolation Amerikas

Man sollte sich die europäische Geschichte einmal vom damaligen Standpunkt Amerikas ansehen, denn als in Europa mit Napoleon unglücklicherweise der erste Faschist an die Macht kam – ein Imperator, der sich in der Tradition des Römischen Reiches selber gekrönt hatte, der nicht nur Ägypten besiegen, sondern nach dem Rußlandfeldzug weiter nach Indien wollte, der also imperiale Weltmachtpläne hatte –, und Europa dann unter dem Regime Metternichs wieder riesengroße Rückschritte machte, da waren die USA vollkommen isoliert. Das ist für die amerikanische Geschichte sehr wichtig, denn nur so kann man verstehen, warum später durch Präsident Monroe, aber auch unter Mithilfe von John Quincy Adams, die Monroe-Doktrin erlassen wurde.

Die preußischen Reformer

Dahinter stand die einfache Idee, daß die Europäer sich gefälligst aus den Amerikas heraushalten sollten. Diese Kreise – Italiener, Spanier, Franzosen – hatten allesamt koloniale Absichten für Lateinamerika, zum Teil aber auch für Nordamerika, und dem sollte durch die Monroe-Doktrin ein Riegel vorgeschoben werden. Metternich war darüber vollkommen entrüstet und sagte: *„Unverschämt, wenn sich solche Verträge jetzt noch weiter ausbreiten…"* Umgekehrt empfand Alexander von Humboldt die Monroe-Doktrin als völlig richtig und unterstützte sie.

Preußische Reformer

Karl Freiherr vom Stein
(1757-1831)

Karl August Freiherr von
Hardenberg (1750-1822)

Wilhelm von Humboldt
(1767-1835)

Gerhard von Scharnhorst
(1755-1813)

August Neidhardt von Gneisenau
(1760-1831)

Carl von Clausewitz
(1780-1831)

Das war die Zeit in der Nachfolge der Deutschen Klassik, die vor allem von Schiller beherrscht wurde, der mit Sicherheit der Größte war, aber auch Wilhelm von Humboldt, der zusammen mit Körner Schillers engster Freund war. Natürlich lassen sich auch Wilhelm und Alexander von Humboldt nicht voneinander trennen. Es gab noch einige andere phantastische Staatsmänner: zum Beispiel Neidhardt von Gneisenau, Gerhard Scharnhorst, vom Stein. Mit denen kann sich heute keiner auch nur annähernd messen.

Ich meine, vom Stein und von Humboldt waren die größten Staatsmänner, die Deutschland je hatte. Was sie in den Freiheitskriegen gegen Napoleon geleistet haben, war wirklich enorm. Zum Beispiel haben vom Stein und Wilhelm von Humboldt noch während des Rußlandfeldzugs Memoranden für die deutsche Einheit geschrieben, die sie auf dem Wiener Kongreß präsentieren wollten. Das wurde durch die Machinationen der gesamten europäischen Oligarchie verhindert, so daß die Frage der deutschen Einheit, die durch den Volksaufstand und durch den Sieg in den Freiheitskriegen verdient war, gar nicht auf die Tagesordnung kam. Der Wiener Kongreß verkam vielmehr zu ständigen Bällen und Schlittenfahrten und allen möglichen Vergnügungen.

Gneisenau schrieb in dieser Zeit eine Abhandlung über den amerikanischen Unabhängigkeitskrieg, während Schillers Schwager von Wohlzogen, der Schillers *„Geschichte des Abfalls der Niederlande"* studiert hatte, auf Grundlage von Schillers Geschichtswissen das Weißbuch für den *„Abnutzungskrieg"* gegen Napoleon im Rußlandfeldzug verfaßte, also die Idee, daß man Napoleons Söldnerheer nur besiegen könne, wenn man es in die Weiten Rußlands lockt und dann in gewisser Weise ins Leere laufen läßt.

Friedrich List

In den gleichen Kreis gehört auch Friedrich List, der Vater des Deutschen Zollvereins, der nach der Restauration, die mit den Karlsbader Beschlüssen 1819 neue Härten mit sich brachten – Schillers Werke konnten nur heimlich unterm Tisch zwi-

Friedrich List (1789-1846) war in Deutschland der bedeutendste Vordenker der Nationalökonomie und des Eisenbahnbaus.

schen den Studenten weitergereicht werden – ebenfalls unter enormen Druck geriet und 1825 in die USA ging. Dort schrieb er ein Buch, in dem er den Unterschied zwischen amerikanischem und britischem System mit absolut großer Klarheit beschrieb. Er kam 1832 als amerikanischer Konsul nach Leipzig zurück, und es ist wirklich eines der größten Verdienste von Friedrich List, daß er die deutsch-amerikanischen Beziehungen auf eine ganz solide Grundlage gestellt hat. Es war auch extrem wichtig, daß er zusammen mit dem Marquis de Lafayette in Amerika war.

In der gleichen Zeit begann sich an den Universitäten von Göttingen und Berlin eine Art „Powerhouse" von Intellektuellen beider Seiten des Atlantik zu entwickeln. In Göttingen studierte zum Beispiel damals der spätere amerikanische Historiker und Gesandte George Bancroft, der später eine ganz wichtige Rolle spielte, als er 1867 bis 1874 amerikanischer Botschafter in Berlin war und eng mit Otto von Bismarck zusammenarbeitete. Auch John Lothrop Motley, ein lebenslanger Freund Bismarcks, studierte mit letzterem zuerst in Göttingen und dann in Berlin.

Die Bedeutung Humboldts

Eine andere sehr wichtige Rolle in dem Ganzen spielte Alexander von Humboldt, der 1791/92 an der Freiberger Bergakademie in Sachsen studierte und dort Forscher aus den USA, Mexiko, Peru, China und vielen anderen Ländern kennenlernte. Alexander von Humboldt unternahm dann 1799 eine Forschungsreise in die neue Welt, nach Lateinamerika, wo er so phantastische Entdeckungen machte, daß er 1804 von Präsident Thomas Jefferson nach Washington eingeladen wurde, um ihm aus erster Hand über seine Reise zu berichten. Dadurch wurde Alexander von Humboldt auch zu einer der Schlüsselfiguren in den deutsch-amerikanischen Beziehungen.

1804 bis 1827 lebte Alexander von Humboldt in Paris, dem damaligen Zentrum der Wissenschaftsarbeit in Europa, und er half später, als die politische Situation in Frankreich sich rapide verschlechterte, u. a. Lazard Carnot dabei, mit nach Deutschland zu kommen und dort weiterzuarbeiten.

1828 begann Alexander von Humboldt in der Berliner Singakademie Vorträge über sein Hauptwerk, den berühmten *Kosmos,* zu halten. Darüber berichtete ein Zuhörer: *„Achthundert Menschen atmen kaum, um den einen zu hören. Es gibt keinen großartigeren Eindruck, als die irdische Macht, den Adel samt dem König zu sehen, wie sie dem Geiste huldigt. Und schon deshalb gehört Humboldts jetziges Wirken in Berlin zu den erhebendsten Erscheinungen der Zeit."*

Ich möchte ein kurzes Zitat aus dem *Kosmos* vorlesen, einem Werk, das sich genauer anzuschauen lohnt. Es ist vielleicht nicht ganz auf dem gleichen konzeptionellen Niveau wie das von Kepler, aber es ist ein wunderbares Werk, und ich lese eine Passage vor, damit Ihr einen Begriff davon bekommt: *„Die Natur aber ist das Reich der Freiheit. Wer die Resultate der Naturforschung nicht in ihrem Verhältnis zu den einzelnen Stufen der Bildung oder zu den individuellen Bedürfnissen des geselligen Lebens, sondern in ihrer großen Beziehung auf die ganze Menschheit betrachtet, dem bietet sich als die erfreulichste Frucht dieser Forschung der Gewinn dar, durch die Einsicht in den Zusammenhang der Erscheinungen den Genuß der Natur vermehrt und veredelt zu sehen."* – Die Idee also, daß die gesamte Natur miteinander zusammenhängt.

„Eine solche Veredelung aber ist das Werk der Beobachtung, der Intelligenz und der Zeit, in welcher alle Richtungen

der Geisteskräfte sich reflektieren. Wie seit Jahrtausenden das Menschengeschlecht darin gearbeitet hat, in dem ewig wieder-kehrenden Wechsel der Weltgestaltungen das Beharrliche des Gesetzes aufzufinden und so allmählich durch die Macht der Intelligenz den weiten Erdkreis zu erobern, lehrt die Geschich-te den, welcher den uralten Stamm unseres Wissens durch die tiefen Schichten der Vorzeit bis zu seinen Wurzeln zu verfolgen weiß. Diese Vorzeit zu befragen, heißt dem geheimnisvollen Gang der Ideen nachzuspüren, auf welchem dasselbe Bild, das froh dem inneren Sinn als harmonisch geordnetes Gan-zes, Kosmos, vorschwebte, sich zuletzt wie das Ergebnis langer mühevoller gesammelter Erfahrungen darstellt.

In diesen beiden Epochen der Weltensicht, dem ersten Erwachen des Bewußtseins der Völker und dem endlichen gleichzeitigen Aufbau aller Zweige der Kultur spiegeln sich zwei Arten des Genusses ab; den einen erregt in dem offenen kindlichen Sinne des Menschen der Eintritt in die freie Natur und das dunkle Gefühl des Einklangs, welcher in dem ewigen Wandel ihres stillen Treibens herrscht. Der andere Genuß ge-hört der vollendeten Bildung des Geschlechts und dem Reflex dieser Bildung auf das Individuum an. Es entspringt aus der Einsicht in die Ordnung des Weltalls und das Zusammen-wirken der physischen Kräfte.

So, wie der Mensch nun Organe schafft, um die Natur zu befragen [damit meint er Instrumente] und den engen Raum seines flüchtigen Daseins zu überschreiten, wie er nicht mehr bloß beobachtet, sondern Erscheinungen unter be-stimmten Bedingungen hervorzurufen weiß, wie endlich die Philosophie der Natur ihrem alten dichterischen Gewande entzogen, den ernsten Charakter einer denkenden Beobach-tung des Beobachtens annimmt, treten klare Erkenntnisse und Begrenzungen an die Stelle dumpfer Ahndungen und unvollständiger Induktionen. Die Natur ist für die denkende Betrachtung Einheit in der Vielheit, Verbindung des Man-nigfaltigen in Form und Mischung, Inbegriff der Naturdinge und Naturkräfte als ein lebendiges Ganzes."

Ich meine, hieran wird sehr deutlich, daß Alexander von Humboldt, wie Kepler, einer derjenigen gewesen ist, die ausdrücklich die Arbeiten von Nikolaus von Kues hervorgehoben haben, und man erkennt darin durchaus ein ähnliches Denken wieder.

Alexander von Humboldt lebte, wie gesagt, nach seinen Aufenthalten in Amerika und in Frankreich wieder in Berlin. Er vertrat die ganze Zeit die Auffassung, daß die amerikanische Verfassung das eigentliche Vorbild für Deutschland sei. Einer seiner engsten Befürworter war Friedrich von Gerold, der später 24 Jahre lang preußischer Gesandter in Washington war.

Alexander von Humboldt hatte ein sehr gutes Verhältnis zum preußischen Königshaus, zu Friedrich Wilhelm IV. und auch zu dessen Nachfolger König Wilhelm I., dem späteren Kaiser Wilhelm I. Auch aufgrund des Einflusses Alexander von Humboldts hatten diese beiden Könige eine sehr positive Einstellung zu den USA.

Alexander von Humboldt hatte immer Besuch in seinem Haus. Alle Amerikaner, die nach Berlin kamen, suchten ihn auf, er hatte zahlreiche Briefkontakte und unterstützte ganz bewußt jene amerikanischen Politiker, die gegen die Sklaverei in Amerika kämpften. Friedrich von Gerold hatte schon als 17-Jähriger an den Befreiungskriegen teilgenommen, und während seiner Zeit als Botschafter in Washington wanderten 1,5 Millionen Deutsche nach Amerika aus, im 19. Jahrhundert insgesamt 4 Millionen. Von Gerold schrieb aus Amerika, man dürfe in Preußen nie

Alexander von Humboldt (1769-1859) stellte enge Verbindungen zwischen der amerikanischen und der deutschen Wissenschaft her.

vergessen, daß sich in den USA *„eine in der Weltgeschichte beispiellose Entwicklung von Macht, Bevölkerung und materieller Wohlfahrt"* vollziehe. Als es 1857 in Amerika zu einer schweren Wirtschaftskrise kam, wuchs der Druck, Schutzzölle zu errichten, und die Fraktion, die sich auf Alexander Hamilton und Friedrich List bezog, wurde stärker.

Preußen und Amerika im amerikanischen Bürgerkrieg

Mit dem Sieg der Republikanischen Partei 1860 und der Präsidentschaft Abraham Lincolns war der eigentliche Durchbruch erzielt. 1858 schrieb Henry C. Carey *The American System of Political Economy*, welches explizit die Schutzzollpolitik unterstützte. Schon fünf Jahre später, 1863, erschien in Deutschland eine deutsche Ausgabe des Werks, das die Tradition Lists erheblich stärkte.

Als dann der Bürgerkrieg ausbrach, stand England ganz klar auf der Seite der „Confederacy" und war der Ansicht, daß der englische Rechtsgedanke, der angeblich die staatliche Souveränität darstellte, dort jetzt Geltung hätte und daß man den Bürgerkrieg als die Fortsetzung der 1776 begonnenen Loslösung der amerikanischen Kolonie vom britischen Empire zu betrachten habe. Freiherr von Gerold, seit Anfang der vierziger Jahre Botschafter, hatte die Überzeugung, daß die Einheit der Union mit dem Süden wiederhergestellt werden müsse, und seine diplomatischen Berichte hatten großen Einfluß insbesondere auf die Politik in Preußen. In Washington festigte von Gerold die gegenseitigen Beziehungen, so daß in Washington sehr stark der Eindruck vorherrschte, Preußen sei ein enger Freund.

In der Mitte des Bürgerkrieges wurde dann ein gewisser Robert J. Walker in besonderer Mission nach Europa geschickt. In einem Brief vom 30. November 1867 wies Walker auf die Bedeutung der Aufnahme amerikanischer Bonds in Deutschland hin. Es sei der Absatz dieser amerikanischen Anleihen gewesen, die es der Union erlaubt hätten, den Krieg fortzusetzen. Er sprach sich dafür aus, weitere Anleihen nicht in Frankreich oder in England aufzunehmen, sondern in Deutschland. Er berichtete, daß sich die großen deutschen Banken bei Bismarck erkundigt hätten, ob Darlehen an die Union mit deutschen Interessen zu vereinbaren wären. Bismarck habe sich dahingehend geäußert, soviel wie möglich zu geben.

Das gleiche geht aus den Gesprächen hervor, die Richard Barthold, ein Mitglied des amerikanischen Kongresses, 1895 mit Bismarck in dessen Heimatsitz Friedrichsruh führte. Zurück in Amerika sagte er, Lincoln hätte den Krieg nicht fortsetzen können, wenn Deutschland nicht finanziell geholfen hätte – eine exzellente Aussage für einen Kongreßabgeordneten.

Wie in seiner Biographie steht, habe er Bismarck gefragt: *„So war das monarchische Gefühl also kein Hindernis, um eine Republik zu unterstützen?"*, denn Bismarck galt als Monarchist, und Amerika war natürlich eine Republik. Der Fürst – Bismarck – schüttelte lächelnd den Kopf. *„Durchaus nicht"*, erwiderte er. *„Die inneren Angelegenheiten anderer Länder sind für die Diplomatie ein versiegeltes Buch. Das Hauptziel der Staatsführung besteht darin, oder sollte darin bestehen, das Volk glücklich und wohlhabend zu machen und ihm Frieden und Reichtum zu geben. Mögen die verschiedenen Regierungsformen miteinander wetteifern, um diesen großen Zweck zu erreichen. Wir fürchten uns nicht vor Vergleichen."*

Soviel zu der Frage, ob Bismarck ein Monarchist war oder nicht... Bereits Nikolaus von Kues hatte übrigens, als er das repräsentative System entwickelte, gesagt, es sei eigentlich ganz gleich, ob eine Monarchie oder eine andere Regierungsform herrsche. Das Wichtige sei, daß sie zum Glück des Volkes führe. Am Anfang war absolut nicht klar, ob die amerikanischen Bonds eine sichere Geschäftsanlage wären. Später stellte sich freilich heraus, daß sie ein sehr gutes Geschäft waren, das einen beträchtlichen Gewinn erbrachte, der dann Deutschland im Krieg gegen Frankreich sehr zugute kam.

In einem Schreiben vom 10. Oktober 1864 regte sich die Südstaatenregierung fürchterlich über die deutsche Finanzierung der Union auf. – Wenn man noch einen Gegenbeweis brauchte für die Bedeutung dieser Angelegenheit, dann ist es wirklich dieser.

Bismarck selbst hat später in einer Reichstagsrede vom 13. März 1884 angedeutet, daß die preußische Politik sehr dazu beigetragen habe, die Einmischung anderer Kräfte, u.a. Englands, in diesen Krieg zu verhindern. Und von Gerold versicherte Bismarck am 20. Februar 1865, daß die amerikanische Regierung von der freundschaftlichen Gesinnung der preußischen Regierung mehr als von jeder anderen Regierung überzeugt sei. Er habe dauernd Komplimente und Schmeichelhaftes von

Bismarcks Jugendfreund John Lothrop Motley (1814 - 1879).

seiten des Präsidenten, der Mitglieder der Regierung und des Kongresses bekommen. Ein wichtiger Einfluß für diese Entwicklung war daß auch John Lothrop Motley, der Jugendfreund Bismarcks, Bismarck vollständig für die amerikanische Sache eingenommen hatte. Motley war seit Anfang des Krieges amerikanischer Gesandter in Wien und stärkte in regelmäßigen Abständen Bismarcks Zuversicht, daß der Bürgerkrieg von der Union gewonnen werden würde.

Die Folgen des US-Bürgerkriegs in Deutschland

Die Auswirkungen des amerikanischen Bürgerkriegs auf Europa waren enorm, obgleich man im alten Europa zuerst skeptisch war, ob das amerikanische Experiment funktionieren würde. Aber nach dem Sieg der Union stellte man fest, daß diese Union eine überraschende innere Kraft besaß. Zum

Otto von Bismarck (1815-1898) sagte als Reichskanzler: „Das Hauptziel der Staatsführung besteht darin, oder sollte darin bestehen, das Volk glücklich und wohlhabend zu machen und ihm Frieden und Reichtum zu geben."

ersten Mal in der Geschichte war eine große erfolgreiche Republik entstanden, was für alle Anhänger der republikanischen Idee in Europa eine unglaubliche Bestätigung war. Dazu kam, daß die Versuche von Kaiser Maximilian in Mexiko, ein mexikanisches Kaisertum zu errichten, mit seiner Enthauptung geendet hatten. Auch George Bancroft, der später Botschafter in Berlin war, hatte am Jahrestag von Lincolns Ermordung vor beiden Häusern des Kongresses und des diplomatischen Corps Kaiser Maximilian einen Abenteurer genannt. Damit war die Idee der Monarchie in Amerika noch weiter diskreditiert.

Das gleiche galt auch für Deutschland. Die jungen deutschen Arbeiterorganisationen begrüßten den Sieg der Union. Sie hatten diesen Krieg von Anfang an als eine Sache für die freie Arbeit angesehen und schrieben am 4. Mai in einem Beileidsschreiben anläßlich der Ermordung Lincolns: *„Mit großem Interesse haben wir den riesigen Kampf verfolgt, welchen Nordamerika für die Sache der Freiheit, der freien Arbeit, aufgenommen hat, indem wir unser tiefes Mitgefühl für den Tod des Präsidenten Abraham Lincoln hiermit ausdrücken."* Und die Berliner Altgesellen, eine andere Gewerkschaft, schrieb: *„Wir haben die Hoffnung, daß es gelingen möge, die großen Prinzipien der Menschenrechte zur*

vollen Geltung zu bringen und damit Ihre Gegner in Europa,
welche auch die unsrigen sind, ihres bisherigen schädlichen
Einflusses zu entheben.“

In anderen Briefen Bancrofts wurde deutlich, daß der
Einfluß der USA stetig wuchs, und wenn man 20 Jahre vorher nicht geglaubt hatte, daß Amerika zusammen bliebe,
herrschte jetzt ein allgemeines Vertrauen in die Fähigkeit des
amerikanischen Volkes, mit jeder Schwierigkeit fertig zu werden. Preußen war auch die erste europäische Macht, welche
die republikanische Regierung in Mexiko durch die Wiederaufnahme der diplomatischen Beziehungen anerkannte.

Bismarck und Amerika

Bismarck hatte schon als Göttinger Student jedes Jahr an den
amerikanischen Unabhängigkeitsfeiern am 4. Juli teilgenommen, und durch seine Freundschaft mit Bancroft und Motley
war die Verbindung nie unterbrochen.

Motley wurde 1814 in Boston geboren. Sein Lehrer
war Bancroft, der ihn in die deutsche Sprache und Literatur einführte. Motley verfaßte auch Übersetzungen von
Goethe-Gedichten, die von Goethes Frau sehr gelobt und
geschätzt wurden. Anschließend trat eine Trennung von einigen Jahrzehnten ein. Aber als Motley 1861 als Gesandter
nach Wien kam, festigte sich das Verhältnis wieder. Bismarck hat immer nur Amerikaner als Freunde bezeichnet,
niemals irgendeinen Engländer. Er hat auch gesagt, daß die
Vereinigten Staaten ihn immer gefesselt hätten. Die rasche
wirtschaftliche Entwicklung imponierte ihm, und wiederholt hat er in Reden die Einführung der Zollschutzpolitik
mit dem Beispiel und mit Bezug auf Amerika verteidigt.
Als er gefragt wurde: *„Ja, aber Amerika ist doch eine Republik?“*, erwiderte er: *„Konservativ ist nur das historisch
Gewordene, und deshalb ist die amerikanische Republik
eine konservative Form.“* – So kann man es auch auslegen.
Bismarcks Außenpolitik läßt sich folgendermaßen zusammenfassen: Er war bestrebt, die Beziehung zu Amerika so
positiv wie nur irgend möglich zu gestalten.

Auch Carl Schurz, der ein berühmter Kämpfer gegen die Sklaverei war, bewunderte Bismarck als großen Staatsmann. Schurz sprach von Bismarck *„als dem wichtigsten aller Staatsmänner unserer Zeit, dessen weitschauender Blick, dessen gewaltige Kraft und geniale Kühnheit das alte Vaterland der Zerrissenheit und schlimmer Ohnmacht entrissen hat."* Schurz blieb mit Bismarck stets in Verbindung, und umgekehrt war Bismarck stolz auf Schurz und sagte: *„Als Deutscher bin ich stolz auf den gebürtigen Deutschen, den in die USA ausgewanderten Revolutionär".*

Am 4. März 1869 war Bismarck anläßlich der Inaugurationsfeier von Präsident Grant zu Gast bei Bancroft. In einem Toast sagte Bismarck, es sei eine Tatsache, daß jenes herzliche Verhältnis, welches von Washington und Friedrich dem Großen begründet worden sei, niemals die geringste Störung erlitten hätte. Nicht nur sei niemals eine Schwierigkeit aufgetreten zwischen den beiden Ländern, sondern es habe sich nicht einmal etwas ereignet, das zwischen ihnen nur eine erläuternde Erklärung nötig gemacht hätte.

Humboldt-Reformen Vorbild für Amerika

Auch die geistigen Beziehungen zwischen beiden Ländern waren sehr intensiv. Die deutsche Sprache breitete sich immer mehr in Amerika aus, und plötzlich trat auch das deutsche Bildungswesen in das Zentrum des Interesses, weil das preußische Schulsystem als Folge der Reformen Wilhelm von Humboldts Weltspitze war. An den deutschen Universitäten waren Forschung und Lehre vereint, und mehr und mehr Amerikaner kamen nach Deutschland, um hier zu studieren. Ende des 19. Jahrhunderts gab es in Amerika nicht einen einzigen Professor, der nicht entweder in Deutschland studiert hatte oder Student bei jemandem gewesen war, der in Deutschland studiert hatte. Beispielsweise wurde die John Hopkins Universität und einige andere Universitäten in den siebziger Jahren als bewußte Nachahmung deutscher Universitäten gegründet.

Die Amerikaner schätzten an den Deutschen die Fähigkeit zu großem methodischen Denken und daß sie die Suche nach der Wahrheit um der Wahrheit Willen hochhielten. Das deutsche Erziehungsideal schien ihnen vorbildlich zu sein. Als Bancroft 1867 als Botschafter nach Berlin kam, pflegte er die deutsch-amerikanische Freundschaft sehr. Sein Haus am Tiergarten in Berlin wurde der Mittelpunkt des gesellschaftlichen Lebens; die Historiker Mommsen, Ranke, Droysen kamen regelmäßig als Freunde; Bismarck besuchte ihn oft, sowie auch von Moltke, mit dem Bancroft eng befreundet war.

Bancroft war begeistert, den Prozeß der Einigung in Deutschland und vor allem auch das Entstehen des Norddeutschen Bundes mitzuerleben, von dem Österreich ausgeschlossen wurde. Er war stolz darauf, daß in der Verfassung des Norddeutschen Bundes – einer Vorstufe der deutschen Einheit – die Einflüsse der amerikanischen Verfassung ungeheuer stark waren. Auch Schriften Benjamin Franklins dienten dem Verfassungsprozeß als Vorlage. Bancroft betonte, daß beide Verfassungen auf den gleichen Grundsätzen beruhten. Auf jeden Fall schien der Einigungsprozeß des deutschen Volkes für Bancroft so naturrechtlich begründet zu sein, daß er jeden Versuch, ihn zu stören, für ein moralisches Unrecht hielt. Auch Carl Schurz sprach 1855 davon, daß die Vereinigten Staaten und Deutschland gemeinsam an einem internationalen Rechtssystem für die Welt arbeiten müßten, weil sie in wichtigen Positionen derselben Meinung seien.

1879 begann Bismarcks neue Wirtschaftspolitik, d.h. es vollzog sich der Übergang vom Freihandel zur Schutzpolitik, die direkt auf den amerikanischen Einfluß zurückging. Immer wieder führte Bismarck als Erklärung, warum er eine solche Politik betreibe, Amerika als Beispiel an. Fragt mal heute jemanden in Deutschland auf der Straße danach: Das weiß kein Mensch mehr.

Damals war die deutsche Wirtschaft noch in einem schlechten Zustand. Als Reichskommissar Reuleaux 1876 die Weltausstellung in Philadelphia besuchte, lautete sein Urteil über die deutschen Ausstellungsgegenstände: *„Billig, aber schlecht."* Als Bismarck schließlich den Wandel in der deutschen Wirtschaftspolitik einleitete, waren die Amerikaner sehr froh und hatten volles Verständnis, während sich das freihändlerische England empfindlich geschädigt glaubte. Seitdem verstärkten sich die Handelsbeziehungen zwischen Amerika und Deutschland, und 1879, also in dem Jahr, als Bismarck den Wechsel einleitete, kam auch William D. Kelley nach Berlin, der wegen seiner Rolle als Hauptsprecher im Kongreß für die Eiseninteressen Pennsylvanias „Pig-Iron Kelly" [Roheisen-Kelly] genannt wurde.

Jetzt komme ich zur eigentlichen Sache. Bisher war alles nur Vorrede.

Bismarcks Reformen waren eindeutig durch die protektionistische Politik in Amerika angeregt. Die Schlüsselfigur in Deutschland hierbei war Wilhelm von Kardorff, Mitglied des deutschen Reichstags, der enge Beziehungen zu Gerson von Bleichröder, dem Wirtschaftsberater und Privatbankier Bismarcks, pflegte. Kardorff war Aufsichtsratsvorsitzender der Vereinigten Königs- und Laurahütte AG, war an der Gründung der Posen-Kreuzburger Eisenbahn beteiligt und schuf zusammen mit von Bleichröder die preußische Hypothekenbank.

Das alles entwickelte sich folgendermaßen: Im ersten Jahrzehnt seiner Amtszeit war Bismarck auf die Unterstützung der national-liberalen Partei angewiesen, die rückhaltlos für den Freihandel war. Er hatte nach der Einheit Deutschlands 1871 die französischen Reparationszahlungen in die industrielle Entwicklung investiert und ein Reichseisenbahnbüro eingerichtet, weil er die Eisenbahn so schnell wie möglich nationalisieren wollte – was er dann auch getan hat.

Aufgrund der Freihandelspolitik kam es 1873 zum sogenannten Gründerkrach, woraufhin Kardorff und seine Kreise den Wechsel zum Protektionismus durchsetzten.

Damals starb auch der sehr negative, ultrakonservative Papst Pius IX., gegen den Bismarcks Kulturkampf gerichtet war. Diese Ultramontankreise hatten die Zentrumspartei gegen Bismarck aufgehetzt, die ihm ihre Treue und Gefolgschaft verweigerte. In dem Augenblick, in dem Leo XIII. Papst wurde, hörte der Zwist auf, so daß sich für Bismarck

Im Mai 1879 präsentierte Bismarck sein neues ökonomisches Programm und erklärte vor dem Reichstag: „Wenn die Gefahren des Protektionismus so groß sind, wie sie von den Anhängern des Freihandels dargestellt werden, dann wäre Frankreich schon längst verarmt, weil sie dieser Theorie seit den Zeiten von Colbert anhängen." *(Bild: Hartmannsche Maschinenbaufabrik in Chemnitz.)*

die Möglichkeit einer neuen Koalition ergab. Außerdem unterstützten Industrievertreter aus dem Rheinland und Bayern die Politik des Protektionismus.

Um noch einmal die Umstände zu verdeutlichen: Billige Getreideimporte aus Rußland waren beispielsweise ein großes Problem für die Junker östlich der Elbe. In dieser Situation ließ Bismarck von Kardorff freie Hand, um eine protektionistische Politik umzusetzen. 1876 gründete Kardorff den Zentralverband der Deutschen Industrie – also das, was heute der DIHT oder der BDI wäre – und wurde sein erster Präsident. Nach intensiven Verhandlungen mit ihm beschloß Bismarck den Kurswechsel zum Protektionismus. 1875 hatte Bismarck bereits einen Goldstandard für die Währung des gesamten Reiches erklärt und die Reichsbank als zentrale Institution für die Finanzen und das Drucken von Geldnoten etabliert. Im ganzen Land breitete sich immer mehr eine Stimmung für Protektionismus aus.

Im Mai 1879 präsentierte Bismarck sein neues ökonomisches Programm und erklärte vor dem Reichstag:

„Wir waren bisher wegen unserer Politik der offenen Tür der Endlagerungsplatz für die Überproduktion anderer Länder. Das hat nach meiner Ansicht die Preise in Deutschland kaputt gemacht. Es hat das Wachstum unserer Industrien verhindert und die Entwicklung unseres Wirtschaftslebens. Wir müssen diese Tür schließen, müssen eine höhere Barriere errichten. Und was ich jetzt vorschlage, ist, daß wir für die deutsche Industrie denselben Markt schaffen, den wir bisher aus Gutmütigkeit Fremden erlaubt haben auszubeuten. Wenn die Gefahren des Protektionismus so groß sind, wie sie von den Anhängern des Freihandels dargestellt werden, dann wäre Frankreich schon längst verarmt, weil sie dieser Theorie seit den Zeiten von Colbert anhängen. Über die abstrakte Lehre der Wissenschaft in dieser Hinsicht kümmere ich mich nicht im Geringsten. Ich stütze meine Meinung auf Erfahrung in der Gegenwart."

Mit der neuen Koalition im Reichstag konnte Bismarck dieses Programm am 12. Juli 1879 einführen. Außerdem schuf er ein preußisches Ministerium für öffentliche Aufgaben, dessen Auftrag es war, das preußische Eisenbahnsystem auszubauen und zu nationalisieren. Zwischen 1883 und 1889 erließ Bismarck seine Sozialgesetzgebung, die bahnbrechend in der ganzen Welt war; sie übertraf sogar die USA, was soziale Absicherung, Krankenversicherung, Unfallversicherung, Altersversicherung anging.

Die industriefreundliche Politik und die Sozialmaßnahmen Bismarcks waren die Hauptgründe, warum aus Deutschland eine der führenden Industrienationen wurde. Deutschland hatte keine Rohstoffe, war rückständig, die Junker und Oligarchen hatten weitgehend das Sagen. Doch innerhalb kürzester Zeit verwandelte diese Bismarcksche Politik Deutschland in eine Industrienation.

Das muß man wirklich verstehen, denn heute sollen genau diese Dinge wieder abgebaut werden: Krankenversicherung, das Gesundheitssystem, Renten, all die damaligen Errungenschaften sollen jetzt geopfert werden.

Kardorff: Der Rechenfehler des Freihandels

Ich habe mir Wilhelm von Kardorffs Hauptwerk etwas näher angeschaut und bitte jetzt um etwas Geduld, denn ich will aus diesem Werk einiges zitieren. Immerhin wurde es von jemandem verfaßt, der heute der Industriechef Deutschlands wäre.

Kardorffs Buch heißt *Gegen den Strom* und erschien 1875 in Berlin. Kardorff schreibt darin, wenn man sich die britischen Freihandelstheorien anschaue, zum Beispiel das Buch eines gewissen Herrn Buckle über die angebliche Geschichte der Zivilisation in England, so höre man das typisch englische Argument: *„Nur durch die Ansammlung von Reichtum sei die Bildung einer intelligenten Klasse innerhalb einer Nation möglich. Denn – so gehe die Logik – weil die reiche Klasse, wenn sie dann Geld hat, selbst nicht für ihre Lebensbedürfnisse zu produzieren braucht, sondern nur das verbraucht, was andere produzieren und dadurch die Muße erhält, die Kenntnisse zu erwerben, ob derer stetigen Fortentwicklung aller Fortschritt der menschlichen Gesellschaft überhaupt beruht. Also: Ohne Reichtum gebe es keine Muße, ohne Muße keine Wissenschaft.“*

Kardorff erklärt, daß das ja irgendwie nicht stimmen könne, denn so viele wissenschaftliche Leistungen seien von Menschen gekommen, die ihren Lebensunterhalt durch tägliche Arbeit verdienen müssen. Und er fährt fort: *„Da ist mir die Argumentation Careys doch sehr viel einleuchtender.“* Unter Bezug auf Carey sagt er, daß *„nur mit den besseren Werkzeugen, also nur mittels des angesammelten Kapitals eine erhöhte Macht des Menschen über die unendgeldlichen Dienste der Natur ermöglicht wird.“* Also durch technologischen und wissenschaftlichen Fortschritt erhöhe sich die Macht des Menschen über die Natur. Er sagt: *„Hält man diesen Gedanken fest und vergegenwärtigt man sich, daß zur Erreichung dieses Zieles die angespannteste, ausdauerndste Kraft der Nation notwendig ist, daß diese wiederum die stetige Kräftigung und Veredelung des sittlichen Charakters derselben zur Voraussetzung hat, so wird man das Streben nach nationalem Reichtum schwerlich als eine Gefahr für einen modernen Staat ansehen können.“*

Dann schreibt Kardorff: *„Früher war ich auch ganz naiv, als ich noch in die Universität ging und dort Adam Smith, Ricardo, Stuart Mill studierte, und bei Fragen im Examen dachte ich, ich wüßte, welche Finanz- und Handelspolitik ein Staat treiben müßte, um seinen Angehörigen in hervorragendem Maße zu jener Herrschaft über die unendgeldlichen Kräfte der Natur, auf welcher der nationale Reichtum beruht, zu befähigen. Zu jener Zeit war ich ein Manchester-Mann von reinstem Wasser. Ich hatte die Überzeugung, daß England seinen überlegenen Reichtum lediglich dem Freihandel verdankt. Das war felsenfest meine Meinung. Damit die einfache Regel: So billig kaufen wie möglich, egal woher und von wem, und so teuer wie möglich verkaufen, egal wohin und an wen. Das schien mir ein unfehlbares Mittel, durch einen friedlichen Wettkampf der Völker die Produktion der Güter anzuspornen, auf deren Hervorbringung das einzelne Land durch seine geographische Lage, sein Klima, seine Grund- und Bodenverhältnisse besonders geeignet ist. Ich sah in jeder Abschaffung von Zöllen einen Kulturfortschritt im allgemeinen und eine sichere Quelle der Bereicherung. Zölle erschienen mir als schädliche Schranken und als ungerechte Bevorzugung einzelner Industriezweige, als überflüssige Bevormundung der freien Entwicklung der nationalen Kräfte.*

Entsetzen, als ich einen gebildeten Amerikaner kennen lernte in der Sauna, im Bade, der mir erzählte, die Manchester-Freihandelstheorien wären der größte Schwindel, der jemals erfunden worden sei, um die Menschheit zu betrügen. Wir sprachen über den amerikanischen Bürgerkrieg. Ich hatte natürlich keine Sympathie für die Sklaverei, aber ich dachte doch, wenn die Nordstaaten gewinnen, dann würde der Protektionismus den Sieg über die Freihandelspolitik gewinnen, und das wäre schlecht. Daraufhin sagte jener Amerikaner, er wolle es Deutschland nicht wünschen, daß es jemals die Erfahrung mache, was die praktische Durchführung des radikalen Freihandels bedeuten würde. Dann fragte er, ob ich Careys Schriften gelesen hätte. Carey? Kurze Zeit später traf ich den Herrn Ziegler von der deutschen Fortschrittspartei, der mir dieselbe Frage stellte: ‚Kennen Sie Carey?‘

Dann machte mein Freund folgendes Argument: Wenn die Freihandelstheorie richtig wäre, müßten alle protektionistischen Länder verarmen und alle Freihandelsländer reich werden. Eine genaue Prüfung der Verhältnisse aller Länder auf der ganzen Welt beweist, daß gerade das Gegenteil der Fall ist. Die Freihandelsländer verarmen, alle protektionistischen Länder blühen auf, also muß in dem Beispiel der Freihandelstheorie ein Rechenfehler sein."

Dann geht er auf diesen Rechenfehler ein und sagt:

„Das ganze System der Manchester-Schule beruht auf der Fiktion, daß alle Völker der Erde eine gemeinsame Familie sind und ein gemeinsames Interesse bilden. Also auf einer ganz ähnlichen Fiktion wie die Theorie eines allgemeinen, ewigen Völkerfriedens. Und es ist durchaus bezeichnend, daß die Apostel der Manchester-Schule zugleich Anhänger der Internationalen Liga sind, oder auch von Kants Ewigen Frieden, der auf derselben Idee basiert.

Wer würde ernsthaft daran denken, ein Heer abzuschaffen, auf die Wehrkraft des Landes zu verzichten in der Hoffnung, daß eine solche Politik die anderen Staaten zur Nachahmung veranlassen? Praktische Vorschläge, unsere kriegerische Ausbildung aufzugeben, um Rußland, Frankreich, Österreich zu gleichen Maßnahmen zu veranlassen, würden selbst die größten Idealisten und Schwärmer unter unseren Staatsmännern nur belächeln. Lächerliche Doktrin, daß die Verwirklichung des radikalen Freihandels in Deutschland auch Österreich, Rußland und Frankreich auf dieselben handelspolitischen Bahnen treiben würde. Selbst Adam Smith sagte, daß nicht der äußere Handel, sondern der innere Verkehr die Hauptquelle des Reichtums eines Landes ist."

Die Wirkung von Zöllen beschreibt er wie folgt:

„Wenige Jahre eines energischen Schutzzolls haben ausgereicht, um die amerikanischen landwirtschaftlichen Maschinen und Eisenbahnen über die ganze Welt zu verbreiten. Das gleiche für Frankreich. Wenige Jahre eines Schutzzolls haben gereicht, um in Frankreich die Exportfähigkeit und Produktion des Landes zu der Höhe zu entwickeln, um die wir es gegenwärtig mit Recht beneiden."

In diesem Zusammenhang preist Kardorff die Weisheit und Energie des Fürsten Bismarck und fordert, jetzt eine ernsthafte Prüfung dieser beiden Systeme vorzunehmen und zu den richtigen Schlüssen zu kommen.

Es sei hier nachdrücklich betont: Die Tatsache, daß sich Wilhelm von Kardorff so explizit auf Carey bezieht, wurde in den modernen Geschichtsbüchern vollkommen weggebügelt.*

Der irische Widerstand

Zum Abschluß habe ich noch ein Bonbon, denn ich möchte jetzt noch über Irland sprechen. Ihr wißt ja, daß Irland gerade durch das „Nein" beim EU-Referendum etwas für die Verteidigung der Demokratie in Europa getan hat. Es ist kein Zufall, daß das gerade in Irland passiert ist. Ich möchte einen ganz kurzen Überblick über die irische Geschichte geben.

Ein wichtiger Begründer des irischen Widerstandes in der ersten Hälfte des 19. Jahrhunderts war ein gewisser Daniel O'Connell (1775-1847), der auch der Wortführer des irischen Nationalbewußtseins gegen das britische Empire war. O'Connell wurde 1798 Anwalt in Dublin, wurde 1828 ins britische Parlament gewählt, weil Irland damals noch eine Union mit Großbritannien war. Er war ein Führsprecher für den sog. „repeal", also den Widerruf der Union zwischen England und Irland. Als 1835 die Torys gestürzt wurden und statt dessen ein Whig-Kabinett unter Ministerpräsident William Melbourne an die Macht kam, wurden ein Gesetz für die Armen erlassen und die Zinsen gesenkt. Aber das war viel zu wenig, und sehr bald richtete sich die Bevölkerung auch gegen diese Regierung. Sie wurde erneut gestürzt, und dann wurde O'Connell der erste katholische Oberbürgermeister von Dublin. Dann kam es im Oktober 1843 zu einer Massenversammlung, gegen welche die englische Regierung mit Waffengewalt vorging. O'Connell wurde zu einem Jahr

---

* Lesen Sie den gesamten Text von Kardorffs Büchlein „Gegen den Strom" ab Seite 159.

Gefängnis und einer Geldstrafe verurteilt, die wegen eines Formfehlers aber nicht vollstreckt wurde.

In der gleichen Zeit war auch List in Deutschland aktiv, der immer mehr mit dem großen Agitator Irlands verglichen und sogar als *„O'Connell der deutschen Fabrikanten"* bezeichnet wurde.

Am 6.12.1921 kam es dann zum irischen Unabhängigkeitsvertrag, wodurch Irland errang, wofür es seit tausend Jahren gekämpft hatte. Vorher hatte es unter totaler wirtschaftlicher und politischer Unterjochung gelitten, weil es eigentlich eine englische Kolonie war. Zum Beispiel gehörten sechs Siebentel des Grundbesitzes englischen Grundherrn, die immer steigende Pachtzinsen verlangten. Es entwickelte sich die sog. „Zwergwirtschaft", weil jedes noch so kleine landwirtschaftliche Stück Land immer weiter geteilt und unter immer mehr Leuten aufgeteilt wurde.

Das Elend der niederen Volksklassen wurde von Friedrich List in einem Aufsatz über das Eisenbahnwesen in Irland 1839 behandelt. Dort schreibt er: *„Das Elend dieser Bevölkerung übersteigt alle Vorstellungen. Jeder Einwohner ist*

Das „Hunger-Denkmal" in Dublin erinnert an die Hungersnot in Irland von 1846-1850, in der das Land ein Drittel seiner Bevölkerung verlor.

Eigentümer, jeder Eigentümer ein Bettler. Brot ist bei ihnen eine Rarität, Milch ein Luxusgetränk, Fleisch unbekannt. Sie leben nur von Kartoffeln, und zwar nur von der elendsten Sorte, die man vor Zeiten als Schweinefutter verachtete und die man jetzt den besseren Sorten vorzieht, weil sie mehr ausgibt und den Magen besser füllt. Die Erwachsenen gehen in Lumpen, die Kinder sind nackt. Ihre Hütten sind von Kot erbaut, ohne Fenster und Türen, ohne Rauchfang, fast ohne Dach und jedenfalls ohne ordentlichen Fußboden. Halbverfaultes Stroh und Laub ist ihr Lager. Außer einigen Töpfen ist an Gerätschaften nichts zu sehen. Menschen und Schweine leben untereinander. Die letzteren sind sorgfältiger gepflegt als die Kinder, weil sie die Mittel zur Bezahlung der Rente gewähren. Von den Arbeitern geht die Hälfte aus Mangel an Arbeit die ganze Zeit müßig. Dies ist die Ursache aller Unruhen und Verbrechen, die in einem so furchtbaren Grad gestiegen sind. Dabei ist es noch zu verwundern, mit welcher Seelenstärke die Mehrzahl dieser Geschöpfe ihr Elend erträgt. Im grellen Gegensatz dazu steht die Prosperität der großen Grundbesitzer und Pächter, der Fabrikanten und so fort, welche in Folge der Vereinigung mit England, der Dampfschiffahrt und der Verbesserung der neuen Zeit überhaupt stetig gestiegen sind."

O'Connell beschrieb in seiner Verteidigungsrede während des Prozesses den Niedergang der Wirtschaft, und diese Rede wiederum hat Friedrich List in einem Kommentar im Zollvereinsblatt ausgelegt. List schreibt über die Rede O'Connells:

„Die Städte am Bettelstab, die Vorstädte in Steinhaufen verwandelt, alle Manufakturen ruiniert, die Arbeiter aufs flache Land hinausgetrieben, wo sie sich mit Kartoffeln ohne Salz das Leben fristen. So sieht dasjenige Glück aus, das unsere Handelsfreiheitsphantasten auch uns Deutschen bereiten wollen.

Läge ein Funken von Wahrheit in dieser Theorie, das Glück des freien Verkehrs mit England müßte um so größer sein, je näher man an der reichen Insel gelegen ist. Aber das schnurgerade Gegenteil zeigt die Erfahrung Irlands. Durch die Dampfschiffahrt ist die Irische See in einen

Strom verwandelt. Man fährt für einen Schilling hin und her. Der freie Verkehr zwischen beiden Inseln hat aber um so mehr Elend und Verbrechen verbreitet, und die Erfahrung Irlands stellt nur um so krasser den Erfahrungssatz ans Licht, daß kein Land ohne blühende Manufakturen beim bloßen Ackerbau prosperieren kann. Wie wir früher gesagt haben: Die Liebe zu der reichen und mächtigen Britannia ist wie die Liebe Semeles zum allmächtigen Jupiter. Nach der griechischen Mythologie ist Semele die Tochter des Kadmos, die sich in den Zeus verliebt. Auf Anstiftung der eifersüchtigen Hera äußerte Semele den Wunsch, Zeus in seiner vollen Majestät zu sehen, und wurde bei dessen Anblick von der Glut seiner Blitze getroffen. Also, wer sich von ihr umarmen läßt, wird vom Feuer verzehrt.

Freilich liegt auch in der irischen Ackerverfassung mit ein Hauptgrund des irischen Elends. Allein auf die Ausführung dieses Grundes leistet die englische Handelssophistik Verzicht, denn sie beweist, daß die Verzehrung der irischen Landrente im Ausland der Prosperität Irlands nicht den geringsten Nachteil bringe. Nie ist ein offenbarer Sophismus mit größerer Insolenz einer wortgläubigen Zunft von Wissenschaftlern als praktische Weisheit aufgebunden worden. Und wer noch Zweifel hat, daß die englische Theorie des freien Handels lediglich dem Bedürfnisse Englands zugeschnitten sei, der muß bei dem einen Argument ins Klare kommen, das in die Sprache der Wahrheit übersetzt nichts anderes heißt als: die Verzehrung der irischen Landrente in England ist Altengland vorteilhaft. Ergo: Es ist durch die Grundsätze der National-ökonomie und Staatsweisheit gerechtfertigt."

Das ist alles sehr eindeutig.

Der nächste große Listianer in Irland war Arthur Griffith. Dieser wurde am 31. März 1871 in Dublin geboren und gründete 1905 eine politische Partei, die Sinn Féin, was auf deutsch *„Wir selbst"* heißt. Griffith wollte zunächst keine völlige Autonomie, und er lehnte Gewalt entschieden ab. Trotzdem kam es 1916 zu einem Aufstand, und die Republik Irland wurde ausgerufen, worauf die englische Regierung sehr scharf reagierte. 90 Iren wurden nach dem Kriegsrecht verurteilt und 15 exekutiert. Diese Exekutionen bewirkten einen völligen Sinneswandel in der Bevölkerung, die ab sofort die Unabhängigkeit verlangte.

Von Januar 1922 bis August 1922 wurde Griffith der erste Ministerpräsident des Freistaates Irland. Er berief sich direkt auf Friedrich List und sein Nationales System. In einer Rede vor dem ersten Konvent des Nationalrates am 28. November 1905 bekannte er zum ersten Mal öffentlich, ein Anhänger von Friedrich List zu sein. Auch veröffentlichte er eine Artikelserie über dessen Ideen, darunter einen sehr wichtigen Artikel über List und Carey.

Darin heißt es: *„Bis zum Jahre 1824, als die Handelklasse und die in der Landwirtschaft tätige Bevölkerung Englands in feindliche Lager gespalten waren, hat England den schärfsten Protektionismus der ganzen Welt praktiziert, während die vom Kontinent eingeführten Waren mit strengen Prohibitivzöllen belegt wurden, und auf Nahrungsmittel galt ein striktes Einfuhrverbot. Bis zum Ende der napoleonischen Kriege verlangten die englischen Gesetze, daß ausländische Waren nur auf britischen Schiffen, oder nur auf Schiffen derjenigen Länder transportiert werden durften, aus denen die Waren stammten, in denen sie hergestellt wurden. Und der Handel mit den englischen Kolonien war ausschließlich englischen Schiffen vorbehalten. Exportgüter aus England konnten nur mit britischen Schiffen ausgeführt werden...*

Die Lehrmeinungen von Adam Smith sind von England auf dem europäischen Kontinent kräftig gefördert worden, während es selbst seine Häfen dicht machte. Der englische Geheimdienst hat – keineswegs knauserig – Gelder an Journalisten und Theoretiker verteilt, um sie dahingehend zu beeinflussen, daß sie sich zum Fürsprecher für die Öffnung der kontinentalen Häfen für englische Waren machten. Während die französische Politik sich dem widersetzte, wurden Professoren und progressive Journalisten zugunsten der englischen Wirtschaft massiv bearbeitet." Wenn man manche Medien heute so anschaut, scheint sich an dieser Praxis des englischen Geheimdienstes nicht viel geändert zu haben.

Griffith schreibt weiter, Friedrich List in Deutschland sei von einem gewissen Dr. Bowering verleumdet worden, der von der britischen Regierung dafür bezahlt wurde, ihn in Mißkredit zu bringen. Aufgrund dieser von der britischen Regierung finanzierten Verleumdungen sei List in Deutschland schwer verkannt worden. – Das kommt einem auch irgendwie bekannt vor.

Griffith schließt, das moderne Deutschland und das moderne Amerika seien Englands politische Rivalen geworden, und das sei dem Werk von Friedrich List und Carey zu verdanken. Bismarck habe schließlich das Wunderwerk vollbracht, Deutschland mit Hilfe dieser Theorien in 20 Jahren aus dem Nichts zur Großmacht verwandelt zu haben.

Es ist schon bezeichnend, daß diese absolut korrekte Beurteilung über die Wurzeln der deutschen industriellen Revolution in Deutschland, die Griffith hier identifiziert, und die enge Anlehnung der Bismarckschen Reformen am amerikanischen System der Ökonomie in den zahlreichen Biographien über Bismarck so gut wie keine Erwähnung finden. Gerade jetzt aber wäre eine solche Erinnerung extrem wichtig. Denn die Systemkrise, die vor einem Jahr durch die amerikanische Hypothekenkrise ausgelöst, aber nicht verursacht wurde, steuert ihrer Endphase entgegen, und die der Globalisierung zugrunde liegende Freihandelstheorie ist diskreditiert. Sowohl die Verlagerung von Produktion und Arbeitsplätzen in Billigproduktionsländer als auch die Schwächung des deutschen Binnenmarktes als Folge der Europäischen Währungsunion bestätigen die Richtigkeit der Argumente Kardorffs und der Politik Bismarcks für heute. Wenn Deutschland als Industrienation die kommenden Stürme überstehen will, dann sollten wir dafür sorgen, daß wir aus dieser Geschichte lernen. Und da die Managerklasse der „shareholder values society" gegenwärtig ohnehin in Verruf geraten ist, finden wir heute vielleicht hier und da doch patriotische Industrievertreter, die das Erbe Kardoffs antreten und von Bismarck lernen wollen.

Gegen den Strom!

Eine Kritik
der Handelspolitik
des Deutschen Reichs

An der Hand der Carey'schen Forschungen
Von Wilhelm von Kardorff
Berlin 1875

1. BEGRIFF DES NATIONALEN REICHTUMS.
NOTWENDIGKEIT DESSELBEN –
SCHUTZZOLL UND FREIHANDEL – CAREY

Nationaler Reichtum beruht laut Carey auf der hervorragenden, vervollkommneten Herrschaft eines Volkes über die unentgeltlichen Kräfte der Natur.

In je höherem Grade eine Nation 1. durch Fülle und Üppigkeit der Vegetationskraft des Landes und die Mannigfaltigkeit seiner natürlichen Erzeugnisse; 2. durch Vervollkommnung der Werkzeuge, mittels deren die Naturkräfte den Menschen dienstbar gemacht werden (Kapital); 3. durch intellektuelle Ausbildung ihrer Angehörigen (menschliche Arbeit) – befähigt ist, sich jene Herrschaft zu erwerben, um so größer wird der Vorsprung sein, den sie anderen Nationen im Wohlstande abzugewinnen vermag.

Aber eben nur auf der Kombination dieser Voraussetzungen beruht die Möglichkeit eines solchen Vorauseilens. Länder mit einer Vegetationskraft, welche die reichen Erträge des Grund und Bodens sichert und mit einer Fülle mineralischer Schätze wie Peru, Indien, Mexiko, die Türkei sind arme Länder im Verhältnisse zu Frankreich, England, den Nordamerikanischen Freistaaten und Deutschland, weil es ihnen entweder an den vervollkommneten Werkzeugen (Kapital) fehlt, um die Dampfkraft, den elektrischen Funken sich in

Wilhelm von Kardorff (1828-1907)

Wilhelm von Kardorff
Nach einem Portrait gemalt im Jahre 1906
von seinem Sohne Professor Konrad von Kardorff
(Original im Besitze der Nationalgalerie, Kronprinzenpalais)

gleichem Maße dienstbar machen zu können, wie die zivilisierten Nationen, oder weil die intellektuelle Ausbildung eines Volkes – sei es durch die Ungunst eines die regelmäßige Arbeit hindernden Klimas, sei es durch politische Verhältnisse – eine verkümmerte geblieben ist. Spanien verarmte, als die Schätze Mexikos und Perus in das Land strömten, weil

160

eine fanatische Regierung gleichzeitig seine gewerbfleißige maurische Einwohnerschaft mit Feuer und Schwer vertilgte und den Rest des Volkes gewaltsam in Unwissenheit erhielt – und umgekehrt wieder werden Norwegen, Schweden, Kanada bei aller Emsigkeit und Intelligenz ihrer Bewohner und günstiger politischer Entwicklung schwerlich jemals zu dem Wohlstande gelangen, welchen die durch ein glücklicheres Klima und eine reichere Produktionskraft ihres Bodens bevorzugten Länder aufweisen. Aber selbst unter den Nationen, welche wie England, Frankreich, die Nordamerikanischen Freistaaten und Deutschland annähernd gleiche Vorbedingungen für die Entwicklung nationalen Wohlstandes zeigen, ist der Fortschritt in dieser Richtung kein gleichmäßiger, auch kein stetiger innerhalb der einzelnen Staaten.

Die Aufgabe dieser Betrachtungen soll es sein, die Ursachen zu erforschen, welche diese Ungleichmäßigkeiten und Schwankungen nach sich ziehen, und speziell für unser deutsches Vaterland nachzuweisen, wie die schwere wirtschaftliche Krisis, an welcher wir kranken, eine notwendige Folge ist von Vorgängen, welche noch überall zu denselben Resultaten geführt haben.

Die Vorfrage, ob überhaupt nationaler Reichtum ein unter allen Umständen zu erstrebendes Ziel sei, gehört vielleicht in höherem Maße dem spekulativen Gebiet an, als dem praktisch politischen – aber die geschichtlichen Erfahrungen der alten Welt und die Tatsache, daß arme Länder, wie z.B. Norwegen sich einer glücklichen Entwicklung erfreuen und an den Kulturfortschritten der anderen Nationen immerhin Teil zu nehmen vermögen, geben sicher das Recht, eine Frage aufzuwerfen, an deren Verneinung ja das Interesse an weiteren Untersuchungen über die Erwerbung und den Verlust nationalen Wohlstandes wenn nicht völlig ertötet, doch wesentlich abgeschwächt werden würde. – Büßte doch Lacedaemon seine Kraft ein, als die Spartiaten die Reichtümer Asiens kennen und genießen lernten, verfiel doch das römische Italien, als die Schätze der gesamten alten Welt nach Rom strömten, und bietet doch die ganze Geschichte des Altertums das immer wiederkehrende Beispiel, daß die reichen Völker in Üppigkeit und Wohlstand verweichlichten und ihre Macht an ärmere, rauhere und unzivilisiertere Stämme verloren! Sollte am Ende der Spruch der heiligen Schrift: *„Es ist leichter, daß ein Kamel durch ein Nadelöhr gehe, denn daß ein Reicher ins Himmelreich komme"*, auch auf die Nationen und ihre politischen Geschicke seine Anwendung finden?

Höchst eigentümlich und wie mir scheinen will, charakteristisch englisch ist die Argumentation, mittels derer einer der größten Forscher auf dem Gebiete der Kulturgeschichte, Buckle[1], die Notwendigkeit des Reichtums für ein Kulturvolk nachzuweisen sucht. Nur durch Ansammlung von Reichtum – deduziert er – ist die Bildung einer intelligenten Klasse innerhalb einer Nation möglich, welche nicht selbst Lebensbedürfnisse produziert, sondern das verbraucht, was die anderen produzieren und dadurch die Muße erhält, die Kenntnisse zu erwerben, auf deren stetiger Fortentwicklung aller Fortschritt der menschlichen Gesellschaft überhaupt beruht: ohne Reichtum gibt es keine Muße, ohne Muße keine Wissenschaft. So Buckle. Aber so bestechend die Richtigkeit dieser Deduktion erscheinen mag, so dürfte sie die Frage doch kaum erschöpfen. Abgesehen davon, daß die Bucklesche Scheidung zwischen beschäftigten und unbeschäftigten Klassen schwerlich genau zu ziehen sein wird; daß wir fortwährend hervorragende wissenschaftliche Leistungen Männern verdanken, welche ihren Lebensunterhalt sich durch tägliche Arbeit erkämpfen müssen; daß nach der Lehre der bedeutendsten Nationalökonomen (Adam Smith, Say etc.) die Fortschritte der Wissenschaft mittelbar immer wieder der materiellen Produktion zugute kommen, also füglich als Teil der nationalen Gesamtproduktion angesehen werden müssen, scheint Careys Hinweis doch der berechtigtere[2] und treffendere zu sein, daß nur mittelst der vervollkommneten Werkzeuge, also nur mittelst des angesammelten Kapitals, eine erhöhte Macht den Menschen über die unentgeltlichen Dienste der Natur ermöglicht wird. Denn sobald man überhaupt nur anerkennt, daß die Bestimmung des Menschengeschlechtes mit in der Unterwerfung dieser Naturkräfte liegt, wird man weiter schließen müssen, daß der Reichtum für jede Nation ein an und für sich zu erstrebendes Ziel und identisch ist mit der Steigerung der Herrschaft derselben über die Kräfte der Natur.

Hält man diesen Gedanken fest, vergegenwärtigt man sich, daß zur Erreichung dieses Zieles die angespannteste, ausdauerndste Arbeit der Nation notwendig ist; daß diese wiederum die stetige Kräftigung und Veredlung des sittlichen Charakters derselben zur Voraussetzung hat, so wird man das Streben nach nationalem Reichtum schwerlich als eine Gefahr für den modernen Staat ansehen können. Man wird sich sagen müssen, daß der Reichtum der antiken Welt, der das Verderben der Staaten wurde, nur ein scheinbarer, trügerischer und vorübergehender sein mußte, weil er jederzeit die Waffenausdehnung der Sklaverei und somit die Arbeitsscheu und Demoralisation der herrschenden Völker mit sich brachte – während umgekehrt in den modernen, zivilisierten Staaten die Zunahme des Wohlstandes durchschnittlich regelmäßig die Zunahme des Produktionsfleißes zur Folge hat, und die Zunahme der Freiheit.

Aber nationaler Reichtum ist heute auch eine Voraussetzung nationaler Macht. Mögen Nationen, welche sich nicht berufen fühlen, einen bestimmenden Einfluß auf die Geschicke der zivilisierten Welt auszuüben, welche durch ihre geographische Lage vor den Einmischungen mächtiger Nachbarvölker geschützt sind, auf den Erwerb nationalen Reichtums verzichten – für eine Nation wie die deutsche, ist ein Zurückbleiben im nationalen Wohlstande gleichbedeutend mit den Aufgaben derjenigen Machtstellung, welche sie mit gewaltigen Anstrengungen im heißesten blutigsten Kampfe errang, gleichbedeutend mit Wiederherstellung des unheilvollen Einflusses, den das Ausland Jahrhunderte lang auf die Entwicklung unseres Vaterlandes geltend zu machen wußte.

Zu einer Zeit, in welcher meine Beurteilung volkswirtschaftlicher Fragen noch eine so naive war, wie sie zu sein pflegt, wenn man auf der Universität ein nationalökonomisches Kolleg gehört, sich die Werke von einem Dutzend Autoren von Adam Smith, Ricardo und Say bis auf Bastiat und Stuart Mill angeschafft, und im dritten Verwaltungsexamen einige neugierige Fragen der Examinatoren glücklich beantwortet hat: – zu dieser Zeit würde mir nun nichts leichter erschienen sein, als die Beantwortung der weiteren Frage, welche Finanz- und Handelspolitik ein Staat treiben müsse, um seine Angehörigen im hervorragendendsten Maße zu jener Herrschaft über die unentgeldlichen Kräfte der Natur, auf welcher der nationale Reichtum beruht, zu befähigen.

Zu jener Zeit war ich Manchestermann vom reinsten Wasser. Die Ricardo-Bastiat-Cobdenschen Theorien schienen mir ein so untrügliches Rezept für alle Fälle zu enthalten, daß mir jedes Verständnis für abweichende Meinungen völlig abging. Daß diese Theorien nicht in allen Ländern längst praktisch verwirklicht waren, erschien mir eigentlich kaum erklärlich. Die Adam Smithschen Lehren von der Handelsbilanz erschienen mir so unumstößlich, wie die Ricardosche Grundrententheorie, und meine Überzeugung, daß England seinen überlegenen Reichtum lediglich dem Freihandels-Prinzip verdanke, war eine felsenfeste. Die einfache Regel: laßt jede Nation ihre Bedürfnisse so billig kaufen wie sie kann, gleichviel woher und von wem, und ihre Produkte verkaufen so teuer sie kann, gleichviel wohin und an wen, schien mir ein so unfehlbares Mittel, durch einen friedlichen Wettkampf unter den Völkern der Erde jedes derselben zu der angestrengtesten Tätigkeit und zur Produktion gerade derjenigen Güter anzuspornen, auf deren Hervorbringung das einzelne Land durch seine geographische Lage, sein Klima, seine Grund- und Bodenverhältnisse besonders hingewiesen ist: – daß ich in jeder Abschaffung von Zöllen einen Kulturfortschritt im Allgemeinen und ganz besonders auch eine sichere Quelle zur Bereicherung jeder Nation erblickte. Zölle erschienen mir damals nicht nur an und für sich als schädliche Verkehrsschranken, sondern auch als ungerechtfertigte Bevorzugung einzelner Industrie- und Fabrikationszweige, als überflüssige Bevormundung der freien Entwicklung der nationalen Kräfte.

Ich hielt mit einem Worte den radikalsten Freihandel für ein liberales Prinzip in des Wortes vollster Bedeutung.

Man möge sich mein Entsetzen vorstellen, als ich in dieser Periode von einem gebildeten Amerikaner, einem Rechtsgelehrten, mit dem ich im Bade flüchtig bekannt geworden war, ganz ernsthaft die Meinung aussprechen hörte, die Manchester-Freihandelstheorien wären der größte Schwindel, der jemals erfunden, um die Menschheit zu betrügen (the greatest humbug ever invented).

Wir waren auf das Thema gekommen, weil ich bei Besprechung des Sezessionskrieges die Äußerung hingeworfen hatte, wenn ich auch gar keine Sympathien für das Fortbestehen der Sklaverei hätte, müßte ich doch bedauern daß das Unterliegen der Südstaaten gleichzeitig den Sieg der protektionistischen Tendenzen über die Freihandelspolitik in den Vereinigten Staaten herbeigeführt zu haben scheine. Die schroffe Äußerung des Amerikaners schob ich auch, in dem überlegenen Bewußtsein eines gediegenen Urteils über nationalökonomische Fragen, lediglich auf die Erbitterung der amerikanischen Parteien, und es machte mir sehr wenig Eindruck, als jener hinzufügte, er wolle es Deutschland nicht wünschen, daß es jemals die Erfahrung mache, was die praktische Durchführung des radikalen Freihandelsprinzips zu bedeuten habe, und mir die Frage vorlegte, ob ich Careys Schriften gelesen. – Carey? – Ich hatte den Namen erwähnt gesehen als den eines geistvollen Vertreters des Schutzzollsystems, natürlich aber nichts von einem Manne gelesen, von dem ich ja doch unmöglich noch etwas lernen konnte.

Gleichwohl erinnerte ich mich sofort jenes Gespräches, als ich einige Zeit später Careys System der Sozial-Wissenschaft durch eine Buchhandlung zugesandt erhielt, und begann, etwas in dem ersten der drei dicken Bände zu blättern, ohne durch den Inhalt besonders angesprochen zu werden – wozu wahrscheinlich eine gewisse eingewurzelte Abneigung gegen wissenschaftliche Bücher in drei dicken Bänden ebenso sehr beitrug, als die Voreingenommenheit für meine eigenen Meinungen. Ich fand zwar, daß der Autor über die Adam Smithsche Ansiedlungstheorie ebenso wie über die Ricardosche Grundrententheorie manche originellen Dinge vorbrachte, die der Beachtung und des Nachdenkens wert erschienen, in dem Getriebe parlamentarischer Kämpfe vermochte ich aber mich zu einem eingehenden Studium nicht zu entschließen und sandte das Buch nach flüchtiger Durchsicht fort.

Wie erstaunte ich, als mir kurze Zeit darauf von dem Senior der deutschen Fortschrittspartei, Herrn Ziegler, bei einer Unterhaltung über eine Zollfrage mit warmen Worten der Anerkennung für den Autor wiederum dieselbe Frage vorgelegt wurde: Haben Sie Carey gelesen? Ich glaubte diese Frage (mit nicht ganz gutem Gewissen) in Rücksicht meiner flüchtigen Bekanntschaft mit dem System der Sozialwissenschaft, deren ich eben gedacht, mit „ja" beantworten zu dürfen, nahm mir nunmehr aber ernstlich vor, das Versäumte nachzuholen.

Inzwischen hatte ich allerdings schon gelernt, daß die rauhe Wirklichkeit in einer ganzen Reihe von Zollfragen die

Der amerikanische Ökonom Henry C. Carey (1793 - 1879).

Durchführung meiner Ideale verweigert hatte. Freihändler im Herzen, Manchestermann aus Neigung und Überzeugung, hatte ich realen Fragen gegenüber mich wiederholt gezwungen gesehen, nach bester Überlegung gegen meine volkswirtschaftlichen Gesinnungsgenossen zu votieren. Aber man gewöhnt sich im politischen Leben so sehr daran, auf seine Ideale zu verzichten, um das Mögliche zu erreichen, daß mir an der Richtigkeit der herrschenden Manchester-Doktrin doch kaum ein ernsthafter Zweifel entstanden war, bis ein ausgesprochen schutzzöllnerischer Freund mir gelegentlich mit folgenden praktischen Einwurfe begegnete:

Wenn Ihre Freihandels-Theorien richtig wären, müßten alle protektionistischen Länder verarmen, alle Freihandelsländer reich werden. Eine genaue Prüfung der Handels-Politik und der Verhältnisse aller Länder auf der ganzen Welt beweist, daß gerade das Gegenteil sich zuträgt. Alle Freihandelsländer verarmen, und alle protektionistischen Länder blühen auf. Ergo muß in dem Exempel der Freihandelstheorien ein Rechenfehler stecken.

Dieser Einwurf führte mich zu Carey zurück, bei dem ich mich erinnerte, die Wirkungen des Freihandels-Systems auf eine Reihe von Staaten erörtert gesehen zu haben, führte mich zu einer sorgfältigen Prüfung der von ihm behaupteten Tatsachen und der Wirtschafts-Systeme der verschiedenen Länder, und diese wiederum zu denjenigen Folgerungen für unser deutsches Vaterland und dessen Wirtschaftspolitik, die ich hier niederzulegen mich unternehme.

2. Die Rechenfehler der Manchester-Schule und die Fehler der deutschen Handels-Politik

Wenn ich vorausschicke, daß ich Zölle hier nicht in ihrer unmittelbaren Einwirkung auf das Budget, die Staatseinnahmen und Ausgaben, sondern lediglich in ihrer Wirkung auf die Produktion und Konsumtion eines Landes betrachte, so fasse ich das Ergebnis in Folgendem zusammen:

In dem Exempel des radikalen Freihandels-Prinzips stecken in der Tat Rechenfehler, und diese Rechenfehler sind folgende:

1. Das ganze System der Manchester-Schule beruht auf der Fiktion, daß alle Völker der Erde eine gemeinsame Familie mit ganz gemeinsamen Interessen bilden, also auf einer ganz ähnlichen Fiktion wie die Theorie des allgemeinen ewigen Völkerfriedens, und es ist bezeichnend genug, daß wir in den Aposteln der Manchester-Schule (Cobden, Wright, Stuart Mill) zugleich die begeisterten Anhänger der internationalen Friedensliga erblicken.

Niemand wird diesen idealen Friedensbestrebungen eine Bedeutung für die Kulturgeschichte absprechen wollen, ja sie sind sogar gewiß nicht ohne praktische Bedeutung für unsere politische Entwicklung: – aber wer würde unter uns wohl ernstlich daran denken, unser Heer abzuschaffen, auf die Wehrkraft des Landes verzichten zu wollen in der gutgläubigen Hoffnung, durch eine solche Politik die anderen Staaten zur Nachfolge zu veranlassen! Praktische Vorschläge, unsere kriegerische Ausbildung aufzugeben, um Rußland, Frankreich, Österreich zu gleichen Maßnahmen zu veranlassen, würden selbst die idealsten Schwärmer unter unseren Staatsmännern und Abgeordneten nur belächeln. Die Gefahren eines solchen Vorgehens sind eben für jeden zu naheliegend und zu leicht erkennbar.

Anders liegt es mit jenen Freihandelstheorien, die auf derselben Fiktion beruhen und in ihrer Verwirklichung gleiche Gefahren für die Staaten heraufbeschwören. Bei dem wirtschaftlichen Verfalle und den sozialen Umwälzungen, welche demselben unmittelbar folgen, sind eben Ursache und Wirkung leichter zu verwechseln: die Forderung der Gegenseitigkeit, die bei dem Verlangen nach allgemeinem Völkerfrieden doch schließlich eine selbstverständliche ist, erscheint hier entbehrlicher, und wir sehen die Fanatiker des Freihandels täglich unter dem Beifall von Zuhörern, über deren Urteilskompetenz wir schweigen wollen, die geradezu lächerliche Doktrin (im Widerspruche mit den täglichen Erlebnissen) vortragen, daß die Verwirklichung des radikalen Freihandels in Deutschland auch Österreich, Rußland und Frankreich auf die gleichen handelpolitischen Bahnen treiben werde.

2. Der weitere reelle Rechenfehler des radikalen Freihandels besteht

a) teils in der Verkennung des schon von Adam Smith[3] so deutlich hervorgehobenen Satzes, *daß nicht der äußere Handel, sondern der innere Verkehr die Hauptquelle des Reichtums eines Landes ist,* teils in der Verleugnung der überall bestätigten Tatsache, daß diejenige innige Assoziation der Menschen, welche die Vorbedingung für die Vervollkommnung ihrer Herrschaft über die Natur ist und welche allein das Emporblühen jenes inneren Verkehrs verbürgt, nur erreicht werden kann durch Entstehung zahlreicher kleiner Assoziationszentren – dagegen ertötet wird durch jene willkürliche Verschiebung des natürlichen Marktes und die Zentralisation des Verkehrs nach einzelnen großen Handelsplätzen;

b) auf der Verkennung der Notwendigkeit, daß die kolossale Kraft- und Kostenvergeudung der Ortsveränderung, die Transportkosten, die das radikale Freihandels-Prinzip hervorruft, doch irgendwo zur Geltung kommen, von irgendwem getragen werden müssen;[4]

c) auf der Verkennung der Bedeutung desjenigen Übergewichtes in der Textil- und Eisenindustrie, welche sich England auf eine künstliche und unnatürliche Weise durch die rücksichtslose Ausbeutung seines Kolonialbesitzes erworben hat, und der Unterschätzung der schweren Nachteile, welche für alle Länder, die sich dem Freihandels-Prinzipe nähern, daraus entstehen, daß England selbst eine durchaus protektionistische Politik für Produkte treibt, die andere Länder billiger und besser produzieren (siehe die Spiritusfrage in Kapitel 5);

d) in der unrichtigen Interpretation und Anwendung des Fundamentalsatzes: Kaufe billig und verkaufe teuer. Der scheinbare billige Kauf ist unter Umständen ein sehr teurer, der scheinbar vorteilhafte Verkauf ein sehr unvorteilhafter. Bei dem Verkaufe wird so leicht übersehen, daß der beste

Käufer für meine Produkte immer der sein wird, dessen Produkte ich wiederum brauche – bei dem Kaufe, daß der vorteilhafteste Kauf regelmäßig der ist, durch den ich den Abgeber in den Stand setze, wiederum meine Produkte abnehmen zu können;

e) in der Unterschätzung des Einflusses, den die möglichste Vielseitigkeit der Produktion einer Nation auf ihre intellektuelle Ausbildung ausübt. Eine Nation, die durch natürliche Verhältnisse oder eine falsche Handelspolitik dahin gedrängt wird, sich ausschließlich z.B. mit Ackerbau und Erzeugung von Rohprodukten zu befassen, wird immer von vorn herein im Nachteile sein Nationen gegenüber, bei denen gleichzeitig die Industrie in ihren verschiedenen Zweigen blüht.

Es soll der Nachweis versucht werden:

1) daß das gegenwärtige System unserer Handelspolitik uns zu dauernden Handelsunterbilanzen führen muß;

2) daß die Voraussetzung des Herrn Kamphausen, durch Herabdrücken der Arbeitslöhne und des Preises der Roh-Produkte Deutschlands nationalen Wohlstand heben zu können, zwar den Grundsätzen der Manchester-Schule entspricht, aber sowohl theoretisch falsch ist, als auch nach den Erfahrungen anderer Länder sich als völlig unhaltbar erwiesen hat;

3) daß die großen Umwälzungen im internationalen Verkehr, welche durch die Schutzzollsysteme Rußlands, Frankreichs und Amerikas namentlich für die Textilindustrie Deutschlands ihre verderblichen Wirkungen äußern, bei uns nicht hinlänglich beachtet worden sind, um durch eine Revision unserer Tarife und eine teilweise Erhöhung derselben die heimische Industrie auf dem eigenen vaterländischen Markte konkurrenzfähig zu erhalten,

4) daß die Aufhebung der Eisenzölle eine übereilte Maßregel war, die weder den Erfolg haben wird, künftigen Teuerungen in diesem Artikel vorzubeugen, noch den Erfolg, den Eisenbedarf und die Eisenkonsumtion zu vermehren;

5) daß die Reichsregierung fehlgreift, wenn sie davon ausgeht, daß Deutschland die Politik der Handelsverträge verlassen und eigene selbständige Bahnen wandeln könne.

3. Die Bedeutung der Handels-Bilanz

Ehe ich auf die große Kontroverse über die Bedeutung der Handelsbilanz näher eingehe, möchte ich mir erlauben, zwei Irrtümer zu berichtigen, die auch in Kreisen, denen man ein besseres Urteil zuzutrauen geneigt ist, merkwürdig weit verbreitet sind.

Die erste dieser irrigen Auffassungen ist die, daß unsere gegenwärtige wirtschaftliche Krisis durch Mängel unseres Besteuerungssystems vorwiegend hervorgerufen sei. Nun hat ein Besteuerungssystem ja sehr entschiedene Einwirkungen auf die wirtschaftliche Entwicklung eines Landes – aber die Ungerechtigkeiten und Härten, welche die Verteilung der aufzubringenden Steuern immerhin auch bei uns mit sich führen mag, sind in ihrem Einflusse auf die Produktivität des Landes doch an und für sich nur von untergeordneter Bedeutung gegen diejenigen Folgen, welche sich aus der Handelspolitik des Staates ergeben; und insofern die letztere aus seinem Zollsysteme erkenntlich wird, ist wiederum die eigentliche finanzielle Bedeutung der Zölle – d.h. ihre Einwirkung auf das Staats-Budget – von weit geringerer Bedeutung, als ihre wirtschaftliche, d.h. ihre Einwirkung auf Produktion und Konsumtion der Nation. Wenn also beispielshalber unsere Einkommenssteuerverteilung einzelne Klassen der Bevölkerung härter trifft als andere, so ist das an und für sich nicht wesentlich maßgebend für die Produktion und Konsumtion des ganzen Volkes, obgleich vom finanziellen Standpunkte aus die Einkommenssteuer eine für das Budget sehr wichtige Steuerquelle ist. Wenn andererseits die Eisenindustrie durch Zölle gegen die Konkurrenz des Auslandes geschützt wird, so kann das Bestehen oder der Fortfall dieser Zölle für die Eisenproduktion und Konsumtion, also für die wirtschaftliche Entwicklung des Landes, von entscheidender Wichtigkeit sein, während die Frage als reine Budgetfrage betrachtet, wegen der Geringfügigkeit der Einnahmen, um die es sich eventualiter handelt, von sehr geringem Interesse ist. Für jeden Produzenten und – da die Gesamtmasse der Nation ebenso wohl produziert wie konsumiert – für die ganze Nation ist die möglichste Einträglichkeit der Produktion eine Frage, die in ganz anderem Sinne eine Lebensfrage für den Einzelnen ist, wie die Frage einer etwas höheren oder geringeren Steuer, die auf ihn entfällt, und durchaus irrig daher die Meinung, daß durch billigere gerechtere Steuerverteilung, so wünschenswert diese an sich sein mag, der nationale Wohlstand in ähnlicher Weise gehoben oder geschädigt werden könnte, wie durch eine richtige oder verkehrte Handelspolitik.

Die zweite irrige Auffassung, ebenso weit in gebildeten Kreisen verbreitet, ist die, daß wir unsere wirtschaftliche Krisis der Einführung der Goldwährung zu verdanken hätten. Wenn ein Privatmann eine große Summe jährlich an einen anderen zu zahlen hat, so kann diese Last unter Umständen durch die Zahlungsmodalitäten, z.B. die Stipulation der Zahlung in einer bestimmten Münzsorte, erschwert und verteuert werden, aber von ungleich größerer Tragweite für die Interessen des Schuldners wird immer die Eventualität bleiben, ob er sich nicht überhaupt von der Zahlung zu befreien vermag. Genau ebenso liegt es mit der Goldwährung: das deutsche Reich hat 200 bis 300 Millionen Taler jährlich für seine Handelsunterbilanz an das Ausland zu zahlen und ist durch Goldwährung gezwungen, diesen Betrag in Gold zu leisten und dadurch wieder genötigt, zur Komplettierung seines Münzvorrates Gold im Auslande zu kaufen.

Diese Operation kann den Wert des Goldes verteuern, aber die Last der Zahlung an sich kaum erheblich erschweren, selbst wenn in der Normierung des Verhältnisses von Gold zu Silber ein Fehlgriff getan sein sollte – was ich meinerseits nicht zuzugeben vermag, oder wenn es, was vielleicht eher zugegeben werden kann, vorsichtiger gewesen wäre, es zunächst mit der Doppelwährung zu versuchen. Die wichtigere Frage bleibt immer, ob nicht die Möglichkeit vorhanden ist, die Zahlung überhaupt zu vermeiden. Die Sache liegt eben gerade umgekehrt: Nicht die Goldwährung rief die wirtschaftliche Krisis hervor, sondern die Dauer der letzteren macht die Einführung der Goldwährung illusorisch und führt uns in die Papierwährung.

Was nun die Frage der Bedeutung der Handelsbilanzen anbetrifft, so hat Adam Smith bekanntlich den Satz aufgestellt, daß Handelsunterbilanzen im Laufe der Zeit bei vollem Freihandel ihren natürlichen Ausgleich finden müßten.[5] Man möge dabei nicht vergessen: 1) daß zu jener Zeit alle Staaten noch in den Vorurteilen des starren Merkantil-Systems befangen waren, das auch einer einmaligen und vorübergehenden Handelsunterbilanz die verderblichsten Wirkungen beimaß; 2) daß der Satz an und für sich die volle Verwirklichung des Freihandels bei allen Nationen zur Voraussetzung haben muß.

Aber selbst dann widerspricht der Satz in seiner Allgemeinheit dem einfachen für den Privat- wie für den Staatsverkehr gleichmäßig geltenden Gesetze von den Wirkungen der Mehrausgaben (– gegen die Einnahmen –) auf wirtschaftliche Verhältnisse.[6] Privatleute, Fabrikanten, Landwirte können mit einer jährlichen Unterbilanz wirtschaften, ohne den Stand ihres Vermögens zu gefährden, wenn sie durch dauernde Ausdehnung ihres Geschäftsbetriebes, Meliorationen usw. stetig ihre Produktion und ihre Einnahmen zu vergrößern und somit ihre Vermögenssubstanz in dem Verhältnis der aufgewendeten Mittel zu verbessern wissen. Aber bedenklich wird die Unterbilanz sofort, sobald sie eben nicht von vermehrter Produktion, von vermehrten Einnahmen begleitet ist: – dann treten eben alle die Konsequenzen ein, die den Verfall, den Ruin des Vermögens anzeigen.

Genau ebenso ist es mit den Staaten. Wenn ein Staat an Waren erheblich mehr einführt als ausführt und dadurch gezwungen ist, auf seine baren Mittel zurückzugreifen, so kann das für ihn ein ebenso günstiges Zeichen sein, wie für den Privatmann die Kontrahierung einer Schuld, um eine ertragreiche Melioration vorzunehmen; – wenn aber im Verlaufe der Jahre sich regelmäßig dies wiederholt, wenn dabei die Gesamtproduktion des Landes statt zuzunehmen, sich vermindert, wenn die Hochöfen ausgeblasen werden, die Fabriken still stehen, die landwirtschaftlichen Erträge sinken, der Wert des Grund und Bodens fällt, dann bedeutet die Handelsunterbilanz für den Staat absolut dasselbe wie für den Privatmann, nämlich den wirtschaftlichen Verfall, d.h. das Verschwinden zuerst des baren Geldes und dann des Kredites.

„*Keine Regierung*", – sagt David Hume[7] in seinem *Essay on Money* – „ *braucht eine ungünstige Handelsbilanz zu fürchten, die mit Sorgfalt ihr Volk und ihre Manufakturen bewahrt. Tut sie dies, so kann sie getrost, was Geld anbelangt, auf den Verlauf der menschlichen Angelegenheiten vertrauen ohne Furcht oder Eifersucht.*" Und dieser Satz ist zweifellos richtig, denn Gold strömt dort zu, wo die schnelle Zirkulation eines blühenden inneren Verkehrs seiner bedarf, und wandert von dort aus, wo die Zirkulation stockt, der Gewerbefleiß darniederliegt und man seiner nicht bedarf.

Aber an und für sich ist die genaue Feststellung einer Handelsbilanz, wie Stöpel treffend nachgewiesen hat,[8] eine mit besonderen Schwierigkeiten verknüpfte Aufgabe: die statistischen Mitteilungen sind dürftig, – die Summe des im Auslande angelegten Kapitals, dessen Zinsen in Rechnung zu stellen sind, schwer genau zu bestimmen, – und der Export entzieht sich für eine ganze Reihe von Objekten und Verkehrsstraßen fast gänzlich der Kontrolle. Immerhin wird die Unterbilanz Deutschlands nach den vorhandenen Daten sich schon im Jahre 1872 auf 200, im Jahre 1873 auf 300 Millionen Taler, im Jahre 1874 wahrscheinlich noch höher stellen.

Bei diesen Ziffern spielen die Bekleidungsgegenstände (rohe und verarbeitete Wolle und Baumwolle) eine Hauptrolle und beträgt die Mehreinfuhr von englischen Baumwollen-Ganz- und -Halbfabrikaten circa 30 Millionen; von englischen Wollen-Ganz- und -Halbfabrikaten circa 45 Millionen Taler. Wenn man neben diesem gewaltigen Importe das Feiern unserer Fabriken und die traurige Lage unserer gesamten Textil-Industrie in Betracht zieht, so wird das Verlangen der letzteren nach einer Revision unserer Tarife wahrlich als ein vollberechtigtes angesehen werden müssen. Eine ganz natürliche Konsequenz dieses Sinkens der deutschen Manufaktur- und Fabrikations-tätigkeit ist das gleichartige Sinken der landwirtschaftlichen Produktion, die hinter dem Bedarf um etwa 90 Millionen Taler zurückbleibt, wozu der Unfug[9] der Differential-Tarife ebenso mit beigetragen haben mag, wie der Massenimport von rohen und gegerbten Häuten und von Fettwaren aus Süd- und Nordamerika und Rußland, und die Erschwerung des Spiritus- und Fettvieh-Exportes nach England.

Wenn nun solchen Tatsachen gegenüber die Reichsregierung vom Tische des Bundesrates aus erklärt, daß Handelsunterbilanzen an sich nicht viel zu bedeuten hätten, daß England mit langjährigen Unterbilanzen gewirtschaftet habe, so will ich mir eine Kritik solcher Kundgebungen schenken und nur bezüglich Englands bemerken, daß dies Land an ausländischen zinstragenden Kapitalien vielleicht das Hundertfache besitzt, wie Deutschland, und bei der Ausdehnung seiner Industrie und seines Absatzmarktes mehr in der Lage ist, ungünstige Konjunkturen eine zeitlang mit ansehen zu können, als irgend ein Land der Welt – und daß es gleichwohl zweifelhaft bleibt, ob seine dauernden Handelsunterbilanzen nicht ebenfalls ein sehr bedenkliches Symptom für die dortigen Zustände sind. Was die nordamerikanischen Handelsbilanzen betrifft, so mag beiläufig darauf hingewiesen werden, daß bei Beurteilung derselben in Betracht zu ziehen ist, daß Nordamerika ein gewaltiges Quantum an Edelmetallen produziert, weit über den eigenen Bedarf hinaus; daß folglich die Warenimport- und Exportverhältnisse dort stets ungünstiger erscheinen, als sie es wirklich sind. Dort müssen eben Gold- und Silber-Exporte zum guten Teile dem eigentlichen Waren-Export zugezählt werden.

Welch eine Wirkung nun Zölle auf die Exportfähigkeit eines Landes und somit auf seine Handelsbilanz auszuüben vermögen, davon geben Nordamerika und Frankreich in dem stetig steigenden Export ihrer Fabrikate eine Belehrung, die allerdings denen verloren geht, die nicht sehen wollen. Wenige Jahre eines energischen Schutzzolls haben hingereicht, um die nordamerikanischen landwirtschaftlichen Maschinen und Eisenbahnwagen über die ganze Welt zu verbreiten, während es früher seinen ganzen Maschinenbedarf selbst aus England bezog. Wenige Jahre eines energischen Schutzzolls haben hingereicht, um in Frankreich die Exportfähigkeit und Produktionskraft des Landes zu der Höhe zu entwickeln, um welche wir es gegenwärtig mit Recht beneiden: – lauter Belege zu dem Werte der Lehre der Manchester-Schule, daß nur der radikale Freihandel ein Land exportfähig mache.

Für mein Teil messe ich der Einführung der Goldwährung das große Verdienst bei, uns zu gründlichen Untersuchungen über die Wirkungen und Ursachen der Handelsbilanzen veranlaßt zu haben. Wenn selbst Herr Kamphausen zugibt, daß nur günstige Handelsbilanzen uns vor dem fortwährenden Verschwinden unserer Kronen und Doppelkronen bewahren können, so wird uns die mit diesem Verschwinden verbundene Unbequemlichkeit für den Verkehr wahrscheinlich mehr als alles andere dazu hinleiten, die verderblichen Wege zu verlassen, die unsere Handelspolitik heute eingeschlagen hat, und Bahnen zu betreten, bei welchen das Verbleiben unserer Goldmünzen die sichere Gewähr im Lande gleichzeitig für die Erhaltung und Verbesserung unseres nationalen Wohlstandes bietet.

4. Die Frage der billigen Arbeitslöhne.

Minister Kamphausen –
Adam Smith – Die Agrarier.

In derselben Reichstagssitzung, in welcher der Minister Kamphausen zugab, daß nur eine günstige Handelsbilanz das Gold im Lande zu halten vermöge, gab er gleichzeitig den scheinbar sehr einfachen Weg an, eine solche zu erzielen. Billige Arbeitslöhne, billige Kohlen, billiges Eisen – sagte er – würden unsere Produktion mit Leichtigkeit wieder der des Auslandes gegenüber konkurrenzfähig machen und somit die Handelsbilanz zu unseren Gunsten wenden.

Ich will davon absehen, daß in dieser Antwort Dinge zusammengeworfen sind, die genau genommen nicht zusammengehören, denn Eisen ist z.B. ein Fabrikat und kein Rohprodukt wie die Kohle, und der Preis der letzteren hängt wiederum nicht ausschließlich von den Arbeitslöhnen ab, und nur bemerken, daß er völlig im Sinne der Manchester-Schule gesprochen hat[10] oder, wie er vielleicht meint, im Sinne der großen Prinzipien des Freihandels, die er nie verlassen will.

Nun meine ich, wird man aber doch den ehrwürdigen Adam Smith, den Vater der Nationalökonomie als Wissenschaft einigermaßen auch als den Vater des Freihandels anerkennen müssen, und was die Arbeitslöhne betrifft, so sagt Adam Smith:[11]

„Reichliche Lohnung der Arbeit ist ebenso sehr notwendige Folge, als natürliches Anzeichen eines wachsenden nationalen Wohlstandes. – Umgekehrt zeigt kärglicher Unterhalt der besitzlosen Arbeiter natürlicherweise einen Stillstand, Notleiden derselben einen schnellen Rückschritt in der Entwicklung des nationalen Wohlstandes an."

Die untrügliche Wahrheit dieser goldenen Worte wird niemand leugnen können, der die Landstriche mit hohen Arbeitslöhnen mit denen vergleicht, in welchen die letzteren sich auf einem niedrigen Niveau erhalten haben. In Baden, Württemberg, Sachsen, Westfalen, am Rhein sahen wir hohe Arbeitslöhne und gleichzeitig das Bild eines verbreiteten Wohlstandes, blühenden Gewerbefleißes, reicher Erträge der Landwirtschaft – während die industriearmen Teile der östlichen Provinzen Preußens uns bei niedrigen Arbeitslöhnen dasselbe Bild der Armut und des Verfalls darbieten, wie die Länder, welche, wie Irland, Indien, Mexiko, die niedrigsten Arbeitslöhne der Welt aufweisen.

Gleichwohl ist kein Satz des großen Meisters von seinen Epigonen mehr in sein Gegenteil verdreht worden, als gerade der oben zitierte. Einzelne sprachen es geradezu aus, daß mit dem wachsenden Gewinn des Unternehmers und Kapitalisten der Gewinnanteil des Arbeiters ein immer geringerer werden müsse[12] – und sobald einmal durch Verkehrsstockungen die Industrien aufhören mit Gewinn zu produzieren, ist das allgemeine Geschrei der ganzen Manchester-Schule: Herabsetzen der Arbeitslöhne.

Diese Parole enthält:

1) die direkte Aufforderung an die Arbeiter zu Lohnerhöhungsstreiks, sobald der Zeitpunkt ihnen günstig erscheint, wie sie in England jenen Klassenkampf heraufbeschworen hat, durch den der Arbeiter immer rettungsloser der Sklave der Kapitalisten wird;

2) übersieht sie die schon von Adam Smith hervorgehobene Tatsache, daß Arbeitslöhne und Lebensmittelpreise zwar in gewissen Beziehungen zueinander stehen, aber Schwankungen unterworfen sind, welche ganz verschiedenen Gesetzen gehorchen;

3) vergißt sie, daß der Arbeiter nicht nur der größte Produzent, sondern auch der größte Konsument des Landes ist, daß folglich die Herabsetzung seines Lohnes immer zugleich die Verminderung seiner Konsumtionsfähigkeit und damit der Rentabilität aller Produktion in sich schließt.

In der Tat ist das Rechenexempel doch ein wunderbares, daß man 4/5 der Nation in ihrem Erwerbseinkommen verkürzen und damit die Nation wohlhabend machen will.

Und es handelt sich wirklich um 4/5 der Nation, denn nach den sorgfältigen Untersuchungen, welche ich im Laufe des vergangenen Sommers über die Löhne unserer Eisen- und Kohlenindustrie angestellt habe, hat sich zur Evidenz herausgestellt, daß das Verhältnis dieser Löhne zu den landwirtschaftlichen Tagelöhnen der betreffenden Provinz bei der eingetretenen allgemeinen Lohnsteigerung nicht wesentlich alteriert worden ist, daß vielmehr die landwirtschaftlichen Löhne in demselben Maße an der Lohnsteigerung teilgenommen haben.

Da nun die Löhne der Eisen- und Kohlenwerke wegen der verlangten besonderen Qualifikationen des Arbeiters, der leichteren Unterbrechung der Arbeit durch Naturereignisse oder Verkehrsstockungen, der größeren körperlichen Gefahr für Leben und Gesundheit des Arbeiters, höhere sein müssen wie die landwirtschaftlichen, so heißt für diese Branche das Verlangen nach niedrigen Löhnsätzen gleichzeitig auch das Verlangen nach Reduktion der landwirtschaftlichen Löhne, oder mit anderen Worten das Verlangen nach Reduktion aller Arbeitslöhne überhaupt.

Nun ist von unseren wirtschaftlichen Parteien keine Gruppe vorhanden, welche seit Jahren heftiger gegen die hohen Löhne eifert, wie die sogenannte agrarische Partei: – die Partei der Landwirte, – während keine Partei an Blüte der Industrie und Höhe der Arbeiterlöhne von Rechts wegen ein höheres Interesse haben sollte: aus dem einfachen Grunde, weil eben der Arbeiter der Hauptkonsument für alle landwirtschaftlichen Produkte ist.

10 Millionen Zentner Wolle in Tuch, 10 Millionen Zentner Eisenerze im Inlande in Eisen verwandeln, heißt unter allen Umständen für den Landwirt das Bestehen eines sicheren Absatzmarktes für viele Millionen Zentner Getreide und Fleisch. Und umgekehrt: Einfuhr von Tuch und Eisen im Werte von Hunderten von Millionen Taler heißt einen inländischen Absatzmarkt für Fleisch und Getreide in annähernd gleicher Höhe entbehren.

So ist nichts natürlicher als die Erscheinung, daß unsere landwirtschaftlichen Erträge sich nur in den industriellen Provinzen heben, nur dort der Wert des Grund und Bodens steigt – während er in den industriearmen Provinzen zurückgeht. Eine selbstverständliche Folge des Satzes, der noch überall sich bewahrheitet hat, daß eine blühende Industrie, ein tätiger Gewerbefleiß jedes Mal auch eine rationell betriebene ertragreiche Landwirtschaft erzeugt – während keineswegs umgekehrt eine ertragreiche Landwirtschaft, wie sie durch Export zeitweilig entstehen kann, notwendig eine Industrie ins Leben ruft.

Die großen Revolutionen, zu welchen die deutschen Landwirtschaften durch die veränderten Handelskonjunkturen gezwungen worden sind, liegen zu sehr zu Tage, um nicht die Berechtigung eines Teiles der landwirtschaftlichen Klagen anzuerkennen:

1) das Schwinden des gewaltigen Getreideexportes unserer Ostsee-Provinzen nach England, seit der dortige Markt durch die russische und amerikanische Konkurrenz verloren ging;

2) die Entwertung der deutschen Wolle durch die Kolonialwolle;

3) die Entwertung des Rapses durch das Petroleum;

4) die Auflegung der Grundsteuer gegen eine unzureichende Entschädigung;

5) die chinesische Mauer, mit welcher sich das gesamte Ausland gegen unseren Spiritus umgeben hat.

6) die Fettvieh-Importsteuer, die England unter dem Vorwande der Rinderpest vom deutschen Reich erhebt;[13]

7) das Unwesen, welches zu Zeiten mit den Differential-Tarifen der Eisenbahnen getrieben wurde.

Alle diese Dinge haben zusammengewirkt, um die Erträge der deutschen Landwirtschaft schwankend und unsicher zu machen und herabzudrücken, und doch datiert der wirkliche Verfall erst seit der stetigen Vermehrung des Tuch-, Baumwollwaren- und Eisen-Imports. –

Und wie verhalten sich diesen Zuständen gegenüber unsere Agrarier?

Während durch die Konkurrenz Amerikas und Rußlands und die Handelspolitik Englands ein auswärtiger Markt für unsere landwirtschaftlichen Produkte für den Osten Deutschland kaum noch existiert, bemühen sie sich nach Kräften, den inländischen Markt zu ruinieren durch Bekämpfung der vaterländischen Industrie.

Während sie über jede Steigerung der Arbeitslöhne, welche die Landwirtschaft direkt oder indirekt (durch etwaige Entziehung von Arbeitskräften) immer am allerwenigsten trifft, frohlocken sollten, da sie stets eine erhöhte Konsumtionsfähigkeit des inländischen Marktes bedeutet: sind gerade sie es, die sofort über Lohnsteigerungen die lautesten Klagen erheben.

Während sie durchschnittlich das positive Verlangen stellen, die Differentialtarife für ausländisches Getreide zu verbieten, also eine Maßregel vorschlagen, die genau die Wirkung eines Schutzzolles für das inländische Getreide haben würde: erklären sie jeden Schutz der heimischen Industrie für ein schreiendes Unrecht.

Während pommersche und ostpreußische Landwirte es für ganz selbstverständlich erklären, daß der Staat zu ihren Eisenbahnen jährlich Millionen zuschießt, die also doch von den reicheren Provinzen getragen werden: gehen sie unbewußt darauf aus, den Wohlstand dieser Provinzen, der auf der Industrie beruht, zu ertöten, – statt den richtigen Weg zu gehen und die äußersten Versuche zu wagen, um sich selbst eine Industrie zu schaffen.

Während es zu Tage liegt, daß infolge unserer gegenwärtigen Handels-Politik die Landwirtschaft in weiten Distrikten heute nur noch ein kümmerliches Dasein fristet, der Wert der Grundstücke sinkt, die landwirtschaftlichen Erträge abnehmen, so daß das fruchtbare deutsche Reich heute schon für 90 Millionen Taler landwirtschaftliche Produkte mehr ein- als ausführt: sind es gerade die Agrarier, die die Regierung auf den unheilvollen Bahnen ihrer Handelspolitik fortzuschreiten täglich ermutigen.

Gleichwohl ist diese Erscheinung, die großen Grundeigentümer dem radikalen Freihandel zugetan zu sehen, keine vereinzelte. Die Sklavenhalter der Südstaaten sahen ihre Erträge jährlich sinken, weil der Preis der rohen Baumwolle stetig fiel; sie waren so hoch verschuldet, wie es nur die Grundbesitzer unserer östlichen Provinzen sein können, und der Verkaufswert ihrer Plantagen ging täglich zurück: aber der Scheinvorteil, englisches Eisen, englische Baumwollwaren, englische Tuche billig kaufen, und ihre Baumwolle wieder regelmäßig nach England absetzen zu können, benahm ihnen jedes Urteil über den eigenen unaufhaltsamen Verfall.

Und ein politisches Moment tritt hinzu. Mit dem Augenblicke, wo Industrie in einer Gegend heimisch wird, schwindet die Macht und das Ansehen der Großgrundbesitzer. Eine neue Klasse von großen Eigentümern tritt auf, die zahlreichere Arbeiter beschäftigen als sie und bald einen Einfluß gewinnen, der den ihrigen überwiegt. Wiederum liegen auf der Oberfläche die Nachteile und Unbequemlichkeiten, welche solch veränderte Gestaltung für den Grundbesitzer mit sich führt: die Arbeiter ziehen den Fabriken zu, die Gutsbesitzer sind gezwungen, die Löhne zu erhöhen und fühlen ihre althergebrachte Gewalt schwinden, – während die Vorteile: der gesteigerte Absatz landwirtschaftlicher Produkte, der steigende Wert des Grund und Bodens als selbstverständliche Dinge angesehen und gar nicht mehr mit dem Entstehen der Industrie in Verbindung gebracht werden, und der Anspruch, eine solche Industrie noch durch Zölle gegen die Konkurrenz des Auslandes schützen zu sollen, gar als eine schreiende Ungerechtigkeit erscheint.

Auch hat die Einführung von Industrien in ein bis dahin nur Ackerbau und Viehzucht treibendes Land eine weitere Folge, die der Grußgrundbesitz instinktiv bekämpft, nämlich die Verteilung des Grundeigentums, das Entstehen kleinen Besitzes. Umsonst quält man sich seit Jahren in Preußens industriearmen Provinzen, durch willkürliche Domänen-Parzellierungen, einen lebensfähigen kleinen Besitz zu schaffen, den das Aufblühen irgendeiner industriellen Tätigkeit in solchen Gegenden ganz von selbst hervorrufen würde. Man vergleiche nur die Verteilung des Grundeigentums in den industriearmen und in den industriellen Provinzen, und man wird folgendes Tableau überall bestätigt finden:

Blühende Industrie – keine Industrie
Vielfach parcellierter Besitz – Latifundien
Hohe Arbeitslöhne – niedrige Arbeitslöhne
Steigende Dichtigkeit der Bevölkerung – Auswanderung
Steig. Erträge d. Landwirtschaft – sink. Erträge d. Landwirtschaft
Steig. Wert d. Grund u. Bodens – sink. Wert d. Grund u. Bodens

Die Manchester-Schule betrachtet, um von dieser agrarischen Abschweifung wieder zu der Arbeitslohnfrage zurückzukehren, die Arbeit lediglich unter dem Gesichtspunkte von Angebot und Nachfrage. Wir geben, sagt sie, den Arbeitern die volle Koalitionsfreiheit, mögen sie durch Streiks, wenn sie können, die Lohnsätze erhöhen, wenn die Nachfrage nach Arbeit groß ist – dafür werden die Kapitalisten, die Unternehmer die Löhne wieder herabsetzen, wenn das Angebot von Arbeit größer ist als die Nachfrage, und so kommt jeder Teil zu seinem Rechte. Dies ist der Grundsatz, zu dem sich auch der Minister Kamphausen implizit bekennt, wenn er heute die Herabsetzung der Löhne verlangt.

Nun soll nicht geleugnet werden, daß unter dem Schutze einer, wie mir scheint, völlig unzureichenden Gesetzgebung über die Folgen des Kontraktbruches, frivole Lohnerhöhungsstreiks einzelnen Kategorien von Arbeitern Lohnsätze verschafft haben, die zu den allgemeinen Lohnsätzen des Landes nicht im Verhältnisse stehen. Daß diese unverhältnismäßig hinaufgeschraubten Lohnsätze wieder auf ein normales zu den übrigen Löhnen im Verhältnis stehendes Maß zurückgeführt werden müssen, ist selbstverständlich, aber die deutschen Lohnsätze bleiben noch heute hinter den amerikanischen und englischen im Allgemeinen zurück und balancieren ungefähr mit den französischen, wobei jedoch in Betracht zu ziehen sein wird, daß das rauhere deutsche Klima den Arbeiter zu größeren Ausgaben für Wohnung, Kleidung, Feuerung und Nahrung zwingt. Und diesem Zustande gegenüber will man die Möglichkeit solcher Lohnherabsetzungen behaupten, daß durch sie unsere Industrie konkurrenzfähig werden könnte!

Den Grundsätzen der Manchester-Schule folgend, die Freiheit der Streiks proklamieren, heißt in der Tat nichts weiter, als jenen Klassenkampf bei uns einbürgern, der ein so bedenkliches Symptom in der Entwicklung der englischen Zustände bildet. Ein Klassenkampf, der zunächst die Arbeiter gewissenlosen Agitatoren in die Hände treibt, um dann regelmäßig, wie die Vorgänge in England deutlich nachweisen, sie zu willenlosen Sklaven des Kapitals zu machen. Es gehört schon längere Zeit dazu, um die Unternehmer und Kapitalisten zu einem Schutz- und Trutzbündnis gegen die Arbeiter zu vereinigen; ein solches ist aber die regelmäßige Folge wiederholter Streiks und führt jedes Mal zur Unterwerfung des Arbeiters, an dessen Lohn die Industrien sich dann für die erlittenen Einbußen schadlos halten, so daß er des Vorteils der regelmäßigen im Laufe der Jahre von selbst sich einfindenden Lohnsteigerungen völlig verlustig geht.

Den Arbeitern die volle Streik-Freiheit geben, heißt daher nur, ihnen einen Stein statt eines Brotes bieten; und daß während des tobenden Kampfes, während der Dauer des Streikes von dem berühmten Gesetze von Angebot und Nachfrage keine Rede mehr ist, wird man wohl willig zugeben. Dann herrschen eben unumschränkt die Leidenschaften: Haß und Neid verwirren auf beiden Seiten die Rechtsbegriffe und lassen alle wirtschaftlichen Rücksichten weit zurücktreten gegen die Befriedigung des Eigenwillens. Es ist Nachfrage nach Arbeit genug da, denn alle Fabriken stehen still – und Angebot von Arbeit genug, denn alle Arbeiter feiern – und dennoch wird eben nicht gearbeitet, sondern auf beiden Seiten ein Kapital vergeudet, dessen Höhe bei genauer Berechung unser Entsetzen erregt.

Je ruhiger und friedlicher die innere Entwicklung eines Landes sich gestaltet, um so größer ist die Gewißheit, daß der Arbeiter an den Wohltaten der Zivilisation in steigender Progression teilzunehmen vermag und daß die Normierung seiner Lohnsätze sich mit den gesteigerten Bedürfnissen des Lebens im Einklange erhält. Schnelle sprungweise Erhöhungen der Arbeitslöhne rufen die Reaktion der Herabdrückung derselben unter ein billiges Niveau mit Notwendigkeit hervor und gefährden noch lange nicht so sehr den Bestand der betreffenden Industrie, als sie die fortschreitende Besserung der sozialen Lage des Arbeiters verhindern und seine wirtschaftliche Existenz einem Hazardspiele unterwerfen, in welchem Gewinn und Verlust gleich demoralisierend auf den Betroffenen wirken.[14]

Im Gegensatz zu einem großen Teil der Kathedersozialisten würde ich daher scharfe Gesetze gegen frivole Lohnerhöhungsstreiks für eine wahre Wohltat für die arbeitenden Klassen ansehen; im Gegensatz zur Manchester-Schule hohe Löhne als das erste Zeichen für eine Heilung unserer wirtschaftlichen Krisis; mäßigen Schutz unserer Industrie, so daß sie hohe Löhne zu zahlen vermag, ohne den vaterländischen Markt völlig an das Ausland zu verlieren – für den ersten notwendigen Schritt der Besserung. Möglichst hohe Arbeitslöhne, möglichst wenig Arbeit, ist das Feldgeschrei der Sozialdemokratie, möglichst niedrige Arbeitslöhne, möglichst viel Arbeit, das der Manchester-Schule –: *möglichst hohe Arbeitslöhne und möglichst viel Arbeit, der einzige Weg, den nationalen Wohlstand zu sichern und die Politik, die diese Möglichkeit schafft, die einzig richtige.*

5. DAS ÜBERGEWICHT ENGLANDS IN DER TEXTIL- UND EISENINDUSTRIE UND DIE ENGLISCHE HANDELS-POLITIK.

Das Übergewicht in der Textil- und Eisenindustrie beruht auf folgenden Tatsachen:

184

England hat in seinem kolossalen Kolonialbesitze (und Irland wurde bis in die neueste Zeit hinein in diesem gleich behandelt) teils durch direkte Verbote, teils sowie in Ostindien durch direkte Besteuerungssysteme, jede Art von Manufaktur und Industrietätigkeit auszurotten und zu unterdrücken gewußt, und es verstanden, diese Länder von circa 200 Millionen Seelen zu zwingen, ihre Rohprodukte (z.B. Baumwolle, Indigo etc.) zu den niedrigst denkbaren Preisen zu liefern und ihm die Fabrikate aus diesen Rohprodukten umgekehrt wieder zu möglichst guten Preisen abzukaufen.[15]

Es hat auf diese Art, gestützt auf seinen unerschöpflichen Reichtum an Kohlen und Erzen, folgendes erreicht:

1) Die Konzentration eines Kapitals für maschinelle Verarbeitung von Rohprodukten zu Fabrikaten, dessen Höhe unseren kontinentalen Begriffe kaum glaublich erscheint;

2) Den Gewinn eines immensen sicheren Absatzgebietes für die von ihm erzeugten Fabrikate;[16]

3) Einen Vorsprung in der technischen Ausbildung eines durch Generationen geschulten Arbeiterstammes und in der stetig fortschreitenden Vervollkommnung der Maschinen selbst, den keine andere Nation der Welt einzuholen vermag.

Dieser Hypertrophie der industriellen Entwicklung Englands gegenüber ist eine Konkurrenz anderer Industrien unmöglich, und es sind leere Windbeuteleien, wenn unsere Fabrikanten selbst unter Umständen das große Wort führen und sich für konkurrenzfähig ausgeben. Einzelne Spezialitäten: z.B. die Kruppschen Kanonen und Fabrikate, zu denen besonderer Geschmack in Mustern und Zeichnungen gehört, werden auch beim radikalen Freihandel ihren Markt zu behaupten wissen. Im großen Massenbedarf der gewöhnlichen Fabrikate in Zeug und Eisen ist jede Industrie der englischen gegenüber geliefert, sobald ihr nicht durch – wenn auch nur mäßige – Schutzzölle wenigstens die Möglichkeit gegeben ist, sich auf dem inländischen Markt behaupten zu können. Wenn man nachforscht, mit welchem Übermut und mit welcher Rücksichtslosigkeit England seine Kolonialübermacht jederzeit zur Geltung gebracht hat, wie englische Fabrikanten-Assoziationen es sich wiederholt Hunderttausende von

Pfunden kosten ließen, um durch stetiges Unterbieten der Preise eine kontinentale Konkurrenz zu ruinieren: so muß man zu der Einsicht gelangen, daß auf diesem Gebiete der Wettkampf jedes anderen Landes mit England der eines halbwüchsigen Knaben mit dem eines Athleten von Profession ist.

Denn die Möglichkeit billiger Produktion beruht für eine jede Industrie nicht, wie Minister Kamphausen wähnt, auf billigen Arbeitslöhnen, sondern hauptsächlich

1. auf der Massenproduktion,

2. auf der Sicherheit des Absatzgebietes (Marktes) für den größten Teil der produzierten Ware,

3. auf der möglichst vorteilhaften Erwerbung des Rohmaterials.

In allen diesen Punkten aber ist England uns überlegen: Was Massenproduktion anbelangt, so walzt dort nach einer kürzlich in den Zeitungen erschienenen Notiz ein einziges Eisenwerk in der Woche soviel Schienen, als große deutsche Werke innerhalb eines Jahres fertig stellen – und die Textilindustrie von Leeds und Manchester verhält sich zu unserer Industrie, wo sie aufs großartigste getrieben wird, wie der Chimborasso zum Berliner Kreuzberg.

Was die Sicherheit des Absatzes und die Größe des Marktes betrifft, so beherrscht England das gewaltige Gebiet seiner Kolonien ziemlich unumschränkt, der billige Wassertransport gibt ihm überall einen Vorzug, den kein anderes Land in der Welt in ähnlicher Weise besitzt. Das Rohmaterial endlich kauft England für seine Textilindustrie größtenteils aus erster Hand, während andere Nationen erst auf die Spesen des Zwischenhandels angewiesen sind.

Wenn unter diesen Umständen der mäßige Schutzzoll, den unsere Textilindustrie seither genoß, nicht hinreichend war, um dieselbe der englischen Ware gegenüber völlig konkurrenzfähig zu halten, so konnte dieselbe gleichwohl bis in die neueste Zeit hinein in vielen Zweigen selbst auf dem großen Weltmarkte ihre Stellung behalten.

Bis vor 10 oder 15 Jahren wurde in Deutschland selbst die edelste Wolle produziert, welche deutsche Fabrikanten naturgemäß mit größerer Lokalkenntnis besser einzukaufen vermochten, als die englischen und französischen Tuchfabriken, welche gleichwohl dieser edlen Wolle nicht entbehren konnten. Weiter hatte die deutsche Industrie durch die langjährigen Auswanderungen Deutscher nach den nordamerikanischen Freistaaten dorthin Handelsverbindungen anzuknüpfen vermocht, die ihr ein Absatzgebiet eröffneten, dessen Größe und Umfang ihr einen Platz neben der englischen Fabrikation sicherte.

Diese Zustände änderten sich in einer für uns verhängnisvollen Weise. Die Vervollkommnung der Maschinerien ermöglichte Tuchbereitung auch aus geringeren Kolonial-Wollen, selbst ohne Zuhilfenahme edler Elektoral-Wollen, und diese Kolonial-Wollen nehmen ihrerseits durch die gesteigerte Quantität der Produktion ebenso sehr wie durch Verbesserung ihrer Qualität allmählich eine Stellung auf dem Markte ein, welche die englischen und französischen Fabrikanten nicht nur in den Stand setzen, der deutschen Wolle überhaupt entbehren zu können, sondern auch die deutschen Fabrikanten zwang, selbst jene Wollen zu kaufen, um nur überhaupt in billigen Tuchen eine Konkurrenz zu ermöglichen.

Hauptsächlich aber waren es doch die nordamerikanischen Schutzzölle, die unserer Textilindustrie den Todesstoß gaben. Nicht nur ging der große dortige Absatzmarkt verloren, sondern der ganze Strom englischer Fabrikate, der ebenfalls dorthin bisher seinen Weg genommen hatte, ergoß sich nunmehr mit voller Kraft auf die Märkte Deutschlands selbst und auf die überseeischen und auswärtigen Handelsplätze, auf denen deutsche Ware bisher Absatz gefunden hatte.

Heute ist beiläufig unter dem Schutze des gegenwärtigen nordamerikanischen Zollsystems die dortige Textilindustrie zu einer so glücklichen Entwicklung gelangt, daß die Erfindungen im maschinellen Gebiete, welche dort gemacht und praktisch verwirklicht worden sind, in manchen Punkten die englische Industrie schon überflügelt haben, während die ältere und ihrer Zeit vollkommenere deutsche Industrie jährlich mehr erlahmt und hinter der englischen zurückbleibt: – ein sprechendes Beispiel für den belebenden Einfluß, den die Existenz eines sicheren Absatzmarktes auf eine Industrie auszuüben vermag.

Zu dem Verluste des nordamerikanischen Marktes trat für Deutschland gleichzeitig noch die Abnahme des Exportes nach Rußland, wo die einheimische Industrie in überraschend schneller Weise Bedeutung und Ausdehnung gewann und das allmähliche Zurückdrängen der deutschen Fabrikate in allen den europäischen Ländern, in welchen wie Skandinavien, Italien, Österreich, Ungarn teils die heimische Industrie, teils der englische Import ihr den Rang abzulaufen vermochte.

Endlich wurde durch die Annexion Elsaß-Lothringens die sehr beträchtliche Produktion dieses Landes, die bis dahin ihr Hauptabsatzgebiet auf den französischen Märkten gefunden hatte, von diesen durch die Schutzzölle verdrängt und den deutschen Märkten zugeführt.

Wenn durch alle diese Ereignisse die deutsche Textilindustrie hin und wieder zu dem traurigen Auskunftsmittel gedrängt wurde, unsolide, unreelle Fabrikate zu liefern, um nur überhaupt noch fortarbeiten zu können, so ist dies stets wiederkehrende und ganz natürliche Übergangsstadium jetzt längst zurückgelegt und dasjenige Darniederliegen unserer Textilindustrie eingetreten, das durch die Ziffern unserer Handelsbilanz seine bedauerliche Illustration erhält.

Wenden wie uns nunmehr zur Eisenindustrie, so sahen wir diese in Deutschland in einem blühenden Aufschwunge begriffen. Wenn bei mäßigen Schutzzöllen belgische und englische Fabrikate noch immer ihren Weg auf den deutschen Markt fanden, so war dies sicher das beste Zeichen, daß jene Zölle keine Prohibitionszölle waren, sondern solche, die der Entwicklung der deutschen Eisenindustrie entsprachen.

Gleichwohl wurde auf das Drängen der deutschen Freihandelspartei hin eine beträchtliche Herabsetzung der Zölle schon im Zoll-Parlamente beschlossen – mit der ausdrücklichen Befürwortung seitens der Regierung, daß die Widerstrebenden wohl täten, sie hinzunehmen, damit die Eisenindustrie einmal wüßte, woran sie wäre, und Ruhe hätte.

Die Ruhe bestand darin, daß drei Jahre darauf ohne jeden zwingenden Grund und ohne jede Vorbereitung die Regierung selbst die volle Aufhebung der Eisenzölle beantragte. Dieser Antrag wurde durch den Reichstag bekanntlich dahin modifiziert, daß zunächst eine Herabsetzung auf die Hälfte und dann vom Jahre 1876 ab die völlige Aufhebung des Eisenzolls beschlossen würde. Ich habe persönlich damals mich nur auf den dringenden Wunsch meiner handelspolitischen Freunde entschlossen, diesem Kompromisse zuzustimmen, und bedauere heute lebhaft, es getan zu haben, denn wenn damals meine Prophezeiung, daß die sofortige Aufhebung der Eisenzölle uns die Wiedereinführung derselben in drei Jahren sichern würde, mit ungläubigem Lächeln begleitet wurde, so werden heute vielleicht meine Freunde selbst einsehen, daß jener Pessimismus nicht so ganz unberechtigt war: – erst die praktischen Erfahrungen können uns von dem Banne falscher Doktrinen befreien.

Da wir jährlich noch für viele Millionen Taler Eisen mehr einführen als ausführen, wird die Fabel von der Überproduktion hier ebenso wenig vorgebracht werden können, wie bei der Textilindustrie. Gleichwohl befindet sich die Eisenindustrie heute in folgende Lage:

1) Wesentlich vermehrt durch den Zuwachs der Elsaß-Lothringer Produktion ist die in Deutschland produzierte Eisen-Quantität mit Ausnahme eines geringen Absatzes nach Rußland und etwa der Schweiz lediglich auf den deutschen Markt angewiesen, wo gleichzeitig französische und österreichische Fabrikanten ihre über den eigenen Bedarf des Landes hinaus fabrizierte Ware oft unter dem Selbstkostenpreise offerieren, ohne daß wir wegen der Schutzzölle jener Länder imstande sind, gleiches mit gleichem zu vergelten.

2) Wenn englisches Eisen wegen der dauernden englischen Streiks wenig eingeführt wird, so hat dagegen belgisches Eisen von sehr geringer Qualität sich durch so niedrige Preise einen Absatzmarkt erobert, der der deutschen Fabrikation einen Abbruch tut, welcher um so empfindlicher gefühlt wird, als jeder Techniker bestätigen wird, daß jenes geringe belgische Eisen trotz seines anscheinend billigen Preises eben wegen seiner mangelnden Qualität weniger preiswürdig ist, als die Produkte der meisten deutschen Werke. Daß nach Aufhebung der Eisenzölle sich der Verbrauch dieses billigen belgischen Eisens, wenigstens auf eine Reihe von Jahren, erheblich vermehren wird, ist zweifellos.

3) Schon heute, also noch vor völliger Aufhebung der Ein-
senzölle, sind diejenigen Werke, welche ihre Arbeiterstämme
behalten wollen, größtenteils gezwungen, mit einem Verlust
von 5 Sgr. bis 20 Sgr. pro Zentner zu liefern, um überhaupt
verkaufen zu können.

Die Erfahrung wird demnächst lehren, wieweit sich der
kürzlich noch von Herrn Abgeordneten Dr. Hammacher aufgestellte Satz, daß nur der volle Freihandel der Eisenindustrie
Exportfähigkeit zu sichern vermöge, bewahrheiten wird. Die
Beobachtungen, welche in Frankreich und Nordamerika in
dieser Richtung gemacht sind, sprechen allerdings kaum
für die Richtigkeit solcher Prophezeiungen. – Nordamerika
war ganz abhängig vom englischen Eisenimport, und wenige
Jahre der Herrschaft des protektionistischen Systems haben
hingereicht, um seine Eisenindustrie zu hoher Bedeutung zu
entwickeln. Während in den Freihandels-Perioden der Eisenbedarf jedes Mal nachließ, die Hochöfen ausgeblasen wurden
und die Hüttenwerke feierten, stieg mit den Schutzzöllen der
Eisenbedarf mächtig, und während in jenen Perioden von einem Export keine Rede war, sehen wir heute amerikanische
Eisenwaren durch die ganze Welt gehen. Frankreich müßte
gleichfalls, falls der Satz richtig wäre, daß Schutzzölle den Export vernichten, heute bei seinen hohen Zollsätzen weniger
exportieren als früher – und genau das Gegenteil tritt ein:
seit den Schutzzöllen ist die Eisenproduktion und Konsumtion des Landes erheblich gestiegen und der Export hat eine
früher nicht gekannt Höhe erreicht –: nach meiner Auffassung nur ein weiterer Beleg des von mir verteidigten Satzes,
*daß nur die Industrie eine nachhaltige Exportfähigkeit erlangt,
welche einen sicheren Markt im Inlande besitzt.*

Wie groß die Flut ausländischer Fabrikate sein wird, mit
denen der deutsche Markt überschwemmt werden mag, wenn
die letzten Zollschranken gefallen und die englischen Arbei-
terstreiks, wie vorauszusehen, mit der völligen Unterwerfung
der Arbeiter beendigt sein werden: – läßt sich heute schwer
berechnen: – nur das ist gewiß, daß die Werke der westlichen
Provinzen schwerer von dem ersten Anprall betroffen werden
müssen, als diejenigen Werke, welche, wie die sächsischen und

schlesischen, ein etwas entlegeneres Absatzgebiet innehaben. Und ob der kühne Ausspruch schulmeisterlicher Beamtenweisheit: wenn die deutsche Eisenindustrie nicht lebensfähig sei, möge sie untergehen – wenn die Dinge wirklich soweit gediehen sind – noch auf ebensoviel Bewunderer zählen kann, als heute: das wollen wir dahingestellt sein lassen. Solche Katastrophen können ja möglicherweise zu vorübergehenden sehr billigen Eisenpreisen führen, aber augenscheinlich auch nach dem Wegfall der vaterländischen Konkurrenz zu so hohen Eisenpreisen, wie wir sie noch nicht erlebt, sobald auf dem Weltmarkt einmal eine Hausse-Konjunktur für Eisen eintritt.

Wie aber eine praktische kaufmännische Nation wie die englische in ähnlichen Fragen verfährt, davon bietet die Behandlung der Spirituszölle in England ein Beispiel, das doch einige Beachtung verdienen sollte. Bekanntlich zahlt England eine Exportprämie für den im Inlande fabrizierten Spiritus – aber diese ist es nicht allein, die dem fremden Sprit, insbesondere dem deutschen, das Eindringen nach England verwehrt, sondern eine sehr einfache Maßregel tritt hinzu: nämlich das Verbot der Denaturation des fremden Spiritus. Nur englischer Spiritus kann denaturiert werden und erhält alsdann die gezahlte Steuer zurückvergütet. Da nun ziemlich die Hälfte des Spiritus zu Fabrikationszwecken verwandt, also denaturiert wird, so zahlt der englische Spiritus nur die Hälfte der Steuer, ungefähr, die der auswärtige an Zoll zu erlegen hat.

„Wie können Sie als Freihandelsland so etwas dulden? – Warum schaffen Sie nicht in London oder irgend einer Hafenstadt ein Depot, wo unter Aufsicht Ihrer Steuerbehörden auch der fremde Sprit denaturiert werden kann?"

Wie oft ist diese Frage oder eine ähnliche schon England vorgelegt? Und die fast regelmäßige mit seltenen Ausnahmen gleich bleibende Antwort war stets: Wir produzieren in England den Spiritus so teuer, daß wir mit anderen Ländern ohne solches Verfahren nicht konkurrieren könnten, und der Spiritus ist ein so großer und wichtiger Fabrikationszweig, daß wir ihn nicht zugrunde richten können.

Der badische Abgeordnete Lamey sprach es einst in einer Beratung über Elsaß-Lothringens Annexion unumwunden aus: Keine Nation, die eine politische Bedeutung erringen wolle, könne eines gewissen gesunden Egoismus entbehren. In dieser Bemerkung steckt augenscheinlich viel Wahrheit: – andererseits aber wird man zugeben müssen, daß es den ewigen Gesetzen, welche die soziale Entwicklung der Völker bestimmen, nicht entsprechen würde, wenn ein so rücksichtsloser Egoismus, wie die englische Handelspolitik ihn von jeher gezeigt, nicht für die englischen Zustände selbst verderbliche Wirkungen haben sollte. Wenn eine Nation ungestraft eine Mißregierung seiner Kolonien durch Generationen fortsetzen könnte, wie England sie in Ostindien geführt, wo ein schlimmerer Druck auf den niedrigen Volksklassen lastet als selbst auf den unglücklichen Rajahs der Türkei, die jetzt in der Herzegowina den verzweifelten Versuch ihrer Befreiung machen; – wenn eine Nation, nur um die sinkenden Erträge des indischen Reiches zu heben, ungestraft einen so abscheulichen Krieg mit China beginnen dürfte, wie seiner Zeit England den Krieg mit China, um dort die Opiumeinfuhr zu erzwingen –; wenn eine Nation ungestraft mit heuchlerischen Phrasen den Freihandel allen Nationen predigen und selbst durchaus protektionistische Politik, wo ihr eigenes Interesse es verlangt, treiben dürfe, ohne selbst durch solche Politik Schaden zu leiden: so würde man in der Tat an der Gerechtigkeit der Weltordnung irre werden müssen.

Aber wer mit der sozialen Entwicklung Englands sich ernstlich beschäftigt, wird auch die Rückwirkungen seiner ungesunden Politik nicht verkennen können: – täglich sehen wir in England die Kluft zwischen dem großen Kapitalbesitze und dem besitzlosen Arbeiterstande sich vergrößern. Wir sehen das fortwährende Wüten jenes Klassenkampfes, das in immer höherem Maße zur Sklaverei des Arbeiters führt; – wir sehen das vollständige Verschinden des Mittelstandes in Grundbesitz und Handwerk; – wir sehen, wie viele Hunderte von Morgen fruchtbaren Landes jährlich zu Jagdgründen und Parks umgewandelt werden, so daß die Zahl der englischen Grundeigentümer, die unter Adam Smith noch zweihunderttausend war, jetzt nur noch dreißigtausend beträgt –; wir sehen die Entvölkerung des platten Lande und das ängstliche Anwachsen einer zuchtlosen Volksmenge in den großen Städten – wir sehen an der nervösen Aufregung, mit der man in England das Fortscheiten der russischen Kultur in Mittelasien verfolgt, wie sehr das instinktive Gefühl vorherrscht, daß ein Windhauch die englische Macht in Ostindien zu zertrümmern und damit England selbst in eine wirtschaftliche Krisis hineinzuziehen vermag, deren Schrecken man dunkel vorempfindet.

Je mehr die deutschen Sympathien sich einem Lande zuwenden, dessen Bevölkerung uns nahe stammverwandt ist, das in Entwicklung bürgerlicher und religiöser Freiheit ein leuchtendes Beispiel für alle Nationen der Erde gegeben hat und dessen Teilnahme, wie wir wissen, voll und aufrichtig den mächtigen nationalen Aufschwung Deutschlands begleitet; um so höher können wir den Dienst veranschlagen, den wir England selbst leisten, wenn wir uns davor bewahren, das Opfer der Übertreibung des Industrialismus und des Handelsgeistes zu werden, an welchem England selbst so schwer krankt, und durch eine richtige Handelspolitik dahin gelangen, für unsere eigenen Bedürfnisse, soweit wir können, selbst zu sorgen.

6. Die Wirkungen des Freihandels und des protektionistischen Systems in anderen Ländern.

Wenn ich es noch versuche, die Wirkungen des radikalen Freihandels auf verschiedene Länder zu schildern, so folge ich hier zumeist in kurzen Auszügen der trefflichen Carey-schen Darstellung, deren Studium ich nicht angelegentlich genug allen denen empfehlen kann, welche sich nicht damit begnügen, dem breiten Wege der oberflächlichen allgemeinen Meinung zu folgen, sondern ernsthaft entschlossen sind, Fragen erschöpfend erörtert zu sehen, welche nach meiner Meinung Lebensfragen für das deutsche Reich sind.

Von allen Ländern in Europa ist die Türkei[17] zweifellos das am meisten mit natürlichen Rohstoffen gesegnete. Wolle, Seide, Korn, Öl, Tabak können hier in beinahe unendlicher

Menge produziert werden. Thessalien und Mazedonien besitzen Ländereien, die Baumwolle genug erzeugen können, um ganz Europa zu bekleiden, Steinkohlen, Eisenerze, Kupfer sind in unerschöpflichen Massen und von erster Qualität vorhanden. Und in der Tat war die Türkei vor Zeiten nicht nur ein mächtiges, sondern auch ein reiches Land. Tausende von Webstühlen arbeiteten für ganz Europa, die fruchtbaren Niederungen, die jetzt unbebaut und verödet daliegen, lieferten die reichsten Ernten, und Geld war in Hülle und Fülle vorhanden.

Mit mathematischer Genauigkeit läßt sich die Ursache des Verfalls dieses Reichtums feststellen: er datiert von den Verträgen, durch welche die Türkei sich England und Frankreich gegenüber verpflichtete, nie einen höheren Zoll als 3 Prozent auf die Waren dieser Länder zu legen und die Schiffe derselben von den Hafenabgaben zu befreien. Das war allerdings der Freihandel im vollsten Umfange, und wenn erst hundert Jahre später mit dem Ende des vorigen Jahrhunderts, nach der Vervollkommnung der abendländischen Maschinerien, der Massenimport englischer Textil- und Eisenwaren begann, so war es ja ganz natürlich, daß die große Masse der türkischen Bevölkerung sich anfänglich ordentlich zufrieden mit einem Systeme zeigte, das ihnen die Fabrikate in Wollen- und Baumwollen-Zeugen und Eisen billiger lieferte, als sie dieselben bei sich selbst bis dahin erhalten hatten, und ihnen dagegen einen Teil ihrer Rohprodukte wieder abnahm.

Der weitere Verlauf war: 1. daß die gesamten Baumwollen-, Wollen- und Seidenmanufakturen der Türkei zugrunde gingen, daß alle die Tausende fleißiger Hände, welche die dortigen ihrer Zeit so berühmten Webstühle in Bewegung gesetzt hatten, zur Untätigkeit verdammt wurden; 2. daß das bare Geld trotz der unterwertigen Ausprägung, zu der man zunächst seine Zuflucht nahm, außer Landes wanderte und im Inlande verschwand; 3. daß die Rohprodukte des Landes immer unverkäuflicher wurden, weil die Konsumtionsfähigkeit des inneren Marktes eine immer schwächere wurde und England und Frankreich sich aus anderen Quellen versorgten, daß demnach die blühenden Landwirtschaften in Verfall gerieten, die Bauern in weiten Distrikten zu Hirten und aus Hirten zu Räubern wurden, daß die fruchtbarsten Gegenden öde und wüste liegen und in unseren heutigen Tagen die gequälten Rajahs zu dem verzweifelten Kampfe gegen ihre Unterdrücker aufgestanden sind, der die Lösung der orientalischen Frage mindestens wieder eine Etappe weiterrücken wird.

Die Türkei ist heute das ärmste, machtloseste Land Europas: – aber noch der vorletzte Großwesir ist von den großen Prinzipien des Freihandels so sehr überzeugt wie Herr Kamphausen und macht die größten Entschuldigungen, daß er die früher schon auf 8 Prozent erhöhten Zölle auf 20 Prozent erhöhen müsse, – aus dringender finanzieller Not. Er mag sich beruhigen: die Länder, deren Kapitalisten den letzten Rest des türkischen Wohlstandes durch wucherische Anleihen ruiniert haben, (unter ihnen wieder England an erster Stelle) besitzen jetzt nur das eine Interesse, daß die Zinsen jener Anleihen gezahlt werden. Ob die Türkei dazu von den großen Prinzipien des Freihandels abgeht oder nicht, ist ihnen, nachdem das Land seine Kaufkraft gänzlich verloren hat, völlig gleichgültig.

Ganz ähnlich sind die Erfahrungen Portugals,[18] das bekanntlich auch zu Zeiten ein blühendes mächtiges Reich und nach den großen Entdeckungen der portugiesischen Seefahrer einer der bedeutendsten Handelsstaaten Europas war. Das Land war wohlhabend, so lange auf die Entwicklung des inneren Verkehrs und der Industrie entscheidendes Gewicht gelegt wurde, so lange die berühmte Wolle von Estremadura im Inlande verarbeitet wurde und eine Reihe von Fabriken und Manufakturen entstanden war.

Sobald im Jahre 1703 gegen einige Begünstigungen der Einfuhr der portugiesischen Weine in England der Markt des Landes für die englische Textil- und Eisenindustrie frei gemacht war, begann die Verarmung, begann der Untergang aller Verkehrsstraßen, da das Land bald nicht fähig war, sie zu unterhalten, begann die Entvölkerung und der jähe Rückschritt in der Zivilisation der Nation.

Daß die Zustände in Irland[19] sich, seit das Land wirklich den Freihandel genießt, nicht gebessert, sondern verschlechtert haben, ist notorisch. Nach der Aufhebung der lange bestandenen Verbote zur Errichtung von Fabriken und Manufakturen, durch die England das Land zu Grunde gerichtet hatte, ließ die übermächtige englische Fabrikation die Entwicklung einer Industrie, wie Irland sie haben könnte, einfach nicht aufkommen. Eins der fruchtbarsten Länder Europas, hat Irland eine dichte Bevölkerung und die billigsten Arbeitslöhne in Europa, aber die krankhaften Erscheinungen, die der englische Freihandel überall ins Leben ruft, die Latifundien, die Auswanderung, das Elend der niederen Volksklassen, die allgemeine Armut, die Erschöpfung des Grund und Bodens und in Folge davon seine Entwertung – sie zeigen nirgends sich deutlicher als hier.

Deutschland selbst hat ein Land des radikalen Freihandels bis in die neueste Zeit hinein aufzuweisen gehabt: das kleine Mecklenburg, und die ewig wiederkehrenden Folgen des Systems, der Mangel an jeder Industrie, die Latifundien, die Unfreiheit, die Auswanderung, die allmähliche Entwertung des Grund und Bodens sind hier so gut zu beobachten wie überall, obgleich Mecklenburg durch seine glückliche Lage in der Nähe der großen Nord- und Ostseehäfen so lange wenig von den Nachteilen einer dauernden Ausfuhr von Rohprodukten und einer dauernden Einfuhr von Fabrikaten gewahr wurde, als England noch auf deutsches Getreide angewiesen war.

Nirgends haben jedoch die Wirkungen des radikalen Freihandels jederzeit sich fühlbarer gemacht und bieten für das Erkennen der ewigen Gesetze des menschlichen Verkehrs und der sozialen Entwicklung ein reicheres Feld der Beobachtung als in den Vereinigten Staaten Nordamerikas,[20] denn hier haben die verschiedenen Systeme, das protektionistische und das Freihandelssystem, abwechselnd die Herrschaft gehabt, bis nach dem Sezessionskriege ein scharfes Schutzzollsystem (fast ein Prohibitiv-System für einzelne Waren) die Oberhand erhielt und anscheinend die protektionistischen Tendenzen ein dauerndes Übergewicht gewonnen haben.

Von diesem Wechsel der Dinge, deren letztes Stadium die Herausgabe des Careyschen Systems der Sozialwissenschaft (1865) erst gefolgt ist, gibt der gedachte Autor folgende Schilderung, deren Treue und Richtigkeit durch die letzte eingetretene Wendung ihre volle Bestätigung erhält:

Die zahlreichen Fabriken und Manufakturen, welche 1812 bei Eröffnung des Krieges gegen England entstanden waren, gingen mit dem Frieden und dem Wiederbeginn des englischen Imports unter. Die Folgen des letzteren: Sinken der Arbeitslöhne und Entwertung des Grund und Bodens führten zuerst 1924 ein halb-, dann 1828 ein völlig protektionistisches Zollsystem herbei. Sofort entwickelte der innere Verkehr sich zu hoher Blüte, die Arbeitslöhne wurden reichlicher, der Wert des Grund und Bodens stieg, die Geldkalamität hörte auf. Dann gewannen wieder die Freihändler der Südstaaten, die Sklavenhalter die Oberhand und setzten 1833 einen Kompromiß durch, in Folge dessen die Schutzzölle allmählich abgeschafft werden und 1842 ganz verschwinden sollten – aber lange vor diesem Termine waren die alten Notstände, schwere Handelsunterbilanzen, Sinken und Stocken des inneren Verkehrs, Fallen der Arbeitslöhne, Geldmangel, Entwertung des Grund und Bodens, so vehement wieder eingetreten, daß ein Umschwung der Politik und eine Rückkehr zum Schutzzollsystem erfolgte, das dann wiederum 1846 verlassen wurde.

Seit Beendigung des Sezessionskrieges hat nun, wie es scheint, dauernd das protektionistische System die Oberhand gewonnen, und wenn Carey von den früheren Perioden sagt, daß jedes Mal mit dem Freihandel dieselben trostlosen Folgen eintraten, während sofort bei der Rückkehr zum protektionistischen Systeme das Land wie mit einem Zauberschlage sich erholte, so würde er heute mit Stolz darauf hinweisen können, daß die Vereinigten Staaten heute nach der mehrjährigen Dauer des jetzigen protektionistischen Systems nicht nur Rohprodukte, sondern Fabrikate in gewaltigen Massen exportieren, – ein Beleg zu dem Werte des von der Manchester-Schule gepredigten Satzes, daß der Schutzzoll die Exportfähigkeit eines Landes vernichte, –

◆ daß sie eine ungeheure Kriegsschuld in jährlich wachsendem Quantum zu tilgen vermochten,

- daß Arbeitslöhne und Wert des Grund und Bodens ständig steigen,
- daß die Produktion des Landes in unglaublich schnellen Progressionen wächst,[21]
- daß Kredit und Bargeld in ausreichendem Maße vorhanden sind. –

Ein anderes großes Reich, das mit glücklichstem Erfolge das protektionistische System bei sich entwickelt hat, ist das Russische. Bei allen bekannten Gebrechen der russischen Verwaltung, bei aller Härte in der Unterdrückung der wirtschaftlichen Entwicklung seiner polnischen Provinzen und bei den wunderbaren, noch halb barbarischen, chaotischen Zuständen, in denen sich die bäuerlichen Grund- und Bodenbesitzverhältnisse befinden,[22] nachdem die Leibeigenschaft aufgehoben: zeigt Rußland so überraschende Fortschritte in der Entwicklung seines inneren Verkehrs, seiner Industrie, seiner Manufakturtätigkeit, daß dieselben uns mit Bewunderung erfüllen müssen. Während Eisenbahnen und Wasserstraßen das ganze Reich durchschneiden, der Export russischer Produkte in gewaltigen Progressionen wächst, nimmt der Import fremder Eisen- und Textilwaren eher ab als zu, und die Zeit scheint nicht fern, wo es dieses Importes gänzlich wird entbehren können. – Steigende Arbeitslöhne, steigender Wert des Grund und Bodens, Fallen des Zinsfußes, Steigen des Kredites, Zuströmen des Bargeldes: kurz, alle Symptome einer gedeihlichen Entwicklung des nationalen Wohlstandes kommen hier so lebendig und deutlich zur Geltung, daß in der Tat nur das eine wunderbar ist, daß dieser wirtschaftliche Aufschwung unseres nächsten und mächtigsten Nachbarn in Deutschland einer weit geringeren Aufmerksamkeit gewürdigt wird als man es erwarten und voraussetzen sollte.

Aber die glänzendste Richtigkeit der Careyschen Lehre bietet doch die neuere wirtschaftliche Entwicklung Frankreichs[23] dar.

Seit einer der größten Staatsmänner, die jemals berufen waren, das wirtschaftliche Leben einer Nation zu leiten, der Minister Colbert, in seinem bekannten Berichte an Ludwig XIV. die Grundsätze seiner Handelspolitik dahin präzisierte, daß er die Ausfuhrzölle auf alle heimischen Produkte herabsetzen, die Einfuhrzölle auf Rohprodukte vermindern, fremde Manufakturen aber mittelst einer Erhöhung der Zölle möglichst ausschließen wolle, hat Frankreich mit kurzen vorübergehenden Abschwächungen konsequent das protektionistische System festgehalten.

Colbert hat, von seiner Zeit Ideen beherrscht, sicher manche Mißgriffe im Sinne des starren Merkantilismus getan (z.B. die Ausfuhrverbote für Getreide) – aber er hat die Grundlage des Zustandes geschaffen, welche Frankreich heute noch zum reichsten Lande der Welt macht, indem er zahllose Manufakturen und Fabriken über das ganze Land ins Leben rief und dadurch den Produzenten in unmittelbare Berührung mit dem Konsumenten brachte, eine Menge kleiner Assoziationszentren schuf und so der politischen Zentralisation gegenüber das Gegengewicht einer wirtschaftlichen Dezentralisation ins Leben rief, auf der noch heute der allgemeine Wohlstand Frankreichs beruht.

Dieser wirtschaftlichen Dezentralisation hat Frankreich es zu verdanken, daß weit später, nach dem Wegfall der gesetzlichen Schranken, die Zerteilung des Grundeigentums wirklich ins Leben trat und dadurch die blühende reiche Landwirtschaft hervorrief, die heute auch an landwirtschaftlichen Produkten mehr liefert, als das Land selbst bedarf.

Dieser wirtschaftlichen Dezentralisation ist es zu danken, daß jener hohe Grad kunstsinnigen Gewerbefleißes sich über ganz Frankreich verbreitete, der noch heute den französischen Fabrikanten einen so großen Vorsprung auf dem Weltmarkt sichert.

Dieser wirtschaftlichen Dezentralisation und ihrem dauernden Schutze ist endlich jene wunderbare Elastizität der französischen Finanzen zuzuschreiben, welche das französische Volk in den Stand setzt, seine politischen Revolutionen, seine schweren Niederlagen in unglücklichen Kriegen mit so staunenswerter Leichtigkeit und Schnelligkeit zu überwinden.

Die Überredungsgabe des Herrn Cobden hat unter dem letzten Kaiser einmal eine Hinneigung zu Freihandelsprinzipien zu erwirken vermocht, eine Hinneigung, die sich als sehr entschiedener wirtschaftlicher Fehlgriff erwies und der Regierung ihrer Zeit wahrscheinlich die Sympathien eines guten Teils der Nation mehr entfremdet hat, als man gemeinhin annimmt. Aber es verdient wohl beachtet zu werden, daß diesem Verlassen der hergebrachten französischen Handelspolitik politische Motive mit zugrunde lagen, nämlich der Wunsch nach der englischen Allianz einerseits, und die Absicht, die großenteils orleanistisch gesinnten Großindustriellen zu schädigen andererseits; und ebenso soll man nicht vergessen, daß gleichzeitig jenes vorzügliche System der Vicinalstraßen über ganz Frankreich verbreitet wurde, das sich für den inneren Verkehr des Landes von so unschätzbarem Werte erwiesen hat.

Gleichwohl traten zu dieser Zeit Symptome ein, wie wir sie heute in so bedenklicher Weise in weit verstärktem Maße in Deutschland wahrnehmen. Die französische Textil- und Eisen-Industrie konnte den englischen Import so wenig ertragen als die deutsche. In den Arbeitslöhnen trat ein Stillstand, in der Fabrikationstätigkeit trat eine Verminderung ein, der Geldmarkt wurde schwierig. Erst der Wiederherstellung und wesentlichen Verschärfung des protektionistischen Systems, das jetzt nahezu ein prohibitives geworden ist, blieb es vorbehalten, die Exportfähigkeit und Produktionskraft Frankreichs wieder in dem hohen Grade zu steigern, daß heute alle entgegengesetzten Erscheinungen zutage treten. Die Arbeitslöhne steigen, die Handelsbilanz ist stetig zu Gunsten Frankreichs, das Bargeld strömt zu, von dem lebendigen inneren Verkehre gerufen, die landwirtschaftlichen Erträge und der Wert des Grund und Bodens steigen, der Zinssatz sinkt, die Unternehmungslust wächst – und das alles, nachdem Frankreich soeben 10 Milliarden gezahlt und zwei Provinzen verloren hat!

7. Die Handelspolitik Deutschlands[24]

Nach den gewaltigen napoleonischen Kriegen im Beginne des Jahrhunderts wurde es als eine auffallende Erscheinung betrachtet, daß der langersehnte Frieden die wirtschaftlichen Kalamitäten des Landes nicht nur nicht zu heilen vermochte, sondern daß im Gegenteil die Manufaktur- und Fabriktätigkeit, welche unter dem Schutze der Kontinentalsperre sich zu entwickeln vermocht hatte, bei dem Wiederbeginn des englischen Importes völlig abzusterben drohte. Es ist zweifellos, daß diese Beobachtungen den ersten Anlaß zu der Herstellung von Zollschranken und somit zu der Bildung des Zollvereins gaben. Man wollte kein Prohibitionssystem einrichten, aber doch die inländische Industrie vor dem Untergange bewahren, der ihr zu drohen schien, nachdem man in England sich ganz offen darüber ausgesprochen hatte, die kontinentale Industrie müsse, wenn auch mit Opfern, im Keime erstickt werden.

Eine Durchsicht der Zollsätze der damaligen Zeit für Eisen- und Textilindustrieprodukte und ein Vergleich mit den Sätzen, zu denen der Zollverein in späteren Zeiten gekommen ist, wird jedem die Überzeugung geben, daß bis in die jüngste Zeit hinein ein ziemlich scharfes protektionistisches System in Deutschland regierte.

Während dieser Periode, hat Deutschland und insbesondere Preußen es vermocht:

- die drückenden Kriegsschulden zu tilgen,
- den nationalen Wohlstand zu einer früher nicht gekannten Blüte zu entwickeln,
- einen deutschen Kapitalbesitz im Ausland, der nicht unbeträchtlich ist, zu erwerben,
- das Land mit einem Netze von Chausseen und dann mit Eisenbahnen zu überziehen,
- die landwirtschaftlichen Erträge und mit ihnen den Wert des Grund und Bodens zu steigern,
- die Arbeitslöhne stetig wachsen, den Zinsfuß sinken zu lassen.

Selbst die industriearmen Provinzen des Ostens, in denen der englische Import die Oberhand behielt, vermochten sich zu erholen, da sie noch bis in die jüngste Zeit hinein die Kornkammer Englands bildeten.

Eine blühende Textil- und Eisenindustrie entstand in der Mark, in Schlesien, Westfalen und am Rhein. Deutsche Wollen-, Baumwollen- und Leinenwaren vermochten nicht nur den inländischen Bedarf zu decken, sondern auch auf ausländischen Märkten Absatz zu gewinnen, wo die Sorgfalt der Regierungen ihnen durch Handelsverträge Importvergünstigungen zu verschaffen wußte.

Es war eine praktische Verwirklichung des Colbertschen Systems, die in Deutschland Platz gegriffen hatte, des Systems, dessen volle Übereinstimmung mit den Grundlehren von Adam Smith durch Carey überall schlagend nachgewiesen wird, des Systems, *welches nicht auf den auswärtigen Handel, sondern auf die Entwicklung des inneren Verkehres* das Hauptgewicht legt, den Produzenten überall in unmittelbare Berührung mit dem Konsumenten zu bringen sucht, die willkürliche Verschiebung des natürlichen Marktes hindert und der Klasse der Zwischenhändler eine möglichst geringe Tätigkeit zuweist.

Heute herrscht die entgegengesetzte Strömung: nicht auf den inneren Verkehr, sondern auf den auswärtigen Handel soll das Hauptgewicht gelegt werden; der Export wird als die Lebensfrage für jede Industrie betrachtet, der Markt wird künstlich nach den großen Handelsplätzen zentralisiert, der Lokalverkehr möglichst belastet; der Klasse der Zwischenhändler wird die Hauptrolle im Verkehr zugewiesen. Nach den Stimmungen, welche heute in den maßgeblichen Faktoren die Oberhand gewonnen haben, muß das ganze alte System ein fortgesetzter Fehler gewesen sein; die Handelsverträge sind ein überwundener Standpunkt, und die Grundsätze des Freihandels, d.h. nach den falschen Interpretationen der Manchester-Schule, für die der alte Adam Smith sich bedanken würde, sollen mit Dampf verwirklicht werden, mag die deutsche Industrie auch darüber zugrunde gehen.

Nun hat Deutschland die Hinneigung zum Freihandel, welche schon längst die alten Grundsätze des Zollvereins wesentlich alteriert hatte, ertragen können, solange unsere Nachbarstaaten mit wenig entwickelter Industrie, wie namentlich Österreich, Italien und Rußland (nicht zu ihrem Vorteile) ähnlichen Handelsprinzipien huldigten, solange der amerikanische Markt ein lohnendes Absatzgebiet für deutsche Produkte blieb und Frankreich durch Handelsverträge verhindert war, seine Zölle in dem Grade zu Prohibitionszöllen zu gestalten, wie es dies heute getan. Aber alle diese Dinge haben sich geändert, der nordamerikanische, der russische, der französische Markt sind durch die Prohibitionssysteme dieser Länder zum größten Teil für uns verschlossen; auf dem österreichischen und italienischen Markte schlägt uns die englische Konkurrenz allmählich ebenso aus dem Felde wie auf den außereuropäischen Märkten, auf denen unsere Ware Eingang gefunden hatte – und der eigene innere Markt ist, wie ich oben nachgewiesen, für unsere Textilindustrie schon größtenteils verloren, und für die Eisenindustrie steht dasselbe bevor.

Erwägt man nun dabei, daß Deutschland eine Reihe von Produkten braucht, die Lebensbedürfnisse der Nation geworden sind, wie z.B. Kaffee, Tee, Reis, Baumwolle, Seide, Edelmetalle, und die es selbst gar nicht oder nur in verschwindend kleinen Quantitäten hervorzubringen vermag, umgekehrt aber kein einziges Produkt liefert, das von anderen Ländern notwendig gebraucht würde: so wird man sich schwerlich wundern können, die Handelsbilanzen dauernd ungünstig für uns ausfallen zu sehen, so lange wir alles dazu tun, um auch die Produkte, welche wir selbst erzeugen können, vom Auslande beziehen zu müssen.

Wenn diesen wirtschaftlichen Zuständen bisher weniger Aufmerksamkeit zugewendet worden ist, als man voraussetzen sollte, so scheint mir, liegt die Schuld wesentlich an der Gewöhnung der vergangenen Jahre, den Zollverein mehr in seiner politischen Bedeutung als Einigungsband der deutschen Stämme zu betrachten. Man konnte sich ja vielfach mit Recht sagen, daß die Partikulärinteressen und Eifersüchteleien der Einzelstaaten auf seine Wirtschaftspolitik von größerem Einflusse waren, als die wirtschaftlichen Bedürfnisse der Nation, und so entwöhnte sich diese mehr und mehr, praktisch in die Gestaltung ihres wirtschaftlichen Lebens einzugreifen, und wurde mehr und mehr geneigt, Doktrinen und Theorien als unfehlbar anzusehen, die sie bei hergebrachter unmittelbarer Beteiligung an der Bildung einer bestimmten Handelspolitik, meiner Überzeugung nach, längst als praktisch unausführbar und verderblich verworfen haben würde.

Auch wird niemand leugnen, daß die Regierungen ihrerseits ernstlich bemüht waren, durch Handelsverträge den deutschen Waren Eingang in anderen Ländern zu verschaffen und so den Import fremder Fabrikate auszugleichen, während heute die Reichsregierung in dem verhängnisvollen Irrtume befangen ist, daß das deutsche Reich inmitten schutzzöllnerischer Staaten gelegen der Handelsverträge entbehren und sich eine auf eigenen Füßen stehende Freihandelspolitik einrichten könne.

Diese Wirtschaftspolitik wird die Freude aller Zwischenhändler sein, deren Einfluß, Reichtum und Macht in eminenter Weise für sie wachsen muß, und kann allerdings das Resultat herbeiführen, daß Deutschland vielleicht eines der billigsten Länder der Welt wird, woran wiederum alle diejenigen, die als Beamte, Rentiers etc. eine unwandelbare Geldrente beziehen, ein sehr lebhaftes Interesse haben werden (und diese Klasse der Bevölkerung ist ja gerade in den parlamentarischen Körperschaften sehr stark vertreten). Aber die große Masse der Nation, welche produziert und deren Einkommen von der Einträglichkeit dieser Produktion abhängt – mögen es Arbeiter, Unternehmer oder Kapitalisten, Industrielle oder Landwirte sein – hat allerdings das durchaus entgegengesetzte Interesse. Für diese ist die möglichst hohe Verwertung der Produktion, eine Verwertung, die mindestens annähernd der Verwertung entspricht, welche die gleiche Produktion in anderen zivilisierten Ländern hat, eine Lebensfrage. –

Nicht die Billigkeit der Rohprodukte eines Landes ist das Zeichen seiner Zivilisation und seines Wohlstandes – wie Minister Kamphausen zu wähnen scheint, – sondern die möglichste Annäherung der Preise der Fabrikate und der Rohprodukte. Je mehr der Preis der Backware, wie sie zum menschlichen Konsum dient, sich dem des rohen Getreides nähert, je mehr der Preis der Eisen- und Stahlwaren, wie sie zum unmittelbaren Gebrauche dienen, sich dem des Eisenerzes nähert: um so sicherer kann man den Rückschluß ziehen auf den wachsenden Reichtum der Nation; denn diese Annäherung hängt wiederum nicht ab von der Billigkeit der Arbeitslöhne, sondern wesentlich von der Stärke der

Nachfrage nach den Rohprodukten, von der maschinellen Vervollkommnung ihrer Verarbeitung, von der Lebendigkeit des inneren Verkehrs, der Schnelligkeit und Häufigkeit des Umsatzes, die ihrerseits wiederum bedingt werden durch möglichst unmittelbare Annäherung der Produzenten und Konsumenten, vorzügliche Verkehrsstraßen und diejenige intellektuelle Ausbildung der Nation, welche nicht alleine auf guten Schulen, sondern ebenso sehr auf der Mannigfaltigkeit und Vielseitigkeit ihrer Produktion beruht.

Wer für Deutschland eine Handelspolitik befürwortet, die diese Ziele verfolgt, braucht nicht dazu zu gelangen, ein Prohibitivsystem gleich dem amerikanischen, französischen oder russischen herbeizuwünschen, das in Deutschland gerade wegen unserer geographischen Lage im Herzen Europas mutmaßlich ganz andere Resultate haben würde, als dort: – sondern er kann (mit dem Minister Kamphausen) mäßige Schutzzölle für dasjenige System erachten, welches sich für unser Vaterland vorzugsweise eignet. Aber wenn diese Schutzzölle überhaupt einen Sinn haben sollen, werden sie allerdings so gestaltet sein müssen, daß die deutsche Industrie auf dem einheimischen Markte einen gewissen – wenn auch geringen – Vorzug zu behaupten im Stande ist.

Will man dies nicht gelten lassen, so möge man es immerhin einmal mit dem radikalen Freihandel versuchen. Besser ein Ende mit Schrecken, als ein Schrecken ohne Ende! – Wenige Jahre eines solchen Versuches werden meiner Überzeugung nach genügen, das Land über seine wahren Interessen aufzuklären und das Übergewicht zu vernichten, welches heute die Stimmen der Seehandelsplätze, der Zwischenhändler und der verblendeten Agrarier in den maßgebenden Faktoren für den radikalen Freihandel in die Waagschale werfen.

Deutschland ist reich genug, um ein solches Experiment ertragen zu können, das sicher in kürzester Frist zu einer gesunden Handelspolitik zurückführt, aber nicht reich genug, eine Handels- und Finanzpolitik dauernd zu behalten, welche wie eine schleichende Krankheit langsam das Mark des Volkes verzehrt.

Mit gerechtem Stolze haben wir es 1866 wie 1870 empfunden, daß nicht – um mit des alten Blüchers Worten zu reden – die Federn der Diplomaten die Erfolge deutscher Schwerter zunichte gemacht haben, sondern daß die Weisheit und Energie des Fürsten Bismarck dem deutschen Volke die Früchte seiner Siege unverkümmert erhalten hat. Aber möge die deutsche Nation darauf achten, daß ihr nicht auf wirtschaftlichem Gebiete die Kraft entzogen wird, jene politische Machtstellung zu behaupten, welche die einige Vaterlandsliebe und Tapferkeit der deutschen Stämme im heißen Kampfe errang, und welche das Genie des großen Staatsmannes, dem die Leitung unserer äußeren Politik anvertraut ist, so glücklich und vielverheißend zu gestalten vermochte. Möge sie dessen eingedenk bleiben, daß eine falsche Wirtschaftspolitik nicht alleine die Verarmung, sondern auch die Wehrlosigkeit Deutschlands zur notwendigen Folge haben muß, und sich der ernsten Prüfung nicht entziehen, ob die Bahnen unserer heutigen, nach den Grundsätzen der Manchesterschule geleiteten Handelspolitik heilbringende oder verderbliche sind.

* * *

Im Begriffe, die vorstehende kleine Schrift dem Druck zu übergeben, werde ich von befreundeter Seite auf eine Publikation des Herrn von Unruh in der „Gegenwart", – die volkswirtschaftliche Reaktion – aufmerksam gemacht, die ich allen zu Lektüre empfehlen kann, welche das ABC der Manchester-Schule übersichtlich, kurz und faßlich zusammengestellt sehen wollen: ein ABC, das mir um so geläufiger ist, als ich es Jahre hindurch mit dem Glauben an seine Unfehlbarkeit nachgebetet habe.

Der Irrtum der Gegenüberstellung des Konsumenten und Produzenten, den Carey in wahrhaft klassischer Art widerlegt,[25] indem er zeigt, wie wenig diese Begriffe auseinanderzuhalten sind, vielmehr konstant ineinander übergehen;

♦ die Lehre, daß der Export alleine den Wohlstand einer Nation begründe, während schon Adam Smith nachweist, daß eine Nation ohne jeden Export zu Reichtum lediglich durch den inneren Verkehr gelangen kann, und daß das in diesem angelegte Kapital für das Land 24mal mehr wert ist, als das im auswärtigen Handel angelegte;[26]

- die Lehre, daß der Freihandel allein die Exportfähigkeit eines Landes begründe, wovon ich den praktischen Gegenbeweis zu führen versucht habe;
- die Lehre, das Mittel, Deutschland wohlhabend zu machen, sei die Herabsetzung der Arbeitslöhne;
- die Lehre, England sei ein Freihandelsland und durch den Freihandel reich geworden;
- die Lehre, Freihandel brauche nicht auf Gegenseitigkeit zu beruhen, sondern die Zölle wären vielmehr Bevorzugungen einzelner Industrien;
- alle diese Lehren, die ich heute als ebenso viele Irrtümer zu betrachten gelernt habe, sind hier in der populären Form vorgetragen, die Herrn von Unruh so gut zu Gebote steht, und wenn es mir alleine darauf ankäme, Recht zu behalten, könnte ich nur den Wunsch wiederholen, daß einmal der Versuch mit der Verwirklichung dieser Grundsätze praktisch gemacht würde, um Deutschland über ihren Wert zu belehren.

Selbst Stuart Mill,[27] den niemand für engherzig oder befangen erachten wird, läßt noch Schutzzölle bedingungsweise als notwendig und wohltätig gelten und erkennt an, daß billige Nahrungsmittel und große Industrien als unverträgliche Dinge nach der Erfahrung der verschiedenen Länder erscheinen.

Das ist aber natürlich für unsere deutschen Manchestermänner, Herrn von Unruh an der Spitze, ein längst überwundener Standpunkt. Sicher hat Herr von Unruh Recht, daß unsere wirtschaftliche Krisis mit der Überspekulation hervorgegangen ist. Aber ich frage, wie kann eine Nation eine solche vermeiden, wenn sie in kurzen Fristen Milliarden aufnehmen muß und durch Kündigung der Staatsschulden kolossale Kapitalien gezwungen werden, neue Anlagen und Verwendungen aufzusuchen? – und behaupte meinerseits, daß die Krisis heftig potenziert und zu einer chronischen Krankheit doch erst durch unsere verkehrte Handelspolitik

geworden ist und die falsche Behandlung unseres Geldmark-
tes. (cf. die Tatsache, daß die englische Industrie mit einem
Diskontsatz von 2½ Prozent, die unsrige mit einem solchen
von 6 Prozent arbeitet.)

Daß Herr von Unruh deduktiv von der Unanfechtbarkeit
seiner Voraussetzungen überzeugt ist und dies in nachdrück-
licher Sprache dokumentiert, ist natürlich – ob ihm der
induktive Nachweis geglückt ist, daß der Freihandel die Länder reich mache, oder mir der Gegenbeweis, überlasse ich der
Beurteilung unserer Leser.

Anmerkungen

1. Buckel, Geschichte der Civilisation in England, Bd. I S. 38 in der
   Rugeschen Übersetzung.
2. Carey, System der Socialwissenschaft in der trefflichen Adlerschen
   Ausgabe, Bd. I S. 27 u. 232 u.f.
3. Adam Smith, Wealth of Nations, Bd. II Ch. V und Bd. III Ch. I und
   IV Commercial System. Natürlich wird von der Manchester-Schule
   und schon früher von MacCulloch gerade dieser Satz A. Smiths auf
   das Heftigste angefochten. cf. McCulloch: Principles of political
   economy, introduction.
4. Wenn ein so hervorragender Volkswirt wie M. Wirth meint, falls zu
   diesen Transportkosten noch Zölle hinzuträten, würde die Ware ja
   doppelt verteuert, so würde dieser Einwand richtig sein für Waren,
   die ein Land nicht selber produziert – aber er ist durchaus hinfällig,
   sobald die Zölle eben die Veranlassung der eigenen Produktion geben, denn dann fallen doch z.B. die überseeischen Transportkosten
   fort, die irgendwo in Rechnung gestellt werden müssen, wenn wir
   Fabrikate aus England oder Amerika beziehen.
5. Adam Smith, Wealth of Nations, Bd. IV.
6. Carey, Bd. II 419, 611-616, 636.
7. David Hume, Essays and Treatises on Several Subjects, London
   1753.
8. Friedrich Stöpel, Betrachtungen über die Handels-Bilanz im Jahre
   1873.
9. Wie es scheint, ist das Reichseisenbahnamt ernstlich damit beschäftigt, den möglichen gesunden Kern aus dem System der Differentialtarife herauszuschälen und die Auswüchse zu beseitigen.
10. Vgl. Carey, Bd. I, 403.
11. Adam Smith, Wealth of Nations, Ch. VIII – Wages of Labour. „The

liberal reward of labour therefore, as it is the necessary effect, so it is the natural symptom of increasing national wealth. The scanty maintenance of the laboring poor, on the other hand, is the natural symptom, that things are at a stand and their starving condition, that they are going fast backwards."

12. Siehe dagegen Carey, Bd. III Cap. 51, wo in überzeugender Weise nachgewiesen wird, daß bei regelmäßigem Verlauf der Dinge umgekehrt die Gewinnquote des Arbeiters in stärkeren Progressionen wächst als die des Kapitalisten.

13. Der Vieh-Import aus Deutschland ist auf einen Quarantäne-Hafen beschränkt und betragen die Kosten der Quarantäne circa fünf Taler pro Stück Vieh.

14. Mit das Hervorragendste und Beste, was über Streiks geschrieben worden, findet sich in dem Leitartikel der Schlesischen Zeitung (1871, *„Betrachtungen über Strikes"*), was ich um so lieber anerkenne, als dasselbe Blatt bezüglich der Lohnfrage (1873 *„Sociales"* und 1872 *„Unser Standpunkt zur socialen Frage"*) eine Ansicht durchblicken läßt, die von der meinigen abweicht.

15. Carey, Bd. I, 531-550

16. In den Kolonien zahlen auswärtige Fabrikate einen Wertzoll von 15%, englische einen solchen von 5%.

17. Carey, Bd. I, 175, 362, 400. Bd. II, 617.

18. Carey, Bd. I, 317, 395.

19. Carey, Bd. I 365, 411. Bd. II 85, Bd. III 18, 193, 306, 368, 440.

20. Carey Bd. II 223-278 und 302. Bd III 315 u.f.

21. Georgia, früher ein verkommener Sklavenstaat, produziert seit dem Sezessionskrieg 50% mehr als früher, hat eine blühende Zeug- und Eisenindustrie erhalten etc.

22. Bekanntlich eine seltsame praktische Verwirklichung des Kommunismus.

23. Carey, Bd. II 42 bis 115, Bd. III 574 und 419.
    Rau, Grundsätze der Volkswirthschaftslehre, Bd. I Kap. 34.
    Say, Traité d'Economie politique, ch. XVI.
    Blanqui, Histoire d'Economie politique, T. II p. 237.
    M. Chevalier, Examen du système commercial.

24. Vergleiche : Carey, Bd. I, 158. II, 16′52. III, 245 und 363.
    Hoffmann, Lehre von den Steuern.
    List, Nationales System der politischen Ökonomie.

25. Carey, Bd. III, 3.

26. Adam Smith, Wealth of Nations, B. III, ch. 5.

27. Stuart Mill, Principles of Political Economy, V. 10, zitiert von Carey III. 570.

III.

LEHREN AUS DER GESCHICHTE 2:

DIE ALTERNATIVE ZUM FASCHISMUS

Die Bedeutung des Lautenbach-Plans heute

Wie die Machtübernahme der Nazis hätte verhindert werden können!

- ♦ *Wie kann die Arbeitslosigkeit wirksam gesenkt und Millionen produktiver Arbeitsplätze geschaffen werden?*
- ♦ *Welche Vorschläge wurden dazu 1931-32 vorgelegt, die Hitlers Machtergreifung verhindert hätten, wenn sie rechtzeitig durchgeführt worden wären?*
- ♦ *Wie läßt sich der Transrapid auch bei uns finanzieren?*

Zu dieser Problematik hielt Helga Zepp-LaRouche am 18. Dezember 2002 bei einem Seminar der EIR-Nachrichtenagentur eine wichtige Rede, welche von der Bürgerrechtsbewegung Solidarität in großer Auflage verbreitet wurde.

Von Helga Zepp-LaRouche, Vorsitzende der Bürgerrechtsbewegung Solidarität

Die Wirtschaftsdebatte Anfang der 30er Jahre ist heute ein wirkliches Tabuthema. Es ist schon ein erstaunliches Phänomen, daß über diese Diskussion, die damals im Bewußtsein aller Beteiligten eine ungeheure Bedeutung besaß, heute so gut wie nicht gesprochen wird und kaum jemand von ihr weiß.

Was macht diese Wirtschaftsdebatte heute so brandaktuell? Das System der Globalisierung, der freien Marktwirtschaft, ist hoffnungslos bankrott. Wer sich das bisher nicht vergegenwärtigt hat, den möchte ich bitten, die Rede eines der Gouverneure der US-Notenbank Federal Reserve, eines gewissen Ben S. Bernanke, zu lesen, die dieser vor einigen Wochen gehalten hat. Diese Rede wird im Augenblick in den Zentralbanken und unter allen Insidern in London, der Wall Street, in Zürich, lebhaft diskutiert, weil sie einen Tabubruch von ungeheuerlicher Dimension darstellt. Bernanke sagte, daß es heute mit den Mitteln der elektronischen Geldvermehrung viel einfacher sei, Liquidität zu erzeugen, als zu den Zeiten, als man noch eine altmodische Druckerpresse brauchte, um Geld zu drucken. Damit hat er eines der bestgehüteten Geheimnisse der „freien Marktwirtschaft" preisgegeben: Wenn das System in existentielle Schwierigkeiten gerät und in einer sich kaskadenartig ausbreitenden Bankrottwelle von Großbanken und Großkonzernen im Chaos platzender Spekulationsblasen unterzugehen droht, bleibt entsprechend dieser Ideologie als verbleibendes letztes Mittel nur noch die Geldschöpfung über die Druckerpresse. Genauso ging 1923 die Reichsbank vor, nur mit dem Unterschied, daß diese hyperinflationäre Geldschöpfung damals auf Deutschland begrenzt blieb, während heute die ganze Welt betroffen ist. Aber, wie man sich aus der Geschichte erinnern sollte, frißt jegliche *Hyperinflation* – und von nichts anderem spricht Bernanke – alle Geldwerte auf, vor allem die Sparguthaben der kleinen Leute.

Rückblick in die Ära Brüning

Zur Zeit des Übergangs der Regierung Müller zur Regierung Brüning, auf die dann von Papen und von Schleicher folgten, trat das Versagen der demokratischen Kräfte deutlich zutage. Keine der Reichstagsparteien verfügte damals angesichts des Scheiterns des „liberalen Systems" über ein politisches und wirtschaftliches Konzept. Ein wichtiger Teil dieses Systems waren die Reparationszahlungen, die Deutschland leisten mußte. Als die große

Koalition unter Müller scheiterte, folgte eine ganze Reihe von Regierungen, die alle mit Notverordnungen regierten und alle untergingen.

Von Schleicher, der die Katastrophe theoretisch hätte abwenden können, kam im Dezember 1932 viel zu spät an die Regierung. Damals war der Druck der Anglo-Amerikaner, die über den Reichstagspräsidenten Hjalmar Schacht Hitler an die Macht bringen wollten, schon viel zu groß, und die Situation war einfach zu weit fortgeschritten.

Heute befinden wir uns in einer ähnlichen Situation. Keine der Bundestagsparteien hat ein Konzept, was zu tun ist. Der systemische Kollaps heute ist weit schlimmer als die große Depression der 30er Jahre. Es gibt zwar Parallelen, wie etwa ein Vergleich der Aktienkursentwicklung von 1918-40 und von 1980 bis heute zeigt, aber die Systemkrise ist heute viel gravierender.

Afrika ist praktisch schon zusammengebrochen, und wir sind jetzt Zeuge der Desintegration Lateinamerikas. Amerika war damals der größte Kreditgeber; heute ist Amerika der größte *Schuldner* in der Geschichte der Finanzmärkte. Deswegen besteht die reale Gefahr einer Neuauflage des Artikel 48, und vielleicht einer Diktatur.

Man sollte eigentlich annehmen, daß dieses Thema für das heutige Deutschland von allergrößtem Interesse sei. Denn damals gab es eine breite Koalition gesellschaftlicher Kräfte, die sogenannten „Reformer", zu der Anfang der 30er Jahre der Allgemeine Deutsche Gewerkschaftsbund (ADGB) sowie eine Gruppe von Ökonomen um Dr. Wilhelm Lautenbach, der eine führende Funktion im Reichswirtschaftsministerium innehatte, aber auch industrieorientierte Bankiers gehörten, die verschiedene Konzepte vorlegten, wie man durch produktive Kreditschöpfung die Arbeitslosigkeit überwinden könnte.

1933 setzte Franklin D. Roosevelt die Politik des „New Deal" durch und führte Amerika mit Hilfe produktiver Kreditschöpfung aus der Depression heraus. Hätte sich damals in Deutschland die gleiche Politik durchgesetzt, wie sie von Woytinsky und Lautenbach vertreten wurde, wäre Hitler

wohl kaum an die Macht gekommen, und der Zweite Weltkrieg wäre uns erspart geblieben.

Um so erstaunlicher ist es, daß diese wirtschaftspolitische Debatte von 1930 bis 1932 in Deutschland fast völlig
totgeschwiegen wird. Statt dessen herrscht allerorten der
Mythos vor, die Nazis und Hjalmar Schacht hätten mit der
Arbeitsbeschaffung die Arbeitslosigkeit überwunden. Aber
so war es nicht.

Die Wirtschaftsdebatte 1930-32

Am 28. Juni 1928 bildete der Sozialdemokrat Herrmann
Müller eine große Koalition aus SPD, DVP, Zentrum
und Deutscher Demokratischer Partei. 1929 kam es zum
Börsenkrach. Bereits Anfang 1930 wurde Müller im Zusammenhang mit einem Streit über die Finanzierung der
Arbeitslosenversicherung gestürzt. Im März 1930 lag die
Zahl der Arbeitslosen um 537000 Personen höher als im
gleichen Vorjahresmonat. Am 30. März 1930 beauftragte
Reichspräsident Hindenburg dann Brüning mit der Bildung
einer Koalitionsregierung. Nach dem Amtsantritt Brünings
stieg die Zahl der Arbeitslosen gegenüber dem Vorjahreszeit-
raum im April um 1432000. Nach der ersten Notverordnung
betrug der Unterschied bereits zwei Millionen. Nach weiteren Deflationsmaßnahmen Brünings im Dezember 1930 lag
die Arbeitslosigkeit im März 1931 um 2,8 Mio. höher als im
März des Vorjahres. Am 8. Dezember 1931 wurde eine neue
Notverordnung erlassen, die Lohnsenkungen um bis zu 10%,
drastische Preissenkungen und eine Zinsobergrenze von
6% verfügte. Im März 1932 stieg die Zahl der Arbeitslosen
auf sechs Millionen. Bei den Reichstagswahlen im Sommer
erreichte die NSDAP 37,4% der Stimmen und damit 230
Reichstagssitze. Damit war sie praktisch die stärkste politische Kraft im Lande.

Während dieses hochdramatischen Zeitraums von 1930
bis Anfang 1933 legten verschiedene Kräfte Konzepte für
die Wiederbelebung der Wirtschaft vor. Die wichtigste
Rolle kam dabei dem Allgemeinen Deutschen Gewerk-

schaftsbund zu, der mit 8 Millionen Mitgliedern – 80% der organisierten Arbeiterschaft – die größte Massenorganisation in Deutschland war.

Führender Kopf hinter diesen wirtschaftspolitischen Vorschlägen war Wladimir Woytinsky, der 1922 aus St. Petersburg nach Deutschland gekommen war und seit 1919 die Statistische Abteilung des ADGB leitete. Bereits im Frühjahr 1931 hatte er ein internationales Programm gegen die Weltwirtschaftkrise vorgelegt, wobei er die Deflationspolitik Brünings scharf kritisierte, da diese die Krise nur verschlimmere. Im gleichen Jahr wies er in einem Buch auf den qualitativ neuen Charakter der Weltwirtschaftskrise hin, weswegen die traditionellen kapitalistischen Automatismen nicht mehr funktionierten. Es seien antideflationäre Vereinbarungen zwischen den Nationen erforderlich, um so zusätzliche Kaufkraft zu schaffen. Diese zusätzliche Kaufkraft müsse produktiv eingesetzt, d.h. zur Schaffung neuer Arbeitsplätze in öffentlichen Projekten verwendet werden.

Woytinsky griff den „Abbauwahn" Brünings bei den Löhnen und Sozialleistungen scharf an. Am 9. März 1931 setzten sich dann auf einer Vorstandssitzung des ADBG Fritz Tarnow, der Vorsitzende der Holzarbeitergewerkschaft und Beauftragter für Arbeitsbeschaffung beim ADBG, und Wilhelm Eggert für ein internationales Programm gegen die Weltwirtschaftskrise ein.

Bereits im Juni 1931 veröffentlichte Woytinsky in einem ersten großen Artikel in der theoretischen Zeitschrift *Die Arbeit* ein Plädoyer für eine aktive Wirtschaftspolitik des ADBG. Dort heißt es:

„Die Arbeiterorganisationen, die sich auf die selbstheilenden Kräfte der kapitalistischen Wirtschaftsordnung verlassen, sind der Gefahr ausgesetzt, daß sie langsam verbluten. Seit Jahr und Tag steht die Arbeiterschaft Deutschlands im schwierigen Abwehrkampf. Je tiefer die Krise, um so ungünstiger werden die Bedingungen dieses Kampfes. Die Arbeiterorganisationen haben die Freiheit des Manövrierens verloren, sie können weder die Zeit noch den Gegenstand der Auseinandersetzungen mit den Gegnern wählen... Zielbewußte, tiefgreifende Maß-

nahmen zur Belebung der Wirtschaft waren nie notwendiger als in der heutigen Situation. Die Arbeiterbewegung braucht ein wirtschaftspolitisches Aktionsprogramm, das den Arbeitern wie auch den anderen Volksschichten zeigt, daß die Sozialdemokratie und die Gewerkschaften einen Ausweg aus der wirtschaftlichen Not sehen. Gegenwärtig haben wir kein wirtschaftspolitisches Aktionsprogramm. Wir haben eine Liste sozialer Forderungen, die wir nach bestem Wissen und Können durchzusetzen versuchen. Wir haben eine bestimmte Stellungnahme zu einzelnen Fragen der Wirtschaftspolitik. Ein Programm haben wir nicht."

Er forderte eine aktive Einstellung zur Wirtschaftspolitik. Im Unterschied zur passiven „meteorologischen" Einstellung, die lediglich beobachte, brauche man eine aktive Einstellung, wie etwa in der Medizin, die die Aufgabe habe, Krankheiten zu heilen, Leiden zu mildern, ihrer Verbreitung vorzubeugen. Die Konjunkturforschung müsse sich von ähnlichen Prinzipien leiten lassen. Es müßten *„Faktoren ins Leben gerufen werden, die jeden Unternehmer zur Erweiterung der wirtschaftlichen Tätigkeit anreizen. Demnach muß man die Möglichkeit erforschen, die nicht ausreichende wirtschaftliche Initiative der Privatunternehmer durch die öffentliche Arbeitsbeschaffung zu ergänzen."* Zwischen Nationen müßten Vereinbarungen zur Kaufkraftsteigerung getroffen werden. Man müsse eine schöpferische Offensive beginnen und nicht nur Abwehrgefechte führen.

Gegen das Argument, eine solche aktive Intervention erzeuge Inflation, schrieb Woytinsky: *„Mit ähnlichem Grund würde man bei der Behandlung einer schwierigen, lebensgefährlichen Krankheit ein Heilmittel nur deshalb von vornherein verwerfen, weil dies ein Gift ist. Die Medizin zögert aber nicht, sich an die Gifte als Heilmittel zu wenden... Die Medizin, falls sie auf die Anwendung von giftigen Stoffen als Heilmittel verzichten müßte, würde zu derselben Hilflosigkeit verurteilt wie eine Wirtschaftspolitik, die grundsätzlich alle antideflationistischen Maßnahmen ablehnt, weil sie vor der Inflation Furcht hat."*

Nötig sei eine aktive Konjunkturpolitik, die sich mit der Weltwirtschaftskrise beschäftigt: *„Sämtliche Völker leiden darunter, daß die Weltwirtschaft krank ist. Sie müssen also ihre Kräfte auf eine gemeinsame Aktion für die Überwindung der Weltkrise konzentrieren."* Auf die heutige Lage bezogen wäre das die Eurasische Landbrücke.

Im Punkt 3 dieses Aktionsprogramms heißt es: *„Kein anderes Land ist härter als Deutschland von der Weltkrise betroffen. Und in Deutschland ist die Arbeiterschaft die Klasse, die am meisten unter der Wirtschaftsdepression leidet. Dementsprechend muß Deutschland die Initiative der tatkräftigen internationalen Politik zur Bekämpfung der Weltkrise ergreifen, und die deutsche Arbeiterklasse (Gewerkschaften, und Sozialdemokratie) muß für sich die Rolle des Trägers des Gedanken der aktiven Weltwirtschaftspolitik beanspruchen."*

Und unter Punkt 6 schreibt er: *„Die durch internationale Geldschöpfungspolitik freiwerdenden Mittel müssen für die Arbeitsbeschaffung, und zwar für die Verwirklichung eines großzügigen Planes des Wiederaufbaus Europas verwendet werden."* Hier findet sich in den 30er Jahren prinzipiell das gleiche Konzept, das wir mit dem „Produktiven Dreieck" für Europa 1989 vorgeschlagen haben und was heute für Eurasien die Eurasische Landbrücke darstellt.

Am 31. Dezember 1931 veröffentlichten Woytinsky, Fritz Tarnow und Fritz Baade, der landwirtschaftliche Sprecher der SPD-Reichstagsfraktion, die *„Thesen zum Kampf gegen die Weltwirtschaftskrise"* und legten sie dem ADGB-Vorstand vor. U.a. war darin vorgesehen, eine Million Arbeitslose in Beschäftigung zu bringen. Dafür sollten 2 Mrd. Reichsmark in Form einer Währungsanleihe der Reichsbank zur Verfügung gestellt werden.

Am 26. Januar 1932 wurde ein Arbeitsbeschaffungsplan, der nach seinen Urhebern sogenannte WTB-Plan (Woytinsky, Tarnow, Baade) vorgelegt, der auf der Idee basierte, langfristige Kredite mit niedrigen Zinsen und Amortisationsraten gegen Schuldverschreibungen auszugeben, die dann z.B. von der Reichskredit AG ausgezahlt werden und bei der Reichsbank diskontierbar sein sollten.

Der ADGB stimmte für diesen WTB-Plan, aber die SPD-Spitze unter Otto Wels und die sogenannten Wirtschaftsexperten der SPD, Hilferding, Naphtali und Bauer, lehnten ihn ab. Woytinsky schrieb später in seiner Autobiographie: *„Es kam mir so vor, als sähe ich förmlich vor Augen, wie Brüning Deutschland in die Katastrophe führte... Man darf über Brüning und seine Irrtümer aber nicht allzu streng den Stab brechen. Er teilte seine falschen Ideen mit vielen seiner Berater in der eigenen und in der Sozialdemokratischen Partei. Hätte letztere seine Politik nicht unterstützt, hätte er sie womöglich aufgegeben.“*

Der „Lautenbach-Plan"

Soviel zu den Konzepten der Gewerkschaftsseite. Parallel dazu fand am 16. und 17. September 1931 eine Geheimkonferenz der List-Gesellschaft statt, an der u.a. Dr. Wilhelm Lautenbach, Hans Luther, der Präsident der Reichsbank, und der SPD-Wirtschaftsexperte Rudolf Hilferding teilnahmen. Dort stellte Lautenbach seine äußerst wichtige Denkschrift *„Möglichkeiten einer Konjunkturbelebung durch Investition und Kreditausweitung"* vor, die ich nur jedem zur Lektüre empfehlen kann. Darin heißt es:

„Der natürliche Weg zur Überwindung eines wirtschaftlichen und finanziellen Notstandes ist... nicht Einschränkung, sondern Leistungssteigerung." Es herrsche ja gerade der *„paradoxe Zustand"*, daß *„trotz außerordentlich gedrosselter Produktion laufend die Nachfrage hinter dem Angebot zurückbleibt, und daher die Tendenz zu immer weitergehender Produktionsdrosselung"* entstehe. Unter Depressionsbedingungen gebe es *„Warenüberschüsse, brachliegende Produktionsanlagen und brachliegende Arbeitskräfte".* Der Einsatz dieses starken ungenutzten Produktionsspielraumes sei *„die eigentliche und dringendste Aufgabe der Wirtschaftspolitik, und sie ist im Prinzip verhältnismäßig einfach zu lösen."* Der Staat müsse einen *„neuen*

volkswirtschaftlichen Bedarf schaffen, der volkswirtschaftlich eine Kapitalanlage darstellt. Hierbei ist an solche Aufgaben zu denken, wie... *öffentliche oder mit öffentlicher Unterstützung durchgeführte Arbeiten, die für die Volkswirtschaft einen Wertzuwachs im Vermögen bedeuten und bei Wiederkehr normaler Verhältnisse ohnehin hätten ausgeführt werden müssen"* – also Straßenbau, Verbesserungen und Ausbau der Reichsbahn u.ä.

Lautenbach abschließend: *„Durch eine solche Investitions- und Kreditpolitik wird gerade das Mißverhältnis von Angebot und Nachfrage auf dem Inlandsmarkt beseitigt und damit der Gesamtproduktion wieder Richtung und Ziel gegeben. Unterlassen wir eine solche positive Politik, so steuern wir unvermeidlich in einen weiteren wirtschaftlichen Verfall und vollkommene Zerrüttung unserer Staatswirtschaft hinein, in einen Zustand, der dann, um eine innenpolitische Katastrophe zu vermeiden, eine starke neue kurzfristige öffentliche Verschuldung zu rein konsumptiven Zwecken erzwingt, während wir es heute noch in der Hand haben, durch Inanspruchnahme dieses Kredits durch produktive Aufgaben zugleich unsere Wirtschaft und unsere öffentlichen Finanzen wieder ins Gleichgewicht zu bringen."*

Lautenbach betonte außerdem, in einem solchen frühen Stadium könnte man die Kreditschöpfung noch zu produktiven Investitionen nutzen, später sei man dann gezwungen, sie zur Finanzierung der Arbeitslosigkeit einzusetzen – *in genau der gleichen Situation befinden wir uns heute.*

Fritz Schäffer, der damalige Staatssekretär im Finanzministerium, unterstützte den Lautenbach-Plan und schrieb noch im September 1931 eine Denkschrift dazu. Ein ähnlicher Vorschlag wurde von Ernst Wagemann, dem damaligen Leiter des Statistischen Reichsamtes und des Instituts für Konjunkturforschung, vorgelegt. Im Januar 1932 veröffentlichte er in hoher Auflage seine eigenen Konzepte, die die Bereitstellung von 3 Mrd. Reichsmark für eine solche Arbeitsplatzschaffung vorsahen. Eigentlich war die Zeit für Reformen günstig, weil die Krise des Sommers

1931 sämtliche Bestimmungen des Reichsbankgesetzes und des Young-Plans für die Reparationszahlungen ohnehin wirkungslos gemacht hatten, genauso wie die heutige Wirtschafts- und Finanzkrise die Prämissen des Maastrichter Vertrages und des Stabilitätspaktes hinfällig macht.

Aber weder die Reichsregierung noch die Reichsbankleitung erkannten damals, daß die Deflation ebenso katastrophale Auswirkungen für den Geld- und Güterkreislauf wie die Inflation hätte. Und was nützen heute die brutalsten Sparprogramme Eichels, die die Deflation noch verstärken, wenn die amerikanische Federal Reserve gleichzeitig die „elektronische Notenpresse" anwirft und durch diese Geldmengenvermehrung Hyperinflation erzeugt? In einer solchen Lage hilft nur eine völlige Neuordnung des Weltfinanzsystems und eine Wiederankurbelung der Realwirtschaft.

Zeit für grundlegende Reformen!

Fritz Schäffer schrieb am 29. Januar 1932 in seinem Tagebuch, Brüning empöre sich vor allem über Wagemann, weil der bei den Gewerkschaften den Eindruck erweckt habe, daß es noch andere Mittel als die Deflationspolitik gebe, um die Lage zu bessern. Und zweitens könnten Wagemanns Vorschläge das Reparationsprogramm untergraben.

Viele Historiker sind zu dem Schluß gekommen, daß Brüning mit der Deflationspolitik den Alliierten beweisen wollte, daß Deutschland die Reparationen beim besten Willen nicht bezahlen könnte. Damals wurde ja schon über die Aussetzung dieser Zahlungen im Rahmen des berühmten Hoover-Moratoriums verhandelt, aber die Entscheidung darüber fiel erst, als Brüning bereits gestürzt war. Brüning war offenbar bereit, den völligen finanziellen Zusammenbruch des Reiches in Kauf zu nehmen, nur um sein Hauptziel, die Beendigung der Reparationszahlungen, zu erreichen.

Fritz Schäffer verstand durchaus, daß die Verwirklichung des Lautenbach-Konzepts die Beseitigung der Reparationen erschweren könne. Aber er schrieb dazu: *„Kann man*

*es verantworten, an einer richtigen und zweckmäßigen Lö-
sung, die sozial entlastend und politisch beruhigend wirkt,
aus taktischen Gründen vorbeizugehen?"* Schäffer war in
der Folgezeit nicht mehr bereit, Brünings Prioritäten mit-
zutragen und bat am 19. März 1932 um seine Entlassung
aus dem Amt. In seinem Tagebuch notierte Schäffer auch,
es sei zu befürchten, daß die Nationalsozialisten, die bisher vergeblich nach einem Währungsprogramm gesucht
hätten, Wagemanns Plan übernehmen und daraus Vorteile
ziehen könnten.

Aber das war keineswegs zwangsläufig, denn sämtliche
Reformvorschläge stammten von Demokraten, Sozialdemokraten, Gewerkschaftern und von Ökonomen, die in der
Tradition Friedrich Lists standen – und eben nicht von Nationalsozialisten, die in der Reichstagswahl vom 6. November
1932 sogar zwei Millionen Stimmen weniger erhielten. Hitler
sprach schon vom Selbstmord als letzter Möglichkeit, falls
die Bewegung scheiterte.

Was nun die Kontroverse um den Handlungsspielraum der
Regierung Brüning angeht, so muß man deutlich festhalten,
daß dieser nicht in erster Linie durch objektive Probleme,
etwa den Widerstand des Auslands, die Inflationsangst der
Bevölkerung oder den Druck von der Straße, eingeschränkt
wurde, wie oft behauptet wird. Es fehlte vielmehr am Verständnis der richtigen Prinzipien der Wirtschaftspolitik.
Nicht nur Brüning selbst, auch zahlreiche Ökonomen saßen
falschen Wirtschaftstheorien auf.

Aber es gab auch eine Reihe junger, der Arbeiterbewegung
nahestehender Wissenschaftler, die versuchten, durch eigene Publikationen das Verständnis für die Bekämpfung der
Deflation durch produktive Kreditschöpfung für staatliche
Großprojekte zu wecken. Dazu gehörten der Hamburger Professor Eduard Heimann, die Privatdozenten Jakob Marschak
aus Heidelberg und Heinrich Rittershausen aus Frankfurt
sowie die Mitarbeiter des Kieler Instituts für Weltwirtschaft
Gerhard Colm und Hans Neisser.

Zur gleichen Ansicht war im übrigen auch der Spitzen-
funktionär der liberalen Gewerkvereine Anton Erkelenz

gekommen, ehemaliger Reichstagsabgeordneter und Vorsitzender der Deutschen Demokratischen Partei, der dann zur SPD überwechselte und die Deflationspolitik Brünings von Anfang an bekämpfte. Er kritisierte als einer der ersten das spätere Argument, die Deflationspolitik sei ein richtiger Versuch gewesen, Deutschland aus dem Klammergriff der Reparationen zu befreien: *„Das würde wirklich bedeuten, Selbstmord zu verüben, aus Furcht vor dem Tode. Denn bei dieser Deflationspolitik geht unvergleichlich mehr verloren, als wir in zwanzig Jahren an Reparationen bezahlen werden."* In einem Kommentar zur Notverordnung vom 8. Dezember 1931 hatte er geschrieben: *„Die Republik und die republikanischen Parteien, die sich alle aufopfern, um Staat und Republik zu erhalten, werden durch die Deflationspolitik der Regierung gezwungen, im Grunde genommen für Hitler zu arbeiten. Es ist auf Dauer keiner Regierung möglich, die 95% der Bevölkerung gegen sich aufbringt, indem sie ihre tatsächlichen, manchmal auch ihre scheinbaren Interessen aufs schwerste verletzt... Die Notverordnung bringt für Hitler ebenso gewiß einen gewaltigen neuen Zulauf wie alle vorherigen. Da hilft kein politischer Kampf gegen Hitler. Wer Hitler bekämpfen will, muß den Deflationsprozeß, diese gewaltige Zerstörung von Arbeit, Werten und Kapital, beenden... Es liegt eine Blindheit über Deutschland. Sie ist am größten bei denjenigen, auf denen die meiste Verantwortung ruht, bei der Regierung, bei der deutschen Unternehmerschaft, beim größten Teil der deutschen Presse. Hoffentlich gilt nicht auch hier das Wort: ‚Wen die Götter verderben wollen, den schlagen sie mit Blindheit'."*

Der Weg zur Machtergreifung Hitlers

Von Papen wurde im November 1932 erneut mit der Regierungsbildung beauftragt. Er schlug vor, den Reichstag aufzulösen und sich auf die Reichswehr zu stützen. General von Schleicher warnte Hindenburg, daß dies angesichts der Rechts-Links-Konfrontation zum Bürgerkrieg führen könnte. Hindenburg beharrte trotzdem auf der Ernennung von

Papens, aber bis auf zwei Mitglieder des Kabinetts stimmten alle für von Schleicher.

Von Schleicher wurde am 2. Dezember 1932 der letzte Kanzler der Weimarer Republik. Er war der festen Überzeugung, daß nur ein breites Bündnis der Arbeiterbewegung und der Reichswehr die Republik verteidigen könnte. Seit November 1932 bemühte er sich um den Aufbau der sogenannten „Querfront", einer breiten Koalition verschiedener sozialer Kräfte, die zusammen ein wirtschaftliches Ankurbelungsprogramm durchsetzen sollten.

Der Vorsitzende des ADGB, Leipart, war ebenso für diese Querfront wie die Deutsche Katholische Gewerkschaftsbewegung, die Christlichen sowie die Freien Gewerkschaften, das Reichsbanner, der Deutsche Handlungsgehilfenverband, der Stahlhelm und der deutsche Stadt-Gemeindeverband unter seinem Präsidenten Dr. Gereke. Alle diese Leute waren bereit, von Schleicher bei diesem Programm zu unterstützen. Dr. Gereke hatte selbst ein Arbeitsbeschaffungsprogramm für die Regierung von Schleicher ausgearbeitet, das sich an den Vorschlägen des Lübecker Industriellen Dräger und dessen Kreis orientierte.

Dräger hatte ähnliche Vorschläge entwickelt. Er wollte erst in einem ersten Schritt 3 Mrd. Reichsmark zur Verfügung stellen, und wenn dieses Modell sich bewährte, weitere 5 und schließlich 10 oder 20 Mrd. Reichsmark aufbringen. Leider wurde dieses Konzept nicht aufgegriffen, und obwohl von Schleicher am 15. Dezember 1932 eine bemerkenswerte Regierungserklärung hielt, war die Borniertheit der Sozialdemokraten damals einer der wesentlichen innenpolitischen Gründe für das Scheitern von Schleichers. Rudolf Breitscheid, der SPD-Fraktionsvorsitzende, sagte damals lapidar: *„Mit einem reaktionären General spricht man nicht!"* Am 11. Januar 1933 untersagte die SPD dem ADGB-Vorsitzenden Leipart jede weitere Diskussion mit von Schleicher. Bekanntermaßen kam es drei Wochen später zu Hitlers Machtergreifung, die im übrigen mit der Hilfe Hjalmar Schachts und bestimmter anglo-amerikanischer Finanzkreise betrieben wurde.

Unsere heutige Lösungsperspektive

Man kann heute mit großer Sicherheit sagen: Wären Woytinskys Vorschläge oder die Konzepte Lautenbachs 1931 umgesetzt worden, wären uns die sozialen und wirtschaftlichen Rahmenbedingungen erspart geblieben, die die Machtergreifung der Nationalsozialisten möglich gemacht haben. Und hätte von Schleicher nur ein halbes Jahr mehr Zeit gehabt, dieses Programm durchzusetzen, hätte das gleiche bewirkt werden können. Wenn man in Deutschland den gleichen Weg wie Franklin Delano Roosevelt in Amerika gegangen wäre, hätte es vermutlich auch keinen Zweiten Weltkrieg gegeben.

Wenn man irgendetwas aus dieser historischen Entwicklung lernen will, dann dies: Es ist allerhöchste Zeit, die Fehler der 30er Jahre zu studieren, um sie nicht zu wiederholen. In der Forderung nach einer Neuordnung des Weltwährungssystems – dem Vorschlag eines „Neuen Bretton Woods" – und der wirtschaftspolitischen Entwicklungsperspektive der „Eurasischen Landbrücke" liegen uns heute ganz konkrete Vorschläge vor, wie der Ansatz Lautenbachs und Woytinskys verwirklicht werden könnte.

Das ist keine ferne Zukunftsmusik; das italienische Parlament hat bereits einen weitgehend an den Konzepten LaRouches orientierten Vorschlag eines neuen Finanzsystems, das sich nicht an Spekulation, sondern an Produktion orientiert, in einer Resolution mehrheitlich befürwortet. Der italienische Wirtschaftsminister Tremonti hat einen „New Deal" für Europa gefordert, und LaRouche hat mehrfach auf die Bedeutung des strategischen Dreiecks Rußland-China-Indien hingewiesen. In dieser Region verstärkt sich die Zusammenarbeit, und man ist an einer Einbeziehung Europas sehr interessiert. Damit ergibt sich eine ganz natürliche Orientierung für deutsche Exportmärkte innerhalb der Eurasischen Landbrücke. Wenn Bundeskanzler Schröder am Jahresende die erste kommerzielle Transrapid-Strecke in Schanghai eröffnet, wird deutlich werden, wo die Perspektive für deutsche Exporte liegt.

Wir sollten alles daran setzen, um zu vermeiden, daß man uns später die Frage stellt: Warum wurden diese Vorschläge im Jahre 2002/2003 nicht aufgegriffen? Brüning war nicht zur Deflationspolitik gezwungen, weil für die Alternative keine breite soziale Unterstützung existiert hätte, sondern weil er diese Vorschläge nicht wirklich verstand und sie nicht umzusetzen wagte; deswegen verlor er die Unterstützung breiter sozialer Schichten. Heute befindet sich die Regierung Schröder in der gleichen Situation.

Ich möchte Sie alle dringend auffordern, mich dabei zu unterstützen, diese Politik in Deutschland umzusetzen. Wir sollten als ersten Schritt eine breite öffentliche Debatte über diese Periode 1930-33 und die damals vorhandenen Optionen führen und dann daraus die richtigen Schlüsse ziehen.

Produktive Kreditschöpfung als Notmaßnahme gegen die Depression

Von Dr. Wilhelm Lautenbach

*D*r. *Wilhelm Lautenbach war Ökonom und ranghoher Beamter im Wirtschaftsministerium der Regierung Brüning. Seine von LaRouche u.a. häufig zitierte Denkschrift „Möglichkeiten der Konjunkturbelebung durch Investition und Kreditausweitung", die er im September 1931 bei einer Geheimkonferenz der Friedrich-List-Gesellschaft vortrug, ist heute aktueller denn je. Nicht nur Länder wie Argentinien befinden sich in einer Lage, die der Deutschlands 1931-33 verheerend ähnlich sieht. Auch die Volkswirtschaften der führenden Industriestaaten Europas, Japans und der USA rutschen in eine realwirtschaftliche Depression, die noch weit katastrophaler zu werden droht als die letzte Weltwirtschaftskrise.*

Eine Umsetzung von Dr. Lautenbachs Plan hätte Hitlers Aufstieg zum Diktator verhindert. Der Arbeitsbeschaffungsplan hatte die Unterstützung der Gewerkschaften, eines großen Teils der Industriellen und 1932 der Notstandsregierung unter Reichskanzler General Kurt von Schleicher, der sein ganzes Regierungsprogramm auf die Realisierung dieses durch zusätzlichen Reichsbankkredit finanzierte Arbeitsbeschaffungs- und Infrastrukturprogramm abstellte. Schleichers Sturz durch Schacht und von Papen, der mit aktiver Unterstützung der Bank von England erfolgte, brachte Hitler und die Nationalsozialisten an die Macht.

Heute kennen wir die Folgen dieser verhängnisvollen Entwicklung. Warum begreifen wir nicht endlich die entscheidende Bedeutung des volkswirtschaftlichen Mittels der „produktiven Kreditschöpfung" (welches der Maastrichter Vertrag so penetrant untersagt) bei der Bekämpfung einer Depression mit hoher Massenarbeitslosigkeit?

I.

Der deutschen Wirtschafts- und Finanzpolitik sind zwei entscheidende Aufgaben gestellt, nämlich die Sicherung unserer Währung und die Verhütung noch stärkerer Arbeitslosigkeit. Beide Aufgaben sind in gewissem Sinne gegensätzlicher Natur. Denn die Rücksicht auf unsere Währung und unsere Zahlungsbilanz scheint eine vorsichtige und zurückhaltende Kreditpolitik und straffe Diskontpolitik zu erfordern. Auf der anderen Seite droht eine solche Kreditpolitik (Deflationsdruck) eine weitere Schrumpfung der Produktion herbeizuführen.

Es genügt, beide Forderungen in ihrer Gegensätzlichkeit festzustellen, um zu erkennen, daß die praktische Wirtschaftspolitik einen Mittelkurs zwischen diesen beiden Zielen einhalten muß. Um diesen Kurs festzulegen, muß man sich genau Rechenschaft über die Gefahren und die Wirkungen einer einseitigen Politik und über den Bewegungsspielraum, der für unsere Wirtschaftspolitik heute noch gegeben ist, ablegen.

II.

Die ökonomische Ratio einer deflationistischen Kreditpolitik liegt in folgendem begründet: Ist der Kredit knapp und teuer, so werden Produzenten und Händler gezwungen, alle irgendwie verwertbaren Warenbestände abzustoßen und die Lagerhaltung auf ein Minimum zu reduzieren. Hierdurch werden die Preise gesenkt, und durch die Senkung des Preisniveaus entsteht gewissermaßen ein Gefälle, das den Abfluß von Waren aus Deutschland begünstigt, den Zustrom von Waren aus dem Ausland hindert, im Gesamtergebnis also die Handelsbilanz stark aktiviert.

Diesem devisenpolitisch erfreulichen Ergebnis stehen aber schwere Nachteile gegenüber: Unter dem Druck der Kreditverknappung und dem Zwang, die Warenvorräte möglichst zu reduzieren, drosseln naturgemäß die Unternehmer die Produktion. Denn selbstverständlich wird jeder Unternehmer, der sich zur Realisierung vorhandener Warenvorräte gezwungen sieht, sich diese Aufgabe möglichst dadurch zu erleichtern suchen, daß er seine laufende Produktion entsprechend drosselt. Gesamtwirtschaftlich führt das notwendigerweise zu steigender Arbeitslosigkeit, zu neuen Gleichgewichtsstörungen und damit zu einer neuen Schwächung der Grundlagen unserer Wirtschaft.

Dr. Wilhelm Lautenbach (1891 - 1948)

Hierbei ist besonders zu beachten, daß in diesem Verlauf sehr erhebliche Kapitalverluste, und zwar nicht nur in privatwirtschaftlichem Sinne, sondern auch volkswirtschaftlich betrachtet, entstehen. Soweit nämlich die in Deutschland vorhandenen Warenvorräte größer sind als bei ganz rationeller Wirtschaft zur Aufrechterhaltung der laufenden Produktion im gegenwärtigen Umfang und zur Befriedigung der laufenden Nachfrage nach ihrem gegenwärtigen Stande erforderlich ist, stellen sie gewissermaßen eine latente volkswirtschaftliche Kapitalreserve dar. Eine solche Reserve ist volkswirtschaftlich wertvoll und notwendig; sie ist eigentlich wesentliche Voraussetzung für einen Konjunkturanstieg aus eigener Kraft. Verlieren wir diese reale Betriebsreserve, so wird auch die Elastizität unseres Kreditsystems noch geringer, als sie heute ist.

Was unter dem Druck einer starken Preissenkung verschleudert wird, das wird – soweit es sich um Fertigfabrikate handelt – zu einem großen Teil einfach im Inlande unter vorübergehender Steigerung der Kaufkraft des Nominaleinkommens *mehr verzehrt*. Es wird also *ungenutztes Kapital in Konsum verwandelt*, während eine *rationelle Politik* nur darauf abgestellt sein müßte, *ungenutztes volkswirtschaftliches Kapital zu nutzen*. Die Kreditverknappung erzeugt große neue Kapitalverluste der einzelnen Unternehmungen in Handel und Industrie, macht sie leistungs- und kreditunfähig, zwingt zu Betriebseinschränkungen und Arbeiterentlassungen in allergrößtem Ausmaß und hat gleichzeitig eine Verschlechterung des Status der Banken zur Folge. Das wirkt selbstverständlich auf unseren überempfindlichen Auslandskredit ganz verhängnisvoll zurück... Wir haben gerade in Gestalt der ungenutzten Warenvorräte und der laufenden Produktionsüberschüsse, für die wir keine Verwendung haben, jenen realen Kapitalfonds, den man durch großzügige Kreditpolitik nutzbar machen könnte.

III.

Selbst wenn die vorstehend geschilderten Gefahren sich nicht in vollem Umfang verwirklichten, bestanden noch zwei sehr starke Bedenken gegen eine übermäßig vorsichtige Kreditpolitik, und zwar:

1. *reparationspolitisch:*

Die Aufrechterhaltung eines starken Deflationsdrucks kann ihre Wirkung auf den Außenhandel selbstverständlich nicht verfehlen. Der Aktivsaldo wird dann noch erheblich stärker werden als er im Augenblick ist. Dies ist aber reparationspolitisch betrachtet unter Umständen geradezu verhängnisvoll; denn die an der Reparation interessierten Länder könnten diese Leistung der deutschen Wirtschaft als Kriterium seiner künftigen Reparationsleistungsfähigkeit ansehen...

2. *handelspolitisch:*

Die Forcierung unserer Ausfuhr und Einschränkung unserer Einfuhr wird unausweichlich sehr unangenehme handelspolitische Rückwirkungen haben. Die Tatsache, daß nur der vom Ausland selbst ausgeübte Druck uns zu dieser Umschaltung im Außenhandel zwingt, schützt uns selbstverständlich in keiner Weise vor Abwehrmaßnahmen (Antidumping-Politik) der gleichen Länder. Wie wenig wirtschaftliche Vernunft und Konsequenz das Verhalten ausländischer Gruppen bestimmt, zeigt am deutlichsten die Haltung der ausländischen Banken. Es kann ja nicht der mindeste Zweifel bestehen, daß der Versuch und das Bestreben dieser Banken, ihre an Deutschland gegebenen Kredite möglichst bald zu liquidieren, weltwirtschaftlich betrachtet widersinnig, für die Gläubigerländer selbst schädlich ist.

IV.

Ein Ausweg aus dem geschilderten Dilemma wird sichtbar, wenn man sich auf die einzig rationelle Lösung unseres Wirtschafts- und Finanzproblems in seiner Gesamtheit besinnt. Dabei kommt man zu folgenden Ergebnissen:

Es gibt zwei Wege, um besonderen Ansprüchen und Belastungen zu genügen: entweder, man beschränkt sich in seinen eigenen Ansprüchen stärker, oder man steigert den Gesamtertrag so, daß man, ohne sich stärker einschränken zu müssen, den neuen von außen herantretenden Ansprüchen genügt.

Der natürliche Weg zur Überwindung eines wirtschaftlichen und finanziellen Notstandes ist in der kapitalistischen Wirtschaft nicht *Einschränkung, sondern Leistungssteigerung.* Die kapitalistische Wirtschaft hat überall und zu jeder Zeit, wo man unter dem Zwange irgendeines elementaren Notstandes, gewissermaßen ohne weiteres Besinnen, an ihre Leistungsfähigkeit appellierte, eine erstaunliche Kraft und Leistungsfähigkeit bewiesen...

Der charakteristische Unterschied zwischen dem Notstand, in dem wir uns befinden, und jenen anderen Notständen, in deren Überwindung die kapitalistische Wirtschaft sich erstaunlich bewährt hat, ist der, daß bei den letzteren ganz konkrete Produktionsaufgaben gestellt waren, während in unserer Lage schlechthin die Aufgabe gestellt ist, größere Erträge herauszuwirtschaften, ohne daß der Mehrbedarf konkret bestimmt wäre. Wir wissen nur, wir sollen und wollen mehr produzieren. Der Markt aber, der einzige Regulator in der kapitalistischen Wirtschaft, gibt offensichtlich keinerlei positive Direktiven, und so weiß kein Unternehmer, was er produzieren soll.

V.

Die Dispositionen der Unternehmer werden durch die Ertragschancen bestimmt. Man könnte daran denken, diese Chancen durch Senkung der Produktionskosten zu erhöhen, um damit die Unternehmer zur Wiederaufnahme einer größeren Produktion anzureizen. Die nähere Betrachtung zeigt jedoch, daß einer solchen Politik in der Anwendung sehr enge Grenzen gezogen sind und daß sie keinen Erfolg haben kann, wenn sie nicht durch bestimmte positive Maßnahmen ergänzt wird.

Die drei wesentlichen Kostenelemente sind Zins, öffentliche Abgaben und Löhne und Gehälter.

1. *Zinsen.*

Richtunggebend für die Zinsbelastung ist der Diskontsatz der Reichsbank. Eine merkliche weitere Herabsetzung dieses Satzes begegnet großen Schwierigkeiten und Gefahren...

2. *Öffentliche Abgaben.*

An eine Herabsetzung der Produktionssteuern könnte nur gedacht werden, wenn man entweder noch ungenutzte Einsparungsmöglichkeiten hätte oder direkte Steuern durch indirekte Steuern (Verbrauchsabgaben) ersetzen wollte, oder endlich den Steuerausfall durch verstärkte Inanspruchnahme von Kredit ausgleichen wollte. Alle Einsparungsmöglichkeiten müssen bereits beim jetzigen Besteuerungsgrad ausgeschöpft werden. Der Ersatz von direkten Steuern durch indirekte Steuern dürfte innenpolitisch auf unüberwindliche Widerstände stoßen. Die Deckung des durch Steuerherabsetzung entstehenden Defizits durch Kredite wäre zwar konjunkturpolitisch außerordentlich wirksam, würde uns aber in den Augen des Auslandes vollkommen diskreditieren und ist daher praktisch unmöglich.

3. So bleibt als einzige praktisch mögliche Kostenverminderung die Senkung der Löhne und Gehälter übrig. Was bedeutet diese konjunkturpolitisch?

a) Im Verhältnis zum Ausland verbessert sich unsere Konkurrenzlage...

b) Regelmäßig werden jedoch nur die Exportindustrien eine merkliche Verbesserung ihrer Lage erfahren. Für die übrigen Industrien wird die Entlastung, die der Binnenmarkt durch Vermehrung der Ausfuhr und etwaige Verminderung der Fertigwareneinfuhr erfährt, regelmäßig dadurch überkompensiert, daß den im Augenblick der Lohnsenkung an den Markt kommenden Waren (Konsumgüter) plötzlich eine nominell verminderte Nachfrage gegenübersteht...

Daher sollte eine Politik der Lohnsenkung unter keinen Umständen isoliert betrieben werden, sondern nur im Rahmen eines Gesamtprogrammes, das die Neueinstellung einer sehr erheblichen Zahl von Arbeitern unbedingt gewährleistet. In der Verkoppelung mit einem großzügigen positiven Produktionsprogramm kann allerdings die Auflockerung und Senkung der Löhne ungemein nützlich und wirksam sein. Sie hätte dann den Sinn einer volkswirtschaftlichen Ersparnis, die für bestimmte Investitionen (Arbeitsbeschaffungsprogramm) alsbald nutzbar gemacht wird.

Für ein solches Arbeitsbeschaffungsprogramm stünden uns an realem Kapital diejenigen Produkte, die wir infolge von Lohnsenkungen aus der laufenden Produktion neu erübrigen, zur Verfügung und außerdem diejenigen Waren, die bereits unter den gegenwärtigen Verhältnissen überschüssig sind und keinen Absatz finden. Denn wir haben ja gerade zur Zeit den paradoxen Zustand, daß trotz außerordentlich gedrosselter Produktion laufend die Nachfrage hinter dem Angebot zurückbleibt, und daher die Tendenz zu immer weitergehender Produktionsdrosselung.

Wir haben also laufend Produktionsüberschüsse, mit denen wir nichts anzufangen wissen. Eine Verwertung für diese Produktionsüberschüsse zu finden, ist die eigentliche und dringendste Aufgabe der Wirtschaftspolitik, und sie ist im Prinzip verhältnismäßig einfach zu lösen:

Warenüberschüsse, brachliegende Produktionsanlagen und brachliegende Arbeitskräfte können zur Deckung eines neuen volkswirtschaftlichen Bedarfs verwendet werden, und zwar eines Bedarfs, der volkswirtschaftlich eine Kapitalanlage darstellt. Hierbei ist an solche Aufgaben zu denken, wie sie etwa im zweiten BRAUNS-Gutachten erwähnt sind, also öffentliche oder mit öffentlicher Unterstützung durchgeführte Arbeiten, die für die Volkswirtschaft einen Wertzuwachs im Vermögen bedeuten und bei Wiederkehr normaler Verhältnisse ohnehin ausgeführt werden müssen (Straßenbau, erwünschte Verbesserungen und Ausbau bei der Reichsbahn u.ä.).

VI.

Gegen einen solchen Vorschlag können zwei Bedenken vorgebracht werden:

a) Bedeutet er nicht einen Rückfall in die Fehler der Vergangenheit, die zu einem Teil die Schärfe der gegenwärtigen Krise mitverschuldet haben, da ja offensichtlich die übermäßige öffentliche Betätigung in der Vergangenheit die kritische Lage der öffentlichen Finanzen heraufbeschworen und die Abhängigkeit vom Auslandskapital sehr stark vergrößert hat?

b) Wie können, da uns langfristiges Kapital weder auf dem ausländischen noch auf dem inländischen Kapitalmarkt zur Verfügung steht, solche Projekte finanziert werden?

Hiervon ist der erste Einwand unschwer zu widerlegen: Der Fehler der öffentlichen Wirtschaft in der Vergangenheit bestand in der Hauptsache darin, daß wir in der öffentlichen Wirtschaft zuviel und im verkehrten Zeitpunkt unternommen haben. Wirtschaftlich vernünftig ist es, öffentliche Arbeiten in Zeiten guter Konjunktur zu drosseln und in Zeiten schlechter Konjunktur verstärkt vorzunehmen. Hat man sich in der Zeit guter Konjunktur übernommen, so heißt es, zu dem ersten Fehler noch einen viel schlimmeren und verhängnisvolleren hinzuzufügen, wenn man gerade in der tiefsten Depression an sich vernünftige öffentliche Arbeiten unterläßt.

Der zweite Einwand, daß langfristiges Kapital für uns weder im Inland noch im Ausland jetzt zu beschaffen ist, ist richtig. Die Konsequenz aus dieser Feststellung ist aber nicht, daß man demzufolge Arbeiten der vorgeschlagenen Art nicht ausführen könne, sondern, daß man sie zunächst kurzfristig finanzieren muß. Ist das kreditpolitisch möglich und zulässig?

VII.

Die Möglichkeit der kurzfristigen Finanzierung hängt davon ab, ob unsere Kreditwirtschaft die notwendige Liquidität besitzt, die Voraussetzung für die Gewährung zusätzlicher Kredite in größerem Umfang ist. Die Frage nach der Liquidität ist doppelsinnig und bedarf auch einer doppelten Antwort:

1. *Formale Liquiditätsbedingungen.* Die Liquidität ist zunächst formal eine technisch-organisatorische Frage: Die Banken sind dann liquide, wenn sie einen ausreichenden Rückhalt an der Reichsbank haben. Hierbei ist zu beachten, daß die tatsächliche Inanspruchnahme der Reichsbank bei etwaiger Kreditexpansion der privaten Banken immer nur einen Bruchteil der insgesamt gewährten Kredite ausmachen kann und wird.

Der Rückgriff auf die Reichsbank ist im wesentlichen abhängig von

a) der Steigerung des Bargeldbedarfes, die im Zusammenhang mit der Krediterweiterung und Produktionsausdehnung eintritt,

b) von einer etwaigen Steigerung des Devisenbedarfes.

Die Steigerung des Bargeldbedarfs wird im wesentlichen bestimmt durch die zusätzliche wöchentliche Lohnsumme und ihre mittlere Zirkulationsdauer. Wenn man beispielsweise öffentliche Arbeiten und ähnliche Projekte mit einem Gesamtkapitalaufwand von etwa 3 Milliarden im Laufe von 9 Monaten ausführt, so dürften hiervon insgesamt 2 Milliarden zur Zahlung zusätzlicher Löhne und Gehälter benötigt werden, also wöchentlich ungefähr 50 Millionen. Aller Wahrscheinlichkeit nach würde man hierbei mit

Das Konzept der nationalen, produktiven Kreditschöpfung nach Alexander Hamilton (1757 - 1804), dem ersten Finanzminister der USA:

I. Nationalbank bzw. Kreditanstalt für Wiederaufbau

Stabilitätsgesetz von 1967

II. Neue öffentliche Anstalt für den Wiederaufbau Deutschlands

Energieversorgung

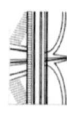

Brücken &Autobahnen

Eisenbahnstrecken

Staudämme

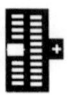

Schulen & Kranken-
häuser

Andere Infrastruktur

Millionen neuer
Arbeitsplätze
werden geschaffen

Gesetzgebungen zum Aufbau der Industrie

III. Produktive Industrien im privaten Sektor

Maschinenbau

Bauindustrie

Forstwirtschaft

Landwirtschaft

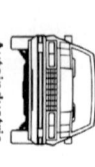

Autoindustrie

Andere Industrie

Millionen neuer
Arbeitsplätze
werden geschaffen

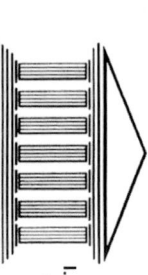

234

einer Steigerung des Geldbedarfs um kaum mehr als 100-200 Millionen zu rechnen haben, da die Annahme einer durchschnittlichen Zirkulationsdauer von 2-4 Wochen für die wöchentlich zu zahlende Lohnsumme bereits äußerst vorsichtig ist. Tatsächlich pflegt die Steigerung des Bargeldumlaufs bei ansteigender Konjunktur weit hinter der Steigerung des Produktions- und Kreditvolumens zurückzubleiben; das bedeutet, die Produktion wächst nicht nur absolut, sondern auch verhältnismäßig schneller als der Bargeldumlauf. Eine Steigerung der Produktion um 33% bedingt regelmäßig eine ganz erheblich geringere Steigerung der Bargeldmenge...

Es bedarf kaum der ausdrücklichen Feststellung, daß selbstverständlich eine Steigerung des Notenumlaufs der Reichsbank innerhalb dieser Grenzen vollkommen unbeachtlich ist. Die Reichsbank würde, wenn sich ihre endgültige Belastung tatsächlich innerhalb dieser Grenzen hielte, a priori den Banken quasi eine Rediskontgarantie geben können. Dabei würde es auch keine Schwierigkeiten machen, die Finanzierung der Projekte auf diskontfähige Wechsel zu basieren. Beispiel: Lieferanten und ausführende Baufirmen ziehen Wechsel entweder auf die Reichsbahn oder für deren Rechnung auf eine inländische Bank. Die Reichsbahn vereinbart ihrerseits eine Kreditfrist von 12-15 Monaten in der Weise, daß sie Dreimonatsakzepte (eigene oder Bankakzepte) unter Vorbehalt 4-5maliger Erneuerung (Prolongation) gibt. Innerhalb dieser Gesamtlaufzeit wird die Reichsbahn oder das Reich durch Emission mittelfristiger Schatzanweisungen den kurzfristigen Kredit abdecken.

2. *Materielle Liquiditätsbedingungen.* Die materielle volkswirtschaftliche Voraussetzung dafür, daß unsere Kreditwirtschaft die erforderlichen Kredite aus eigener Kraft gewähren kann, ist dann gegeben und nur dann gegeben, wenn die Sicherheit besteht, daß die Kreditexpansion nicht alsbald zu einer merklichen Verschlechterung der Devisenbilanz führt. Eine solche Verschlechterung der Devisenbilanz würde zeigen, daß wir uns in unserer inneren Kreditwirtschaft übernommen hätten, daß wir die Projekte nicht mit

Eigenkredit, sondern nur mit ausländischem Kredit unter Inanspruchnahme realen Auslandskapitals durchführen könnten. In dieser Frage liegen die eigentlichen Schwierigkeiten des Problems. Da unser Auslandskredit bereits aufs äußerste gefährdet ist, können wir es nicht riskieren, gewissermaßen experimentell festzustellen, ob die skizzierte Investitions- und Kreditpolitik im Rahmen unserer eigenen Möglichkeiten liegt. Wir müssen schon vorher dessen gewiß sein. Mit anderen Worten: Wir müssen uns fragen, ob und unter welchen Voraussetzungen bei einer solchen Investitions- und Kreditpolitik inflationistische Wirkungen verhütet werden können...

VIII.

Die vorgeschlagene Politik läßt sich nur verantworten, wenn bestimmte vorbeugende und ausgleichende Maßnahmen getroffen werden, um bedenkliche währungs- und wirtschaftspolitische Folgen zu verhindern. Unsere positiven Maßnahmen, die Preisauftriebstendenzen auslösen, müssen wir mit negativen koppeln, die preissenkend wirken, und zwar

a) *unmittelbar:* Auflockerung der Kartelle und planmäßige und energische Senkung der monopolistisch gebundenen Preise durch direkten Staatseingriff, damit wir wieder zu vernünftigen Preisrelationen kommen, die Vorbedingung für eine wirkliche Gesundung und Erreichung des natürlichen Gleichgewichts in der Wirtschaft sind;

b) *mittelbar:* durch Kostensenkung im Wege der Auflockerung der Löhne. Diese Kostensenkung stellt infolge der Konkurrenz der Unternehmer auf dem niedrigeren Kostenniveau und wegen der oben bereits erörterten Veränderungen in der Konsumgüternachfrage einen Faktor dar, der für sich allein genommen die Tendenz weiterer Preissenkung fördern würde.

Bei richtiger Dosierung der positiven und der negativen Maßnahmen würde es möglich sein, die Konjunktur bei noch weichenden Preisen zu beleben...

Wir können und dürfen es nicht bei dem bloß passiven Verhalten der Konsumeinschränkung bewenden lassen, sondern müssen sie als Mittel zur Produktionssteigerung verwenden. Hierbei ist entscheidend, daß Sparen und produktive Nutzung des Ersparten vollkommen Hand in Hand gehen. Das positive Handeln, Investitionen und Kreditbereitstellung, ist hierbei in jeder Beziehung das Primäre, die Sparmaßnahmen lediglich etwas Subsidiäres, gewissermaßen nur eine Versicherung gegen Überspannung oder Übertreibung, zugleich eine Versicherung gegen unliebsame psychologische Reaktionen, ein Palliativ gegen die törichte Inflationspsychose, an der die ganze Welt krankt.

Hierbei ist immer wieder folgendes zu unterstreichen und zu betonen: Die Tatsache, daß wir zur Zeit einen außerordentlich starken Überschuß im Außenhandel haben, der – wenn er auch nur in dieser Stärke anhält – ausreicht, um pro Jahr etwa $1^1/_2$ Milliarden Kredite an das Ausland zurückzuzahlen, und daß auf der anderen Seite immer noch Absatzschwierigkeiten auf der ganzen Linie unserer Produktion bestehen, daß also noch laufend unverwertbare Produktionsüberschüsse vorhanden sind, trotz jenes hohen Überschusses im Außenhandel und trotz stark gedrosselter Produktion, zeigt, daß wir einen sehr starken unausgenützten Produktionsspielraum haben.

Es ist durchaus rationell und wirtschaftlich vollkommen unbedenklich, diese bisher ungenützten Produktionsüberschüsse dadurch zu verwerten, daß man sie im Wege des Kredits für die Ausführung von volkswirtschaftlich vernünftigen und notwendigen Aufgaben bereitstellt. Durch eine solche Investitions- und Kreditpolitik wird gerade das Mißverhältnis von Angebot und Nachfrage auf dem Inlandsmarkt beseitigt und damit der Gesamtproduktion wieder Richtung und Ziel gegeben.

Unterlassen wir eine solche positive Politik, so steuern wir unvermeidlich in einen weiteren wirtschaftlichen Verfall und vollkommene Zerrüttung unserer Staatswirtschaft hinein, in einen Zustand, der dann, um eine innerpolitische Katastrophe zu vermeiden, eine starke neue kurzfristige öffentliche Verschuldung zu rein konsumtiven Zwecken erzwingt, während wir es heute noch in der Hand haben, durch Inanspruchnahme dieses Kredits für produktive Aufgaben zugleich unsere Wirtschaft und unsere öffentlichen Finanzen wieder ins Gleichgewicht zu bringen.

IX.

Es sind nun noch zwei Fragen von schlechthin entscheidender Bedeutung offen:

1. Besteht ein Inflationsrisiko, wenn die Fundierung der kurzfristigen Finanzierungskredite nicht frühzeitig vorgenommen wird?

2. Besteht die Gewißheit oder wenigstens eine an Gewißheit grenzende Wahrscheinlichkeit dafür, daß in absehbarer Zeit die Fundierung möglich ist?

Zu 1.: Folgende Faktoren bestimmen den Wirkungsgrad der Kredite:

a) Größe der vorhandenen Warenvorräte und der schon beim gegenwärtigen Stand der Produktions- und Absatzverhältnisse sich ergebenden und zur Zeit nicht verwertbaren Produktionsüberschüsse;

b) Größe der durch Senkung von Löhnen und Gehältern erzielten Produktionsüberschüsse (zusätzliche volkswirtschaftliche Ersparnis);

c) Ausmaß und Tempo der Kreditausweitung;

d) Ausmaß und Tempo der Produktionsausweitung;

e) Umlaufgeschwindigkeit des Geldes, sowohl des Bargeldes wie des Buchgeldes (Scheckguthaben).

Würde im Verfolg der vorgeschlagenen Aktion das Lohn- und Gehaltsniveau durchschnittlich etwa um 5% gesenkt werden, so bedeutete das in einem halben Jahr eine Nachfrageeinschränkung von etwa ½ Milliarde. Es bedürfte daher der Neueinstellung von etwa 500000 Arbeitern mit einem Durchschnittsjahreslohn von 2000 RM, lediglich um diese Konsumeinschränkung zu kompensieren.

Angenommen, die Reichsbahn führe im Laufe eines halben Jahres ein zusätzliches Bau- und Beschaffungsprogramm im Ausmaße von 1200 Millionen RM aus und es würden außerdem im Laufe eines halben Jahres 300 Millionen RM zusätzlich für Straßenbau aufgewendet, so ergäbe sich folgendes Bild: Beim Straßenbau dürften, wenn man die Arbeiten in Steinbrüchen, Kiesgruben usw. mitberücksichtigt, nicht aber die weiteren Vor- und Ergänzungsproduktionen, wie etwa Teer, Kohle usw., 60% der Bausumme auf Lohngelder entfallen, also etwa 180 Millionen RM. Bei der Eisenbahn würde für Arbeiten, die der Verbesserung des Oberbaus, Brücken usw. dienen, unmittelbar an der Arbeitsstätte schätzungsweise $1/3$ der aufgewendeten Summe für Löhne erforderlich sein. Zusätzliche Löhne für die Bereitstellung der verwendeten Materialien (Träger, Schienen, Schwellen, Steine usw.) wären nur in dem Maße, als diese Materialien nicht aus vorhandenen überschüssigen Lägern geliefert werden könnten, erforderlich. Es soll zunächst unterstellt werden, daß beim Eisenbahnbau sämtliche Materialien aus vorhandenen überschüssigen Lägern lieferbar sind. Daraus ergibt sich folgendes:

Zusätzliche Lohnsumme:	
Straßenbau	180 Millionen RM
Eisenbahnbau	400 Millionen RM
Zusammen	580 Millionen RM

Die Gesamtlohnsumme in der Wirtschaft würde, auf das Halbjahr berechnet, mithin gegenüber dem bisherigen Stand sich nur um 80 Millionen erhöhen. Auf dem Markt der Bedarfsgüter träten also nur bedeutungslose Verschiebungen ein.

Nun erschöpft sich jedoch hierin die Wirkung der Aktion nicht. Vielmehr sind nun die Veränderungen, die in der Rentabilität der Unternehmungen und in der Kreditsphäre vor sich gehen, zu verfolgen. Von der Gesamtbausumme von 1500 Mill. RM dienen die nicht für Lohngelder in Anspruch genommenen Beträge, also 920 Mill. RM, zur Bezahlung bereits vorhandener Materialien und zum Ausgleich sonstiger Kosten (Steuern und Abgaben, Transporte, Verschleiß von

Maschinen und Geräten bei der Bauausführung, Unternehmergewinn und Kosten). Angenommen, es entfielen hiervon auf die sonstigen Kosten im vorbezeichneten Sinne insgesamt 400 Mill. RM und auf die verbrauchten, vorhandenen Lägern entnommenen Materialien einschließlich Betriebsstoffe usw., 520 Mill. RM. Den Gegenwert der Materialien erhalten die Lieferanten nach Diskontierung der Akzepte des Auftraggebers auf ihrem Bankkonto gutgeschrieben. Regelmäßig werden dadurch nur ihre Bankschulden etwas vermindert werden, nur in verhältnismäßig seltenen Fällen werden sie ein Bankguthaben bekommen.

Durch Realisierung von vorhandenen Vorräten werden also regelmäßig bisher als eingefroren zu betrachtende Bankschulden aufgetaut, so daß durch die neuen Finanzierungskredite insoweit nicht die Summe der illiquiden Bankanlagen erhöht, sondern nur verlagert worden ist...

Hinsichtlich der gezahlten Löhne gilt unter der hier angenommenen Bedingung, daß die Gesamtlohnsumme in der Wirtschaft nur unerheblich gesteigert wird, dasselbe. Die Mehrausgabe von Geld wird wettgemacht durch Wenigerausgabe an Lohngeldern der übrigen Wirtschaft. Gleichzeitig wird bei allen Unternehmungen, insoweit sie nicht bei den öffentlichen Arbeiten beteiligt waren, infolge der Produktionskostensenkung bei nach Menge und Preis gleichbleibendem Absatz und gleichbleibender Produktion der Erlös gesteigert und der Betriebskapitalbedarf entsprechend reduziert. Die Rentabilität in der gesamten Industrie hätte sich etwas gebessert, das Gleichgewicht von Angebot und Nachfrage wäre aber noch immer nicht hergestellt. Dies Verhältnis würde sich erst dann und in dem Maße schrittweise bessern, wenn die Industrien, die durch die Lieferung der Materialien für die öffentlichen Arbeiten besonders begünstigt waren, ihre Lager stark räumen könnten und sich hierdurch veranlaßt sähen, wieder mehr zu produzieren als bisher.

Die Voraussetzung dafür wird aber sein, daß sie dann von ihren Banken wieder neuen Kredit bekommen. Dann wiederholt sich in allerdings erheblich verkleinertem Maße, aber nunmehr mit verhältnismäßig stärkerer Wirkung der vorher geschilderte Prozeß: neuer Kredit, Neueinstellung von Arbeitern, vermehrte Nachfrage, nunmehr ohne Einschränkung an anderer Stelle. Damit Verschiebung des Verhältnisses von Angebot und Nachfrage, bisher nicht absetzbare Ware findet Absatz. Hiermit setzt also die eigentliche, die Gesamtproduktion belebende Bewegung ein...

Wohl aber besteht, wenn eine solche Bewegung einmal deutlich eingesetzt hat, die Möglichkeit, daß ins Ausland geflüchtetes deutsches Kapital zurückkommt, um an den deutschen Börsen „einzusteigen".

Zu 2.: ... Es ist eine durch lange Erfahrung und durch die Kredittheorie gleichzeitig bestätigte Regel, daß der Effektenmarkt sehr viel schneller und energischer auf Kreditausdehnung reagiert als der Warenmarkt. Unter allen Umständen überträgt sich eine leichte Auftriebstendenz auf dem Warenmarkt mit absoluter Sicherheit auf den Effektenmarkt, führt hier zu erheblich stärkeren Ausschlägen. Von allen anderen Momenten abgesehen trägt hierzu besonders die Tatsache bei, daß bei steigender Produktion die Bildung von Sparkapital gleich außerordentlich schnell und stark wächst.

Das Gesamtergebnis der angestellten kredittheoretischen Überlegungen läßt sich in dem Satz zusammenfassen, daß eine Kreditexpansion in Verbindung mit großzügigen Investitionen nicht zu einer weiteren Illiquidisierung, sondern vielmehr zur Liquidisierung und Konsolidierung unsere Kreditwirtschaft beiträgt.

Thesen zum Kampf gegen die Wirtschaftskrise

Gemeinsam mit dem Reichstagsabgeordneten Dr. Fritz Baade und dem Vorsitzenden der Holzarbeiter-Gewerkschaft Fritz Tarnow legte Wladimir Woytinsky 1931 ein Thesenpapier für den Umgang mit der Wirtschaftskrise vor, worin staatliche Investitionen als Mittel zur Mobilisierung der Wirtschaft gefordert werden. (Hervorhebungen alle im Original.)

Vorgelegt von Dr. Baade – Tarnow – Woytinsky
Berlin, den 23. Dezember 1931

I. DAS VERSAGEN DES AUTOMATISMUS DER KAPITALISTISCHEN KRISE

Der Mechanismus des kapitalistischen Systems, dem die Fähigkeit und Kraft zugeschrieben wird, ökonomische Krisen automatisch zu überwinden, kann in der gegenwärtigen Krise nicht funktionieren. Dieses Versagen ist vornehmlich durch zwei Tatsachen begründet, deren Vorhandensein die heutige Krise von den früheren wesentlich unterscheidet:

a) Die *Totalität der Krise* in doppelter Beziehung: Sie erstreckt sich räumlich über die ganze Welt und hat gleichzeitig alle Zweige der industriellen und agrarischen Wirtschaft erfaßt. Es fehlt deshalb an dem gesunden Sektor, von dessen erhalten gebliebener Lebenskraft früher die Wiedergesundung der erkrankten Teile ausging.

b) Die vollständige nationale und internationale *Zerstörung des Kreditmechanismus* zu einem Zeitpunkte, an dem bei „normalem" Krisenverlauf durch das Einströmen großer und billiger Kredite in die Wirtschaft der Umschwung eingeleitet wurde.

Es wäre denkbar, daß durch einen erfolgreichen Ausgang der begonnenen internationalen Verhandlungen die Kreditlage verbessert wird. Angesichts der vollkommenen Desorganisation der Kapitalmärkte, der Währungsanarchie in großen und wichtigen Teilen der Welt, der schon eingetretenen Zahlungsunfähigkeit ganzer Volkswirtschaften und Staaten sowie der rigorosen handelspolitischen Kriegsmaßnahmen, die schon ergriffen worden sind, ist es aber selbst im günstigsten Falle ganz unwahrscheinlich, daß der Kreditmechanismus in absehbarer Zeit wieder so funktionieren könnte, wie es zur Überwindung der Krise erforderlich wäre.

Da die Selbstheilung auf dem Wege über den Zinsfuß nicht mehr funktioniert, ist versucht worden, eine Heilung auf dem Wege über das Preisniveau herbeizuführen. Diese Politik der allgemeinen Preis- und Kostensenkung, insbesondere auch Lohnsenkung, hat die Krisis jedoch nicht nur nicht gelindert, sondern ausgesprochen verschärft, so daß heute kein Zweifel mehr daran bestehen kann, daß auch auf diesem Wege eine Überwindung der Krisis nicht erfolgen wird (vergl. auch Abschnitt III).

In dieser Situation wird es für die Arbeiterbewegung eine Lebensnotwendigkeit, nach den Mitteln der *bewußten Beeinflussung des Konjunkturverlaufes* (Ankurbelung der Wirtschaft) zu suchen.

Selbst wenn in absehbarer Zeit den Unternehmern reichliche und billigere Kredite zur Verfügung stehen würden, wäre ein schneller Wiederanstieg der Wirtschaft noch nicht wahrscheinlich. Sämtliche Produktionsmittel und Produktionsvoraussetzungen (Arbeitskräfte, Sachkapitalien und Rohstoffe) sind sowohl international, wie auch in der deutschen Volkswirtschaft reichlich und sogar überreichlich vorhanden. Durch die Schrumpfungspolitik ist jedoch die vorhandene Kaufkraft und Konsumkraft auf allen Gebieten in ein immer stärkeres Mißverhältnis zu den Produktionsmöglichkeiten gelangt. *Der Anstoß muß daher von der Konsumseite her erfolgen.* Damit wird die Aufgabe der Konjunkturpolitik bestimmt.

Dr. Fritz Baade (1893 – 1974)

II. ÖFFENTLICHE ARBEITEN ALS KONJUNKTUR- ANSTOSS

Da in der privatwirt- schaftlichen Sphäre ein Auftrieb der Konsum- kraft vorerst nicht zu erwarten ist, muß von außen her dieser Sphäre eine zusätzliche Kauf- kraft zugeführt werden. Die bestgeeignetste Me- thode für diesen Zweck ist die *Inangriffnahme öffentlicher Arbeiten größten Stils,* deren Kosten im wesentli- chen aus Löhnen und Gehältern bestehen. Diese zusätzliche Kaufkraft würde bei entsprechender Größe der Gesamtwirt- schaft den Anstoß zum Wiederaufstieg geben.

Für die Behebung der Weltkrise wäre eine große inter- nationale Aktion in diesem Sinne das wirksamste Mittel (siehe Abschnitt IV). Da es aber fraglich ist, ob eine solche internationale Aktion rechtzeitig zustande kommt, muß auch im Rahmen der deutschen Volkswirtschaft die Arbeits- beschaffung das Kernstück unseres konjunkturpolitischen Aktionsprogramms bilden.

Das Programm der Arbeitsbeschaffung gipfelt aber in der Frage der Finanzierung. Die Staatskassen verfügen dafür in der Gegenwart über keine Mittel. Die Finanznö- te zwingen sie im Gegenteil sogar zur Einschränkung der normalen Auftragserteilung. Eine Finanzierung dieser Arbeiten auf dem Weg der üblichen Kreditbeschaffung erscheint angesichts der heutigen Verfassung der Kapital- märkte ausgeschlossen. Es bleibt also nur der Weg einer *zusätzlichen Kreditschöpfung* übrig. Alle derartigen Pläne sind bisher in der deutschen Öffentlichkeit als „Inflation" kritisiert worden. Die tatsächliche deutsche Wirtschaftspolitik ist gerade den umgekehrten Weg gegangen, nämlich den der planmäßigen Preis- und Lohnsenkung, die heute allgemein als „Deflation" bezeichnet wird. Am Anfang jedes planmäßigen Ankurbelungsprogrammes muß daher die Auseinandersetzung mit den Begriffen „Deflation" und „Inflation" stehen.

III. Kredit- und Währungspolitik

1. **Begriffsbestimmungen:** Die Definitionen der Begriffe „Deflation" und „Inflation" sind nicht einheitlich. Es kommt aber nicht darauf an, allgemeingültige Begriffsbestimmungen zu finden, sondern nur auf die Kennzeichnung derjenigen Erscheinungen, die in diesen Ausführungen darunter verstanden werden sollen. Danach soll als „Deflation" angesehen werden jede allgemeine Senkung des Warenpreisniveaus oder – was gleichbedeutend ist – allgemeine Erhöhung des Geldwertes, gleichgültig, ob sie von der „Warenseite" oder von der „Geldseite" hergekommen ist. Inflation wird entsprechend umgekehrt definiert.

Diese Definition erscheint deshalb auch zweckmäßig, weil nicht die Änderung der Währungseinheit im Verhältnis zum Golde, sondern die Kaufkraftverschiebung zwischen dem Geld und den Waren von entscheidender Bedeutung ist. Die Wirkungen einer allgemeinen Änderung des Preisniveaus auf Gläubiger und Schuldner, Reallöhne und Staatshaushalt sind weitgehend die gleichen, ob die Entwicklung von der Geldseite oder Warenseite gekommen ist.

Mit den Mitteln der Kredit- und Währungspolitik können sowohl deflatorische wie inflatorische Wirkungen erzielt werden. Um sich Klarheit über die wünschenswerte Richtung dieser Politik zu verschaffen, müssen die wahrscheinlichen Auswirkungen nach beiden Seiten hin und in Beziehung zur Aufgabe der Krisenüberwindung untersucht werden.

2. **Auswirkung der Deflation:** Die Preissenkung kann zur Überwindung der Krise nur so weit beitragen, als sie sich auf diejenigen Warengruppen beschränkt, deren Überprodukti-

Fritz Tarnow (1880 – 1951)

on die Krise verursacht hat. Eine „allgemeine Preissenkung" (Deflation) kann im System der Konjunkturpolitik höchstens die Funktion haben, die Konkurrenzfähigkeit eines bestimmten Landes auf dem Weltmarkte gegenüber anderen Ländern zu heben. Die Möglichkeiten dieses Erfolges sind in der Gegenwart sehr stark beschränkt durch die handelspolitischen Maßnahmen, die überall in der Welt dagegen getroffen werden.

Den möglichen Vorteilen einer Deflation stehen jedoch für die innere Wirtschaft Nachteile auf folgenden Gebieten gegenüber:

a) Verhältnis zwischen Gläubigern und Schuldnern,

b) Unternehmungslust und Beschäftigungsgrad,

c) Reallohn,

d) Öffentliche Haushalte.

zu a) Durch eine Deflation wird die Realbelastung sämtlicher Schuldner automatisch erhöht. Beispielsweise betrugen die Schulden der deutschen Landwirtschaft im Jahre 1929 rund 11 Milliarden Mark. Über den Agrarindex gerechnet hat sich diese Summe bis zur Gegenwart real auf 15 Milliarden (in RM mit der Kaufkraft von 1929) erhöht, oder anders ausgedrückt ist die Zinsenlast für die gleiche Schuld, in Agrarprodukten gerechnet, im Verhältnis wie 11 zu 15 angewachsen. Für die gesamte deutsche Wirtschaft dürfte sich durch die allgemeine Senkung des Preisniveaus von 1929 bis 1931 der Realwert der Schulden von 95 auf 125 Milliarden Reichsmark erhöht haben. Diese automatische Erhöhung der Schuldenlast durch Deflation ist jedoch nicht gleichbedeutend mit einem ebenso großen Wertzuwachs bei den Gläubigern, weil durch die Vermehrung der Reallast viele sonst lebensfähige Schuldner zusammenbrechen.

zu b) Für die Unternehmungslust bedeutet eine Periode sinkender Preise naturgemäß eine scharfe Drosselung. Deflation ist eine Strafe auf wirtschaftliche Betätigung und eine Prämie für das Brachliegenlassen von Geld. Dies trifft ebenso auf die Konsumenten zu wie auf die Produzenten. Die Aussicht auf weitere Preissenkungen drosselt auch die Kaufkraft.

zu c) Auf die reale Kaufkraft des Stundenlohnes wirkt die Deflation nur im ersten Stadium günstig ein, wenn die Preissenkung der Lohnsenkung vorangeht. Bei einer planmäßigen Deflationspolitik, wie sie zur Zeit in Deutschland betrieben wird, wird dieses Stadium überhaupt übersprungen, da der Angriff auf die Lohnhöhe schneller und wirksamer zum Zuge kommt als der auf die Preise. Bei längerer Dauer der Deflation brechen in Auswirkung der wachsenden Arbeitslosigkeit auch ohne staatlichen Zugriff die Löhne schneller zusammen als die Preise. Die Einwirkung auf den Gesamtverdienst der Arbeiterklasse ist unter allen Umständen ungünstig, da die Preissenkung des täglichen Lebensbedarfs bei längerer Deflationsdauer die Verluste nicht wettmachen kann, die der Arbeiterklasse durch Arbeitslosigkeit, Kurzarbeit und Lohnsenkung zugefügt werden.

zu d) Für die öffentlichen Haushalte hat die Deflation ebenso wie die Inflation eine ausgesprochen zerstörende Wirkung, weil die Einnahmen automatisch sinken, während die Ausgaben infolge der wachsenden Arbeitslosigkeit steigen. Der Versuch, eine durch Wirtschaftskrisen und Deflation verursachte Störung der Staatsfinanzen durch weitere Deflation, das heißt Sparpolitik und Schrumpfungspolitik auszugleichen, wirkt um so verhängnisvoller, je größer die sozialen und wirtschaftlichen Aufgaben des betreffenden Staates sind. Der Staat beginnt sich „zu Tode zu sparen", und die Deflation überschlägt sich ebenso in sich wie die Inflation.

3. Die Auswirkungen der Inflation sind in Deutschland genügend in Erinnerung. Es ist aber notwendig, die einzelnen Phasen der Inflation auseinanderzuhalten und zu prüfen, ob

Wladimir Woytinsky (1885 – 1960)

die Voraussetzungen für den Ablauf der Inflationserscheinungen heute ebenso liegen wie in der Zeit von 1918 bis 1923. Im Vergleich zu den Deflationsauswirkungen ergeben sich bei einer Inflation (allgemeines Steigen der Warenpreise) folgende Auswirkungen:

a) Das Verhältnis zwischen Gläubigern und Schuldnern gestaltet sich genau umgekehrt wie bei der Deflation: Die Reallast der Schulden vermindert sich, bei hemmungsloser Inflation bis zur völligen Entwertung der Schuldverpflichtungen und bis zur völligen Vernichtung der Gläubigervermögen.

b) Auf die Unternehmungslust und die Konjunktur wirkt die Inflation zunächst günstig ein, bei starker und hemmungsloser Inflation sind jedoch die Wirkungen infolge Zerstörung der Kalkulationsbasis und des Produktionsplanes katastrophal.

c) Der Reallohn sinkt, da die Löhne nicht so schnell steigen wie die Preise. Bei leichter Inflation kann der reale Gesamtverdienst der Arbeiterklasse trotzdem steigen, weil Arbeitslosigkeit und Kurzarbeit zurückgehen. Am Ende der Nachkriegsinflationsperiode sanken individueller und Gesamtreallohn im schnellen Tempo auf ein unerhört niedriges Niveau.

d) Die Wirkungen auf die öffentlichen Haushalte sind ungünstig, da die Ausgaben schneller der Geldentwertung angepaßt werden müssen, als die Einnahmen der Entwertung entsprechend erhöht werden können. Diese Wirkung kann bei leichter Inflation ausgeglichen und überkompensiert werden durch die Ausweitung der volkswirtschaftlichen Umsätze und der damit wachsenden öffentlichen Einnahmen. Werden die

248

Defizite immer von neuem durch die Notenpresse gedeckt, überschlägt sich die Inflation ebenso in sich wie die Deflation.

4. Stellung zur Währungspolitik. Aus dem Gesagten ergibt sich, daß die Arbeiterklasse weder eine Deflation noch eine Inflation wünschen kann, sofern darunter ein hemmungsloses Abfallen oder Aufsteigen des allgemeinen Preisniveaus verstanden wird. Das schließt aber nicht aus, daß von einem gegebenen Preisniveau aus ein begrenztes Steigen oder Fallen durchaus erwünscht sein und als Mittel der Konjunkturpolitik zweckmäßigerweise angewendet werden kann.

Dabei ist folgendes zu beachten: Die schlimmen Folgen einer Inflation stellen sich besonders dann ein, wenn die Produktionskraft der Wirtschaft gering ist und durch Geldschöpfung der Versuch gemacht wird, die Konsumkraft über das Maß der vorhandenen und mobilisierbaren Produktionskraft hinaus zu steigern. Bei einer Deflation treten umgekehrt die schlimmen Folgen dann ein, wenn ein Übermaß von brachliegender Produktionskraft vorhanden ist und der Versuch unternommen wird, durch aufgezwungene Sparsamkeit im Verbrauch die Wirtschaft beleben zu wollen.

Die Arbeiterbewegung muß sich entschieden gegen die Fortsetzung der Politik der Reichsregierung wenden. Allerdings dürfen die eingeleiteten Preissenkungsmaßnahmen nicht in einem Augenblick abgebrochen werden, da gerade die Löhne zwangsweise abgebaut sind. Unbeschadet der aktuellen Forderung, entweder die Preise an das gesenkte Lohnniveau anzupassen, oder aber die Löhne den Preisen entsprechend zu erhöhen, muß ein rascher und endgültiger Schluß mit der Deflationspolitik verlangt werden.

IV. Internationale Konjunkturpolitik

Die Finanzierung öffentlicher Arbeiten zum Zwecke der Wirtschaftsankurbelung kann durch Kredit- bzw. Geldschöpfung mit Hilfe der Währungsinstitute erfolgen, ohne die Stabilität der Währungen zu gefährden. Die beste Methode wäre ein internationales Vorgehen nach einem vereinbarten Plane. Es könnte dabei so verfahren werden, daß durch einheitliche Veränderung der Golddeckungsvorschriften im Sinne der Empfehlungen des Goldausschusses beim Völkerbund die Voraussetzungen für eine Notenvermehrung geschaffen werden, oder daß aus den Goldüberschußländern ein Teil des Goldes einer internationalen Stelle zu Deckungszwecken zur Verfügung gestellt wird.

Es ist möglich und bei entsprechender Größe der Aktion wahrscheinlich, daß durch eine zusätzliche Geldschöpfung das Preisniveau zum Steigen gebracht wird. Das bedeutet aber weder hemmungslose Inflation noch eine Aufhebung der Währungsstabilität, wenn die zusätzliche Notenmenge kontingentiert bleibt. Eine hemmungslose Inflation mit ihren katastrophalen Folgen tritt nur dann ein, wenn der Geldumlauf *dauernd* vergrößert werden muß, ohne daß der Güterumlauf mitwächst. Durch die vorgeschriebene Verwendung des zusätzlichen Geldes müssen aber der Güterumsatz und die Produktion steigen.

Eine begrenzte Erhöhung des allgemeinen Preisniveaus würde lediglich den Deflationsprozeß der letzten Zeit wieder rückgängig machen. Eine solche Redeflation würde der Wirtschaft aus den selben Gründen Auftriebstendenzen geben, aus denen ihr durch die Deflation Niedergangstendenzen aufgezwungen wurden. Das Verhältnis zwischen Gläubigern und Schuldnern würde zu Gunsten der Letzteren wieder der Wertbasis angenähert werden, auf der das Schuldenverhältnis zustande kam, was eine ebenso gerechte wie den allgemeinen Interessen dienende Lösung wäre.

Diese internationale Aktion ist allerdings nur möglich, wenn eine Reihe von Hindernissen auf dem Gebiet der allgemeinen Politik beseitigt sind. Sie hat zur Voraussetzung, daß die Frage der bestehenden Schulden, insbesondere der in Deutschland festgefrorenen kurzfristigen Auslandsanleihen vorher geregelt wird. Dies ist wiederum nur möglich, wenn vorher die Reparationsfrage bereinigt ist. Hierzu wiederum ist eine internationale politische Verständigung, insbesondere zwischen Deutschland und Frankreich notwendig.

Die Politik der Sozialdemokratischen Partei und der Gewerkschaften, welche die deutsch-französische Verständigung als Angelpunkt für die politische und wirtschaftliche Gesundung der Welt und jedes einzelnen Landes betrachtet, ist daher grundsätzlich richtig. Sie muß jedoch durch eine Aktion ergänzt worden, die sich zum unmittelbaren Ziel *die internationale Arbeitsbeschaffung auf Grund einer internationalen Kreditschöpfung* stellt.

V. KRISENBEKÄMPFUNG IM RAHMEN DER DEUTSCHEN VOLKSWIRTSCHAFT

Es muß befürchtet werden, daß die Unvernunft in der Weltwirtschaft und in der Weltpolitik bereits einen derartigen Umfang angenommen hat, daß eine wirksame Krisenbekämpfung auf internationalem Wege nicht in dem für Deutschland lebensnotwendigen Tempo zustande kommt.

Aus diesem Grunde muß die Sozialdemokratie neben der Forderung nach internationaler Verständigung zwecks internationaler Arbeitsbeschaffung ein ganz konkretes Programm der Krisenbekämpfung im Rahmen der deutschen Volkswirtschaft entwickeln. Dieses Rettungsprogramm darf sich nicht in allgemeinen Forderungen erschöpfen, sondern muß ganz konkret angeben, welche Maßnahmen die öffentliche Wirtschaft zu treffen hat und wie diese Maßnahmen finanziert werden sollen.

Im Mittelpunkt der planwirtschaftlichen Krisenbekämpfung soll die *Beschäftigung von 1 Million Arbeitslosen mit öffentlichen Arbeiten* stehen. Dabei sind solche Arbeiten zu bevorzugen, die keine Produkte auf den Markt werfen und bestehenden Produktionszweigen infolgedessen keine Konkurrenz machen. Die Arbeitsbeschaffung wird eine Belebung der Konsumgüterindustrie hervorrufen und damit einen weiteren erheblichen Teil der Arbeitslosen wieder in die Beschäftigung hineinsaugen.

Für die Finanzierung dieser öffentlichen Arbeiten wäre ein Betrag von etwa 2 Milliarden RM notwendig. Der Teil dieses Betrages, der auf anderem Wege nicht aufgebracht werden kann, muß dem Reich durch eine Währungsanleihe der Reichsbank zur Verfügung gestellt werden.

Von einer solchen einmaligen, auf einen bestimmten Betrag begrenzten und für Arbeitszwecke bestimmten Währungsanleihe ist eine uferlose Inflation nach dem Muster der deutschen Inflation von 1922-23 nicht zu befürchten. Die Garantie gegen derartige inflationistische Wirkungen liegt nicht nur in der Begrenzung der Summe und in dem Verwendungszweck, sondern vor allem in der Tatsache, daß heute im größten Umfange brachliegende Kapazität im Produktionsapparat vorhanden ist. Infolgedessen kann die Produktionssteigerung der Kaufkraftsteigerung in dem geplanten Umfange ohne Schwierigkeiten folgen.

Um jeder Gefahr einer unerwünschten Preissteigerung vorzubeugen, sind die heute bestehenden Preisbindungen, sofern sie die obere Grenze der Preise festlegen, zu verstärken; dies betrifft insbesonders die Mieten sowie Eisen-, Kohlen- und die sonstigen Kartellpreise.

Festzuhalten ist insbesondere auch der in den Agrarzollgesetzen niedergelegte Verbraucherschutz, die Höchstpreise für Brot und Zucker sowie die Höchstgrenze der Ernährungskosten (Maximum des Ernährungskostenindex von 133%). Die Durchführbarkeit dieser Forderung ist heute durch die elastische Handhabung der Agrarzölle in vollem Umfang sichergestellt.

Die Gefahr einer unerwünschten Entwertung der Währung ist durch Verschärfung der Devisenerfassung abzuwehren, und zwar durch eine möglichst lückenlose Handhabung der Devisenbewirtschaftung.

SCHLUSS

Die Tätigkeit der Partei und der Gewerkschaften muß sich für die nächste Zeit auf dem internationalen Gebiet ebenso wie im Inlande auf die Aufgabe *„Kampf gegen die Krise"* konzentrieren, und zwar in einer Form, die geeignet wäre, die größte Aktivität der Arbeiter zu erwecken, sie wieder zu sammeln und ihnen die Unterstützung anderer sozialer Schichten zu sichern. Die negative Seite unseres Aktionsprogramms muß lauten: *„Schluß mit der Deflation, Schluß mit dem Lohnabbau".* Das Kernstück der positiven Seite dieses Aktionsprogramms müssen zwei Forderungen bilden: *„Internationale Verständigung und Arbeitsbeschaffung!"*

Wieder und wieder: Schafft Arbeit!

Vom Schlagwort zur praktischen Verwirklichung

Der folgende Artikel erschien im Organ des Allgemeinen Deutschen Gewerkschaftsbundes Gewerkschaftszeitung, 42. Jg., Nr. 11, März 1932.

Von Wladimir Woytinsky

Die öffentliche Diskussion der letzten Wochen hat den Schleier um das Problem der Arbeitsbeschaffung gelüftet und in mehr als einer Hinsicht Klarheit geschaffen. Wir brauchen nicht mehr nach dem Weg zu tasten – der Weg liegt offen vor uns, wir wissen, wohin er führt und welche Gefahren auf ihm zu vermeiden sind. Die Notwendigkeit der Arbeitsbeschaffung wird von keiner Seite ernst bestritten. Der Streit geht um die Möglichkeit, mit den Mitteln, die dem Staat zur Verfügung stehen, die Aktion etwa in dem Umfange durchzuführen, der dem Ernst der Lage und den Wünschen der Gewerkschaften entspricht. Der Bundesausschuß hat in seinem Beschluß keine Zahlen genannt, keinen bestimmten Plan der Arbeitsbeschaffung empfohlen. Die Diskussion drehte sich bisher um die Vorschläge, die in der gewerkschaftlichen Presse von einzelnen Personen unter ihrer eigenen Verantwortung geltend gemacht worden sind.

So wie die Dinge liegen, muß den Ausgangspunkt der Aktion die doppelt trostlose Feststellung bilden: einerseits ungeheure, uferlose Not, die man mit einem Schlag nicht beseitigen kann, die man lediglich zu mildern hofft; anderseits leere Staatskassen, keine freien Mittel für kühne, durchgreifende Maßnahmen. Daher die doppelte Forderung: Möglichst vielen Menschen bei denkbar geringem Geldaufwand Arbeit zu schaffen!

Straßenbau um 1930: „Die Wahl des Gegenstandes der Arbeiten muß der Forderung Rechnung tragen, möglichst viele Arbeitskräfte produktiv zu beschäftigen."

Der von mir in der Arbeit entwickelte Plan, eine Million Menschen mit dem Gesamtaufwand von zwei Milliarden Reichsmark zu beschäftigen, hat zahlreiche Widersprüche geweckt; entweder sollte die Zahl der Beschäftigten viel niedriger oder der Kostenaufwand viel höher sein. Der Streit kann leicht gelöst werden. Es reicht aus, sich von den Vermutungen zu den Tatsachen und Zahlen zu wenden.

Die Beschäftigten bei den öffentlichen Arbeiten müssen die 40stündige Arbeitszeit haben und für ihre Arbeit den üblichen Tariflohn erhalten. Der durchschnittliche Stundenlohn eines Facharbeiters beträgt gegenwärtig 86 Pf., der Lohn eines Tiefbauarbeiters 79 Pf., der eines Hilfsarbeiters 67 Pf. Wenn bei den öffentlichen Arbeiten etwa 200 000 Facharbeiter, 300 000 Tiefbauarbeiter und 500 000 Hilfsbauarbeiter beschäftigt werden, wird ihr Lohn rund 300 Millionen Reichsmark wöchentlich oder 1,5 Milliarden im Jahr (= 50 Arbeitswochen) betragen.

Wie groß ist nun der Lohnanteil bei den Kosten der öffentlichen Arbeiten?

Alles hängt davon ab, welche Arbeiten man in das Programm der Arbeitsbeschaffung aufnimmt und welche Ausführungsmethode man wählt. Jedenfalls muß man neben dem Arbeitsverdienst der unmittelbar bei den Arbeiten beschäftigten Belegschaft auch den Lohn im Preis der verbrauchten Materialien, Baustoffe, Werkzeuge u.ä.m., sowie in den Unkosten mitberücksichtigen. Der Lohnanteil in diesem weiteren Sinne beträgt beim Straßenbau etwa 75 v.H., bei der Regelung der Flußläufe über 90 v.H., beim Wohnungsbau 50 bis 55 v.H. Die Arbeitsleitung kann diesen Prozentsatz noch mehr steigern, wenn sie in bestimmten Fällen auf die mechanische Arbeit zugunsten der Handarbeit verzichtet. Uns ist ein Fall von Straßenbauarbeit bekannt, bei dem die technische Leitung es verstanden hat, den Lohnanteil an den Kosten bis auf 88 v.H. zu erhöhen. Beim Wohnungsbau kann der Lohnanteil an den von der öffentlichen Hand herausgegebenen Mitteln dadurch gewaltig erhöht werden, daß die öffentliche Hand nur einen Teil – sagen wir die Hälfte – der Baukosten deckt, während die Bauunternehmer und Bauherren für die Aufbringung der fehlenden Mittel sorgen müssen. Im Durchschnitt wird bei den öffentlichen Arbeiten der Lohnanteil – im weiteren Sinne – etwa 75 v.H. der Gesamtkosten betragen. Von 2 Milliarden RM werden rund 1,5 Milliarden auf Löhne entfallen, was gerade für die Beschäftigung von 1 Million Menschen ein Jahr lang ausreicht.

Diese Berechnung beansprucht nicht, bis auf eine Reichsmark genau zu sein. Vielleicht wird das Geld nicht für 50 Wochen, sondern für 46 oder 54 Wochen ausreichen. Darauf kommt es jedoch nicht an. Wichtig ist die Größenordnung und die kann der ADGB verantworten: 1 Million Arbeiter mit einem Gesamtaufwand von 2 Milliarden Reichsmark zu beschäftigen.

Die Wahl des Gegenstandes der Arbeiten muß der Forderung Rechnung tragen, möglichst viele Arbeitskräfte ohne Überschreitung der angezeigten Kostengrenze produktiv zu beschäftigen.

Das Kernstück des technischen Planes der Arbeitsbeschaffung muß der Straßenbau bilden, nämlich die

Instandhaltung und darüber hinaus auch die Modernisierung unseres Landstraßennetzes. Die Notwendigkeit dieser Arbeiten und ihre volkswirtschaftliche Rentabilität wird von keiner Seite angezweifelt, die Pläne sind längst reif zur Ausführung, der Lohnanteil an den Kosten ist verhältnismäßig hoch. Die Arbeiten, die auf diesem Gebiet auszuführen sind (abgesehen von den laufenden Reparaturen), werden einen Gesamtaufwand von etwa 4 Milliarden Reichsmark beanspruchen. Vor dem Ausbruch der Krise rechnete man damit, daß das gesamte Programm etwa in 8 bis 10 Jahren ausgeführt werden könnte – ein Aufwand von 500 Millionen Reichsmark jährlich wurde als normal betrachtet. Im Jahre 1931 mußten die von den zuständigen Stellen beabsichtigten Straßenbauarbeiten unterbleiben. Jetzt muß man verlangen, daß in der kommenden Bausaison das Versäumte nachgeholt wird: 1 Milliarde Reichsmark für den Straßenbau!

Neben dem Straßenbau kommt als einer der sieben wichtigsten Posten des Arbeitsbeschaffungsprogramms der Wohnungsbau in Frage, nämlich der Bau von kleinen Wohnungen, die mit Sicherheit auf Vermietung rechnen können und eine durchaus sichere Kapitalanlage darstellen. Der Mangel des Wohnungsbaus im Rahmen der Arbeitsbeschaffungsaktion ist, daß hier der Kostenaufwand im Vergleich mit der Zahl der beschäftigten Arbeitskräfte ziemlich hoch ist. Der große Vorteil dieser Art der Arbeitsbeschaffung ist aber, daß hier in Gestalt der Wohnung eine Ware geschaffen wird, die einen kommerziellen Wert hat; das erleichtert ungewöhnlich die Finanzierung der Aktion. Um Straßen für 100 Millionen Reichsmark aus- oder umzubauen, muß die öffentliche Hand 100 Millionen Reichsmark herausgeben; dagegen kann der Staat den Wohnungsbau für einen Gesamtbetrag von 100 Millionen Reichsmark in Gang bringen, wenn er den Bauunternehmern etwa die Hälfte dieses Betrages unter erschwinglichen Bedingungen zur Verfügung stellt.

Die Wasserbauarbeiten haben den Vorzug des höchsten Lohnanteils an den Baukosten, können aber nicht viele Menschen beschäftigen. Bei den Meliorationsarbeiten ist die sorgfältigste Wahl der auszuführenden Projekte erforderlich, da hier die Gefahr der Fehlinvestierungen größer ist als bei irgendwelchen anderen Arbeiten. Wir folgern also: 1 Milliarde Reichsmark für den Wohnungsbau, die Wasserbauarbeiten, die volkswirtschaftlich berechtigten Meliorationsarbeiten und Aufträge der Reichsbahn und Reichspost!

Die Finanzierung

Setzen wir uns für ein solches Arbeitsbeschaffungsprogramm ein, so müssen wir auch Klarheit darüber schaffen, wie die erforderlichen Mittel aufzubringen sind. Wie kann man aber bei der gegenwärtigen gespannten Lage der öffentlichen Finanzen zwei Milliarden Reichsmark flüssig machen? Wir müssen mit der größten Entschiedenheit die Verdächtigung zurückweisen, daß wir das Geld aus der Luft schöpfen wollen und mit dem Gedanken der Inflation spielen. Um was es sich hier dreht, ist lediglich vernünftige Organisation.

Ein erheblicher Teil der Kosten der Arbeitsbeschaffung kann aus den freiwerdenden Arbeitslosenunterstützungen sowie aus den Steuern und Abgaben gedeckt werden, die bei den bei den öffentlichen Arbeiten Beschäftigten erhoben werden.

Die Arbeitslosenversicherung, Krisenfürsorge und die Wohlfahrtsämter geben für jeden Unterstützten mehr als 60 RM monatlich aus (einschließlich Sozialabgaben). Sie müssen verpflichtet werden, für jeden Beschäftigten bei den öffentlichen Arbeiten 2 RM pro Tagewerk aufzubringen (zwei Drittel des Betrages, den sie gegenwärtig bei den Notstandsarbeiten beizusteuern pflegen). Bei der Beschäftigung von 1 Million Menschen und bei Bevorzugung der Meistbedürftigen, die gegenwärtig am schwersten die Träger der Arbeitslosenunterstützung belasten, werden rund 800 Millionen Reichsmark an Unterstützungen gespart, 200 Millionen Reichsmark können für die Entlastung der betreffenden Körperschaften frei bleiben, 600 Millionen Reichsmark sind für die Deckung der Kosten der Arbeitsbeschaffung zu verwenden. Zu demselben Zweck müssen auch die Steuern verwendet werden, die bei den Beschäftigten bei den öffentlichen Arbeiten erhoben werden, die sie gegenwärtig als Arbeitslose nicht zu zahlen haben: Lohnsteuer, Bürgersteuer und Hauszinssteuer, insgesamt ein Betrag von etwa 200 Millionen Reichsmark. Dies gilt auch für den 6 1/2prozentigen Lohnabzug an die Arbeitslosenversicherung. Auf diese Weise sind weitere 300 Millionen Reichsmark für die Arbeitsbeschaffung freizumachen.

Beinahe die Hälfte des erforderlichen Kostenaufwandes für die Arbeitsbeschaffung kann also flüssig gemacht werden ohne die geringste Belastung der öffentlichen Hand und ohne Beanspruchung von Krediten. Wir müssen weiter gehen und hervorheben, daß diese Aktion den öffentlichen Finanzen eine fühlbare Entlastung verspricht. Von der Entlastung der Träger der Arbeitslosenunterstützung (um 200 Millionen Reichsmark) war bereits oben die Rede. Ungefähr ebenso hoch werden ihre Ersparnisse dank der besseren Beschäftigung der Verbrauchsgüterindustrien (sekundäre Auswirkung der Arbeitsbeschaffung) sein. Zugleich werden dem Staate neue Einnahmen von der Seite der Verbrauchssteuern, der Umsatzsteuer, Beförderungssteuer, ebenso wie aus der zusätzlichen Beschäftigung in den Verbrauchsgüterindustrien zufließen. Mit allem Vorbehalt kann man die wahrscheinlichen Mehreinnahmen des Staates auf etwa 300 Millionen Reichsmark voranschlagen.

Diese Erwägungen gestatten uns, das Finanzierungsproblem der Arbeitsbeschaffung wie folgt zu präzisieren: es sind 1 100 Millionen Reichsmark flüssig zu machen, um 1 Million Menschen ein Jahr lang zu beschäftigen, dann werden den Trägern der Arbeitslosenunterstützung etwa 400 Millionen Reichsmark erspart, während der Staat etwa 300 Millionen Reichsmark mehr Einnahmen erhält, der Volkswirtschaft aber neue Werte für rund 2 Milliarden Reichsmark geschaffen werden.

Das ist das Geschäft, das wir vorschlagen und das von den Gegnern der Aktion als eine gefährliche Inflation gebrandmarkt wird.

Um dies vorwegzunehmen: Die Gewerkschaften sind fest entschlossen, die deutsche Währung gegen die Gefahr der Inflation – wie wir sie eine in den Nachkriegsjahren erlebt haben – zu schützen. Sie werden einem bestimmten Plan zur Arbeitsbeschaffung nur dann zustimmen, wenn sie felsenfest überzeugt sind, daß er keine Inflationsgefahr in sich birgt. Andernteils ist Arbeitsbeschaffung großen Umfanges ohne Kreditausweitung unmöglich. Das Problem kann also nur wie folgt lauten: Arbeitsbeschaffung auf Grund der erforderlichen Kreditausweitung, aber unter Vermeidung jeder Inflationsgefahr!

Ist aber diese Aufgabe, unter den oben gezeigten Bedingungen, praktisch lösbar? Wir berufen uns auf die Erklärungen der Deutschen Bank, die in diesem Heft an anderer Stelle wiedergegeben ist.[1] Dort ist von sachkundiger Seite die wichtigste Bedingung der Kreditausweitung zwecks Arbeitsbeschaffung aufgestellt, die jede Inflationsgefahr ausschließt: Die Rentabilität und Rückzahlung der angelegten Kapitalien müssen gesichert werden. Hier ist der springende Punkt der Aktion.

Die langfristigen Kredite sind gegenwärtig teuer, es wird sich etwa um 8 v.H. Zinsen und 2 v.H. für Tilgung handeln, und es besteht keine Sicherheit, daß die im Rahmen der Arbeitsbeschaffung hervorgebrachten neuen volkswirtschaftlichen Werte einen so hohen Gewinn abwerfen werden! Damit müßte die Möglichkeit der Finanzierung der Aktion wegfallen, wenn ihre Kosten nicht von vornherein beinahe um die Hälfte mit den Summen gedeckt wäre, die weder der Verzinsung bedürfen, noch rückzahlungspflichtig sind.

Wenn man aber das oben entwickelte Schema der Deckung der Arbeitsbeschaffungskosten berücksichtigt, ändert sich die Sachlage vollständig: den Gemeinden, Provinzen, gemeinnützigen Bauunternehmungen und anderen Stellen, die für die Ausführung der öffentlichen Arbeiten in Frage kommen, wird die Möglichkeit gegeben, Kredite in der Höhe von 2 Milliarden Reichsmark zu erhalten, wenn sie imstande sind, für einen Teil dieses Betrages, nämlich für 1,1 Milliarden Reichsmark, eine felsenfeste Sicherheit der vereinbarten Verzinsung und Tilgung zu geben. Mit anderen Worten: sie müssen die aufgenommenen Kredite im ganzen mit 5,5 v.H. jährlich verzinsen und tilgen, was ihnen noch zusätzliche partielle Entlastung bei der Arbeitslosenunterstützung verspricht.

Was die Form der Kreditausweitung betrifft, so lassen sich aus der jüngsten öffentlichen Diskussion zwei erfolgversprechende Gedanken hervorheben:

1. Eine Kommunalanleihe, die durch den Ertrag aus den ausgeführten Arbeiten, die durchaus gesunden kommunalen Betriebe (Elektrizitätswerke, Straßenbahnen u.ä.m.) und das gesamte Vermögen der Kommunen gesichert sein wird;

2. Eine volkstümliche Arbeitsbeschaffungsanleihe, die vor allem zu einer Mobilisierung der gehorteten Geldvorräte führt.

Da die Verzinsung und Rückzahlung der beiden Anleihen tadellos gesichert wird, werden sie erstklassige Papiere darstellen und mit einem Erfolg auf dem offenen Kapitalmarkt rechnen können. Es ist aber vorauszusehen, daß dieser Erfolg nicht mit einem Schlag kommt, daß die gehorteten Noten nur langsam in die Banken zurückfließen und die Schuldverschreibungen der Kommunalanleihe nur allmählich von den privaten Kapitalisten aufgenommen werden. Wenn man von vornherein den Umfang der Arbeitsbeschaffungsaktion auf den gezeichneten Betrag beschränken will und jede, sogar die einwandfrei fundierte Kreditausweitung grundsätzlich ablehnt, bleibt die Aktion ohne Wirkung. Wenn der Bundeskongreß die Parole der Arbeitsbeschaffung auf die Fahne der deutschen Arbeiterbewegung zu schreiben beschließt, wird er es in dem Bewußtsein tun können, daß die Schwierigkeiten der Finanzierung überwunden werden können.

Die Kommunalanleihe und die volkstümliche Arbeitsbeschaffungsanleihe müssen zusammen auf einen Nominalbetrag von 1 200 Millionen Reichsmark lauten: Ihre Schuldverschreibungen, die vorläufig auf dem offenen Kapitalmarkt nicht aufzubringen sind, werden von den Banken übernommen und später allmählich veräußert werden. Inzwischen müssen sie als Grundlage für die Aufnahme von Wechseln dienen, die unmittelbar die laufenden Kosten der Arbeitsbeschaffung decken werden.

Die Durchführung des Planes

Die Durchführung des Planes setzt die Schaffung einer Zentralstelle voraus, die zwischen den Körperschaften, die die öffentlichen Arbeiten ausführen, und den Banken vermittelt.

Dieser Stelle werden die Zuschüsse der Träger der Arbeitslosenunterstützung und andere öffentliche Mittel für die Deckung der Kosten der Arbeitsbeschaffung zugeleitet (im ganzen 900 Millionen Reichsmark). Sie kann diese Beträge mit den durch die Anleihen gewonnenen Mitteln auf die Weise kombinieren, daß die in Frage kommende Arbeit eine gesunde finanzielle Grundlage erhält.

Beim Straßenbau pflegt man z.B. mit einer siebenprozentigen Verzinsung und Tilgung zu rechnen. Dementsprechend werden für den Straßenbau 700 Millionen Reichsmark aus dem Erlös der Anleihen und 300 Millionen Reichsmark aus den Zuschüssen verwendet. Die Kommunen erhalten also 1 000 Millionen Reichsmark, für die sie 70 Millionen jährlich aufzubringen haben, während die Banken und privaten Personen für ihr Geld 10 v.H. jährlich ausgezahlt bekommen.

Oder ein anderes Beispiel: Im Wohnungsbau hängt die Sicherheit der Kapitalanlage davon ab, ob der Finanzierungsplan Bereitstellung billiger Wohnungen gestattet, die nicht leer stehen werden. Dementsprechend, angesichts des besonders hohen Nutzeffektes dieses Teiles des Arbeitsbeschaffungsprogramms, kann die Zentralstelle für den Wohnungsbau 200 Millionen Reichsmark aus den Anteilen und 400 Millionen Reichsmark aus den Zuschüssen ausgeben. Die Bauunternehmungen werden danach 600 Millionen Reichsmark erhalten, für die 20 Millionen Reichsmark jährlich zu zahlen sind. Damit kann man wirklich preiswerte Wohnungen errichten.

Sofern die Verzinsung und Rückzahlung des durch die Anleihen aufgenommenen Geldes einwandfrei gesichert ist – und dies ist die Bedingung der ganzen Aktion – besteht hier keine Inflationsgefahr.

Diese letzte Frage muß allerdings näher untersucht werden. Woher könnte bei der Verwirklichung des hier entwickelten Planes eine Inflationsgefahr entstehen?

Von der Einschaltung zusätzlicher Kaufkraft, die die Warenpreise nach oben treiben sollte? Diese Auswirkung der Arbeitsbeschaffungsaktion ist aber schon deshalb unmöglich, weil die zusätzlich zu schaffende Kaufkraft im Vergleich mit der bestehenden Kaufkraft des Binnenmarktes zu gering ist. Es wird sich freilich eine leichte Belebung der Nachfrage nach verschiedenen Verbrauchsgütern fühlbar machen, sie wird aber von den vorhandenen Warenvorräten aufgefangen. Die Lichtung der Lager – die leider auch nur in sehr bescheidenen Grenzen bleiben wird – wird den Anstoß zur Erweiterung der Produktion geben.

Vielleicht droht uns jedoch Gefahr von der Seite der gehamsterten Noten, die sich auf den Warenmarkt stürzen und eine plötzliche Preissteigerung, d.h. die Entwertung der Mark verursachen können? Diese Befürchtung ist gegenstandslos. Die „Flucht in die Sachwerte" wäre von vornherein nicht von sämtlichen aus dem Geldumlauf zurückgezogenen Noten zu befürchten, sondern lediglich von denjenigen Noten, die aus dem Mißtrauen für die Währung (nicht aus dem Mißtrauen für die Banken) aus den Sparkassen abgehoben worden sind. Ein erheblicher Teil solcher Noten hat aber längst ihre „Flucht in die Sachwerte" abgeschlossen: im Juli und später fanden in Deutschland ausgesprochene Angstkäufe (in Möbelstücken, Wäsche, Luxusartikeln u.ä.m.) statt, so daß die Vorräte der inflationsscheuen Markbeträge in den Strümpfen und Sparbüchsen nicht übermäßig hoch sein kann. Eine ernste Erschütterung des Gleichgewichtes des Warenpreise oder eine Gefährdung der Währungssicherheit ist von dieser Seite her nicht zu erwarten.

Bedroht uns aber nicht eine inflationistische Erweiterung des Geldumlaufes? Mit voller Entschiedenheit weisen wir die Behauptung zurück, unser Plan wolle die Arbeitsbeschaffung mit der Notenpresse finanzieren und würde zur Vermehrung des Geldumlaufes um 1,1 Milliarden Reichsmark führen.

Von den in Aussicht gestellten Anleihen (Nominalbetrag 1,2 Milliarden Reichsmark, effektiver Erlös 1,1 Milliarden Reichsmark) wird ein Teil von den Banken aus ihren freien Reserven gedeckt. Ein Teil wird zweifellos vom Publikum gezeichnet, ein Teil wird allmählich abgesetzt. Die Reichsbank muß also (in der Form der Rediskontierung der Arbeitsbeschaffungswechsel) nur einen Teil, kaum viel mehr als die Hälfte des erforderten Fehlbetrages, decken. Aber auch für diesen Betrag – der etwa auf 600 Millionen Reichsmark lauten könnte – wird sie nicht die Notenpresse zu beanspruchen brauchen. Für die Deckung dieses Betrages wird sie z.T. die Mehreinnahmen des Staates verwenden können, die sich aus der Aktion ergeben müssen. Es kann nur ein unerheblicher Betrag ungedeckt bleiben, der wahrscheinlich weit hinter den Reserven an Noten zurückbleiben wird, die sich bei der Reichsbank infolge der deflationistischen Auswirkung der jüngsten Notverordnung gebildet haben.

Damit soll nicht gesagt sein, daß die Notwendigkeit der zusätzlichen Notenemission bei der Finanzierung der Arbeitsbeschaffung vollständig ausgeschlossen ist. Nein, in solchen komplizierten Problemen kann man niemals alle Vorgänge bis auf Heller und Pfennig sowie Tag und Stunde genau vorausberechnen Vielleicht wird man vorübergehend für die Überbrückung einer schwierigen Spanne zur Emission greifen müssen, wie man dies bereits mehr als einmal und nicht ohne Erfolg getan hat: Was durchaus ausgeschlossen ist, ist die Inflationsgefahr.

Anmerkung

1. Vgl. „Stimmen aus der Finanzwelt zur Frage der Arbeitsbeschaffung", S.167 in diesem Heft.

Beispielhafte Führung in Zeiten der Krise:

Franklin D. Roosevelts „Amerikanisches System der politischen Ökonomie"

Als Franklin D. Roosevelt im April 1933 sein Amt antrat, war das Finanzsystem bankrott. Roosevelt nutzte seine Befugnisse, um gegen die Wall Street eine Neuordnung und Regulierung des Bankensystems durchzusetzen und die produktive Wirtschaft wiederaufzubauen. Nach dem Zweiten Weltkrieg, so plante er, sollten die gleichen Prinzipien auch in früheren Kolonialländern zum Einsatz kommen. Dieser Artikel erschien am 9. Mai 2007 in der Wochenzeitung Neue Solidarität.

Von Sabine Zuse

„Angesichts des herandrängenden allgemeinen Zusammenbruchs des Weltwährungs- und Finanzsystems wird die Zivilisation auf der Erde nicht mehr lange überleben können, wenn wir nicht umgehend zu einem System mehr oder weniger fester Wechselkurse zwischen vollständig souveränen Nationalstaaten zurückkehren. Wir brauchen wieder eine Welt, in der die wirtschaftlichen Angelegenheiten ähnlich geordnet sind wie in Präsident Franklin Roosevelts ursprünglichem Bretton-Woods-System. Die einzig vernünftige Antwort auf die Krise wäre jetzt ein Konkursverfahren für das Weltfinanzsystem und eine Neuordnung, bei der man im Grundsatz so vorgeht, wie Präsident Roosevelt es im März 1933 tat...

Was ich vorschlage, ist das, was die Verfassung der Vereinigten Staaten eigentlich vorschreibt: allen Quellen außer der Regierung selbst die Befugnis, Geld zu schaffen („auszugeben"), zu entziehen und statt dessen die Regierung dafür verantwortlich zu machen, wie sie Geldausgabe und Geldumlauf in der Gesellschaft regelt. Das bedeutet eine Rückkehr zu dem, was früher als ‚Amerikanisches System der politischen Ökonomie' bekannt war, im Sinne des ersten Finanzministers der Vereinigten Staaten und damals engsten Mitarbeiters von Präsident George Washington, Alexander Hamilton – der Hamilton, der auch ein Verbündeter und Gesinnungsbruder von Präsident Franklin Roosevelts Urahn Isaac Roosevelt war...

Es ist daher von entscheidender Bedeutung zu wissen, daß das Amerikanische System der politischen Ökonomie das Ergebnis der Zurückweisung des entgegengesetzten liberalen Systems war, das sich heute immer noch auf die gleichen Lockeschen Argumente beruft wie damals die Sklavenhalter der Südstaaten: die Sklaverei-freundliche Idee von ‚Besitzerrechten' oder ‚shareholder value', das Lockesche Prinzip des Wuchers im IWF-System seit 1972."

- Lyndon LaRouche, „Die kommenden 50 Jahre"
Wiesbaden 2006 -

Franklin Delano Roosevelt trat sein Amt am 4. März 1933 an. Es war ein dramatisches Jahr: Die Zivilisation steckte in einer tiefen Krise. Im selben Monat ergriff Hitler die Macht in Deutschland und löste den Reichstag auf. Hitlers Aufstieg war eine unmittelbare Konsequenz des Versailler Reparationssystems. Die direkten und indirekten Schulden des 1.Weltkrieges, die unvorstellbar hohe Summe von 113 Milliarden Reichsmark – ein Betrag, der dem 28fachen der gesamten Produktion Deutschlands des Jahres 1913 entsprach, einem Zeitpunkt, als Deutschland bereits

Präsident Roosevelt 1933 bei einem Wahlkampfauftritt im Shenandoah Valley.

das zweitgrößte Exportland der Welt war –, wurden dem Kriegsverlierer Deutschland im Versailler Vertrag als Reparationszahlungen aufgebürdet. Allein die Kriegsschulden der Alliierten (Großbritannien, Frankreich, Italien, Belgien, Rußland, Tschechoslowakei, Serbien, Rumänien, Griechenland) bei den USA betrugen über 9 Milliarden Dollar. Hauptschuldner war Großbritannien mit über 4 Milliarden Dollar. Zum Vergleich: das gesamte Regierungsbudget der USA im Jahr 1932 betrug nur 4,6 Milliarden Dollar.

Im Grunde war das Weltfinanzsystem nach dem Ende des Ersten Weltkrieges bankrott. Es wäre dringend eine weltweite Finanz- und Währungsreform erforderlich gewesen, um die unbezahlbaren Schulden und überschüssigen Geldmengen wieder in ein vernünftiges Verhältnis zur Leistungsfähigkeit der Volkswirtschaften zu bringen, wie dies auch der deutsche Außenminister Walter Rathenau in seiner Abschlußrede auf der Genueser Konferenz am 19. Mai 1922 gefordert hatte. Auf dieser internationalen Finanz- und Währungskonferenz wurden neben der Reparationsfrage auch die Verschuldung der übrigen Länder und eine mögliche Rückkehr zu einem Weltwährungssystem mit festen Wechselkursen verhandelt. Doch die USA als entscheidendes Gläubigerland waren nicht anwesend, und Rathenau wurde wenige Monate später ermordet.

Der Hauptfinanzier des Krieges für die Alliierten (alleinige Finanzierung von kriegswichtigem Material, Vermittlung von privaten Kriegsanleihen), das mit Abstand größte und weltweit tätige private Wall-Street-Bankhaus Morgan, sorgte 1924 nach Beendigung der Inflation in Deutschland und der Einführung der Rentenmark dafür, daß durch den von ihr entworfenen Dawes-Plan ein für sie sehr lukratives Geschäft mit der Refinanzierung der Kriegsschulden Deutschlands in Gang gesetzt wurde. Dessen Durchführung wurde von Hjalmar Schacht als Reparationsbeauftragtem und späterem Reichsbankpräsidenten Deutschlands garantiert. Deutschland zahlte von 1924 bis 1931 pünktlich seine Schulden von 10,5 Milliarden Mark, und nahm dafür teure kurzfristige Kredite in Höhe von 18,6 Milliarden Mark bei anglo-amerikanischen Banken, allen voran dem Bankhaus Morgan, auf, mit dem erwünschten Ergebnis, daß Deutschland verschuldeter war als je zuvor. Es wurde im Grunde international eine riesige Schuldenpyramide aufgebaut, und der Wirtschaftsaufschwung der Jahre 1924-1929, der durch einen Aktienboom gekenzeichnet war, beruhte auf fiktivem Kapital und Wechselreiterei. Diese Kreditpyramide brach zusammen, als die 1913 gegründete private Federal Reserve Bank (deren Vertreter natürlich ebenfalls durch das Bankhaus Morgan ausgebildet worden waren) auf Anweisung des Gouverneurs der mächtigsten Zentralbank der Welt, der Bank von England, Montagu Norman, 1929 die Zinsen drastisch erhöhte, um das Spekulationsfieber in den USA abzukühlen. Besagter Montagu Norman war übrigens ein großzügiger finanzieller Unterstützer und Kreditgeber des Hitler-Regimes und Freund von Hjalmar Schacht.

Es kam zum dramatischsten Finanz- und Wirtschaftskollaps in der bisherigen neueren Geschichte, da die wechselseitig verschuldeten Banken sich gegenseitig die Kredite kündigten

und Kapital abzogen. Das Ergebnis war eine Wirtschaftsdepression, die sich in den USA und Europa durch eine
entsprechende Austeritätspolitik immer mehr verschärfte.
In den USA schaffte es der damalige Präsident Hoover unter seinem Wall-Street- und City-of-London-freundlichen
Finanzminister Andrew Mellon, durch eine Politik des
Nichteingreifens und der Tolerierung der Marktkräfte die
Gesamtproduktion nach dem Schwarzen Freitag im Herbst
1929 zu halbieren. Preise und Löhne fielen. Der Wert sowohl
der Exporte als auch der Importe war von 1929 bis 1933 auf
ein Drittel gefallen und die Arbeitslosigkeit auf offiziell 12
Millionen gestiegen – das waren 25% der gesamten arbeits-
fähigen Bevölkerung.

Viele Farmer konnten aufgrund beinahe halbierter Netto-
einkommen ihre Kredite nicht mehr zahlen und mußten ihre
Farmen verlassen. Jedes Jahr gingen mehr Banken bankrott;
allein 1931 waren es 2298. Da es keine staatliche Einlagenversicherung gab, verloren Millionen von Amerikanern
ihre Ersparnisse. Am Tage des Amtsantritts von Franklin D.
Roosevelt am 4. März 1933 waren 48 von 50 Bundesstaaten
offiziell zahlungsunfähig. Dort gab es „Bankenferien", d. h.
die Banken hatten geschlossen. Die Menschen hungerten zu
Millionen, da es keine Arbeitslosenunterstützung gab und
selbst diejenigen, die Arbeit hatten, ihre Lohnschecks nicht
einlösen konnten.

Roosevelts Amtsantritt

Als Roosevelt in sein Amt eingeführt wurde, war er entschlossen und bereit, die Finanz- und Wirtschaftkrise zu
lösen, und zwar zugunsten des „kleinen" Mannes und nicht
zugunsten der anglo-amerikanischen Finanzinteressen.
Er wußte auch wie, denn er hatte sich in den 20er Jahren
während seiner Polioerkrankung und anschließenden Gene-
sungsphase intensiv mit der amerikanischen Geschichte und
den Gründervätern Benjamin Franklin, George Washington,
Alexander Hamilton und John Quincy Adams sowie mit
seinem großen Vorbild Abraham Lincoln befaßt und die

Unabhängigkeitserklärung und die Verfassung mit ihrem naturrechtlich begründeten Gemeinwohlbezug intensiv studiert. Er war ebenso wie sein Urahn Isaac Roosevelt, der an der Seite von George Washington für die Beschaffung von Waffen, Munition, Truppen und Geld für den Unabhängigkeitskrieg zuständig war, als Patriot entschlossen, für die Prinzipien der Republik in den Krieg zu ziehen, und er wußte gegen wen er zu kämpfen hatte: gegen die „Geldwechsler", die „Vermögensverwalter für einzelne Gruppen von Aktienbesitzern" und „Wirtschaftsroyalisten".

In seiner Rede zum Amtsantritt am 4. März 1933 wandte sich Roosevelt direkt an die amerikanische Bevölkerung und legte die Prinzipien dar, auf denen er seine Regierung aufbauen wollte:

„Lassen Sie mich zuerst meinen festen Glauben ausdrükken, daß wir nichts zu fürchten haben, außer der Furcht selbst, namenlosen, unvernünftigen, ungerechtfertigten Schrecken, der paralysiert und notwendige Anstrengungen, den Rückschritt zum Fortschritt zu machen, verhindert...

Die Geldwechsler sind von ihren Thronen aus dem Tempel unserer Zivilisation geflohen. Wir können nun diese Tempel den alten Wahrheiten wieder zurückgeben. Das wird uns in dem Maße gelingen, in dem wir soziale Werte anwenden, die edler sind als der rein monetäre Profit. Glück liegt nicht im reinen Besitz von Geld; es liegt in der Freude der Ausführung, im Reiz der kreativen Anstrengung. Die Freude und der moralische Antrieb der Arbeit darf bei der verrückten Jagd nach dahinschwindenden Profiten nicht länger vergessen werden. Diese dunklen Tage werden das, was sie uns gekostet haben, wert sein, wenn sie uns lehren, daß es nicht unser wahres Schicksal ist, bedient zu werden, sondern uns und unseren Mitmenschen zu dienen.

Unsere größte und erste Aufgabe ist, den Menschen wieder Arbeit zu verschaffen... dadurch, daß wir sie direkt durch die Regierung anstellen lassen, indem wir diese Aufgabe so angehen, als würden wir im Ausnahmezustand eines Krieges handeln, und indem wir zur selben Zeit durch diese Beschäftigung große, notwendige Projekte durchführen, die den Gebrauch unserer natürlichen Hilfsquellen beleben und neu organisieren...

Schließlich benötigen wir während des Prozesses der Wiederaufnahme der Arbeit zwei Wächter, damit das Übel der alten Ordnung nicht wiederkehrt: es muß eine strikte Überwachung aller Bankgeschäfte, Kredite und Investitionen geben; es muß der Spekulation mit dem Geld anderer Leute ein Ende gesetzt werden; und es muß eine Vorkehrung getroffen werden für eine korrekt bewertete und gesunde Währung... Ich werde keine Mühe scheuen, den internationalen Handel durch eine internationale wirtschaftliche Neuordnung wiederherzustellen, aber der Ausnahmezustand zu Hause kann nicht warten, bis ich dies erreicht habe...

Auf dem Gebiet der Weltpolitik verpflichte ich diese Nation einer Politik der guten Nachbarschaft, dem Nachbarn, der seine Verpflichtungen einhält und die Heiligkeit von Abkommen in einer Welt von Nachbarn respektiert.

Ich bin durch meine verfassungsmäßige Verpflichtung vorbereitet, Maßnahmen zu ergreifen, die eine geschlagene Nation inmitten einer geschlagenen Welt bedarf. Diese oder andere Maßnahmen, die der Kongreß mit seiner Erfahrung und Weisheit noch besser einzurichten vermag, werde ich im Rahmen meiner verfassungsmäßigen Autorität rasch umsetzen.

Aber falls der Kongreß versäumen sollte, eine von diesen beiden Richtungen einzuschlagen, und falls der Ausnahmezustand weiter besteht, werde ich nicht zögern, dem klaren Pfad meiner Pflicht, der vor mir liegt, zu folgen. Ich werde dann vom Kongreß das einzige verbleibende Mittel, mit dem man der Krise begegnen kann, verlangen – weitgehende exekutive Vollmachten für den Kampf gegen diesen Ausnahmezustand, Vollmachten, die der Macht, die ich erhielte, wenn ein ausländischer Feind eingedrungen wäre, entsprächen."

Der Emergency Banking Act

Roosevelt ließ seiner Rede sofort Taten folgen. Bereits am Sonntag, dem 5. März, erklärte er per Dekret – das sich bezeichnenderweise auf das 1917 erlassene (Kriegs-) Gesetz, das jeden „Handel mit dem Feind" verbot, stützte, so daß sein Finanzminister ab sofort alle Finanztransaktionen bis auf weiteres stoppen konnte – landesweite „Bankenferien". Gleichzeitig wies FDR seine Berater an, unverzüglich ein Dringlichkeitsgesetz zur Reform des gesamten Bankenwesens *(Emergency Banking Act)* auszuarbeiten. Diese Vorlage wurde bereits am 9. März vom Senat und vom Repräsentantenhaus verabschiedet. In den ersten 100 Tagen seiner Präsidentschaft unterzeichnete er nicht weniger als 15 große Gesetzesvorhaben und Dekrete.

Das Wesen dieses Emergency Banking Act läßt sich in zwei Kategorien zusammenfassen: Zum einen gab es die unerläßlichen Sanierungsmaßnahmen. Vom 10. März an schickte die Regierung Kontrolleure in die völlig verschuldeten Banken mit dem Auftrag, die nötigen staatlichen Auflagen (Offenlegung der Bücher, Abschreibungen fauler Kredite, Transparenz und strikte Einhaltung der neuen Regeln und evtl. Zuschuß frischen Kapitals) durchzusetzen.

Da sich infolge der Depression viel spekulatives Geld „selbst vernichtet" hatte, war bei der großen Mehrheit aller Banken und Sparkassen das Problem in nur wenigen Tagen gelöst. Am 15. März, also knapp eine Woche nach Inkrafttreten des Gesetzes, hatten bereits 70 Prozent der damals noch existierenden gut 18.000 Banken und Sparkassen des Landes wieder geöffnet, am 12. April waren es 76 Prozent. Im Laufe des Jahres 1933 liquidierten die staatlichen Kontrolleure 1100 Banken, weil sie insolvent waren; weitere 3115 Banken blieben geschlossen, galten aber nicht als bankrott, sondern prinzipiell als sanierungsfähig.

Deren Sanierung erfolgte auf der Grundlage der zweiten Kategorie des Emergency Banking Act, da FDR klug eine vorhandene Einrichtung nutzte und in Anlehnung an Hamiltons Nationalbank zur Schaltstelle seines Reformwerks machte: Die *Reconstruction Finance Corporation* (Wiederaufbau-Finanzierungs-Gesellschaft, ReFiCo), die sein Vorgänger Hoover im Februar 1932 zur „Bekämpfung der Depression" gegründet hatte. Allerdings wurde unter Hoover damit vor allem das Finanzsystem, d.h. Banken und Versicherungen

„saniert". Ähnlich wie in den letzten zwei Jahrzehnten unter Zentralbankchef Greenspan, wurde das bankrotte System weiter aufrechterhalten, indem die Banken und Versicherungen staatliche Gelder erhielten, die sie fast ausschließlich für die Stützung der Aktienmärkte, Eisenbahnanleihen und andere spekulative Zwecke einsetzen; angeschlagene Industriebetriebe, wie z. B. Stahlunternehmen, erhielten dagegen kein frisches Kapital, sondern wurden dem freien Spiel der „Marktkräfte" überlassen.

Die US-Regierung war alleiniger Eigentümer der ReFiCo. Bei ihrer Einrichtung hatte sie einen einmaligen Kapitalstock von 500 Millionen Dollar vom Staat zur Verfügung gestellt bekommen. Unter Roosevelt finanzierte sie sich selbst, indem sie an die Öffentlichkeit Wertpapiere verkaufte und darauf ein Dreifaches an Krediten herausgab, die sie bei Rückzahlung mit den mäßigen Zinsen (um die 3%) revolvierend wieder verlieh.

So war Roosevelt in der Lage, indem er die ReFiCo benutzte, mit dem britisch-europäischen System der privaten Zentralbanken, das die USA seit 1900 dominiert hatte, zu brechen. FDR drehte den Spieß um und änderte die Richtlinien der ReFiCo so, daß diese staatliche Finanzanstalt für Wiederaufbau dazu diente, die Banken wirklich zu sanieren, d.h. sie nur dann mit frischem Kapital zu versorgen, wenn sie sich an die neuen Spielregeln hielten – daher stammt der Begriff „New Deal". Praktisch hieß das, daß die bankrotten Banken nur dann ihre Türen wieder öffnen konnten, wenn sie (zumindest für einige Zeit) die Kontrolle der ReFiCo akzeptierten. Technisch lief das so ab, daß die ReFiCo Anteile dieser Banken aufkaufte, also Mitbesitzer wurde.

Ab 1935, als die ReFiCo in 6800 Banken rund 1,3 Mrd. Dollar investiert hatte und damit rund ein Drittel des gesamten US-Bankenkapitals kontrollierte, begann sie sich nach erfolgreicher Stabilisierung des US-Finanzsystems Schritt für Schritt aus diesen Banken wieder zurückzuziehen. Kurz: FDR hatte es tatsächlich geschafft, unter strikter Einhaltung der Verfassung und ohne die ihm von seinen Gegnern unterstellte sozialistische bzw. kommunistische Verstaatlichung das bankrotte US-Bankensystem zu sanieren.

Abgerundet wurde diese Sanierung durch die strikte Trennung der Geschäftsbanken und Sparkassen von den Investmenthäusern. Die Geschäftsbanken und Sparkassen durften von jetzt ab ausschließlich Gehalts- und Sparkonten verwalten, inklusive staatlicher Einlagenversicherung von Sparkonten. Die Investmenthäuser durften nur im Wertpapiergeschäft tätig sein. Zusätzlich wurde eine effektive Börsenaufsicht eingerichtet, die windigen Bankiers und Wertpapierhändlern auf die Finger schaute und den damals wie heute blühenden „Insiderhandel" unterband.

Weiterhin beschnitt Roosevelt den dominierenden Einfluß der privaten Finanzinteressen im *Federal Reserve System* (der amerikanischen Zentralbank – Fed), indem er ab sofort die Mehrheit der Gouverneure ernannte, so daß die Fed, wie in der Verfassung verankert, nicht nur nominell, sondern auch faktisch der Regierung unterstand. Wie sehr das der Fall war, zeigte sich im Zweiten Weltkrieg, als die Fed brav den von der Regierung verlangten minimalen Zinssatz beibehielt – von 1939 bis 1945 betrug er sage und schreibe nur 1 Prozent!

Kreditanstalt für den Wiederaufbau

Die zweite Aufgabe, die er der ReFiCo übertrug, zeigt, daß Roosevelt sie wie eine Hamiltonsche Nationalbank handhabte: Sie sollte günstige und umfangreiche Kredite herausgeben, um die Infrastruktur, den Werkzeugmaschinenbau, Industrie und Landwirtschaft zu entwickeln. Ebenso vergab sie Kredite an einzelne Bundesstaaten, Bezirke und Gemeinden. In Zusammenarbeit mit Harold Ickes' *Public Work Administation* (PWA), die für den Bau von großen Infrastrukturprojekten, und Harry Hopkins' *Work for Progress Administration* (WPA), die für die Durchführung von kleinen bis mittelgroßen Infrastrukturmaßnahmen zuständig war, wurden in Zusammenarbeit mit dem *Army Corps of Engineers* und staatlichen ABM-Maßnahmen zur Qualifizierung und Beschäftigung junger Menschen Slums durch moderne Viertel mit Sozialwohnungen ersetzt, das Kanalisationssystem in Amerikas Metropolen erneuert bzw. erst neu errichtet, Autobahnen,

Der Norris-Damm war der erste Staudamm, den die von Roosevelt gegründete Tennesseetal-Behörde (TVA) errichtete.

Straßen, Schienenwege, Wasserstraßen, Staudämme gebaut, Krankenhäuser und Schulen errichtet, entwaldete Gebiete aufgeforstet u.v.m.

Vorsichtig geschätzt erhielten in der Zeit von 1933 bis 1939 durch alle öffentlichen Baumaßnahmen zusammengenommen rund 6 Millionen Amerikaner einen Arbeitsplatz. Durch den hiermit angekurbelten Konsum wurde noch einmal ca. eine Million Arbeitsplätze geschaffen. Durch die langfristig angelegte und kapitalintensive Entwicklung von unterentwickelten Landstrichen wie dem Tennessee-Tal durch die *Tennessee Valley Authority* (TVA – Tennesseetal-Behörde), die ebenfalls durch staatliche Gelder durchgeführt wurde, wurde die Produktivität ganzer Landesteile enorm angehoben.

Dies geschah durch den Bau von Mehrzweckstaudämmen unter Einsatz neuester Technologien zur Stromgewinnung, Wasserregulierung und gleichzeitigen Schiffbarmachung von Flüssen wie dem Tennessee, durch die Förderung der Elektrifizierung des ländlichen Raumes durch staatliche Institutionen wie die REA *(Rural Electrification Administration)*, die Kredite zur Erzeugung, Weiterleitung und Verteilung von

Strom in ländlichen Gebieten an lokale Kooperativen vergab, was erst die flächendeckende Elektrifizierung auf dem Land möglich machte, durch Einrichtung von Musterfarmen und Ausbildung von Farmern in modernsten Bewirtschaftungs- methoden unter Einsatz elektrischer Maschinen, sowie durch die Förderung der Ansiedlung neuer Industriezweige wie z.B. der Aluminiumindustrie.

Die systematische Steigerung der Lebensqualität und der Zahl der Menschen durch die drastische Erhöhung der Gesamtproduktivität einer Region bzw. der ganzen Nation, durch staatliche Förderung modernster Industrie und Tech- nologie, harter und weicher Infrastruktur und Entwicklung der Arbeitskraft sind zusammen mit dem Nationalbankkre- dit die Elemente des Amerikanischen Systems, die es dem britischen Kolonialsystem so unendlich überlegen machen. Dies wurde auch durch direkte Kreditvergabe an die pro- duzierende private Industrie erreicht, die durch den großen Bedarf an Zement, Stahl, Sand und anderen Rohstoffen und Halbfertigwaren, die bis 1936 durch die öffentlichen Bau- vorhaben verbaut wurden, erheblich profitierte. Sie stellte zu diesem Zeitpunkt ein Drittel der eingesetzten Baumaschinen und hielt einen Anteil von einem Viertel an der gesamten Produktion.

Ferner zwang die ReFiCo die von den Banken kontrol- lierten Vorstände der privaten Eisenbahngesellschaften, die bankrott waren, einen bestimmten Anteil ihrer Darlehen, die sie von ihr erhielten, dazu zu verwenden, das Eisenbahn- system auszubauen und zu modernisieren. Generell wurde das Eisenbahnsystem zwar nicht privatisiert, aber staatlicher Kontrolle unterstellt.

Ebenso war sie von Juni 1933 bis 1936 auf dem Gebiet der Hypothekenvergabe an Hausbesitzer und Landwirte tätig, z.B. über staatliche Körperschaften wie die *Home Owners Loan Corporation* (HOLC) und die *Federal Farm Mortgage Corporation* (FFMC).

1933 konnten ca. 40% der Hypotheken nicht mehr bedient werden, und jede Woche wurden Tausende auf die Stra- ße gesetzt. Die staatlichen Hypothekenbanken kauften die

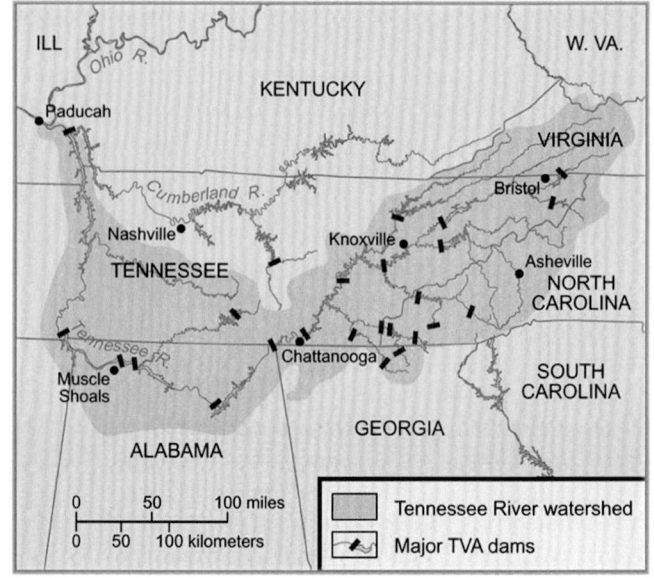

Die Tennesseetal-Behörde (TVA – Tennessee Valley Authority) leitete das größte Infrastrukturprojekt der USA. Nicht nur Staudämme, auch Krankenhäuser, Schulen und die Elektrifizierung der damals armseligen Region war ein Motor des Wiederaufbaus nach der Großen Depression.

bankrotten privaten Hypothekenbanken auf. Durch direkte Kreditvergabe an Farmer und Hausbesitzer zu günstigen Konditionen bzw. günstige Umschuldung der nicht mehr rückzahlbaren Kredite wurden diese massenhaften Enteignungen und Zwangsbankrotte gestoppt. Neben Krediten erhielten die Farmer Unterstützung für landwirtschaftliche Kooperativen sowie technische Hilfen über staatlich finanzierte Projekte zur Bodenverbesserung, Wiederaufforstung und Regulierung der Wasserversorgung.

Drittens finanzierte die ReFiCo den Löwenanteil der Wirtschaftsmobilisierung für den Zweiten Weltkrieg von 1939-45. Dies erbrachte eine revolutionäre wissenschaftliche Transformation der US-Wirtschaft und verdoppelte den produktiven Ausstoß. Von 1933-45 vergab die ReFiCo über 33 Milliarden

$ (nach heutigem Wert über 1,2 Billionen $) an Krediten und machte sich damit zur größten kreditvergebenden Institution in den USA und weltweit.

Diese und andere Programme Roosevelts sorgten dafür, daß die Vereinigten Staaten die größte agro-industrielle Macht auf der Erde wurden. Daß dies nicht nur eine Folge des 2. Weltkrieges war, wie eine von der Anti-Roosveltpropaganda der Briten aufgestellte Gleichung glauben machen wollte – nach dem Motto: alle Arbeitslosen in die Armee und in die Rüstungsbetriebe = Vollbeschäftigung –, zeigt sich daran, daß die Zahl der produktiv Beschäftigten in der amerikanischen Industrie von 10,3 Mill. 1939 auf 17,3 Mill. 1944 angestiegen war und 1947 noch bei 15,5 Mill. lag. In den Jahren 1939 bis 1945 verdoppelten sich die Löhne der amerikanischen Industriearbeiter, während sich die Gewinne der Unternehmen vervierenhalbfachten. Diese wurden durch eine kluge Steuerpolitik (degressive Abschreibung) wieder reinvestiert.

Die ReFiCo, das Vorbild für die deutsche Kreditanstalt für Wiederaufbau (KfW), mit der in der Nachkriegszeit in der Bundesrepublik ein großer Teil des Infrastrukturaufbaus finanziert wurde, finanzierte während dieser Zeit auch langfristige Infrastrukturprojekte in Lateinamerika. Sie wurde 1956 aufgelöst.

Sozialgesetzgebung

Auf dem Gebiet der Sozialgesetzgebung schuf Roosevelt mit dem Social Security Act von 1935 überhaupt erst ein soziales Sicherungsnetz, indem er eine Arbeitslosenunterstützung einrichtete, eine staatliche Rentenversicherung, finanzielle Unterstützung für Behinderte, Mindestlöhne, eine Maximalarbeitszeit und den Arbeitern per Gesetzgebung erlaubte, sich gewerkschaftlich zu organisieren, um bessere Löhne auszuhandeln.

Roosevelt setzte sich, wie aus seinen „Kamingesprächen" und Radioansprachen hervorgeht, die sich direkt an „meine Freunde" – das amerikanische Volk – richteten und über die er über seine Maßnahmen aufklärte, diese erläuterte und

erfolgreich um Unterstützung warb, für eine Interessen-
harmonie von Unternehmern, Arbeitern und Landwirten
ein, wie dies bereits der größte amerikanische Ökonom im
19. Jahrhundert, Henry C. Carey, vor ihm getan hatte. Das
bedeutete „faire" Gewinne für die Unternehmen, Löhne,
die ein „vernünftiges" Auskommen sicherten, also mehr
als Minimallöhne waren und den Arbeitern ermöglichten,
die Industriegüter, die sie selbst, und die Lebensmittel und
Rohstoffe, die die Landwirte produzierten, zu kaufen. Die
Landwirte erhielten hohe Erzeugerpreise, damit sie Industriegüter kaufen konnten. Um dies sicherzustellen, darf und
muß der Staat reglementierend eingreifen.

Dieses ganze New-Deal-Paket brachte Roosevelt die
Feindschaft und sogar den Haß von konservativen Teilen des
Obersten Gerichtshofs, aber vor allem der City of London
und Wall-Street-Kreisen, allen voran der Bankiersfamilien
der Morgans und Mellons, ein. Diese beschuldigten Roosevelt über die von ihnen aufgekauften Medien und politischen
Vertreter im Kongreß, nicht nur allgemein ein „Kommunist"
zu sein und „diktatorische Macht" auszuüben, sie behaupteten auch, wie in den 60er Jahren des 19. Jahrhunderts die
Konföderierten, daß die Interessen der Einzelstaaten über denen des Gesamtstaates ständen, und eine bundeseinheitliche
Gesetzgebung durch den Präsidenten und den Kongreß, um
Industrie und Landwirtschaft zu schützen und zu fördern,
nicht verfassungsgemäß sei.

Roosevelt konterte, indem er den Artikel 1, Abschnitt 8
der US-Verfassung zitierte, der die spezifischen Rechte der
Regierung aufzählt: *„Der Kongreß hat das Recht, Steuern,
Zölle, Abgaben und Akzisen aufzuerlegen und einzuziehen,
um für die Erfüllung der Zahlungsverpflichtungen, für die
Landesverteidigung und das allgemeine Wohl der Vereinigten Staaten zu sorgen; alle Zölle, Abgaben und Akzisen sind
aber für das gesamte Gebiet der Vereinigten Staaten einheitlich festzusetzen..., den Handel mit fremden Ländern und
zwischen den Einzelstaaten zu regeln..., Münzen zu prägen,
ihren Wert und den fremder Währungen zu bestimmen und
Maße und Gewichte zu normen."*

Roosevelt war der festen Überzeugung, daß die Macht der Bundesregierung nicht auf diese speziellen Aufgaben, die in diesem Artikel aufgelistet werden, beschränkt ist, sondern daß sie durch den in der Präambel der Verfassung etablierten Grundsatz, das „Gemeinwohl zu fördern", beauftragt war, jede Maßnahme zu ergreifen, die notwendig war, um dem Gemeinwohl zu dienen.

Bretton Woods

Was das internationale Finanzsystem anging, so war es bis zur Einführung des von Roosevelt initiierten Bretton-Woods-Systems der festen Wechselkurse ein Goldstandardsystem, d.h. es wurde vom britisch dominierten, oligarchischen Goldkartell und den damit verbunden Banken kontrolliert, die die Welt in einem deflationären Würgegriff hielten. Wer das Gold kontrollierte, kontrollierte den Kredit. Roosevelt ließ kurz nach seinem Amtsantritt 1933 alle Goldexporte und Devisenausfuhren mit Ausnahme der von der Regierung genehmigten stoppen, und entkoppelte die USA vom Goldstandard, um den inländischen Kredit ausweiten und die Inlandpreise der Waren anheben zu können. Darüber sagte Roosevelt in einer Rede:

„Gestatten Sie mir noch einmal zwei Grundsätze hervorzuheben. Unsere nationale Währung muß als eine gesunde Währung erhalten bleiben, welche so weit wie möglich ein einigermaßen festbleibendes Maß an Kaufkraft haben und dem täglichen Gebrauch und der Kreditgewährung dienen soll. Der zweite Grundsatz ist das der Regierung innewohnende Recht, Geld auszugeben und der alleinige Wächter und Eigner der Grundlage oder Rücklage der als Deckung dienenden Edelmetalle zu sein. Hand in Hand damit geht das Vorrecht der Regierung, von Zeit zu Zeit Ausmaß und Wesen der Metallrücklage zu bestimmen."

Bereits vor Eintritt der USA in den Krieg Ende 1941 äußerte Roosevelt seine weit gefaßten Nachkriegspläne, die Welt nach dem Kriege von Imperialismus und Kolonialismus zu befreien, auch gegenüber seinem wichtigsten „Verbündeten" Churchill, der darüber völlig entsetzt war, weil er wußte, daß Roosevelt damit vor allem auf die Briten abzielte. „Imperialismus ist gleich Krieg" – das waren die Worte Roosevelts. Er wußte auch, daß eine Neuordnung des gesamtem Weltfinanzsystems und der mit ihm verbundenen Institutionen notwendig wäre, um das anti-koloniale amerikanische System weltweit durchzusetzen und die Dominanz des anglo-britischen Finanzsystems der privaten Zentralbanken und der mit ihr verbundenen kolonialen Ausplünderungspolitik zu beenden. Er wollte die Welt von den britischen Methoden des Freihandels des 18. Jahrhundert befreien und sie durch amerikanische Methoden des 20. Jahrhunderts ersetzen. Durch den Bau von Infrastruktur, groß angelegte Entwicklungsprojekte, die die Fortsetzung der Politik Lincolns und Careys in den 60er Jahren des 19. Jahrhunderts sein sollten, durch die Entwicklung von Industrie und moderner Landwirtschaft und durch Förderung und Export von Wissenschaft und Technologie sowie eines entsprechenden Bildungssystems beabsichtigte Roosevelt, die ganze Welt auf den amerikanischen Lebensstandard zu heben. Amerika würde am Ende des Krieges die dominierende Nation auf der Welt sein, die einzige mit einer starken Wirtschaft, und der Dollar würde die Weltwirtschaft beherrschen, zum Nachteil der Briten, die ihre auf dem Pfund Sterling beruhende „imperiale Bevorzugung" innerhalb des Commonwealth verlieren würden – davon war Roosevelt überzeugt.

Die Ziele des Bretton-Woods-Systems, eines an den Dollar gekoppelten Systems fester Wechselkurse mit einer Goldreserve, wurden am 22. Juli 1944, dem Abschlußtag der Konferenz von Bretton Woods, von deren Leiter, dem amerikanischen Finanzminister Henry Morgenthau, noch einmal zusammenfassend dargelegt:

„Was sind die fundamentalen Bedingungen, unter denen der Handel zwischen Nationen blühen kann? Erstens muß ein vernünftiges stabiles Wechselkurssystem vorhanden sein... Zweitens muß langfristige finanzielle Hilfe zu vernünftigen Bedingungen denjenigen Ländern zur Verfügung gestellt werden, deren Industrie und Landwirtschaft zerstört

wurden... Die Institutionen, deren Einrichtung die Bretton-Woods-Konferenz anregt, werden in der Tat die Kontrolle, die gewisse private Bankiers in der Vergangenheit über die internationalen Finanzen ausgeübt haben, begrenzen. Dies wird die Wirkung haben, daß Kapital für diejenigen, die es brauchen, zu niedrigeren Zinssätzen als in der Vergangenheit zur Verfügung gestellt wird und die wucherischen Geldverleiher aus dem Tempel der internationalen Finanzen vertreiben."

Der Internationale Währungsfonds (IWF) und die Internationale Bank für Wiederaufbau und Entwicklung (heute Weltbank) wurden in Bretton Woods geschaffen. Der IWF sollte für stabile Wechselkurse sorgen, und die Bank sollte Kapital für den wirtschaftlichen Wiederaufbau bereitstellen. Die am IWF beteiligten Länder (an erster Stelle die USA, danach Großbritannien, die Sowjetunion und China) bekamen Stimmrechte in Höhe ihrer Einlagen von insgesamt acht Milliarden Dollar. Jedes Land, das am Bretton-Woods-System beteiligt war, konnte mit seiner Währung die Währungen anderer Länder erwerben, um Auslandseinkäufe zu tätigen und Handelsbilanzen auszugleichen. Wenn einem Land eine bestimmte Währung ausging, konnte es beim IWF ein Darlehen erhalten, um diese zu erwerben. Voraussetzung dafür war, daß es der Politik der festen Wechselkurse zustimmte und den Wechselkurs ohne Zustimmung des IWF nicht änderte. Diese Einrichtung war ein Eckstein der Vereinbarung und sollte verhindern, daß die Wechselkursraten schwankten, und den Regierungen ermöglichen, durch Intervention die Stabilität ihrer Währungen aufrechtzuerhalten und sie dadurch vor Spekulanten und den „Marktkräften" zu schützen.

Die Bank für Wiederaufbau wurde getrennt vom IWF errichtet, und jedes Land mußte beiden Institutionen beitreten. Sie erhielt 10 Milliarden Dollar an Beiträgen von den Mitgliedsländern, um Darlehen für den erwarteten riesigen Bedarf an Kapital und Krediten am Ende des Krieges bereit zu stellen. Der amerikanische Ökonom Harry Dexter White, der sich im Kampf gegen den Briten Keynes und dessen Pläne für eine Welt-Einheitswährung unter der Kontrolle privater Zentralbanken durchgesetzt hatte, wußte, daß die meisten Länder diesen verzweifelten Nationen keine Kredite zu erträglichen Bedingungen gewähren würden. Tatsächlich ermöglichten diese Institutionen bis 1971 – bis der damalige Präsident Nixon, auf Anraten von George Shultz, der grauen Eminenz hinter den heutigen Neocons, den Dollar vom Gold abkoppeln ließ und die Wechselkurse freigab – nicht nur Westeuropa, sondern auch Kontinenten wie Lateinamerika und sogar Afrika durch eine Wirtschaftspolitik des „fairen" Handels, der auch politische Instrumente wie Kapitalkontrollen, eine Zollpolitik und bilaterale bzw. multilaterale Handelsabkommen umfaßte, eine gewisse Entwicklung hin zu einem höheren Lebensstandard. Heute entsprechen der IWF und die Weltbank mit ihren destruktiven Konditionalitäten von Privatisierungen und Haushaltskürzungen in keiner Weise mehr der Absicht, die Roosevelt hatte, als er sie errichten ließ.

Es kam alles anders

Roosevelts Pläne für eine weltweite Entwicklungspolitik nach dem Vorbild des amerikanischen Systems konnten aber nicht durchgesetzt werden, obwohl sie den Wiederaufbau des kriegszerstörten Westeuropa ermöglichten, weil er viel zu früh starb. Er verschied am 12. April 1945, kurz vor dem Ende des Krieges, und er hatte versäumt, Nachfolger, die in der Lage gewesen wären, seine großangelegten Pläne nach seinem Tod weiterzuverfolgen, heranzuziehen.

Lyndon LaRouche, Roosevelt-Demokrat und dessen Nachfolger im Geist und in der Tat, hat dies nicht versäumt. Mit seiner Jugendbewegung, die auf sämtlichen Kontinenten, vor allem aber in den USA tätig ist und sein Erziehungsprogramm absolviert, das dazu angelegt ist, humanistisch gebildete, aktive Staatsbürger heranzuziehen, greift er in die Politik ein, indem er sich wie Roosevelt um die Interessen des „vergessenen kleinen Mannes" kümmert und diesen motiviert, sich auch politisch zu engagieren. Durch politische Kampagnen, millionenfaches Verteilen von Broschüren über die „Neue Politik", basierend auf dem „Amerikanischen System", mit Belcanto-Gesang, intensiven Diskussionen mit

Abgeordneten und Senatoren arbeitet seine Jugendbewegung zusammen mit Älteren an einem neuen „New Deal" und einem „Neuen Bretton Woods" zur Etablierung eines neuen gerechten Weltfinanzsystems, das an die Stelle des alten spekulativen Systems des Finanzwuchers treten muß, und an der Etablierung einer neuen gerechten Weltwirtschaftsordnung.

Literatur:

Lyndon LaRouche, Die kommenden 50 Jahre. Dialog der Kulturen Eurasiens. Wiesbaden 2006

Hartmut Cramer, Roosevelts New Deal – Ausweg aus der Depression. In: Ibykus Nr. 93, Wiesbaden 2005

Lawrence K. Freeman, From 1933 to Bretton Woods. In: The New Federalist, June 22, 1998

Lonnie Wolfe, FDR´s Battle Against Churchill and The British Empire. In: The New Federalist, August 28, 1995

Richard Freeman, How Roosevelt`s RFC Revived Economic Growth 1933-45. In: EIR, March 17, 2006,

Franklin D. Roosevelt, Blick vorwärts. S. Fischer Verlag, Berlin 1933

Buhite D. Russell, David W. Levy (Hrsg.), FDR`s Fireside Chats. University of Oklahoma Press 1992

Elisabeth Hellenbroich, Hjalmar Schacht und die Bank für Internationalen Zahlungsausgleich. In: Deutschlands Neocons: Wer führt den neoliberalen Großangriff auf den sozialen Bundesstaat? Wiesbaden 2005

William F. Engdahl, Mit der Ölwaffe zur Weltmacht: Der Weg zur neuen Weltordnung. Wiesbaden 1992

Lothar Komp, Die Rückkehr der hyperinflationären Geldschöpfung. In: Hyperinflation und Weltfinanzkrise: Die unaufschiebbare Reorganisation des Weltfinanzsystems. EIRNA-Studie. Wiesbaden, Feb. 2001

Lesen Sie hierzu bitte auch:

Gerechtigkeit für Franklin D. Roosevelt
In Neue Solidarität 10/2003

Franklin D. Roosevelt und sein Erfolgsprogramm gegen die Depression Teil I – IV
In Neue Solidarität 10, 12, 14 und 16/2003

IV.

WAS JETZT ZU TUN IST:

ENDE DER SPEKULATION UND GLOBALER AUFBAU DURCH GROSSPROJEKTE

Nicht Griechenland, der Euro ist gescheitert –
aber es gibt ein Leben nach dem Euro!

Die von den Finanzinstitutionen und EU-Regierungen geforderte Therapie für Griechenland würde zum baldigen Untergang der Weltwirtschaft führen, denn nicht nur Griechenland ist bankrott, sondern auch etliche andere Staaten. Statt brutaler Sparmaßnahmen und Gelddrucken brauchen wir eine Konkurssanierung der Banken. Dieser Artikel erschien am 5. Mai 2010 in Neue Solidarität.

Von Helga Zepp-LaRouche

Griechenland und eine ganze Reihe anderer Staaten in der Eurozone und weltweit sind insolvent. Die südlichen Länder der Eurozone sind allein gegenüber Deutschland mit 520 Mrd. Euro verschuldet, gegenüber anderen Ländern noch einmal ungefähr genauso viel. Alleine Griechenland würde in den nächsten drei Jahren 135 Mrd. Euro brauchen.

Ein Flächenbrand droht: Spanien, dessen Banken eng mit denen Großbritanniens verflochten sind, ist ein viel größeres Problem, aber auch Portugal, Italien und Irland werden sehr bald enorme Summen benötigen. Die Krise hat sich längst zu einer allgemeinen Bankenkrise, zu Staatspleiten und in Wirklichkeit zum Scheitern des Euro entwickelt. Aber auch Großbritannien und die USA sind insolvent. Wir haben es mit einer Zusammenbruchskrise des Systems zu tun.

Die Therapie, die die internationalen Finanzinstitutionen anordnen, ist fatal und würde zum alsbaldigen Ableben des Patienten – nämlich der Weltwirtschaft – führen. Was IWF, EZB, EU-Kommission und die Finanzinteressen fordern, nämlich einerseits, endlos aus Steuergeldern finanzierte Rettungspakete zur Verfügung zu stellen, und andererseits „drakonische Sparmaßnahmen" für die Empfängerländer, führt zur Hyperinflation und stürzt die Empfängerländer in eine tiefe Depression. Diese Maßnahmen sind ebenso katastrophal in ihrer Wirkung wie haarsträubend inkompetent.

Die von Griechenland geforderte „harte Sparpolitik" soll den Lebensstandard um 30% (!) kürzen und wird weitere Arbeitsplätze und Kapazitäten vernichten, an neue produktive Investitionen wäre nicht zu denken – Kanzler Brüning aus den dreißiger Jahren läßt grüßen. Die Gewerkschaften sprechen vom schwersten Angriff auf die Rechte der Arbeitnehmer seit der Militär-Junta und planen Generalstreiks. Da Griechenland ohnehin kaum Industrie hat, ist die Forderung des IWF, daß es seine Schulden durch mehr Export bezahlen soll, geradezu absurd. Wieviel mehr an Oliven und Wein soll es denn sein?

Und wenn Schäuble sagt, die Rettungspakete würden die deutschen Steuerzahler gar nichts kosten, weil Griechenland alles zurückbezahlen werde, dann muß seine Nase inzwischen so lang sein, daß sie von Berlin bis nach Athen reicht.

IWF-Chef Strauss-Kahn und EZB-Chef Trichet haben durch massiven Druck die Pläne von Bundeskanzlerin Merkel durchkreuzt, die Griechenlandfrage bis nach dem Wahltermin in NRW am 9. Mai aufzuschieben. Jetzt wird der Bundestag voraussichtlich am Freitag vor der Wahl ein Gesetz für das Griechenlandpaket verabschieden. Sobald der Text des Gesetzes

Schon im Bundestagswahlkampf 2009 forderte Helga Zepp-LaRouche Anhörungen nach dem Vorbild der Pecora-Untersuchungen von 1933 und die Errichtung einer „Brandmauer" zwischen den Geschäftsbanken und den spekulativen Märkten.

feststeht, werden die vier Professoren Starbatty, Hankel, Schachtschneider und Nölling, die zuvor schon gegen den Euro geklagt haben, in Karlsruhe eine Klage einreichen und eine einstweilige Verfügung beantragen.

Die deutsche Beteiligung am Rettungspaket könnte dann sogar den Weg frei machen für die Rückkehr zur D-Mark. Denn nach Auffassung einiger Staatsrechtler, wie z.B. dem ehemaligen Bundesverfassungsrichter Paul Kirchhof, könnte die deutsche Euro-Mitgliedschaft in Frage gestellt werden, wenn die Währungsunion sich nicht mehr an die Prinzipien der monetären Stabilität hält. In einem früheren Urteil vom Oktober1993 hatte Karlruhe in seinem sogenannten „Maastricht-Urteil" jeder künftigen deutschen Regierung das Recht zugesprochen, die Währungsunion zu verlassen, falls sich die Stabilität des Euro als Trugschluß herausstellen sollte und hinter dem Standard der D-Mark zurückbleiben sollte.

Wie Professor Starbatty in einem Interview gegenüber der *Neuen Solidarität* betonte: Wenn Karlsruhe der Klage der vier Professoren nachgibt, entsteht eine dynamische Situation, wenn sie abgewiesen wird, *„rutscht die Währungsunion in eine Haftungs- und Inflationsgemeinschaft ab... Möge Gott verhüten, daß dies geschieht."*

Tatsächlich wollen IWF, EU-Kommission, EZB und OECD den hochverschuldeten Staaten einfach dadurch helfen, daß die Geldschleusen aufgedreht werden. Das Problem ist nur, daß es aufgrund der Besonderheiten der Globalisierung dabei um schwindelerregende Beträge geht: So ist die Gesamtverschuldung der Schuldnerländer gegenüber den Banken in der Nähe von einer Billion, und die damit verknüpften Derivate bewegen sich vermutlich in der Höhe von 250 Billionen. Wenn die Geldschleusen aufgedreht werden, kann man den Kollaps des Systems vielleicht kurzfristig verschieben, aber die Folge wäre die gleiche Hyperinflation wie 1923 in der Weimarer Republik!

Während die Globalisierung schon jetzt die Reichen immer reicher und die Armen immer ärmer gemacht hat, wäre die Hyperinflation die brutalste Form der Enteignung, die den Menschen die Ersparnisse und Errungenschaften ihres Lebenswerkes stehlen würde. In Deutschland haben viele noch Reichsmarknoten ihrer Großeltern und Urgroßeltern, die sie zu Milliardären und Billionären machten – nur kaufen konnten sie dafür zum Schluß nichts mehr. Selbst der neoliberale Hans Olaf Henkel vertrat dieser Tage in einer Talkshow die Auffassung, daß wir es am Ende mit Inflation bezahlen werden, wenn wir meinen, gute Europäer sein zu müssen.

Den Euro als Fehlkonstruktion zu erkennen, bedeutet aber noch lange nicht, gegen Europa zu sein. Die souveränen Staaten in Europa können sehr wohl als Europa der Vaterländer in der Tradition de Gaulles zusammenarbeiten für eine gemeinsame Mission in der Welt. Dafür brauchen wir weder eine Währungsunion noch eine inzwischen völlig ausgeuferte EU-Bürokratie, die Unsummen an Steuergeldern verpulvert und als Dank dafür ganze Industriezweige mit völlig unsinnigen EU-Richtlinien kaputt macht.

Es muß in dieser zugespitzten Krise mit aller Deutlichkeit gesagt werden: Der Versuch, an der Währungsunion und den EU-Verträgen von Maastricht bis Lissabon festzuhalten, wird Europa ins Chaos stürzen. Auch wenn die im Bundestag vertretenen Parteien als gehorsame Befehlsempfänger der Finanzoligarchie meinen, das Rettungspaket für Griechenland (und danach die andern Staaten) durchwinken zu müssen: Das Bundesverfassungsgericht in Karlsruhe hat schon im Juni 2009 das Verhalten des Bundestags in Bezug auf das sogenannte Begleitgesetz zum Lissaboner Vertrag für verfassungswidrig erklärt und den Bundestag gezwungen, neu abzustimmen. Es gibt also durchaus die Chance, daß Karlsruhe auch dieses Mal das Grundgesetz und die Währungsstabilität verteidigt.

Nicht nur der Euro ist gescheitert, sondern das ganze System der Globalisierung mit seinen „kreativen innovativen Finanzinstrumenten", seiner Hochrisikospekulation, die sich nun tagtäglich als kriminelle Abzockerei und Betrügerei herausstellt. So erweisen sich die Anhörungen, die von Senator Carl Levin im amerikanischen Senat über die Machenschaften von Goldman Sachs abgehalten werden, mehr und mehr als kompromißlose Untersuchungen in der Tradition der Pecora-Kommission der dreißiger Jahre.

Goldman Sachs wird nicht nur beschuldigt, seine Kunden um eine Milliarde Dollar betrogen zu haben, indem man ihnen toxische, verbriefte Wertpapiere verkaufte und gleichzeitig im Hinblick auf deren baldigen Kollaps Kreditausfallswaps abschloß – also quasi doppelten Reibach gemacht hat. Goldman Sachs ist auch die Bank, die seit rund zehn Jahren Griechenland geholfen hat, die Haushaltzahlen zu „schönen", und damit den Beitritt Griechenlands in die Eurozone überhaupt erst ermöglichte. Die *Bild*-Zeitung sollte also lieber mal die Machenschaften von Goldman Sachs anprangern, anstatt das Verhältnis zwischen Deutschland und Griechenland zu vergiften.

Mit der ganzen maßlosen Zockerei muß und wird Schluß sein! Die Frage ist nur, ob es zu einem unkontrollierten Kollaps, zu chaotischen Insolvenzen, Hyperinflation und einem Absturz in ein neues finsteres Zeitalter kommt, oder ob rechtzeitig das Programm durchgesetzt wird, das die BüSo und ihre Gleichgesinnten in vielen Staaten, wie Kesha Rogers in den USA, seit langem vertreten. Wir brauchen stattdessen:

- ♦ Die sofortige Durchsetzung eines globalen Trennbankensystems, das die für Kredite an Industrie, Landwirtschaft und Handel zuständigen Geschäftsbanken schützt und strikt von den Investmentbanken trennt. Diese letzteren Banken müssen ohne staatliche Hilfe ihre Bücher in Ordnung bringen, und gegebenenfalls Insolvenz anmelden.
- ♦ Alles, was mit dem Gemeinwohl zu tun hat, also vor allem Löhne, Renten, Sparguthaben, Sozialeinrichtungen usw., wird geschützt und in dem neuen System vollständig erhalten.

- Die „kreativen Finanzinstrumente" werden gestrichen. Wir brauchen weder Hedgefonds und Beteiligungsgesellschaften, noch Derivatkontrakte, Verbriefungen, CDOs, CDSs, MBSs etc.
- Wir brauchen die souveräne Kontrolle über die eigene Währung, die D-Mark, und Kredite, die von einer souveränen Nationalbank ausschließlich für produktive Investitionen ausgegeben werden, die den Prinzipien der physischen Ökonomie unterliegen müssen.
- Statt grüner Jobs und Investitionen in völlig unwirtschaftliche „alternative Energien" brauchen wir Investitionen in die Hochtechnologien, die in Deutschland entwickelt, aber bis jetzt nur in Asien gebaut werden. Dazu gehört der inhärent sichere Hochtemperaturreaktor ebenso wie der Transrapid, das Cargocap-System oder die bemannte Raumfahrt, die als Wissenschaftsmotor zu wissenschaftlichen und technologischen Durchbrüchen zwingt.
- Wenn wir uns wieder auf unsere Identität als Volk der Dichter, Denker und Erfinder besinnen, kann unsere mittelständische Industrie, versorgt mit ausreichenden Krediten, nicht nur wieder produktive Vollbeschäftigung und einen wachsenden Binnenmarkt mit hohem Lebensstandard für alle erreichen, wir können uns dann auch an den großen Infrastruktur- und Wissenschaftsprojekten Rußlands, Chinas, Indiens und hoffentlich bald auch der USA als Teil eines Wiederaufbaus der Weltwirtschaft beteiligen.

Die gute Nachricht ist: Es gibt ein Leben nach dem Euro! Wir müssen es nur selbst gestalten.

Wählen Sie die BüSo, die einzige Partei, die die Fehlkonstruktion des Euros und den Kollaps des globalen Finanzsystem von vornherein prognostiziert hat, und die einzige Partei, die ein Konzept für die Überwindung der globalen Finanzkrise sowie Verbündete in den USA, Rußland, China, Indien, Frankreich, Italien und vielen anderen Ländern hat, die der Idee eines neuen Kreditsystems zustimmen. Wählen Sie dieses Mal weder das „kleinere Übel", denn jedes Übel ist zu viel, noch die Partei der Nichtwähler – wählen Sie die Partei, die wirklich ein Konzept für die Zukunft hat: die BüSo!

Warum wir zum Glass-Steagall-Standard zurückkehren müssen!

John Hoefle macht die dringende Wiedereinsetzung des unter Roosevelt geschaffenen Glass-Steagall-Gesetzes zum Thema, was in Deutschland mit einem Trennbankensystem vergleichbar ist. Dieser Artikel erschien im Oktober 2009 im Nachrichtenmagazin EIR.

Von John Hoefle

Die Rückkehr zum „Glass-Steagall-Standard", wie Lyndon LaRouche es nennt, ist die wesentliche Voraussetzung dafür, Amerika aus der zweiten Großen Depression herauszubringen und den Absturz der Welt in ein neues Finsteres Zeitalter zu verhindern. Der „Glass-Steagall-Standard" bezieht sich auf die Prinzipien des Glass-Steagall-Gesetzes aus dem Jahr 1933, das eine rechtliche Brandschutzmauer zwischen der Arbeit von Geschäftsbanken und der spekulativen Aktivität von Investmentbanken errichtete. Geschäftsbanken durften grundsätzlich nicht spekulieren. Dieses Gesetz war eines von mehreren Reformgesetzen von Präsident Franklin Roosevelt, mit denen die US-Wirtschaft aus dem Würgegriff der von J.P. Morgan angeführten anglo-amerikanischen Finanziers befreit und die nationale Souveränität wieder hergestellt wurde.

Von 1933 bis 1999 war Glass-Steagall in den USA geltendes Recht und sorgte für einen erheblichen Schutz für Sparer und Kreditnehmer, die auf solide Geschäftsbanken angewiesen sind. Das Gesetz war insbesondere eine Folge der Anhörungen der Pecora-Kommission, die vor der Öffentlichkeit enthüllte, wie die großen Banken jener Zeit ihre Kunden zum Vorteil eines kleinen Klüngels von Insidern ausgebeutet hatten. Roosevelt nutzte den allgemeinen Aufschrei, den diese Enthüllungen auslösten, um gegen die heftigen Einwände der Wall Street entsprechende Reformen durchzusetzen.

Zusätzlich zu diesem Gesetz, das verhinderte, daß Geschäftsbanken Finanzspekulationen nach dem schlechten Vorbild der Wall Street betrieben, schuf Roosevelt auch die Bundeseinlagenversicherung FDIC, um nach den massenhaften Bankrotten das Vertrauen der Öffentlichkeit wiederherzustellen, sowie die Wertpapier- und Börsenaufsicht SEC, um die Wall Street zu überwachen.

Um letzteren Punkt zu unterstreichen, ernannte er Ferdinand Pecora zu einem der ersten Kommissare der SEC.

Solide und ehrliche Geschäftsbanken leben im wesentlichen vom Vertrauen der Öffentlichkeit und sind für eine gesunde Volkswirtschaft unerläßlich. Bürger vertrauen ihr Geld einer Bank an, und die Bank verwendet diese Einlagen, um anderen Bürger Kredite zu geben und dadurch den Lebensstandard für das ganze Gemeinwesen zu verbessern. Die Bankiers tragen eine besondere Verantwortung für den Schutz dieser Einlagen, d.h. sie müssen sie sinnvoll und mit Umsicht ausleihen. Das Geld gehört nicht den Banken, sondern den Einzahlern. Die Bankiers sind lediglich Treuhänder.

Damit ein solches System angemessen funktioniert, müssen diese Einlage-Institute streng reguliert sein, mit klaren Rahmenbedingungen, was erlaubt ist und was nicht. Die Finanzaufsicht muß alle Banken genau überwachen, um sicherzustellen, daß die Regeln eingehalten werden, und Verstöße umgehend korrigieren. Banken sind, wenn man es richtig macht, Schöpfungen der lokalen oder regionalen Wirtschaft mit der Aufgabe, die Entwicklung dieses Gebietes zu fördern. Der Geschäftserfolg einer Bank ist das Nebenprodukt des wirtschaftlichen Erfolges ihrer Region.

Für Leute, die sich an die Zockermentalität der internationalen Finanzwelt aus den letzten Jahren gewöhnt haben, mag das alles altmodisch klingen wie aus einem Kinofilm der fünfziger Jahre. Aber es war gerade die Abschaffung dieser „altmodischen" Prinzipien zugunsten einer ungezügelten Spekulation, welche die ganze Weltwirtschaft zum Absturz gebracht hat. Die Aufgabe dieser Prinzipien hat das einst wirtschaftlich so starke Amerika ruiniert, und wenn die Nation überleben soll, dann muß man zu ihnen zurückkehren.

Modernisierung

Der Schlachtruf der Lobby zur Abschaffung des Glass-Steagall-Gesetzes war: Gesetze aus den dreißiger Jahren sind veraltet und in der glorreichen neuen Welt der Finanzen nicht mehr zu gebrauchen. Statt dessen, behaupteten die Banker der Wall Street, bräuchten wir einen neuen Satz von Regeln für die moderne Welt, eine Befreiung von den Beschränkungen der Vergangenheit.

Wie bei so vielem, was uns die Banker sagen, ist genau das Gegenteil wahr. *Tatsächlich war es Roosevelt, der das Bankenwesen modernisierte*, indem er den Prinzipien der Amerikanischen Unabhängigkeitserklärung gegen die Raubrittermethoden des anglo-venezianischen Finanzempires wieder Geltung verschaffte. Die Forderung der Banker nach „Reformen", die gleich nach Roosevelts Tod einsetzte und in den achtziger und neunziger Jahren immer heftiger wurde, war in Wirklichkeit die Forderung nach der Rückkehr zu dem System, gegen das sich die Amerikanische Revolution gerichtet hatte. Wogegen die Banker sich empörten, das waren die Beschränkungen durch die nationale Souveränität, die Roosevelt der imperialen Finanzwelt auferlegte – was natürlich gerade der Sinn jeder Regulierung ist. Wenn Finanzhaie und Heuschrecken glücklich und zufrieden sind, ist das ein todsicheres Zeichen dafür, daß die Behörden nicht ihre Arbeit tun.

> „Wenn Finanzhaie und Heuschrekken glücklich und zufrieden sind, ist das ein todsicheres Zeichen dafür, daß die Behörden nicht ihre Arbeit tun."

Die Außerkraftsetzung von Glass-Steagall, der schon eine ganze Reihe von Maßnahmen zur Deregulierung vorausgegangen war, öffnete die Schleusen für den wildesten spekulativen Taumel, den die Welt je gesehen hat. Es ermöglichte die Schaffung einer Handvoll Superbanken, die Amerikas Volkswirtschaft beherrschen und deren Bankrott die größte Finanzrettungsaktion der Geschichte auslöste. Das ganze Land wurde ruiniert, und es begann eine hyperinflationäre Ausweitung der Geldversorgung, die den Wert des Dollars zerstört. Und wenn der Dollar vollends kollabiert, dann bricht auch die ganze Welt zusammen – nicht nur die Wirtschaft, sondern die gesamte Zivilisation.

Franklin Roosevelt hatte Recht, und die Gegner seiner Reformen hatten Unrecht – und haben es immer noch. Die Rückkehr zu einer Politik der nationalen Souveränität ist unumgänglich, und der erste Schritt muß in der sofortigen Wiederherstellung des Glass-Steagall-Standards bestehen.

Die verhängnisvolle Außerkraftsetzung

Der formelle Widerruf der Glass-Steagall-Brandmauer zwischen Geschäftsbanken und Investmentbanken erfolgte im November 1999 durch das Gramm-Leach-Bliley-Gesetz. Dieses Gesetz schuf die neue Kategorie der Finanzholdinggesellschaften, für die es praktisch keine Schranken mehr gibt. Sie dürfen Versicherungen und Wertpapiere zeichnen und verkaufen, sich als Geschäftsbanken wie auch als Investmentbanken betätigen und im Immobiliengeschäft und verwandten Geschäftsfeldern engagiert sein.

Einer der schlimmsten Aspekte des Gramm-Leach-Bliley-Gesetzes ist, daß es diesen neuen Monstrositäten Zugriff auf die Einlagen der Geschäftsbanken verschaffte, wodurch diese Einlagen zu „Treibstoff" für die Derivatemaschine wurden. Ende 1999 hielten die Holdinggesellschaften 4 Billionen $ an Vermögenswerten und 38 Billionen $ an Derivaten, also gut neun Dollar Derivate je Dollar Vermögenswert. Zehn Jahre später, das sind die Zahlen für das zweite Quartal 2009, beliefen sich die Vermögenswerte auf 13 Bio.$ und die Derivate auf unglaubliche 291 Bio.$, d.h. für jeden Dollar Vermögenswert hielten sie 23 $ an Derivaten. Das sind keine Banken, das sind Kasinos.

Die vier größten dieser Bankkasinos – JP Morgan Chase, Bank of America, Citigroup und Wells Fargo – machen fast die Hälfte des gesamten US-Bankenwesens aus, nämlich 46% der Vermögenswerte und 42% der Einlagen. Außerdem halten sie 194 Billionen Dollar an Derivaten. Goldman Sachs und Morgan Stanley, die beiden Investmentbanken, die sich im vergangenen Jahr in Finanzholdings umwandelten, halten zusammen weitere 88 Billionen $ an Derivaten.

Die Wiederinkraftsetzung von Glass-Steagall

Diese irrsinnige Derivateblase brachte das globale Finanzsystem zur Explosion, stürzte Banken in den Bankrott und verheert, was an produktiver Kapazität der Wirtschaft noch übrig ist. Das wäre niemals möglich gewesen, wenn man den Glass-Steagall-Standard beibehalten bzw. gestärkt hätte. Wenn wir überleben wollen, dann müssen wir genau dahin zurückkehren.

Anfangen muß man mit dem Auslöschen der Derivate, indem man alle diese Wettgeschäfte per Gesetz für null und nichtig erklärt, was praktisch bedeutet, dem Recht wieder zu seiner früheren Geltung zu verhelfen. Ein Verbot der Derivate befreit uns von dem Problem, diese spekulativen Wetten und fiktiven Forderungen umständlich abzuwickeln, und erlaubt uns, die Aufmerksamkeit dem komplizierteren Vorgang des Aussortierens von gültigen und spekulativen Schulden zuzuwenden. Schulden, die mit realwirtschaftlicher Aktivität zusammenhängen, werden anerkannt, wohingegen Forderungen, die mit der spekulativen Blase zusammenhängen, vorerst beiseite gelegt werden, um sie sich später vorzunehmen, wenn die wirtschaftlichen Verhältnisse sich verbessert haben. Schulden, die etwas von beidem haben – beispielsweise die Hypothek auf ein Eigenheim, dessen Kaufpreis durch den Schwindel mit den Immobilien-Wertpapieren stark überteuert war –, würden durch Abschreibungen auf eine Summe reduziert, die den tatsächlichen wirtschaftlichen Wert des Vermögenswertes widerspiegelt.

Roosevelt hatte etwas verstanden, was heutige Regierungen nicht verstehen: Menschen sind wichtiger als Geld. Entscheidend ist nicht, den „Wert" spekulativer Finanzaktivitäten zu erhalten. Entscheidend ist der Schutz des Lebens und Gemeinwohls der Bevölkerung. Die Wiederinkraftsetzung von Glass-Steagall ist für dieses Überleben eine unabdingbare Voraussetzung.

Zurück zur D-Mark für eine zielgerechte Wachstumspolitik!

In Deutschland muß die Wirtschaft wieder wachsen! Für eine neue gerechte Weltwirtschaftsordnung!

Mit dem folgenden Wahlprogramm zog die Bürgerrechtsbewegung Solidarität (BüSo) in den Bundestagswahlkampf 2005.

Von Helga Zepp-LaRouche, Kanzlerkandidatin der Bürgerrechtsbewegung Solidarität

Deutschland befindet sich in einer existentiellen Krise. Wir haben nicht fünf, sondern in Wirklichkeit eher neun Millionen Arbeitslose, und den Langzeitarbeitslosen und ihren Familien droht der Absturz in die Armut. Im Osten Deutschlands gibt es immer weniger Arbeitsplätze und demzufolge kaum noch junge Leute. Aber auch im Westen kämpfen viele mittelständische Betriebe gegen wettbewerbsverzerrende Bedingungen, von Basel II bis zur Billigproduktion in den neuen EU-Mitgliedstaaten. Die Binnenwirtschaft kollabiert immer mehr. Die Menschen haben das Gefühl, daß es niemanden gibt, der sich um sie kümmert. Das politische Establishment und die Manager der Wirtschaft haben das Vertrauen der Bevölkerung so gut wie vollkommen verspielt, weil sie nachhaltig den Eindruck erwecken, daß es ihnen nur um den eigenen Vorteil, aber nicht um das Gemeinwohl geht.

Es muß sich etwas Grundsätzliches in Deutschland ändern. Wir brauchen eine völlig andere Politik, die sich ausschließlich am Gemeinwohl orientiert, die den Menschen und nicht das Geld in den Mittelpunkt der Politik stellt. Deshalb bitte ich Sie, meine Kanzlerkandidatur und den Wahlkampf der BüSo aktiv zu unterstützen.

Solange Deutschland im System des Maastrichter Vertrages, des Stabilitätspakts und des Euro bleibt, gibt es keine Rettung, sondern nur eine massive Verschärfung der Krise bis hin zum Chaos. Denn diese Verträge berauben uns der Möglichkeit, wirksame Maßnahmen zur Überwindung der Krise zu ergreifen, weil wir damit die Rechtshoheit für den Bereich der Wirtschaft und Finanzen an die EU-Kommission und die Europäische Zentralbank abgegeben haben. Diese Verträge verbieten genau die Schritte, die die Überwindung der Krise ermöglichen.

Deshalb muß Deutschland – und das ist das Programm, für das ich stehe – sofort einseitig den Maastrichter Vertrag und die Europäische Währungsunion aufkündigen und zur D-Mark als nationaler Währung zurückkehren, um eine wohldefinierte Wachstumspolitik verwirklichen zu können. Das Stabilitäts- und Wachstumsgesetz von 1967 muß aktiviert werden, um den „Zustand des gesamtwirtschaftlichen Ungleichgewichts", der angesichts der Arbeitslosenzahl von rund neun Millionen zweifellos gegeben ist, durch ein staatliches Investitionsprogramm für produktive Vollbeschäftigung zu überwinden. Der Euro soll in Zukunft lediglich als Verrechnungseinheit genutzt werden – wie der ECU im Europäischen Währungssystem vor 1992.

Völkerrechtlich ist ein solcher Austritt aus den Verträgen von Maastricht und Amsterdam gerechtfertigt, weil die Geschäftsgrundlage, daß sie dem Nutzen Deutschlands dienen müssen, nicht gegeben ist. Vielmehr ist das Gegenteil der Fall: Die Verträge ruinieren Deutschland. Eine solche souveräne Rückkehr zur Währungshoheit der D-Mark muß Teil eines ganzen Maßnahmenpakets sein, das ich im folgenden erläutern werde.

Die globale Systemkrise überwinden durch ein „Neues Bretton Woods"!

Der wichtigste Punkt, der von keiner der im Bundestag vertretenen Parteien – und auch nicht von der sogenannten neuen

Linkspartei – angesprochen wird, ist die Tatsache, daß das mit der Globalisierung verbundene System der freien Marktwirtschaft hoffnungslos bankrott ist und sich in der Endphase seines systemischen Kollapses befindet. Der Niedergang des amerikanischen Automobilsektors, die dadurch ausgelösten Hedgefonds-Verluste und der unmittelbar bevorstehende Einbruch der globalen Immobilienmärkte sind nur einige der dramatischsten Aspekte dieser Systemkrise, die sich sehr bald in einem Superkrach entladen kann. Dies wird die Frage auf die Tagesordnung bringen, welches Instrumentarium die Regierung zur Verfügung hat, um die Interessen der Bevölkerung und des Gemeinwohls zu verteidigen. *„Die Bevölkerung zuerst, und dann erst die Banken!"* So, und nicht umgekehrt, muß die Devise lauten.

Eine Lösung für die globale Wirtschafts- und Finanzkrise kann es natürlich nur geben, wenn – möglichst unter der Mitwirkung einer überparteilichen Allianz im amerikanischen Kongreß – eine internationale Reorganisation des Weltfinanzsystems durchgeführt wird. In beiden amerikanischen Kongreßkammern, im Repräsentantenhaus und Senat, findet vor allem bei den Demokraten derzeit eine intensive Debatte darüber statt, daß man zu Franklin D. Roosevelt, zum New Deal und zum Währungssystem von Bretton Woods zurückzukehren müsse. Eine Gruppe moderater Republikaner sieht durchaus die existentielle Notwendigkeit, die amerikanischen Industriekapazitäten nicht nur des Automobilsektors durch eine solche Politik zu verteidigen. Die fortlaufenden Untersuchungen über die Lügen, die vor dem Irakkrieg systematisch verbreitet wurden, um den Kongreß zur Zustimmung zu diesem Krieg zu übertölpeln, haben längst Watergate-Wolken über Washington aufziehen lassen. Das könnte eine baldige Verbesserung in der amerikanischen Politik bewirken.

In jedem Fall wird es sehr bald zu einer so zugespitzten Krise des Weltfinanzsystems kommen, daß umgehend eine Notkonferenz einberufen werden muß. Dann müssen führende Nationen der Welt – hoffentlich ausgehend von einer positiven Initiative der USA – ein Neues-Bretton-Woods-System beschließen, das sich an den besten Aspekten des Bretton-Woods-Systems von 1944 orientiert, aber darüber hinaus bei der Festlegung des Wertes der Währungen wissenschaftliche Kriterien der physischen Ökonomie zugrundelegt.

Die vollkommen aus dem Ruder gelaufene Derivatspekulation, über die gegenwärtig weder eine Regierung noch eine Zentralbank irgendeinen Überblick oder irgendeine Kontrolle hat, muß im wesentlichen durch Abkommen zwischen den Regierungen abgeschafft werden. Sie nur durch eine Tobin-Steuer oder ähnliches zu besteuern, würde das Problem der Finanzblasenwirtschaft nur fortsetzen. Es muß eine weitgehende Reorganisation der Schulden erfolgen, von denen der größte Teil ohnehin niemals bezahlt werden kann. Dabei müssen kurzfristige Schulden mit hohen Zinsraten in langfristige Kredite mit niedrigen Zinsen verwandelt und einige Kategorien illegitimer Schulden ganz gestrichen werden. Es müssen sofort wieder feste Wechselkurse beschlossen werden, da Spekulation gegen Währungen keinerlei Berechtigung hat und krimineller Weise Volksvermögen zerstört. Langfristige Investitionen auf internationaler Ebene z.B. in Infrastruktur sind ohne feste Wechselkurse nicht möglich.

Das Recht auf Kreditschöpfung, das sich jetzt in der Hand von Privatinteressen befindet, muß unter die souveräne Kontrolle der Regierungen und Parlamente gebracht werden, weil es nur so eine Rechenschaftspflicht geben kann. Da die Europäische Zentralbank nur eine Tochter der nationalen Zentralbanken ist, und diese ja noch fortbestehen, ist eine Rückführung der Währungshoheit unter die Kontrolle der souveränen Regierungen kein Problem. Die Nationalbanken müssen dann neue Kreditlinien ausgeben, um zielgerichtete Investitionen in Bereiche des Gemeinwohls zu ermöglichen, mit denen ein realer Kapitalwert geschaffen wird, und die deshalb nicht inflationär wirken. Für binnenwirtschaftliche Investitionen kann dabei auch die Kreditanstalt für Wiederaufbau (KfW) nach dem Vorbild des Wiederaufbaus nach dem Zweiten Weltkrieg genutzt werden.

In einer ersten Annäherung müssen dabei jährlich in Deutschland zunächst rund 400 Milliarden D-Mark an produktiven Krediten zur Verfügung gestellt werden, um so schnell wie möglich zu einer produktiven Vollbeschäftigung zu gelangen. In den anderen Nationen sollten an deren Bedingungen angepaßte Kredite für ebenfalls wohldefinierte Projekte bereitgestellt werden. Dabei müssen in den USA schätzungsweise jährlich 1000 Milliarden Dollar für produktive Investitionen durch die Nationalbank und in Europa vergleichbare Kredite vom Gegenwert von rund 1000 Milliarden Euro ausgegeben werden. Es handelt sich hier um grundsätzlich die gleiche Politik, die Franklin D. Roosevelt mit dem New Deal verwirklichte, mit dem er Amerika aus der tiefen Depression der dreißiger Jahre herausführte und in die führende Industrienation der Welt verwandelte.

Wie kam es überhaupt zur Europäischen Währungsunion?

Auch wenn sich einige Regierungsvertreter weigern, dies zur Kenntnis zu nehmen: Eigentlich ist mit dem Nein der Franzosen und Niederländer beim Referendum zum Europäischen Verfassungsvertrag auch der Europäischen Währungsunion der Boden entzogen. Trotzdem halten sie noch am Ratifizierungsprozeß fest. Die vor der politischen Union Europas vollzogene Währungsunion hat sich als genauso problematisch erwiesen, wie es Ende 1989 auch Helmut Kohl eingeschätzt hatte. Jetzt drängen die zehn neuen osteuropäischen EU-Mitglieder darauf, auch Mitglied der Eurozone zu werden, was die Verzerrung der Rahmenbedingungen der Mitgliedsländer für die sogenannten Hochlohnländer noch unerträglicher machen würde. Selbst das EU-Establishment realisiert dieser Tage, daß die übereilte Europäische Währungsunion eine Sackgasse war, und die Aufnahme von zehn weiteren Mitgliedern in die Eurozone die Streitigkeiten nur noch viel schlimmer machen würde.

Erinnern wir uns kurz, wie es überhaupt zum Euro gekommen war. Nach dem Fall der Mauer 1989 war die Regierung Kohl nach eigenen Aussagen von der Perspektive der unmittelbaren Wiedervereinigung überrascht, weil sie

kein brauchbares Konzept für diese Eventualität vorbereitet hatte. In seinem Zehn-Punkte-Programm schlug Kohl
am 28. November in einer Rede im Bundestag eine Konföderation – noch keine Wiedervereinigung – zwischen
den beiden deutschen Staaten vor. Aber die Reaktion der
meisten Verbündeten war offene bis versteckte Ablehnung.
Margaret Thatcher versuchte sogar eine solche Lösung
– vor allen Dingen aber eine Wiedervereinigung Deutschlands – mit allen Mitteln zu verhindern und lancierte die
„Viertes-Reich-Kampagne“. D.h. sie erhob den absurden
Vorwurf, Deutschland strebe erneut die Vorherrschaft über
Europa an.

Mitterrand knüpfte ultimativ die Zustimmung Frankreichs zur Konföderation – also ebenfalls noch nicht einmal
zur Wiedervereinigung – an die Zustimmung Kohls zur vor-
gezogenen Europäischen Währungsunion und zur Aufgabe
der harten D-Mark. Bush sen. war ursprünglich auch nicht
für eine Konföderation oder die Wiedervereinigung, wurde
dann aber von seinen Beratern überzeugt, daß die USA jegli-
chen Einfluß in Europa verlören, wenn sie eine offene Politik
gegen die Wiedervereinigung verfolgten. Und so unterstützte die Regierung Bush sen. eine Politik der *„Eindämmung
Deutschlands durch Selbsteindämmung“*, d.h. eine Politik,
mit der Deutschland seine Souveränität an supranationale
europäische Institutionen abgab, wie es im Maastrichter und
Amsterdamer Vertrag festgelegt wurde.

Mitterrand insistierte, daß Kohl der Währungsunion schon
beim Straßburger Gipfel des Europäischen Rates am 8.-9. Dezember 1989 zustimmte, also schon einen Monat nach dem
Fall der Mauer. Kohls Bedenken, welche Auswirkungen die
Europäische Währungsunion auf die Stabilität der Wirtschaft
haben werde, qualifizierte Mitterrand als „Allgemeinplätze“
ab. Unter dem Druck der Umstände – er sprach später davon,
er habe in Straßburg *„mit die dunkelsten Stunden“* seines Lebens durchgemacht – stimmte Kohl der Währungsunion zum
von Mitterrand gewünschten Datum zu.

Ich selber schlug bereits im November 1989 in einem
Flugblatt mit dem Titel *„Weiter so, geliebtes Deutschland“*

ein ganz anderes Programm vor, das dann im Januar 1990 als Programm des *„Produktiven Dreiecks Paris-Berlin-Wien"*, als Wirtschaftsaufbauprogramm für die späteren neuen Bundesländer und Osteuropa auf dem Tisch lag. Wäre dieses Programm verwirklicht worden, hätte das wiedervereinte Deutschland als Kernstück der zusammenhängenden Wirtschaftsregion Paris-Berlin-Wien zum Motor einer wirklichen Entwicklung des Ostens werden können. Die Ermordung Alfred Herrhausens, der für die Entwicklung Polens ein ganz ähnliches Konzept vorlegte, und die Ermordung Rohwedders zwei Jahre später sollten stattdessen die Weichen für den wirtschaftlichen Kahlschlag des Ostens stellen.

Warum funktioniert Europa so nicht?

Durch die Verträge von Maastricht (Währungsunion) und Amsterdam (Stabilitätspakt) hat Deutschland verfassungsmäßig garantierte Bürgerrechte und die Souveränität über die eigene Wirtschafts- und Finanzpolitik abgegeben. Und solange Deutschland in diese Verträge eingebunden ist, kann die Regierung absolut nichts tun, um die sozialen Auswirkungen der Globalisierung, aber auch des Euro zu beheben. Ja, es gibt einen direkten Zusammenhang zwischen dem Euro, den gestiegenen Preisen, der Arbeitslosigkeit und der Krise des Sozialsystems. Vor der Einführung des Euro strömte ausländisches Investivkapital nach Deutschland, obwohl es ein Land mit hohen Löhnen, hohen Sozialabgaben und hohen Steuern war. Die Gründe dafür waren die stabile harte D-Mark und die hohe Standortattraktivität aufgrund der hohen Produktivität von Produktionsanlagen und Arbeitskräften. Deshalb war Deutschland attraktiver als Länder mit niedrigeren Kosten, aber höherem Währungsrisiko, schlechter ausgebildeten Arbeitskräften und geringerer Infrastruktur.

Nach der Einführung des Euro verarmte Deutschland ebenso wie andere europäische Hochlohnländer, weil vor allem das Großkapital in sogenannte Billigproduktionsländer abwanderte, die im übrigen deshalb billig sind, weil die Bevölkerung dort arm ist, geringe Löhne erhält und die Sozialversorgung niedrig ist. Unter diesen Bedingungen werden die hohen Lohn- und Sozialkosten in Deutschland jetzt zum Nachteil. Selbst mittelständische Unternehmen sehen sich zur Verlagerung der Produktion in diese Länder genötigt und müssen hochqualifizierte Arbeitskräfte bei uns entlassen. Gleichzeitig bewirken Arbeitskräfte, die aus den Billigproduktionsländern dahin strömen, wo es – bis jetzt noch – höhere Löhne gibt, ein Lohndumping in den Hochlohnländern, das die Tarifverträge untergräbt.

Die vermeintlichen Vorteile, welche die bisher ärmeren Länder, wie z.B. Griechenland, Irland oder Spanien durch den Euro erreicht haben, stellen sich zum großen Teil als inflationäre Finanzblasen – siehe u.a. der Immobiliensektor in Spanien – heraus, ein Prozeß, der durch die einheitliche Zinspolitik der Europäischen Zentralbank (EZB) noch verstärkt wird. Inflation in den Nachholländern und Deflation in den Hochlohnländern ist die Folge – einmal ganz davon abgesehen, daß ganz Europa nicht funktionieren kann, wenn die deutsche Wirtschaft in die Depression abstürzt.

In Deutschland sei viel zuwenig über die Konsequenzen der Europäischen Währungsunion für die deutsche Wirtschaft diskutiert worden, schrieb der schwedische neoliberale Ökonom Lars Calmfors vor einem Jahr in der deutschen Ausgabe der *Financial Times*. Seine Schlußfolgerung aus diesem unbestreitbaren Tatbestand war allerdings nicht, daß die deutsche Wirtschaft ein System abschaffen muß, das sie ruiniert, sondern daß die deutsche Wirtschaft sich diesem System noch stärker unterwerfen solle. Konkret schlug er eine sogenannte „interne Abwertung" vor, also eine Absenkung der Reallöhne durch Erhöhung der Mehrwertsteuer und Verlagerung der Sozialabgaben auf die Lohnempfänger. Klingt das nicht genau wie das neue Wahlprogramm von Frau Merkel?

Das sogenannte „skandinavische Modell", das jetzt u.a. von der CDU/CSU vorgeschlagen wird, ist nichts anderes als die Verabreichung von Essigessenz mit ein wenig Süßstoff, damit die Opfer das Saure nicht so merkeln. Von wirtschaftlichem Verstand zeugt dieser Vorschlag nicht. Das Problem der deutschen Wirtschaft ist nicht mangelnde Konkurrenzfähigkeit, wie die Wachstumsraten beim Export zeigen. Aber die Binnenwirtschaft kollabiert, was bei drastischer Senkung der Kaufkraft durch Reallohnsenkung noch viel schlimmer würde.

Feudalismus oder Gemeinwohl?

Es gibt derzeit in Deutschland einen ganzen Chor von Forderungen, die Rolle des Staates zu beschneiden oder abzuschaffen. Das reicht von der „Föderalismusreform", wie die CDU/CSU sie fordert, über die allgemeine „Verschlankung" des Staates bis hin zur weitreichenden Privatisierung, wie die Liberalen sie wollen. Und dann gibt es noch die Radikalangriffe auf den Sozialstaat und das Grundgesetz von Konservativrevolutionären wie Meinhard Miegel, Arnulf Baring oder Hans Tietmeyer, die alle nur Varianten derselben Politik propagieren. Wenn man von den Etiketten einmal absieht und den Inhalt der Packung betrachtet, dann verbirgt sich hinter den exzessiven Forderungen nach Privatisierung und Reduzierung der Rolle des Staates in Wirklichkeit die Forderung einer Rückkehr zum Feudalismus, bei dem auch alles „privatisiert" war.

Bis zur Herausbildung des modernen souveränen Nationalstaates im 15. Jahrhundert lagen alle Privilegien bei „privaten" Interessen der Adelsschicht, deren Herrschaftsanspruch gerade darauf basierte, daß die Masse der Bevölkerung in relativer Unfreiheit, Armut und Rückständigkeit gehalten wurde. Dieses oligarchische System gründete sich darauf, daß nur der Adel angeblich gottgegebene Rechte hatte, während die Masse der Bevölkerung keinen größeren Wert besaß als menschliches Vieh, dessen Anzahl zur Not auch reduziert werden konnte, wenn es den Herrschenden so gefiel. Erst mit der italienischen Renaissance, den Schriften von Nikolaus von Kues und der Regierung Ludwigs XI. in Frankreich setzte sich die Vorstellung durch, daß eine Regierung nur dann legitim ist, wenn sie dem Gemeinwohl verpflichtet ist. Diese Orientierung am Gemeinwohl drückte sich dadurch aus, daß die Regierung durch die Förderung des wissenschaftlichen und technologischen Fortschritts und eine bessere Bildung der Bevölkerung den Lebensstandard anhob. Gleichzeitig begann sich auch das repräsentative republikanische System durchzusetzen, das dem Einzelnen zum ersten Mal die Teilnahme an der Regierung ermöglichte. Die Regierung und die gewählten Volksvertreter waren nunmehr den Bürgern Rechenschaft schuldig.

Mit der amerikanischen Unabhängigkeitserklärung, die die unveräußerlichen Menschenrechte aller Menschen zum ersten Mal im Kontext des Kampfes um eine Verfassung proklamierte, und der amerikanischen Verfassung selbst, errang dieses Prinzip den ersten wirklichen Durchbruch. Die Unabhängigkeitserklärung und die Präambel der amerikanischen Verfassung begründen ganz eindeutig, daß eine Regierung nur dann Legitimität besitzt, wenn sie dem Gemeinwohl verpflichtet ist. Es ist dort zudem sehr klar niedergelegt, daß die Bevölkerung das Recht auf Widerstand hat, wenn eine Regierung oder andere Kräfte versuchen, das Gemeinwohl auszuhebeln.

Mit der amerikanischen Verfassung wurde auch das souveräne Recht der Regierung auf die Währungshoheit und die Kontrolle über die Kreditschöpfung erkämpft, die der erste amerikanische Finanzminister, Alexander Hamilton, dann in der Form einer Nationalbank umsetzte. Damit waren eine Wirtschafts- und Kreditpolitik möglich, die sich am Konzept der physischen Ökonomie orientierte, wie sie von Gottfried Wilhelm Leibniz zum ersten Mal definiert wurde. Der deutsche Ökonom Friedrich List, der Mitbegründer des Zollvereins, lebte mehrere Jahre in Amerika und gab diesem am Gemeinwohl orientierten System den Namen „Amerikanisches System", das er vom „Englischen System" des Freihandels grundsätzlich unterschied.

Es ist diese auf die Renaissance, auf Leibniz und die amerikanische Revolution zurückgehende Tradition, die den Menschen und das Gemeinwohl in den Mittelpunkt der Politik und des Staatswesens stellt, die zum Glück auch in unserem deutschen Grundgesetz, und vor allem im Artikel 20, ausgedrückt ist. Im Artikel 20, Absatz 1 heißt es: *„Die*

Bundesrepublik Deutschland ist ein demokratischer und sozialer Bundesstaat." Und Absatz 4 lautet: „*Gegen jeden, der es unternimmt, diese Ordnung zu beseitigen, haben alle Deutschen das Recht zum Widerstand, wenn andere Abhilfe nicht möglich ist.*" Um diesen Sozialstaat, so wie er sich in Deutschland seit den Sozialgesetzen Bismarcks entwickelt hat, geht es. Ihn müssen wir gegen alle die verteidigen, die ihn abschaffen und stattdessen zum Feudalismus zurückkehren wollen – egal wie sie heißen. Dazu haben wir das verfassungsmäßige Recht auf Widerstand!

Produktive Vollbeschäftigung ist möglich!

Wer behauptet, daß es in Deutschland nie wieder Vollbeschäftigung auf einem hohen Produktivitätsniveau geben wird, hat einfach von Wirtschaft keine Ahnung und sollte sich aus der Politik zurückziehen. Wie konnte Deutschland überhaupt seinen hohen Lebensstandard erreichen? Wir verfügen ebenso wie Japan über so gut wie keine eigenen Rohstoffe, haben aber trotzdem eine Spitzenposition unter den Industrienationen der Welt erreicht. Wieso? Dafür waren im wesentlichen zwei Faktoren verantwortlich. Seit den Bismarckschen Industrie- *und* Sozialreformen war es das Kennzeichen der deutschen Wirtschaft, daß eine sehr hohe Rate wissenschaftlichen und technologischen Fortschritts die wirtschaftliche Produktivität immer auf das höchste Niveau brachte. In dieser hohen Qualität lag auch der Grund für den Exporterfolg, für unsere hohe Exportrate von bis zu 40 Prozent. Und so lange die Betonung auf diesen beiden Faktoren lag, funktionierte unsere Wirtschaft, und wir konnten uns einen hohen Lebensstandard leisten. Dazu gehörte eines der besten Gesundheitssysteme der Welt, eines der besten an Wilhelm von Humboldt orientierten Bildungssysteme, ein funktionierendes Rentenwesen und Sozialversorgung usw.

Wenn wir diesen hervorragenden Sozialstaat wieder bezahlen können wollen, müssen wir – neben der schon erwähnten Korrektur der wettbewerbsverzerrenden Bedingungen der Europäischen Währungsunion – wieder Exzellenz bei der

Ausbildung erreichen, damit das kreative Potential vor allem der Jugendlichen auf die bestmögliche Weise gefördert wird. Wir müssen außerdem die Technologiefeindlichkeit aufgeben, die mit dem Wertewandel seit der 68er Revolution und der Drogen-, Rock-, Sex-Gegenkultur um sich gegriffen hat, zum Studium der großen wissenschaftlichen Entdeckungen zurückkehren und der Grundlagenforschung eine zentrale Rolle in der Wirtschaft geben. Der deutsche Maschinenbausektor, in den ja laufend alle wissenschaftlichen und technologischen Entdeckungen einfließen, gehört nach wie vor zu einem der hervorragendsten Potentiale der Weltwirtschaft. Wenn wir vor allem den Mittelstand durch entsprechende Gesetze und eine vorteilhafte Steuer- und Kreditpolitik darin unterstützen, wieder Weltspitzenqualität zu produzieren, sind hohe Exportraten auch auf Dauer gewiß.

Die Eurasische Landbrücke

Die natürlichen Exportmärkte für Deutschland sind heute die expandierenden Märkte der bevölkerungsreichen Regionen Asiens: China, Indien, Rußland und Südostasien. Nach dem Wegfall des Eisernen Vorhangs ist es offensichtlich, da wieder anzuknüpfen, wo die Ereignisse des 20. Jahrhunderts (Erster Weltkrieg, Versailler Vertrag, Zweiter Weltkrieg, Jalta-Abkommen) die Entwicklung der wirtschaftlichen Integration Eurasiens unterbrochen haben. Der Bau der Transibirischen Eisenbahn und der Bau der Eisenbahn von Berlin nach Bagdad waren damals der Beginn der infrastrukturellen Erschließung Eurasiens.

Heute ist das Programm der Eurasischen Landbrücke, für das ich mich seit der Desintegration der Sowjetunion 1991 als eine der Hauptarchitektinnen einsetze, die naheliegende Vision für das 21. Jahrhundert. Wir müssen auf Regierungsebene ein gesamteurasisches Verkehrswegenetz beschließen, das ganz Eurasien durch sogenannte Entwicklungskorridore auf 25 bis 50 Jahre – also zwei Generationen – entwickelt. Dabei sollen Europa und Asien durch ein integriertes System von Magnetschwebebahnen, Schnellbahnsystemen,

Autobahnen, Wasserwegen und computerisierten Bahnhöfen miteinander verbunden werden. Entlang dieser Verkehrslinien werden sogenannte Entwicklungskorridore von je rund hundert Kilometer Breite gebaut, in denen Energieproduktion und -verteilung sowie Kommunikationssysteme angesiedelt werden, und damit ideale Standortbedingungen für die Neuansiedlung von Industrie und Landwirtschaft geschaffen. Damit erhalten die landeingeschlossenen Regionen Eurasiens die gleichen Vorteile, wie sie bisher nur Gebiete haben, die an Ozeanen oder Flüssen liegen.

Wir müssen uns dabei natürlich von der geldgierigen Mentalität der Shareholder-Value-Gesellschaft verabschieden. Es geht vielmehr darum, die Produktivität und den Lebensstandard der Bevölkerung Eurasiens über ein oder zwei Generationen zu entwickeln. Es ist aber in unserem ureigensten Interesse als Exportnation, daß wir den asiatischen Nationen dabei helfen, die armen und unentwickelten Teile ihrer Bevölkerung auf einen menschenwürdigen Entwicklungsstand zu bringen. So leben in China z.B. immer noch über 70 Prozent der Menschen in den westlichen und inneren Regionen des Landes in Armut. Eine ähnliche Situation existiert in Indien und anderen asiatischen Staaten.

Viele der von mir vor Jahren vorgeschlagenen Infrastrukturprojekte in Eurasien werden inzwischen von den verschiedenen Regierungen verwirklicht, die längst erkannt haben, daß diese Kooperation nicht nur im beidseitigen wirtschaftlichen Interesse ist, sondern daß in dem gemeinsamen wirtschaftlichen Vorteil auch eine Friedensperspektive liegt. Was ich aber über die jetzt schon stattfindende bilaterale Kooperation von Nationen hinaus vorschlage, ist ein Abkommen über ein auf 50 Jahre konzipiertes gesamteurasisches Entwicklungsprogramm, das von allen beteiligten souveränen Regierungen durch ein multilaterales Vertragswerk beschlossen wird. Ziel eines solchen Abkommens ist es, Unterschiede des Entwicklungsstandes zwischen den verschiedenen Ländern langfristig durch multilaterale Kooperation auszugleichen. Werde ich zur Bundeskanzlerin gewählt, werde ich umgehend ein solches Programm auf die

Die Hauptstrecken und ausgewählte

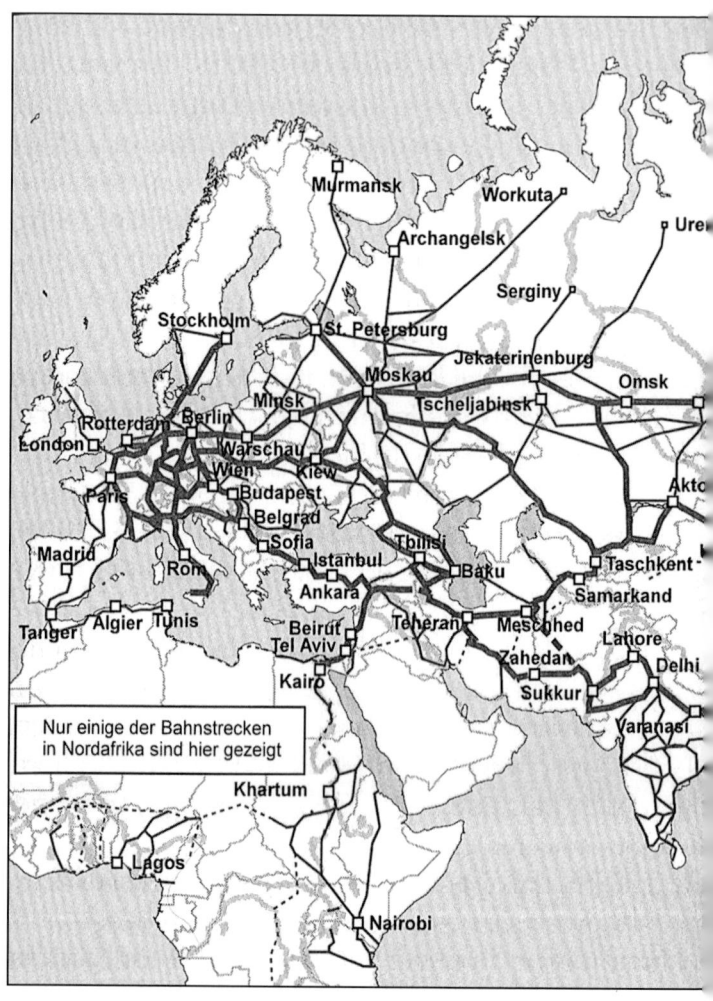

Nur einige der Bahnstrecken
in Nordafrika sind hier gezeigt

*1989-90 konzipierte Lyndon LaRouche ein gesamteuropäisches
Infrastrukturprogramm, das sich auf die produktiven Kapazitäten
im geographischen Dreieck Paris-Berlin-Wien stützte. Es wurde als*

Nebenstrecken der eurasischen Landbrücke

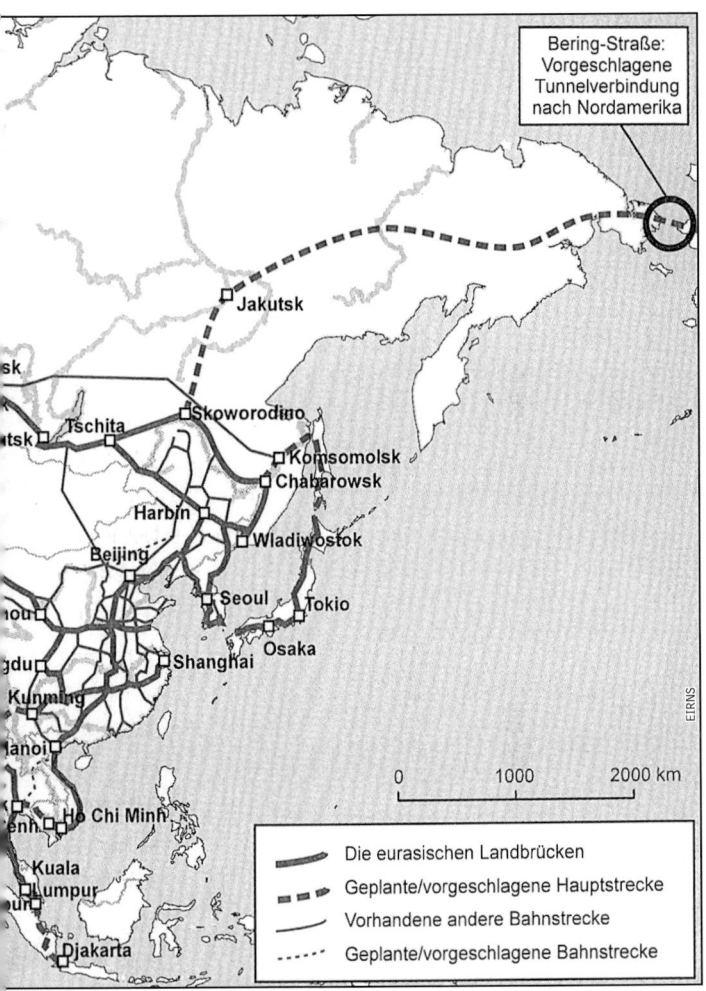

Bering-Straße:
Vorgeschlagene
Tunnelverbindung
nach Nordamerika

Jakutsk

Skoworodino

Tschita

Komsomolsk

Chabarowsk

Harbin

Wladiwostok

Beijing

Seoul

Tokio

Osaka

Shanghai

Kunming

Hanoi

Ho Chi Minh

Kuala Lumpur

Djakarta

0   1000   2000 km

EIRNS

Die eurasischen Landbrücken

Geplante/vorgeschlagene Hauptstrecke

Vorhandene andere Bahnstrecke

Geplante/vorgeschlagene Bahnstrecke

*„Programm des Produktiven Dreiecks" bekannt. 1992 wurde dieses
Programm um die eurasischen Entwicklungskorridore erweitert, inzwischen ist es zur Politik einer Reihe von Regierungen geworden.*

internationale Tagesordnung setzen. Ich weiß schon jetzt, daß die absolute Mehrheit der Nationen dieser Welt froh wäre, wenn eine solche Initiative von Deutschland ausginge.

Es ist einfach nur Zweckpropaganda der globalen Finanzinteressen, wenn sie immer wieder behaupten, daß es zur Globalisierung keine Alternative gäbe. Bei der Kooperation zwischen *souveränen* Regierungen beim Ausbau der Eurasischen Landbrücke – die dann auch nach Afrika und die Amerikas ausgedehnt werden soll – geht es konkret um die Verwirklichung einer gerechten neuen Weltwirtschaftsordnung, die allen Nationen dieser Erde das Recht auf Entwicklung und allen Menschen ein menschenwürdiges Leben garantieren soll. Dabei ist die infrastrukturelle Erschließung der Nationen und Kontinente genauso die Voraussetzung für landwirtschaftliche und industrielle Entwicklung, wie das bei der Industrialisierung Deutschlands im 19. Jahrhundert der Fall war.

Wir brauchen eine mutige Vision für die Zukunft der Menschheit, wenn wir aus der gegenwärtigen globalen Systemkrise herauskommen wollen. Es geht dabei um die Frage des Menschenbildes, und es geht auch um die Frage, ob wir als kognitive Wesen in der Lage sind, uns eine politische und wirtschaftliche Ordnung zu geben, die der Würde des Menschen entspricht. Wir müssen von der Liebe zur Menschheit erfüllt sein, damit dieses Ideal verwirklicht wird.

Für eine kulturelle Renaissance

Da wir mit der Weimarer Klassik schon einmal bewiesen haben, daß unserer Kultur auf der Grundlage eines humanistischen kulturoptimistischen Menschenbildes große klassische Kunstwerke schaffen kann, die dann die Weltkultur bereichert haben, gibt es keinen Grund, warum wir nicht wieder eine Renaissance der klassischen Kultur hervorbringen können. Genau wie Italien es geschafft hat, aus dem finsteren Zeitalter des 14. Jahrhunderts herauszukommen, indem es zunächst den Geist des klassischen Griechenland neu belebte und daraus dann die Goldene Renaissance des 15. Jahrhunderts schuf, können wir heute das gleiche tun. Wir müssen nur die großen Dichter, Denker und Entdecker der letzten zweieinhalbtausend Jahre in den Köpfen von Jung und Alt wieder lebendig machen.

Natürlich spricht der Zeitgeist gegen eine solche Idee. Aber wir wären schließlich nicht in der anfangs erwähnten existentiellen Krise, wenn der Zeitgeist in Ordnung wäre. Natürlich scheinen heute Egoismus, Korruption, moralische Indifferenz und Vergnügen an banaler Unterhaltung zu dominieren. Aber vielleicht bietet die jetzt offensichtlich werdende Krise auch die Gelegenheit, zu hinterfragen, wieso der Zeitgeist auf ein solch verkommenes Niveau herabsinken konnte und wieso wir uns so weit von den hohen Idealen Schillers oder Beethovens haben entfernen können.

Auch wenn sicherlich die politischen Ereignisse des 19. und 20. Jahrhunderts zu vielerlei Attacken auf den hohen Standard der Klassik geführt haben, der wirklich systematische Angriff auf die Klassik wurde erst nach dem Zweiten Weltkrieg von der Frankfurter Schule und dem Congress for Cultural Freedom (CCF) geführt. Der CCF setzte es sich als Organ der kulturellen Kriegsführung im Kalten Krieg gegen die Sowjetunion zur Aufgabe, die Bevölkerung von der klassischen Kunst abzutrennen und stattdessen Irrationalität und Existentialismus in modernistischen Kunstformen in den Dienst des „American Way of Life" zu stellen. Dieser Kriegführung haben wir nicht zuletzt das Regietheater und damit die Tatsache zu verdanken, daß es in Deutschland seit Jahrzehnten keine werkgetreuen klassischen Theateraufführungen und seit einiger Zeit auch kaum mehr unverhunzte Opernaufführungen gibt.

Die Brandtsche Bildungsreform der siebziger Jahre, die den „Bildungsballast" von 2500 Jahren europäischer Geschichte bewußt aus dem Fenster warf, tat das ihrige, um dafür zu sorgen, daß die Schüler seitdem kaum mehr die Namen der Klassiker kennen, geschweige denn ihre Werke. Die schockierenden Ergebnisse der sogenannten PISA-Studien kamen so überraschend nicht, denn die Mittelmäßigkeit war in dieses Schulkonzept mit eingebaut. Wenn man eine Generation nach der anderen von den geistigen Wurzeln ihrer eigenen

Kultur abschneidet, ist es kein Wunder, wenn das Resultat ein mageres ist. Es ist ein gewisses Glück, daß die Menschen in den neuen Bundesländern eine sehr viel bessere Ausbildung in der klassischen Kultur erhalten haben und erst nach 1989 von diesen negativen Einflüssen erfaßt wurden.

Lassen Sie uns jetzt die von den allermeisten Menschen als existentiell empfundene Krise zum Anlaß nehmen, uns wieder den Schätzen der klassischen Kultur zuzuwenden, in denen wir genau die Methode des Denkens finden, die wir heute brauchen, um die Krise zu meistern. „Platon veraltet? Bach unmodern? Schiller verstaubt?" Keineswegs! Die Jugendlichen der LaRouche-Jugendbewegung und der BüSo werden Ihnen in diesem Wahlkampf mit großer Wahrscheinlichkeit begegnen, und Sie werden einen lebendigen Eindruck davon bekommen, daß es heute sehr wohl Jugendliche gibt, welche sich die besten Ideen der Universalgeschichte in Wissenschaft und Kunst zu eigen machen, damit daraus eine neue Renaissance erwächst.

Als Bundeskanzlerin würde ich nicht nur die Weichen für ein neues Wirtschaftswunder stellen, sondern die Menschen in unserem Land zu einer Renaissance der klassischen Kultur inspirieren. Trotz aller Erfahrungen der letzten Zeit: Schenken Sie mir Ihr Vertrauen. Ich weiß, was zu tun ist.

Ihre Helga Zepp-LaRouche

Eine Übersichts-Tour des NAWAPA-Projektes

Eine genauere Betrachtung des NAWAPA-Projektes zeigt: NAWAPA wird nicht nur ein wenig Grün in die Wüsten bringen, sondern Wüsten komplett beseitigen. (NAWAPA = Nordamerikanische Wasser- und Strom-Allianz)

Die Geschichte der menschlichen Gattung ist die Geschichte zunehmender Macht über die Natur. Fortschritt entsteht durch die Entwicklung dessen, was wir heute Infrastruktur nennen – das heißt, es müssen bewußt die Voraussetzungen für die menschliche Existenz geschaffen werden. Die Macht über die Natur nahm vor Tausenden von Jahren durch den Einfluß der Astronavigation und die Entwicklung maritimer Zivilisationen ihren Anfang. Doch die volle Binnenentwicklung der großen Kontinente durch Wasserwirtschaft und Transportwege bleibt die bis heute unerfüllte Aufgabe der Menschheit.

Durch NAWAPA kann das Potential der Großen Amerikanischen Wüste erschlossen werden, deren immense Trockenheit in vielerlei Hinsicht noch immer eine Begrenzung darstellt. Aufgrund der Unregelmäßigkeit des Terrains und des Klimas ist Wasserwirtschaft keine lokale oder regionale, sondern eine kontinentale Herausforderung.

Ein Viertel des Niederschlags durch Regen und Schnee, der aus der Verdunstung des Pazifiks stammt und in den Herbst- und Wintermonaten nordamerikanischen Boden erreicht, fällt in einem schmalen Nordwestkorridor. Der größte Teil des Abflusses aus diesem Niederschlag ergießt sich in zwei große Flußgebiete: den Yukon, der durch Alaska in den Nordpazifik fließt, und den Mackenzie, der Kanada durchquert und in den Arktischen Ozean mündet. Zusammen mit dem Abfluß aus den küstennahen Niederschlagsgebieten wird NAWAPA etwa ein Fünftel dieses Frischwassers, das jetzt in die Ozeane fließt, erfassen. Neue große Staudämme, Staubecken,

Tunnel, Wasserkraftwerke und Pumpstationen werden ein Wasserauffangsystem bilden, das dann das Herz des ganzen Systems versorgen wird: ein 800 km langes Wasserreservoir in den Rocky Mountains. Das Wasser wird dann über einen Höhenunterschied von mehr als 600 m in ein großes System von Wasserläufen gepumpt, welches die ausgetrockneten Gebiete im Südwesten der Vereinigten Staaten und im Norden Mexikos versorgen wird.

Zusätzlich werden zwei große Kanäle ostwärts vom Reservoir des Peace-Flusses aus in die großen Seen Nordamerikas und das obere Mississippibecken führen. Eine schiffbare Wasserstraße wird also den St. Lawrence Golf mit dem Pazifik verbinden – die langgesuchte Nordwest-Passage – und Kanada und den Osten der USA mit neuen, großen Wasserquellen ausstatten.

Kurz: NAWAPA wird ein Jahrhundert bewußter Unterentwicklung beenden, welche von Teddy Roosevelt eingeleitet und durch das Übel des „Umweltschutzes" weiter verschärft wurde. NAWAPA wird das größte Projekt zur Gestaltung der Biosphäre in der menschlichen Geschichte werden – ein bedeutender Beitrag für zukünftige Generationen, deren bloße Existenz von solchen wissenschaftsgetriebenen Projekten abhängt.

Die Karte dieses Projektes, die auf *www.bueso.de* präsentiert wird, entspricht dem Originalentwurf der Ralph M. Parsons Company, die den Entwurf des NAWAPA-Projekts 1964 vorstellte. Neue Technologien und detailliertere Ingenieur-Studien mögen gewisse Modifikationen notwendig machen, aber der Plan der Parsons Company ist ihren eigenen Berichten und den Untersuchungen des Kongresses zufolge absolut durchführbar und notwendig. Dasselbe muß heute mit noch größerem Nachdruck gesagt werden.

Wassersammlung als Voraussetzung

Ein großer Teil des Niederschlags auf den nordamerikanischen Kontinent fließt in den Pazifischen Ozean und das Arktische Meer ab. Zu den wichtigsten Funktionen bei der Organisation des nordamerikanischen Kontinentes durch das

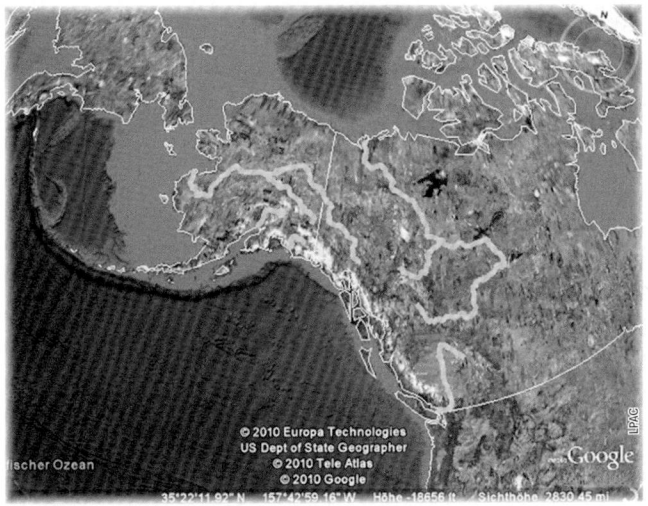

Die Flüsse Yukon und Mackenzie und ihre Nebenflüsse werden den größten Teil des Wassers für die Nordamerikanische Wasser- und Stromallianz (NAWAPA) liefern.

NAWAPA-System gehört zuerst die Sammlung des Wassers. Allein Alaska sorgt schon für ein Drittel der gesamten Abflußmenge der USA. Mit Blick auf diese Gegend, zusammen mit dem Yukon-Gebiet, werden durch NAWAPA an jedem großen Fluß Reservoirs geschaffen. Die größten Stromgebiete werden dabei durch den Yukon und den Mackenzie gebildet. Durch eine Reihe von Dämmen werden etwa 20% der Abflußmenge dieser Region aufgefangen. Dadurch entstehen dann die größten Reservoirs der Welt.

Die gesamte Speicherkapazität des NAWAPA-Systems wird 5,4 Billionen m³ betragen. Da die meisten mit dieser Zahl sicherlich wenig anfangen können, sei hier zum Vergleich gesagt, daß das größte gegenwärtig existierende Wasserreservoir der USA, Lake Mead hinter dem Hoover-Damm, lediglich 43 Mrd. m³ Wasser halten kann. Allein vier der größten Speicherbecken, die durch NAWAPA im Alaska-Raum entstehen sollen, werden 1,8 Billionen m³ Wasser fassen.

Die erste Sammelstelle wird in Form des Tanana-Yukon-Reservoirsystems entstehen. Dieses System wird durch Dämme

315

am Tanana und am Yukon gebildet. Bei Tanacross, in der Nähe der Cathedral-Stromschnellen, wird der Tanacross-Damm das Tanana-Reservoir bilden, welches das Yukon-Reservoir versorgen wird. Das Yukon-Reservoir wiederum entsteht durch die Umkehrung des Yukon selbst durch den 274 m hohen Dawson-Damm südlich der Stadt Dawson.

Das gigantische Sammelbecken wird durch die Eagle-, Copper- und Susitna-Reservoirs ergänzt. Wasser aus dem Susitna-Reservoir fließt durch einen 80 Höhenmeter abfallenden Tunnel in das Copper-River-Reservoir. Dieses Reservoir wird gebildet durch die zwei größten Dämme, die je gebaut wurden. Das gesammelte Wasser wird durch einen fast 50 km langen Tunnel durch die Berge Alaskas dem Tanana-Yukon-System zufließen.

Um eine Größenvorstellung dieser Dämme zu geben: Mit seinen knapp 500 m wird der Chitna-Damm 200 m höher sein als der weltweit größte Damm heute. Oder anders gesagt: es wäre etwa so, als würde man den Hoover-Damm auf den weltweit größten Staudamm draufsetzen.

Indem die Kraft des sonst einfach abfließenden Wassers, sinnvolle Arbeit zu verrichten, so vergrößert worden ist, wird das enorme Alaska-Yukon-Reservoirsystem Regulierung, Navigation und die komplette Transformation der Umgebung sowohl der Biosphäre als auch der Noosphäre möglich machen.

Der Wasserüberschuß dieses Systems wird südwärts geleitet werden. Vom Yukon-Stromgebiet, das 650 m über dem Meeresspiegel liegt, wird der Strom über die Taku-Pumpstation knapp 100 m angehoben. Ein weiterer Zustrom aus dem Liard-Flußsystem, ca. 730 m über dem Meeresspiegel, wird über das Mackenzie-Stromgebiet zugeführt. Entlang einer Reihe von Flüssen an den Küstenbergen wächst der Strom weiter an, während er die 880 km bis zum nächsten großen Wendepunkt zurücklegt: der Fraser-Pumpstation. An der Fraser-Pumpstation wird durch das Peace-Fluß-Reservoir ein weiterer Zulauf aus dem Mackenzie-Stromgebiet in das NAWAPA-System gebracht. Ein großer Teil davon wird 200 Höhenmeter aufwärts in den Rocky-Mountain-Graben 900 m über dem Meeresspiegel gepumpt. Dafür werden 6800 MW Leistung gebraucht.

Der Rocky-Mountain-Graben bildet das primäre Speicherbecken für das NAWAPA-System. Hier wird der Zufluß nach Süden und damit zur Transfer-Funktion von NAWAPA reguliert. Zusätzlich zu dem Zufluß aus dem Norden wird diese gigantische natürliche Schlucht durch den Zulauf aus drei großen Flüssen – Columbia, Frasier und Kootenai – zum zentralen Reservoir. Der Anteil des Frasier-Flusses wird durch Zufluß aus dem Norden ergänzt, während der Columbia weiter südlich reguliert und ergänzt wird. Der 800 km lange Rocky-Mountain-Graben wird insgesamt 641 Mrd. m^3 Wasser speichern, also um eine ganze Größenordnung mehr als das bisher größte Reservoir der USA.

Verteilung des Wassers

Wenn das gesammelte Wasser aus Alaska und dem Yukon durch den Rocky-Mountain-Graben nach Süden gebracht wird, gelangt es in das Stromgebiet des Columbia-Flusses und damit an den Anfang des Transferabschnittes von NAWAPA. Durch das System wird das Wasser in das höher gelegene Columbia-Becken gepumpt. Das Pumpsystem, das sich größtenteils in Idaho und Montana befindet, befördert das Wasser südlich nach Utah und Nevada, von wo aus es dann in den restlichen Südwesten verteilt werden kann.

Weil dieses Verteilernetzwerk auf einer Höhe von über 1500 m über dem Meeresspiegel liegt und wir uns auf einer Höhe von unter 900 m befanden, als wir den Rocky Mountain Graben verließen, findet sich hier das dichteste und stärkste Pumpensystem des gesamten NAWAPA-Programms. Stellen Sie sich vor, wie das Wasser aus dem Norden Alaskas hier ankommt und dann auf mehr als die doppelte Höhe angehoben wird, auf der es ursprünglich hier ankam. Diese Komponente ist als das Sawtooth-Hebesystem bekannt.

Die unglaubliche Leistung, jährlich Dutzende von Milliarden m^3 viele hundert Meter aufwärts zu bringen, wird durch Dämme und Pumpsysteme erbracht, die eine Reihe von Flüssen in den Sawtooth-Bergen umleiten. Diese Flüsse werden dann mit großen Tunneln verbunden. Von etwa 850 m wird das Wasser am Ende 1.600 m Höhe erreichen.

Vom Clearwater-Reservoir wird das Wasser in das Lock-Saw-Reservoir gepumpt. Ein Tunnel wird den Fluß dann in die drei Selway-Fluß-Reservoirs leiten, die durch zwei Pumpstationen verbunden sind. Vor dort aus bringt ein Tunnel das Wasser in den Salmon-Fluß, wo drei Pumpstationen vier Reservoirs miteinander verbinden, durch die das Wasser in das Sawtooth-Reservoir auf 1600 m Höhe gelangt. Das Wasser fließt dann weiter durch einen 80 km langen Tunnel mit 30 m Durchmesser in das nächste große Fluß- und Sammelbecken und damit in das Verteilsystem für den ganzen Rest des Kontinentes. Das Sawtooth-System wird zudem durch zusätzliche Wasserauffangsysteme von Osten und Westen her versorgt.

Im Grunde leiten wir also das ganze Jahr über einen großen Fluß knapp 750 m ein Gebirge hinauf. Dafür wird eine riesige Menge Elektrizität gebraucht werden: 26.000 MW oder das Siebeneinhalbfache des gesamten gegenwärtigen Stromverbrauchs des Staates Idaho.

Dem ursprünglichen Plan der Parsons Company von 1964 nach wird das 26-GW-Pumpsystem rein durch die Wasserkraft betrieben, die das NAWAPA-System selbst erzeugt. Tatsächlich sieht der ursprüngliche Planungsentwurf sogar einen Stromüberschuß vor. Die Tatsache jedoch, daß wir dieses Programm 50 Jahre nach seinem ursprünglichen Entwurf umsetzen, bedeutet, daß wir uns inzwischen im Zeitalter der Kernkraft befinden. Hier bei der dichtesten Konzentration von Aktivität im gesamten NAWAPA-System ist es angebracht, die mächtigste Energiequelle einzusetzen, die uns zur Verfügung steht. Das speziell entworfene System fortgeschrittener Kernkraftwerke wird nicht nur Kraftquelle für die Pumpen sein. Weil wir das System so entwerfen, daß große Mengen überschüssiger Elektrizität für Instandhaltung und Reserve bereitstehen, kann ein ganzer Komplex von Industrien in der umliegenden Gegend damit betrieben werden.

Wie Franklin Roosevelts TVA ist auch NAWAPA nicht einfach nur ein Wasserprojekt: Die Menschheit schafft sich hier eine neue Grundlage und damit völlig neue Voraussetzungen, die bestimmen werden, welchen Grad an Produktivität wir erreichen können. Die Transfer-Funktion endet dort, wo das Wasser von den Sawtooth-Bergen durch den Sawtooth-Tunnel in das große Becken gelangt, von wo aus es weiter verteilt wird, um Wüsten in grüne, produktive Gärten zu verwandeln.

Das NAWAPA-Verteilungssystem

Nachdem das Wasser gesammelt und durch den Norden der USA geleitet wurde, beginnt das Verteilungssystem. Dieses südliche Netzwerk des NAWAPA-Programms wird 88 Mrd. m^3 Wasser pro Jahr in sieben US- und fünf mexikanische Bundesstaaten bringen und damit den Wasserverbrauch in einigen Staaten verdreifachen. 181.000 km^2 werden dadurch bewässert werden.

Angefangen mit Lake Nevada, dem letzten Verteiler-Pool für Wasser aus dem Transfer-System, wird der Strom in zwei Arme ähnlicher Größe geteilt: einer führt zur pazifischen Küste, der andere zum Colorado-Stromgebiet.

Entlang des westlichen Teils passieren wir zuerst den Hansen-Tunnel, der auf mehr als 130 km Länge zum Lake Vegas führt, wobei auf der gesamten Strecke Bewässerungsmöglichkeiten entstehen. Vom Lake Vegas führt ein Teil des Verteilersystems nach Kalifornien, wo es nach der Durchquerung des Death Valley das Panamint-Reservoir bildet. Der Rest des Stromes von Lake Vegas wird parallel zum Colorado an Las Vegas vorbei gen Süden geführt, wobei eine Leistung von 6500 MW erzeugt wird und jede Menge Farmland entsteht, bevor das Wasser kurz vor Yuma in den Colorado mündet. Bei Yuma teilt sich der Strom erneut.

Richtung Westen fließt das Wasser nach Baja California und in den Süden von Kalifornien und vergrößert das landwirtschaftliche Potential des Imperial Valley. Dabei entstehen fünf neue Stauseen und etwa 5,3 Mrd. m^3 Wasser in Baja California. Östlich von Yuma wird das Wasser die extrem trockene Sonora-Wüste bewässern. Stellen Sie sich vor, welches Potential dieses Wasser entfesseln wird, wenn es die bemerkenswert grüne Vegetation des Imperial Valley weiter verbreitet. Stellen Sie sich vor, wie diese trostlose Wüste, dieses Scheitern der Biosphäre, in einen produktiven Garten für beide Nationen verwandelt wird.

Nun kommen wir wieder zurück zum Trout-Creek-Abzweig südlich von Lake Nevada und betrachten das Verteilerstück des Colorado-Stromgebietes. Über Wasserwege und Stauseen wird in Utah jährlich 2,4 Mrd. m³ Wasser verfügbar, während sich der Strom nach Arizona bewegt und dort den Navajo-See auffüllt.

Lake Navajo ist der größte See im Verteilersystem, und man kann sich den Segen vorstellen, den er für die ganze Gegend bedeuten würde, wenn schlummernde Graslandschaften wiederbelebt werden und die Möglichkeit geschaffen wird, neue Bäume anzupflanzen.

Von diesem See gehen zwei Ströme ab: ein Teil mit etwa 24 Mrd. m³ jährlich zum Stromgebiet des Gila in Arizona und Sonora, ein anderer Teil weiter nach Osten in Richtung New Mexiko. Der westliche Strom wird sechs neue Stauseen schaffen und den Zustrom zu einem bereits vorhandenen Becken vergrößern, so daß Phoenix mit reichem Grün umringt wird und viele neue Städte entstehen werden.

Zurück zum Navajo-See. Das Wasser wird südwärts weiterfließen und eine Reihe von Pumpstationen, Kanälen und Reservoirs durch die Berge im Osten Arizonas durchlaufen, bis es den neu geschaffenen Geneva-See in New Mexiko erreicht. Wir werden noch einmal zum südseitigen Strom aus dem Geneva-See zurückkehren, doch vorerst gehen wir weiter nach Osten.

Nachdem das Wasser knapp 80 m hochgepumpt wurde, läuft es via Tunnel nach Truth or Consequences in New Mexico, wo ein Teil des Wassers dem Rio Grande zugeführt wird. Der Hauptstrom kreuzt hier den Rio Grande vermittels eines Leitrohres. Im östlichen New Mexico wird das Pecos-Reservoir gebildet, um Wasser südwärts zu verteilen, während der Strom weiter nordwärts Richtung Colorado geführt wird. Westlich von Roy hebt eine Reihe von Pumpen das Wasser an, um es dann durch einen 160 km langen Tunnel in den

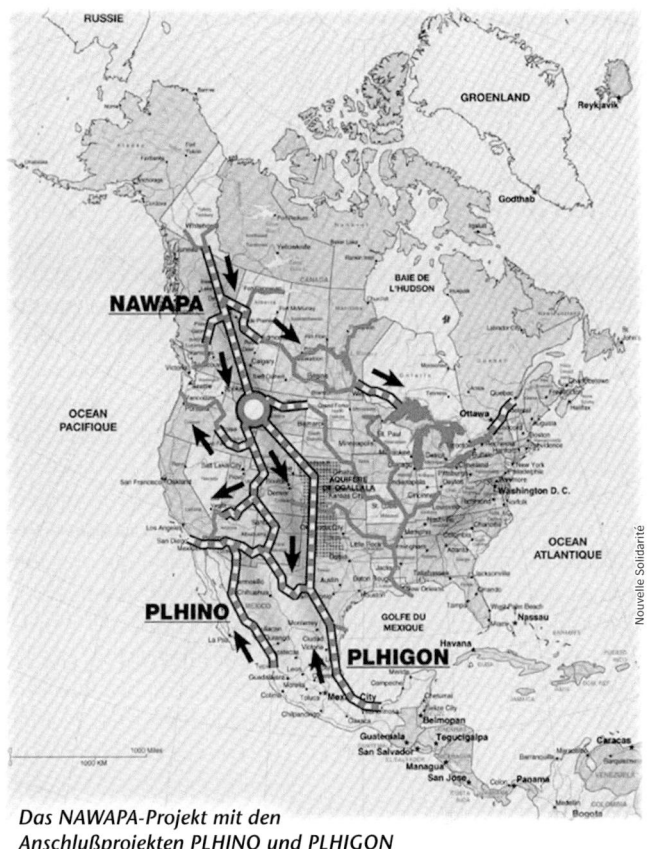

Das NAWAPA-Projekt mit den Anschlußprojekten PLHINO und PLHIGON

Bundesstaat Colorado zu bringen, wo es östlich von Denver ein Reservoir bilden wird.

Gehen wir noch einmal zurück und sehen uns die südlichen Verteiler an. Vom Geneva-See fließt Wasser südwärts nach Animas, New Mexico. Hier wird es geteilt und fließt durch Sonora, was gut 12 Mrd. m³ jährlich aus dem Programm bekommt, und durch die Wüste in Chihuahua, wo es das ausgedörrte Land begrünt. Die Verteilstelle des Rio Grande bei Truth or Consequences wird mehr Bewässerung in den flußnahen Gebieten ermöglichen.

Aus dem Pecos-Reservoir wird Wasser über den Pecos-Fluß durch die trockenen Regionen im Westen von Texas gebracht, wo es entlang des Weges viel Land bewässert, bevor es vor dem Amistad-Damm in den Rio Grande mündet. Hier werden zwei neue Aquädukte parallel zum Rio Grande laufen und 44.000 km² Land im Rio-Grande-Becken bewässern. Das restliche Wasser ergießt sich in den Golf.

Das NAWAPA-Programm stellt dringend benötigtes Wasser für Bewässerung und Entwicklung zur Verfügung und erlaubt eine dramatische Ausweitung der landwirtschaftlichen und industriellen Produktion. Dadurch wird zusätzliche landwirtschaftliche Nutzfläche von der Größe des Bundesstaates Washington gewonnen. Die Tragfähigkeit des Landes für Graslandschaften und Wälder wird entwickelt und damit die biologische Aktivität der Region erhöht, die für Jahrtausende brachgelegen hat. Es wird das Klima des ganzen Kontinentes fundamental verändern, die Temperaturen mildern, die Luftfeuchtigkeit erhöhen und sich durch erhöhte Verdunstungs- und Niederschlagsaktivität mehrfach bezahlt machen.

NAWAPA wird nicht nur ein wenig Grün in die Wüsten bringen, sondern Wüsten komplett beseitigen. Ein solches Denken wird uns äußerst dienlich sein, wenn wir die Probleme bei der Erforschung und Erschließung des Weltalls anpacken.

Den Videofilm zu diesem Text finden Sie auf der Internetseite der Bürgerrechtsbewegung Solidarität, www.bueso.de.

NAWAPA vom Standpunkt der Entwicklung der Biosphäre

Das „Basement"-Wissenschaftsteam der LaRouche-Jugendbewegung hat das folgende Memorandum über die Bedeutung des NAWAPA-Projektes für die weitere Entwicklung der Biosphäre im August 2010 verfaßt.

Von Sky Shields, Oyang Teng, Michelle Lerner, Cody Jones und Ben Deniston

Die derzeitige Krise ist keine finanzielle, nicht einmal eine physische im einfachsten Sinne. Was uns mangelt, sind nicht Finanzen oder Ressourcen. Wir haben es mit einer Krise der menschlichen Kultur zu tun, für die der gegenwärtige US-Präsident und sein Vorgänger lediglich beispielhaft sind. Es ist Zeit, die genauen Ursprünge des fehlerhaften Denkens zu analysieren, das uns in die gegenwärtige Katastrophe geführt hat, und diese dadurch zu überwinden, daß wir unseren Blick wieder auf die Zukunft der Menschheit richten und zu den kulturellen und philosophischen Wurzeln einer wahren Wissenschaft der physischen Ökonomie zurückkehren.

Wenn der Mensch „Infrastruktur" aufbaut, dann stellt er nicht irgendein Ding, das man Infrastruktur nennt, in eine leere Kiste. Tatsächlich reorganisiert er auf diese Weise die physikalische Raumzeit der Biosphäre als System, indem er die biogenetischen Materieflüsse durch die Biosphäre transformiert und umlenkt und so immer höhere Ebenen der Energieflußdichte erreicht. Das einfachste Beispiel hierfür ist die Einführung der Landwirtschaft und Viehzucht: Die Äpfel, der Mais und die Viehbestände von heute sehen ganz anders aus und sind gemessen an der Energieflußdichte weitaus effizienter als ihre wilden Vorläufer.

Die Photosynthese, die die diffuse Energie des einfallenden Sonnenlichts in die konzentrierte Form chemischer Verbindungen umsetzt, erzeugt sowohl die schwer verdauliche Zellulose der Pflanzenstengel, als auch die leicht verwertbaren Energievorräte der Kohlenhydrate und anderer organischer Moleküle. Dieser Prozeß ist Teil dessen, was der russisch-ukrainische Biogeochemiker W.I. Wernadskij als die biogenetische Wanderung der Atome bezeichnete – des ständigen Flusses von Materie durch die Biosphäre als Resultat lebender Prozesse, welche immer höhere Organisationsebenen der ausgeschiedenen fossilen Stoffe erzeugen. Die Einwirkung des Menschen auf Äpfel, Mais und Viehbestände beispielsweise vergrößert den Anteil nützlicher Kohlehydrate, Fette und Eiweiße gegenüber der (energetisch) aufwendigen, aber (für die Ernährung) relativ nutzlosen Zellulose in den Strukturkomponenten der Pflanzen.

Letztlich wird das Überleben der menschlichen Gattung von der Fähigkeit des Menschen abhängen, nicht nur diese Flüsse zu organisieren und ihre Effizienz zu steigern, sondern auch die gesamte Umgebung biogenetischer Flüsse von Grund auf zu kreieren, die für das Überleben des Menschen außerhalb der Erdatmosphäre notwendig sind und die Grundlage dafür bilden, daß Menschen das Sonnensystem und noch entferntere Gebiete im Weltraum besiedeln können.

Das Programm der Nordamerikanischen Wasser- und Strom-Allianz (NAWAPA)[1] wird eines der ersten Projekte der Menschheit sein, gezielt in jene größeren Prozesse einzugreifen, welche die weitere Entwicklung der Biosphäre als ganzer bestimmen, und damit eine Orientierung sein für die Schaffung permanenter Siedlungen auf anderen Planeten, wie beispielsweise dem Mars. Auch dies wird durch ein besseres Verständnis und die Steuerung jener biogenetischen Flüsse möglich werden – nur diesmal in viel größerem und viel fundamentalerem Maßstab.

Die biogenetische Wanderung von Atomen ist weit mehr als ein bloßer Materiefluß „innerhalb" der Biosphäre. Sie bildet die eigentliche Struktur der Biosphäre und bestimmt die Wechselwirkung der Erde mit Phänomenen außerhalb der Erdatmosphäre, wie etwa der solaren und kosmischen Strahlung.

Die Erschaffung der Erdatmosphäre

Nehmen wir ein passendes Beispiel: Die durch das Leben geschaffene Sauerstoff-Atmosphäre der Erde führte nicht nur zu einem massiven Artenwandel auf dem Planeten – so starben die meisten der damals existierenden Lebensformen aus, während sich gleichzeitig der Weg für komplexere, Sauerstoff verbrauchende, d.h. atmende Lebewesen öffnete –, sie änderte auch die Wechselwirkung mit der elektromagnetischen Strahlung der Sonne (insbesondere im „ultravioletten" Wellenlängenbereich). Dadurch entstand ein höherer Strukturgrad in der Biosphäre – die Ozonschicht, die ihrerseits darauf Einfluß nahm, welche Frequenzen der elektromagnetischen Strahlung in die sich entwickelnde Biosphäre der Erde eindringen konnte, um die Evolution des Planeten weiterzuführen.

Die biogenetische Wanderung von Atomen ließ auch die Ionosphäre entstehen, jene hochenergetische Zone, die durch ihre Wechselwirkung mit dem Sonnenwind und dem Magnetfeld der Erde für die Entstehung der Polarlichter verantwortlich ist und manchmal als riesiger Teilchenbeschleuniger wirken kann, der bestimmt, welche Sorte kosmischer Strahlen die Erdoberfläche erreicht. Ein Teil dieser Strahlung ist daran beteiligt, die Wolkendecke zu erzeugen, die die Temperatur auf der Erde moderiert und Niederschläge erzeugt.[2]

Bestimmte Aspekte des biogenetischen Wanderungsprozesses von Atomen werden gewöhnlich zum leichteren Verständnis in mehrere stark vereinfachte Zyklen unterteilt: den „Wasserkreislauf", den „Stickstoffkreislauf", den „Kohlenstoffkreislauf" etc. Grob betrachtet erscheinen sie tatsächlich als einfache Zyklen, aber bei genauerer Betrachtung bilden sie ein miteinander verwobenes Netz, ein System, dessen kausale Wechselwirkungen unmöglich in linearer Weise dargestellt werden können. Änderungen des Stickstoffgehalts des Erdreichs infolge von Eingriffen in den Stickstoff-Kreislauf ändern die Rate der pflanzlichen Kohlenstoffaufnahme, was wiederum die Rate der Photosynthese ändert. Dies wiederum greift in die Kreisläufe von Sauerstoff und Wasser ein, die wiederum den Stickstoffkreislauf und andere biogenetische Flüsse von Atomen beeinflussen – usw.

Selbst innerhalb eines einzigen dieser sogenannten Kreisläufe erreicht die Komplexität sehr schnell einen Grad, wo zur Beschreibung ein systematischer Ansatz notwendig ist – eine Tensor-Beschreibung –, vor allem, wenn es um das bewußte Eingreifen in ein solches System geht.

Nehmen wir als Beispiel das Wasser: In erster Annäherung – im gröbsten Raster – kann man den Wasserkreislauf als einen einfachen Prozeß betrachten, angefangen mit dem auf die Meere auftreffenden Sonnenlicht, das das Wasser verdunsten läßt. Das verdunstete Wasser steigt in der Atmosphäre auf; ein Teil davon wandert über das Festland und geht dort als Regen nieder. Dieses Wasser fließt dann mit der Zeit über die Bäche und Flüsse zurück ins Meer.

Bei genauerer Betrachtung besteht dieser Prozeß aus zahlreichen miteinander verbundenen Unterkreisläufen, wobei das Wasser seine wichtigste Rolle beim Wachstum der Pflanzen spielt. Bei diesem Prozeß gibt es keinen klaren Anfang, und es gibt auch keine einfachen linearen oder zyklischen Beziehungen. Pflanzen nehmen sowohl Wasser als auch Sonnenlicht auf und nutzen beides, um Sauerstoff zu erzeugen und CO_2 in energiedichte organische Moleküle einzubauen. Die Feuchtigkeit, die die Pflanzen bei ihrer Atmung in die Atmosphäre abgeben, steigt auf, bildet Wolken und nährt und verstärkt so die Niederschläge, die ihr Wachstum überhaupt möglich gemacht hatten.

Ist die Vegetation dicht genug, genügt diese zusätzliche Feuchtigkeit in der Atmosphäre, um die Wetterlage zu beeinflussen, die Landschaft zu verändern und den Lauf von Strömen umzulenken. In verschiedenen Stadien dieses Prozesses gelangen große Wassermengen in den Erdboden, von wo sie entweder verdunsten, um erneut als Regen niederzugehen, oder tief hinab ins Grundwasser gelangen, das in einem ständigen Austausch mit den überirdischen Seen und Flüssen steht.

Auf diese Weise fällt das Wasser weltweit im Jahr im Schnitt 2,7mal aufs Land zurück, bevor es in die Meere zurückgelangt,[3] und diese Rate ist offensichtlich weit größer in Gebieten mit dichter Vegetation. Außerdem ändert sich mit der Bodenbedeckung und der Bodenfeuchtigkeit auch das Reflexionsvermögen der Erdoberfläche, was wiederum darauf Einfluß hat, wie Sonnenlicht absorbiert wird und sich auf die Temperatur und die Verdunstung auswirkt.

Zahl und Formen dieser Wechselwirkungen sind gewaltig, aber für den menschlichen Geist verständlich, wenn er sich der richtigen konzeptionellen Werkzeuge bedient. Tatsächlich ist es von großer Bedeutung für den Menschen, diese Wechselwirkungen zu verstehen, denn die Beherrschung dieser komplexen Wechselwirkungen – und ihre Nachbildung in verbesserter Form – wird notwendig sein, damit der Mensch seine Mission der Kolonisierung des interplanetaren und interstellaren Raums erfüllen kann. Schon heute müssen beim Bau von Raumschiffen im kleinen Maßstab Sauerstoff-, Kohlenstoff- und Wasserzyklen nachgebildet werden, um die Besatzung beim Aufenthalt im Weltall am Leben zu erhalten.[4]

Der gleiche Prozeß mit einem weit höheren Grad an Komplexität und Effektivität und in Verbindung mit einem tieferen Verständnis der Rolle der kosmischen Strahlung und anderer elektromagnetischer und Gravitationsphänomene bei der Erhaltung und Evolution des Lebens auf der Erde wird notwendig sein, wenn wir permanente Siedlungen auf dem Mond, dem Mars und weiter entfernten Himmelskörpern errichten wollen. Projekte wie NAWAPA werden diese für die menschliche Gattung überlebensnotwendigen Ziele aus dem Bereich des Science-fiction in den Bereich der menschlichen Möglichkeiten holen.

Die Möglichkeit von Bewässerung und die so mögliche landwirtschaftliche Entwicklung steigern die Verdunstungsmenge in einem gegebenen Gebiet, schaffen dort dauerhafte Niederschlags-Subzyklen und erzeugen Regenfälle, wo es diese bis dahin nicht gegeben hat.

Was bedeutet das für NAWAPA?

Im Fall von NAWAPA nehmen wir einen Teil des Wasserkreislaufs im Westen Nordamerikas, der derzeit nur relativ wenige Unterkreisläufe umfaßt, und verbinden ihn zu einem weit komplexeren System der Noosphäre. Wasser, das derzeit aus dem Pazifik verdunstet, zieht derzeit zum großen Teil in Form von Wolken entlang der Küste nach Norden, wo es sich als kompaktes Eis oder in Flüssen niederschlägt.

Ein großer Teil dieses Süßwassers fließt dann direkt in die Meere vor den Küsten Alaskas und Kanadas und ist nie an biosphärischen Unterkreisläufen auf dem Festland beteiligt. Gleichzeitig bleibt die südliche Wüstenregion des Westens – die Große Amerikanische Wüste – trocken und öde. (Eine Animation der Wolkenbildung und -strömung entlang der Küste finden Sie auf der Internetseite der NASA unter *http:// svs.gsfc.nasa.gov/vis/a000000/a003600/a003645/index.html.*)

Hier einige Zahlen, um eine Vorstellung von den Größenordnungen zu bekommen: Die Gesamtmenge des Wassers, die jährlich über dem Land und über den Meeren verdunstet, beläuft sich auf ungefähr 71 Bio. m^3 bzw. 434 Bio. m^3, zusammen rund 505 Bio. m^3. Etwa ein Fünftel dieser Menge, rund 107 Bio. m^3, fallen als Regen oder Schnee aufs Land, der Rest regnet direkt ins Meer zurück. Derzeit befinden sich zu jedem Zeitpunkt etwa 15,5 Bio. m^3 Wasser in der Atmosphäre, davon 4,3 Bio. m^3 über Land. Rund 3,5 Bio. m^3 davon fallen als Niederschlag in dem Einzugsgebiet für NAWAPA in Alaska und Kanada – mehr als die Hälfte aller Niederschläge auf dem gesamten nordamerikanischen Kontinent! Das erzeugt einen Abfluß von 1-1,1 Bio.m^3 pro Jahr, der sich in den Pazifik und ins Arktische Meer ergießt.

Diese Wassermenge geht derzeit für die produktiven Prozesse der Biosphäre verloren, ist also während ihrer Zeit an Land nie an der Photosynthese oder anderen Prozessen der Biosphäre beteiligt. Dies ist ein steter Kreislauf, der ständig erneuert wird, auch wenn er teilweise schrecklich ineffizient ist.

Entgegen verbreiteten falschen Vorstellungen und offenen Lügen ist klar, daß es sich bei dem von NAWAPA genutzten

Wasser nicht um einen Vorrat handelt, der im Laufe der Zeit aufgebraucht würde, und auch nicht um Wasser, das dort für andere Zwecke gebraucht würde. NAWAPA hat den Zweck, diesen natürlichen, globalen Zyklus nutzbar zu machen, und wird daher nicht nur den Westen der USA und den Norden Mexikos auf Dauer mit Frischwasser versorgen, sondern die Erfahrung lehrt, daß das Projekt auch das Klima in dieser Region verändern wird, indem es die Temperaturen senkt und die Niederschläge vergrößert.

NAWAPA wird dies erreichen, indem es einen Teil – rund 20% (etwa 200 Bio. m^3) – des ansonsten ungenutzt abfließenden Wassers in ein System bereits bestehender Flüsse und neu zu schaffender Kanäle einspeist. Auf seinem Weg wird das Wasser die Grundwasservorkommen wiederauffüllen und große Landstriche in der Großen Amerikanischen Wüste begrünen helfen. Dadurch wird das Wasser in diesen Landstrichen um Größenordnungen länger verbleiben und ebenso die Zirkulationshäufigkeit in dieser Zeit erhöhen.[5]

Wie wird sich das vermehrte pflanzliche Verdunstungswasser in den 80.000 – 200.000 km^2 neuen Acker- und Waldflächen auswirken, die durch das NAWAPA-Projekt entstehen? Diese Fläche wäre das Doppelte der derzeit bewässerbaren Fläche westlich des Mississippi, ein 60 km breiter Landstreifen, der sich über 4000 km Länge von Kanada über die Vereinigten Staaten bis Mexiko erstrecken würde – viermal so groß wie das Central Valley in Kalifornien.

Durch sorgfältige Auswahl neuer landwirtschaftlicher Gebiete, aber auch durch neue, gut organisierte und bewirtschaftete Waldflächen dort, wo bisher Wüste war, wird sich die Bodenfeuchtigkeit insgesamt, aber auch die Menge des vom Boden und von den Pflanzen verdunsteten Wassers erhöhen. Das wird stärkere Niederschläge und, bei geeigneter Anordnung, neue günstige Regen- und Wetterlagen in Windrichtung zur Folge haben.

Das durch NAWAPA herbeigeschaffte Wasser wird also nicht nur einmal, sondern mehrmals genutzt werden, während es seine zahllosen Unterkreisläufe durchläuft und sich immer wieder als Regen niederschlägt, bis es dann ins Meer

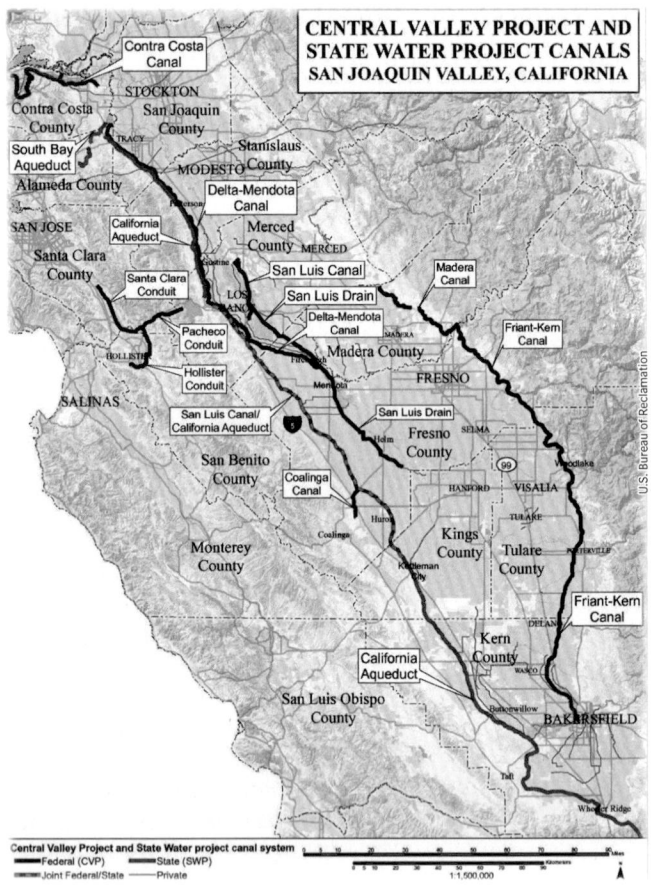

CENTRAL VALLEY PROJECT AND STATE WATER PROJECT CANALS
SAN JOAQUIN VALLEY, CALIFORNIA

Central Valley Project and State Water project canal system

- ▬▬ Federal (CVP)
- ▬▬ State (SWP)
- ▬▬ Joint Federal/State
- ▬▬ Private

1:1,500.000

Präsident Roosevelts „Central Valley Project" verwandelte das Kalifornische Längstal durch Bewässerungsanlagen aus einer Wüste in eine der produktivsten Agrarregionen der Welt.

fließt, um dann irgendwann wieder nach Alaska zu gelangen und von dort den gesamten Kreislauf von neuem zu beginnen. Jetzt wird es allerdings für zahlreiche industrielle und andere Anwendungen genutzt. Das gleiche Wasser könnte eines Tages dazu dienen, die erste Raumschiffbesatzung mit Wasser zu vorsogen, die zum Mars reist!

Ein komplexes System von Kreisläufen

Auf diese Weise läßt sich NAWAPA als Transformation eines komplexen Systems miteinander verwobener Zyklen betrachten, wodurch die Komplexität und Effizienz des Gesamtprozesses steigt, ohne daß etwas wegfällt. Die bewußte Nutzung der neuen Wasserunterkreisläufe dürfte auch zur Umgestaltung der anderen erwähnten Kreisläufe beitragen. Die Ausdehnung der Waldgebiete in Nordamerika schafft eine größere und wirksamere CO_2-Senke und erhöht den Kohlenstoff-Kreislauf auf dem Land. Möglicherweise werden wir sogar feststellen, daß für unsere Zwecke gar nicht genug CO_2 vorhanden ist! Um den CO_2-Kreislauf anzukurbeln, werden wir – unter anderem – die Menge des verfügbaren Stickstoffs in den Böden erhöhen müssen, um das Pflanzenwachstum und ihre Photosynthese zu steigern.

Mit dem verfügbaren Wasser werden die unterirdischen Speicher wie der Ogallala-Grundwasserleiter wiederaufgefüllt, die Mineralbelastung des Wassers, das dem Colorado entnommen wird, sinkt, die Agrarflächen im Mittleren Westen werden gesäubert und die Großen Seen wiederaufgefüllt und durchgespült. Der gleiche Prozeß wird auch als Vorbild für ähnliche Entwicklungsprojekte in Mexiko, Afrika, Zentralasien, Südwestasien, Sibirien, Australien und anderen Teilen der Welt dienen, um so die bewußte Gestaltung der gesamten Biosphäre durch den Menschen auszuweiten. Später kann und muß dieser Prozeß auch dazu eingesetzt werden, um die Weltmeere bewußt nutzbar zu machen.

Es ist wichtig anzumerken, daß es trotz des scheinbar riesigen Ausmaßes dieser Projekte nur um einen sehr kleinen Anteil unglaublich großer Zahlen geht. Nur etwa ein Milliardstel des von der Sonne ausgestrahlten Sonnenlichtes erreicht die Erde. Nicht mehr als 50% dieses winzigen Anteils treibt die Prozesse der Verdunstung, der Atmung und der Photosynthese, die wiederum die biogenetische Migration der Atome in Gang halten, wodurch – neben all den anderen erwähnten Dingen – der Regen und die Wasserläufe erzeugt werden, über die wir hier gesprochen haben. Um den Zweck

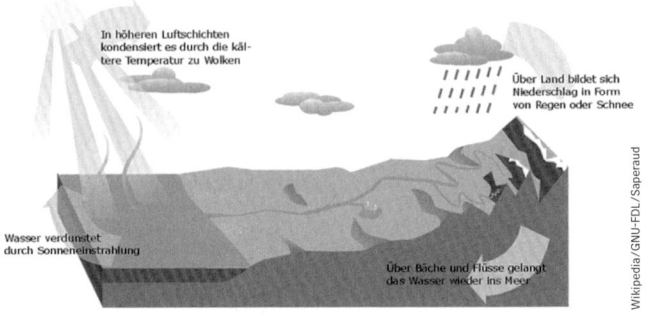

In höheren Luftschichten kondensiert es durch die kältere Temperatur zu Wolken

Über Land bildet sich Niederschlag in Form von Regen oder Schnee

Wasser verdunstet durch Sonneneinstrahlung

Über Bäche und Flüsse gelangt das Wasser wieder ins Meer

Sehr grob vereinfacht kann man den Wasserkreislauf so darstellen. Tatsächlich durchläuft das Wasser auf dem Weg zurück ins Meer zahlreiche Unterkreisläufe, in denen es von der Biosphäre genutzt wird.

des NAWAPA-Projektes zu erfüllen, muß nur 20% des abfließenden Wassers der betroffenen Ströme in Alaska und Kanada umgeleitet werden. Diese Wassermenge stellt vielleicht 1% des gesamten Abflusses dar, der auf der gesamten Welt in die Meere fließt, und diese Wassermenge selbst ist wiederum nur ein kleiner Prozentsatz der gesamten Süßwasservorkommen der Welt, von denen 70% in Schnee oder Eis gebunden sind.

Nur etwa 1% des gesamten Süßwassers auf dem Planeten ist zu jedem Zeitpunkt in der oberflächennahen Biosphäre „im Spiel" und damit den Lebensprozessen auf der Erdoberfläche zugänglich. Aber was mit diesem einen Prozent geschieht, treibt den gesamten Kreislauf an, in ähnlicher Weise, wie die lebendige Materie, die ja auch nur einen winzigen Prozentsatz der gesamten Materie in der Biosphäre ausmacht, die gesamte biogenetische Migration der Atome antreibt und dadurch die Erdkruste und die Ozeane umgestaltet, die Erdatmosphäre erzeugt sowie die elektromagnetische Wechselwirkung mit dem Universum als ganzem steuert. Der Mensch wiederum stellt, gemessen an seiner Masse, bloß einen winzigen Teil dieser Gesamtmasse lebender Materie dar. Trotzdem ist der Mensch durch seine

Geistesfähigkeiten die einzige Kraft im Universum, die die Bezeichnung „Mitschöpfer" dieses Universums verdient und in der Lage ist, die Prozesse zu verstehen und zu verbessern, durch die das Universum geschaffen wurde.

Der notwendige nächste Schritt

Es sollte deutlich geworden sein, daß NAWAPA nicht bloß eine interessante Politik ist. NAWAPA ist der notwendige nächste Schritt der Menschheit auf dem Weg aus ihrer zivilisatorischen Kindheit. Um diesen nächsten Schritt zu tun, ist eine große kulturelle Transformation notwendig – u.a. eine Rücknahme der kulturellen und politischen Auswüchse der letzten Jahrzehnte. NAWAPA allein wird ein Projekt mehrerer Generationen sein und mindestens ein Vierteljahrhundert bis zu seiner Fertigstellung benötigen. Die umfassendere Mission der Nutzbarmachung des Sonnensystems wird mehrere weitere Generationen in Anspruch nehmen. Das ist das Gegengift für die No-Future-Langeweile der heutigen jungen Generation, wodurch jene Verbindung zwischen den Generationen entstehen wird, die unsere Gattung – in ihren besten Momenten – von den Tieren unterscheidet.

Wie alle großen Leistungen menschlicher Kreativität ist dies kein Projekt, das sofortigen Nutzen bringt. Dieses Projekt ist darauf angelegt, das Selbstverständnis des Menschen weit über die Grenzen seiner Sinneswahrnehmung und seines persönlichen Wohlgefühls hinaus zu erweitern und ihn mit Generationen zu verbinden, die sein Erbe fortsetzen werden, wenn seine Generation diese Erde schon längst verlassen hat.

Für ein Projekt dieser Größenordnung ist eine kulturelle Transformation notwendig – u.a. eine Abkehr von der Freihandelspolitik der letzten Jahrzehnte und die Wiedereinführung einer Bankenregulierung nach Art des Glass-Steagall-Gesetzes. Wir brauchen eine klare Ablehnung der wissenschafts-, fortschritts- und menschenfeindlichen Politik, die sich mit dem Aufstieg der grünen Ideologie in den letzten Jahrzehnten festgesetzt hat.

Vor allem aber ist die Amtsenthebung des gegenwärtigen Präsidenten Obama erforderlich, dessen persönliche Identität genauso wie seine Politik die gescheiterten kulturellen Muster widerspiegeln, die uns überhaupt in die jetzige Krise gebracht haben. Dann, und nur dann, sind wir frei, um mit der eigentlichen Arbeit zu beginnen.

Anmerkungen

1. Siehe „*NAWAPA: die TVA des 21. Jahrhunderts*", LPAC-Wissenschaftsteam, *Neue Solidarität* 32/2010.
2. Tatsächlich könnte man diesen ganzen Prozeß als die Schaffung einer Art Infrastruktur der Biosphäre betrachten, in der biologische Fossilien ständig die Bedingungen für fortgeschrittenere kreative Prozesse erzeugen.
3. Lev S. Kuchment, „*The Hydrological Cycle and Human Impact On It*", in *"Water Resources Management"*, *Encyclopedia of Life Support Systems*, 2004.
4. Als Beispiel hierfür diene das begrenzte Recyceln von Wasser, Sauerstoff, Kohlenstoff etc. an Bord der Internationalen Raumstation ISS.
5. Hier zeigt sich erneut, daß das Konzept des „Wasserkreislaufs" unzureichend ist. Wasser, das an der Photosynthese beteiligt ist, ist kein Wasser mehr; es wird zerlegt in Sauerstoff, der als Gas freigesetzt wird, und in Wasserstoff, der in organische Moleküle eingebaut wird, wodurch zwei weitere, völlig andere „Kreisläufe" angestoßen werden. Auch wenn die Gesamtmenge des Wassers auf der Erde die gleiche bleiben mag, handelt es sich dabei nicht immer um „dasselbe" Wasser.

Internationale Wochenzeitung Neue Solidarität
(im Abonnement):

78,- € jährlich	39,- € 6 Monate
50,- € jährlich (nur online)	20,- € 3 Monate

europäisches Ausland: 104,- € jährlich
außerhalb Europas: 130,- € jährlich

EIR Magazine (wöchentlich, englischsprachig)
340,- € (50 kopierte Ausgaben, nicht in Farbe)
340,- € (online)
50,- € (2 Monate, Einführungsabo)
50,- € (online, Studenten)

FUSION (naturwissenschaftliches Magazin)
20,- € (4 Ausgaben)
25,- € europäisches Ausland (4 Ausgaben)

STUDIEN UND DOKUMENTATIONEN (2008-10)

**Vierzig Jahre neoliberale Wirtschaft gescheitert –
Jetzt ein Neues Bretton Woods!**

August 2008 € 50,-

**Der nächste Schritt: Wiederaufbau der
Realwirtschaft oder Finanz-Desaster?**

Mai 2009 € 50,-

**Vier-Mächte-Bündnis für den Aufbau Eurasiens
Chance für 2010: Marsprogramm statt Kasinowirtschaft**

November 2009 € 50,-

**Das Gebot der Stunde: Glass-Steagall-Trennbankensystem
und Rückkehr zur souveränen Wirtschaftspolitik**

Juni 2010 € 50,-

EINE AUSWAHL VON BÜCHERN

Die Weltlandbrücke wird Realität –
Der Wiederaufbau nach dem Finanzkrach
Konferenz des Schiller-Instituts in Kiedrich 2007

2008   ISBN 978-3-925 725-55-5   € 10,-

Dossier: Deutschlands Neocons – Wer führt den neoliberalen
Großangriff auf den sozialen Bundesstaat?

2005   ISBN 3-925 725-52-0   € 12,80

Grundriß der amerikanischen politischen Ökonomie
Friedrich List   (deutsch/englisch)

1996   ISBN 3-925 725-21-10   € 12,70

So streng wie frei: Gesetzmäßigkeiten schöpferischen
Denkens in Wissenschaft und Kunst
Lyndon H. LaRouche

1994   ISBN 3-925 725-21-0   jetzt € 5,-

Ozonloch – das mißbrauchte Naturwunder
Roger A. Maduro, Ralf Schauerhammer

1992   ISBN 3-925 725-11-3   € 7,60

Sackgasse Ökostaat: Kein Platz für Menschen
Ralf Schauerhammer

1990   ISBN 3-925 725-06-7   € 7,60

E.I.R. GmbH

Postfach 1611,   65006 Wiesbaden
Tel. 0611 / 73 65 0,   Fax 0611 / 73 65 101
E-Mail: eirna@eirna.com

Die Weltinfrastruktur der Zukunft

Die zukünftige Verknüpfung über die Beringstraße würde
praktisch alle Kontinente durch ein einziges, weltweites
Eisenbahnnetz miteinander verbinden.

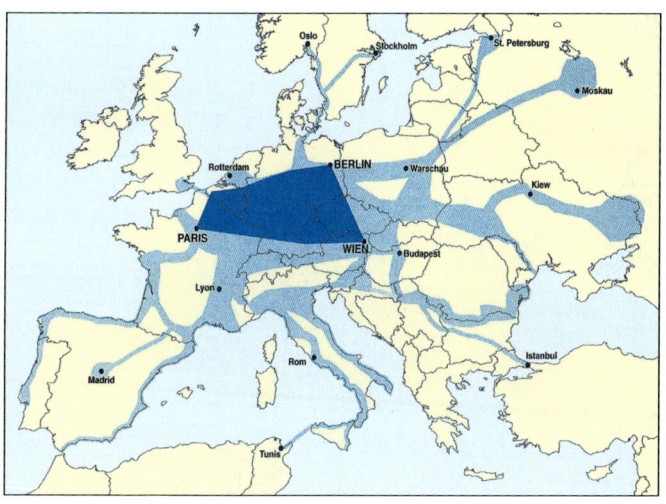

LaRouches Konzept des „Produktiven Dreiecks Paris-Berlin-Wien" von 1990

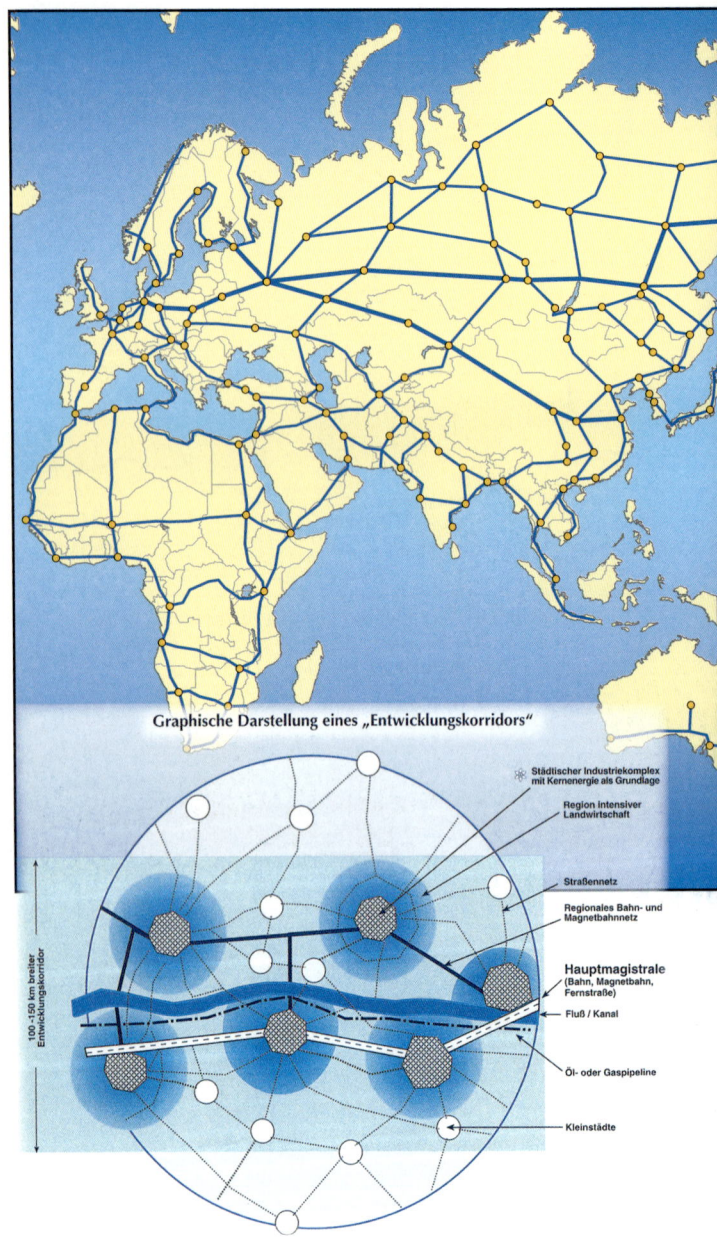

Graphische Darstellung eines „Entwicklungskorridors"

Städtischer Industriekomplex
mit Kernenergie als Grundlage

Region intensiver
Landwirtschaft

Straßennetz

Regionales Bahn- und
Magnetbahnnetz

Hauptmagistrale
(Bahn, Magnetbahn,
Fernstraße)

Fluß / Kanal

Öl- oder Gaspipeline

Kleinstädte

100 -150 km breiter
Entwicklungskorridor

Die Weltlandbrücke

Diese Karte stellt das Konzept der „Weltlandbrücke" dar, mit einem umfassenden Verkehrsnetz, das gleichzeitig weltweite Entwicklungskorridore definiert, wie in der kleinen Abbildung dargestellt. Die rote Markierung kennzeichnet das Beringstraßenprojekt, welches eines der wichtigsten Verknüpfungen der Welt darstellt.

Die Einfahrt in den Eisenbahntunnel unter der Beringstraße zwischen Wales (Alaska) und Uelen (Rußland).

[Quelle: Hal Cooper]

CONCEPT RENDERING:

BERING STRAIT RAILWAY TUNNEL

Between
Wales, Alaska, USA
and
Uelen, Chukotka, Russia

Little Diomede Island (USA)

Big Diomede Island (Russia)

Chukotka Coastline

Bering Strait

BERING STRAIT INTERHEMISPHERIC RAILWAY TUNNEL AUTHORITY

Das Aralsee-Projekt

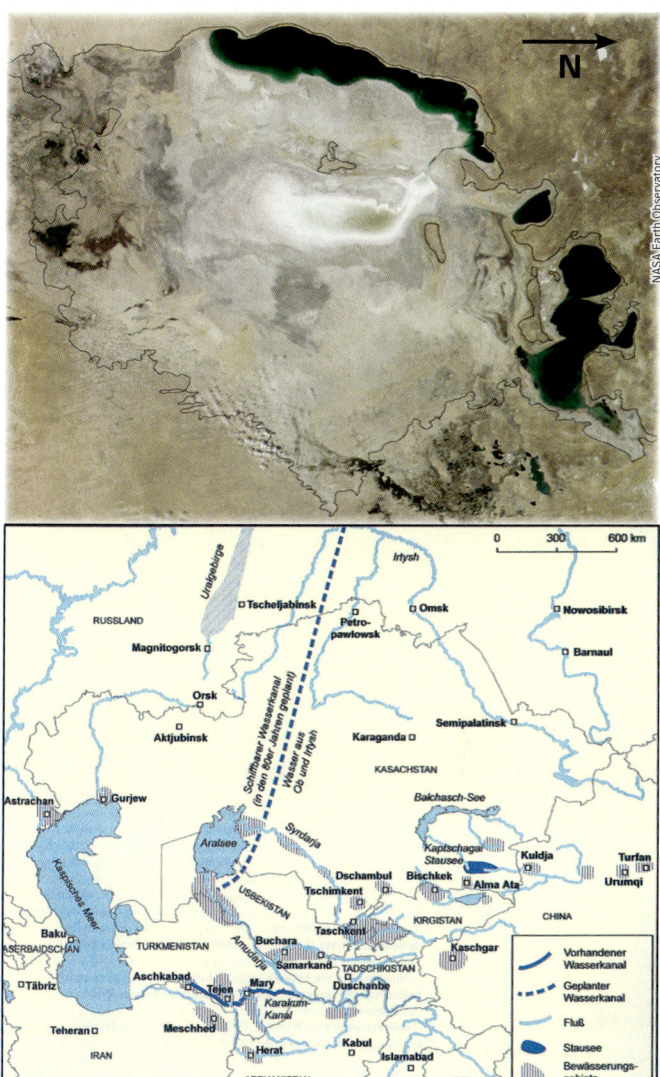

Der fast ausgetrocknete Aralsee im August 2009: Die dünne schwarze Linie markiert den Uferverlauf um 1960. Die Karte zeigt den geplanten Kanal, um den Aralsee mit Wasser aus Sibirien wiederaufzufüllen.

NAWAPA, PLHINO und PLHIGON

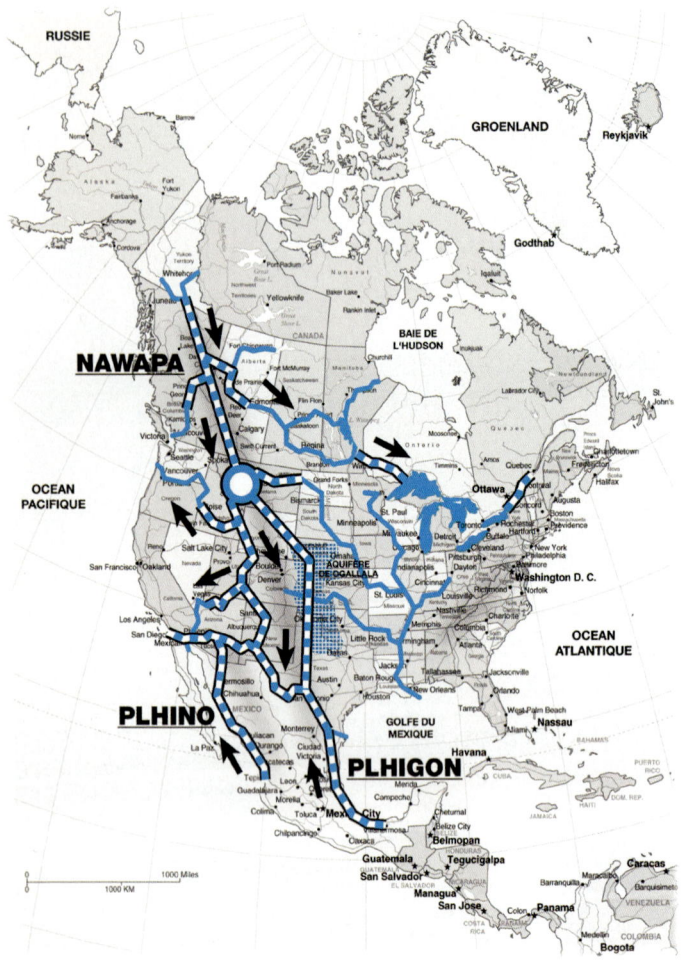

Oben das Projekt der North American Water and Power Alliance (NA-WAPA), mit dem Wasser aus Alaska und Kanada in die Trockengebiete der USA und Mexikos geleitet werden soll. Es ergänzt sich mit den mexikanischen Wasserprojekten PLHINO und PLHIGON zu NAWAPA-Plus. Oben rechts die ursprüngliche NAWAPA-Karte der Parsons Company aus den 60er Jahren. Rechts die Hauptflüsse in Mexiko, aus denen Wasser in den trockenen Norden des Landes umgeleitet werden soll.

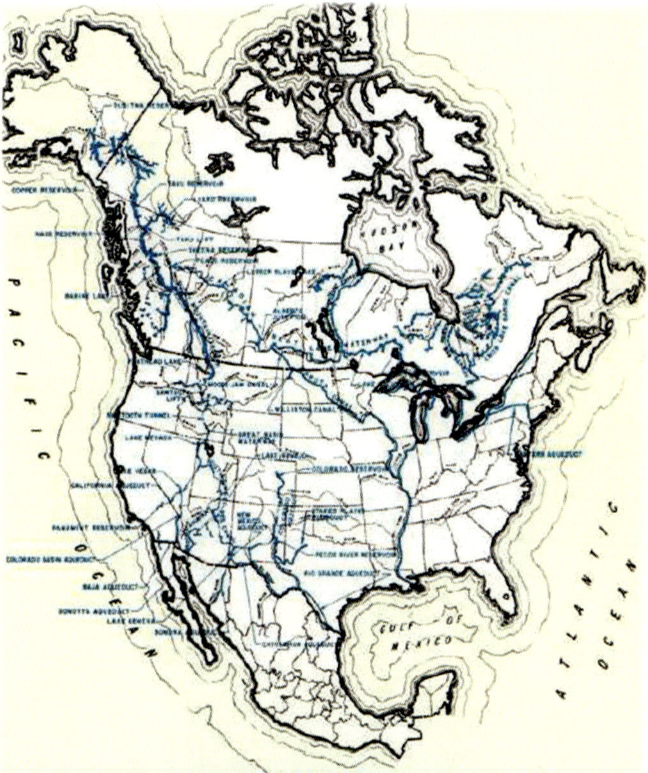
HUDSON BAY
GULF OF MEXICO
PACIFIC OCEAN
ATLANTIC OCEAN

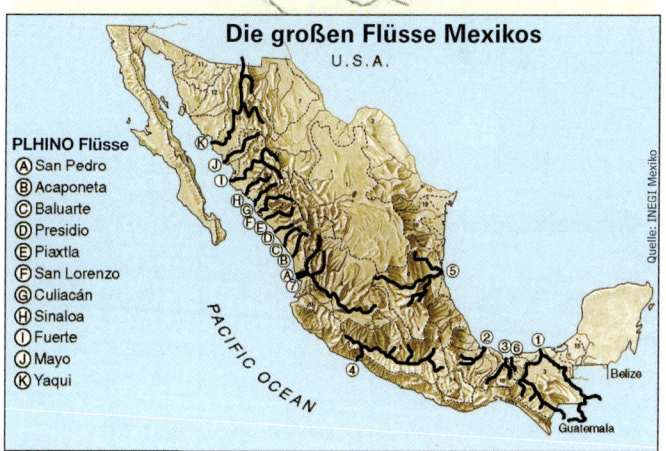

Die großen Flüsse Mexikos
U.S.A.
PLHINO Flüsse
Ⓐ San Pedro
Ⓑ Acaponeta
Ⓒ Baluarte
Ⓓ Presidio
Ⓔ Piaxtla
Ⓕ San Lorenzo
Ⓖ Culiacán
Ⓗ Sinaloa
Ⓘ Fuerte
Ⓙ Mayo
Ⓚ Yaqui
PACIFIC OCEAN
Belize
Guatemala
Quelle: INEGI Mexiko

PLHINO und PLHIGON bringen Wasser in den trockenen Norden Mexikos

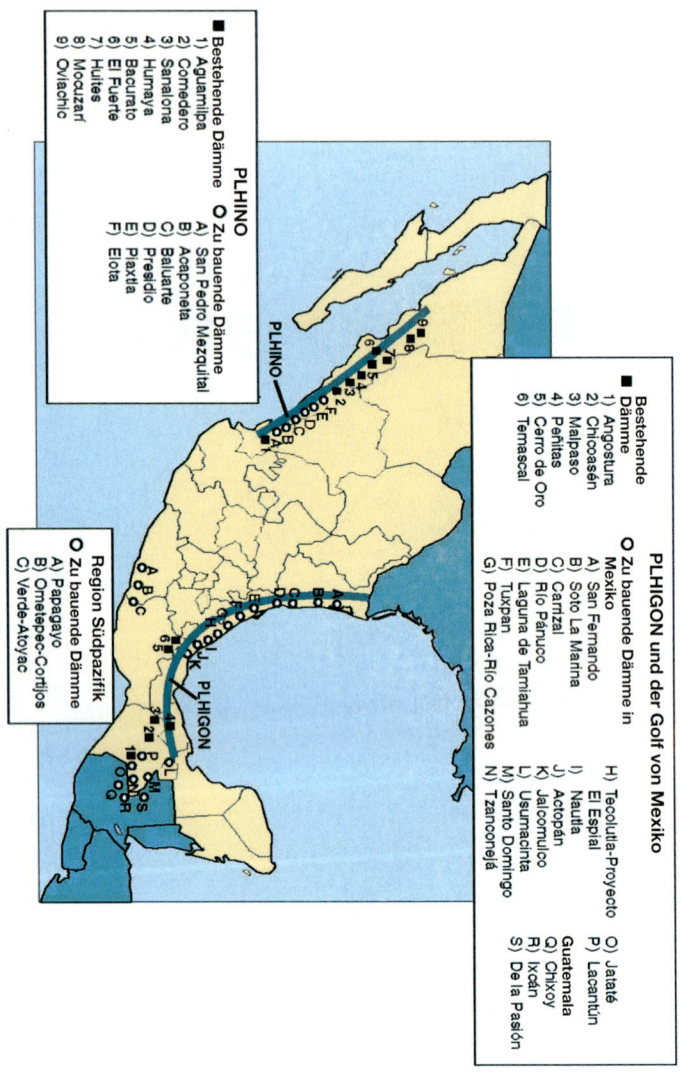

Die beiden „parallelen" Kanalprojekte PLHINO und PLHIGON

Schließung der Darién-Lücke

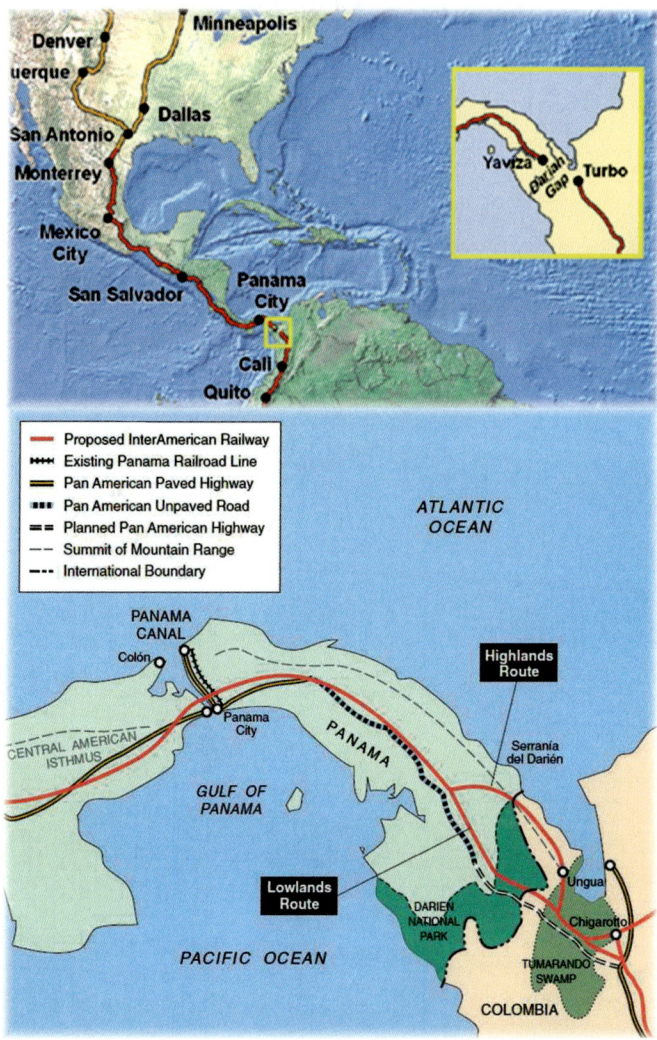

Die Darién-Lücke (engl. „Darién gap") ist ein mehr als 100 km langes, fehlendes Verbindungsstück im amerikanischen Fernstraßen- und Eisenbahnnetz zwischen Kolumbien und Panama. So könnten die Eisenbahnen in Nord- und Südamerika miteinander und mit dem eurasischen Eisenbahnnetz zur „Weltlandbrücke" verbunden werden.

Das Transaqua-Projekt: Afrikas Zukunft im 21. Jahrhundert

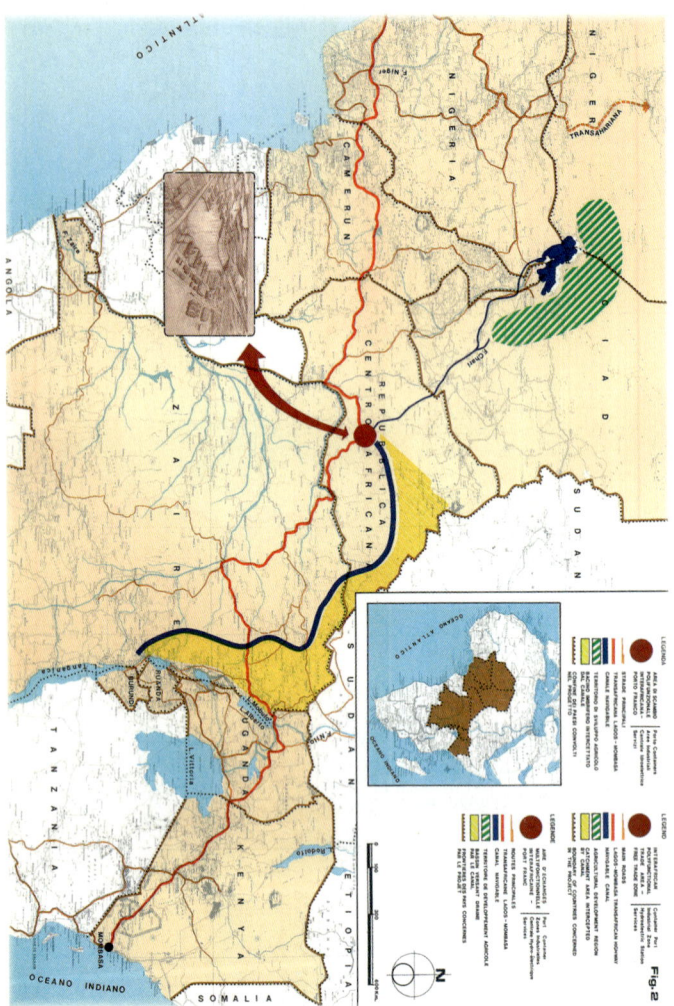

Aus dem Einzugsgebiet des Kongo (gelb schraffiert) soll Wasser über einen schiffbaren Kanal nach Norden geführt werden, um den Tschadsee wieder-aufzufüllen. An der Wasserscheide zwischen Kongo und Tschad könnte ein großes Industriegebiet (Planungszeichnung oben rechts) in unmittelbarer Nähe der Fernstraße Lagos-Mombasa (Karte rechts) entstehen.

MOMBASA
LAGOS
N' DJAMENA-TRIPOLI

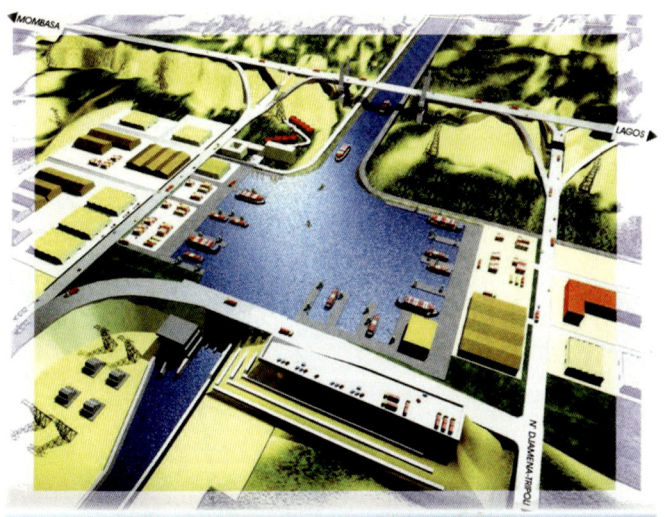

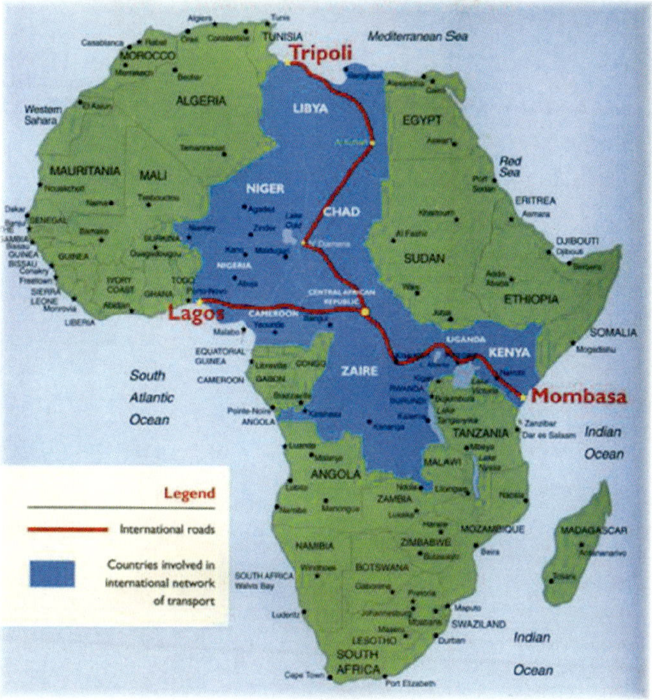

Mediterranean Sea
TUNISIA
Tripoli
MOROCCO
ALGERIA
Western Sahara
LIBYA
EGYPT
Red Sea
MAURITANIA
MALI
NIGER
CHAD
SUDAN
ERITREA
DJIBOUTI
NIGERIA
ETHIOPIA
CENTRAL AFRICAN REPUBLIC
CAMEROON
Lagos
SOMALIA
UGANDA
KENYA
ZAIRE
Mombasa
South Atlantic Ocean
TANZANIA
Indian Ocean
ANGOLA
ZAMBIA
MOZAMBIQUE
MADAGASCAR
NAMIBIA
ZIMBABWE
BOTSWANA
SWAZILAND
LESOTHO
SOUTH AFRICA
Indian Ocean
Legend
International roads
Countries involved in international network of transport

Ein Transrapidliniennetz für Afrika

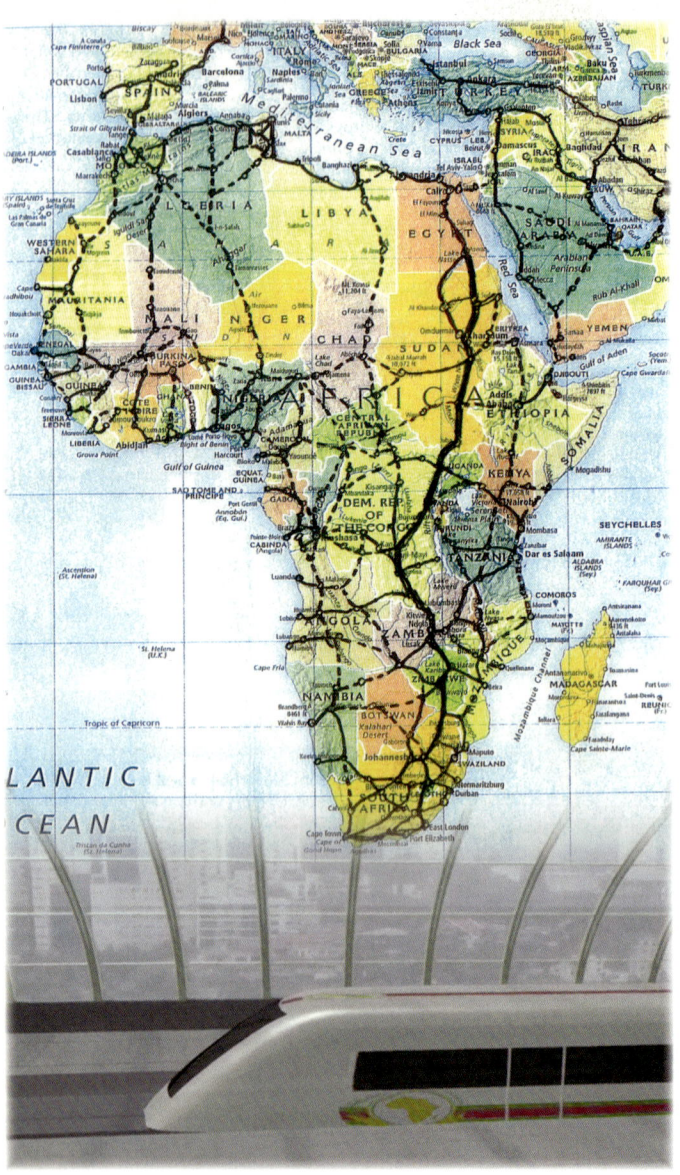

Wasserprojekte verändern das Gesicht Afrikas

Der Jonglei-Kanal

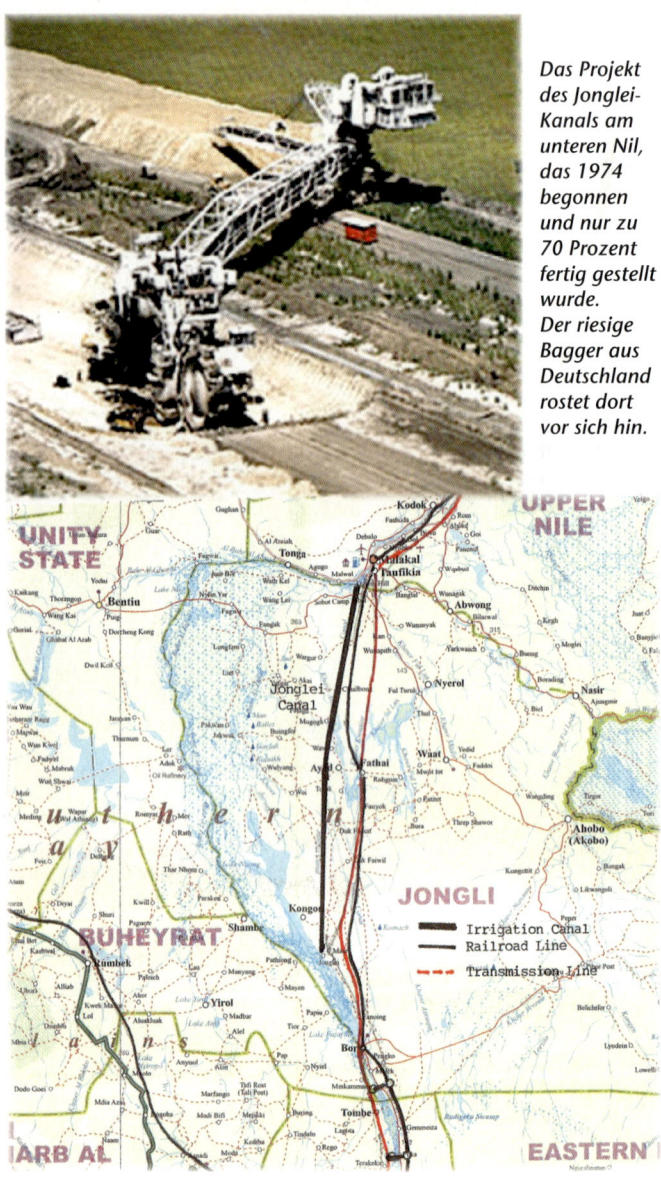

Das Projekt
des Jonglei-
Kanals am
unteren Nil,
das 1974
begonnen
und nur zu
70 Prozent
fertig gestellt
wurde.
Der riesige
Bagger aus
Deutschland
rostet dort
vor sich hin.

LaRouches Konzept der Eurasischen Landbrücke wird weltweit diskutiert. Oben eine Pressekonferenz mit Lyndon und Helga LaRouche in Moskau 2001, unten Helga Zepp-LaRouche am „östlichen Terminal der Eurasischen Landbrücke" im chinesischen Lianyungang 1998.

352